行 政 学

第三版

沈亚平 编著

南开大学出版社
天　津

图书在版编目（CIP）数据

行政学 / 沈亚平编著. —3版. —天津：南开大学出版社，2010.8（2020.5重印）
ISBN 978-7-310-03540-3

Ⅰ.①行… Ⅱ.①沈… Ⅲ.①行政学 Ⅳ.①D035

中国版本图书馆 CIP 数据核字(2010)第151680号

版权所有　侵权必究

南开大学出版社出版发行
出版人：陈　敬
地址：天津市南开区卫津路94号　　邮政编码：300071
营销部电话：（022）23508339　23500755
营销部传真：（022）23508542　邮购部电话：（022）23502200

*

天津市蓟县宏图印务有限公司印刷
全国各地新华书店经销

*

2010年8月第3版　　2020年5月第17次印刷
787×960毫米　16开本　21.125印张　376千字
定价:46.00元

如遇图书印装质量问题,请与本社营销部联系调换,电话:(022)23507125

第三版序言

本书自 2003 年再版以来，又经历了 7 年时间。7 年来，中国的行政改革及研究又有了新的进展。2003 年、2007 年，中国进行了新世纪以来两个轮次的行政管理体制改革，强调进一步转变政府职能，加快推进政企分开、政资分开、政事分开、政府与市场中介组织分开，减少和规范行政审批，减少政府对微观经济运行的干预；形成权责一致、分工合理、决策科学、执行顺畅、监督有力的行政管理体制；加大机构整合的力度，探索实行职能有机统一的大部门体制；完善公共服务体系，强化社会管理和公共服务，建设服务型政府。

中共十七届二中全会《关于行政管理体制改革的意见》所规划的总体目标是，到 2020 年，建立起比较完善的中国特色社会主义行政管理体制。通过改革，实现政府职能向创造良好发展环境、提供优质公共服务、维护社会公平正义的根本转变，实现政府组织机构及人员编制向科学化、规范化、法制化的根本转变，实现行政运行机制和政府管理方式向规范有序、公开透明、便民高效的根本转变，建设人民满意的政府。今后 5 年，要加快政府职能转变，深化政府机构改革，加强依法行政和制度建设，为实现深化行政管理体制改革的总体目标打下坚实基础。

距离实现这一总体目标的时间还有 10 年。在未来的 10 年，除了在掌握行政管理规律的基础上加快行政管理体制改革的步伐，以更好地适应社会主义市场经济和经济社会发展的要求之外，还应当深化和拓展行政管理的研究，为新时期的行政改革发挥引导作用。此外，为实现行政学理论研究和学科建设的持续发展，需要进一步加强行政管理学科的人才培养。中国高校业已形成包括本科、硕士（专业硕士）、博士在内的完整的行政管理学科人才培养体系。就本科来看，截止到 2008 年，全国有 321 所大学设置了行政管理专业。在专业设置数和招生人数不断增加的情况下，进一步提高专业建设水平对于人才培养来说至关重要，而教材建设是专业建设的一个重要方面。鉴于此，作为一名教师，本人一直关注教材建设问题。除了和我的同事一道撰写出版行政管理的系列教材之外，还对我所编著的《行政学》教材再次修订，试图通过本次修订，使其内容跟上时代发展的步伐。

本次修订增加了部分章节，并根据中国行政改革的发展和有关法制的变迁，以及行政学研究的新进展修订了相关内容，以更好地适应教学的需要。在修订过程中，博士生阎章荟、宋欣然为新增章节提供了初稿，董向芸、马原作了部分文献查阅、收集工作，莫建来老师为本书的出版付出了很多努力，在此一并致谢。

再次欢迎读者的批评指正。

作　者

二〇一〇年八月

再版前言

任何书的再版都是令作者感到欣慰的一件事情。本教材自1993年出版至今已经过了10年。10年间印刷了3次,发行10000册,数量虽不算太多,但是毕竟有一批学生从学习本书开始走上了行政学的研究之路。

近年来,一直打算对本教材进行修订,但由于教学、科研任务较重,再加上繁忙的行政事务,使修订工作一拖再拖。如今,中国行政学理论和行政管理实践发展迅速,为了适应教学需要,使得本书的修订势在必行。在南开大学出版社的大力支持下,本教材在出版十年之后得以顺利修订发行。

十年来,中国的行政学研究获得了长足的发展。行政学研究之所以充满生机,成效显著,除了这一学术领域的专家学者的努力之外,还得益于蓬勃发展的中国行政管理实践。世纪之交,当代中国行政环境发生了巨大的变化,市场经济的建立、市民社会的形成、知识经济的兴起、社会转型的启动、信息社会的来临,所有这些环境要素都对中国的行政管理提出了新的要求。中国政府能否适当地应对社会发展的需求,转变自身的职能,调整行政体制,改进行政管理方法等,对于完善行政管理,增强行政能力,进而推动当今中国经济社会的发展具有十分重要的意义。因为,即使是在市场经济条件下,政府仍然是影响社会进步的一个重要力量。

为适应当代中国社会发展的需要,不断完善政府及其行政管理,在中国现阶段,需要进一步加强行政学的研究,而且,也需要更多的人加入到行政管理研究的队伍中来。目前,国内许多高校已经设置了行政管理的本科专业,一批行政学研究的后备力量正在积聚和成长。本书修订的目的,就是为了对在校的行政管理专业人才的培养做出自己一定的贡献。

本次修订内容主要包括两个方面:(1)增补一些新的内容,例如中国近来的机构改革实践;(2)调整一些内容,例如根据中国法制建设的发展,改变书中原有的一些论点。希望通过本次修订,使本教材更完善、知识更丰富,并尽量反映中国十年来行政学研究和行政管理实践的新的发展。

教材中的不当之处,敬请读者批评指正。

作 者

二〇〇三年七月

原版序言

　　行政是古已有之的国家管理活动,而有关行政现象的理论却是一门年轻的学科。行政学自本世纪初从政治学中脱胎问世以来,一直以其独特的魅力为世人所注目。随着当代各国行政职能的扩张和行政管理范围的扩大,行政学的研究也得到了迅速发展,其理论体系日趋成熟,它所提供的原理、原则、方法和技术在完善政府行政,增强行政能量,提高行政效能等方面发挥着越来越大的作用。

　　行政权是一项重要的国家权力,也是国家行使得最为经常和最为广泛的权力。在现代社会中,社会的生产和生活,人们的生老病死、衣食住行无不与国家行政有关。那么,行政权行使的效果如何,行政职能履行得怎样,行政效率高低等,直接关系到整个社会的稳定、和谐和发展。因此,必须要有一门科学,一方面对行政活动进行客观评价,总结经验,探讨得失;另一方面,通过自身的超前研究,为改善行政管理提供理论先导,促使其朝着科学化、高效化、现代化方向发展。行政学就是在"行政国家"条件下,吸取了其他相关学科的知识产生和发展起来的。

　　在中国,由于建国以来忽视对行政学的研究,在行政组织的建构和行政权力的行使方面缺乏科学理论的指导,加之其他各种复杂原因,使得中国政府系统部门林立、机构臃肿、层次重叠、职责不清、人浮于事、效率低下,从总体上来说还没有充分掌握行政管理的规律,在某些领域还没有真正作到"会管理"。这种状况在很大程度上阻碍了社会主义建设事业的顺利进行。于是,人们深感应当恢复并加强行政学的研究,以探讨政府管理社会事务及其自身事务的规律,用它概括出的理论和原则指导行政管理实践。党的十一届三中全会以来所形成的政治宽松局面为行政学学科的恢复并在中国社会科学领域中的脱颖而出创造了良好条件。80年代初以来,行政学界的专家学者和行政管理的实际工作者对行政学的理论结构、内容、方法等作了努力的探讨,导致了一批行政学教材和专著的出现,对指导政府行政工作,促进行政改革,培养行政工作人员,提高其管理素质均起到了积极作用。与此同时,同行政学相关联的行政法学、行政监察学、行政诉讼法学等学科迭相兴起,在促进中国行政管理的法制化、规范化方面作出了贡献。尽管中国的行政学研究起步不久,该学科还不够完善,但是,可以预料,在行政学界专家学者的共同努力下,在不久的将来必定会将这一学科的研究提高到新的水平。

国家行政具有动态性,它是一个根据行政环境的变化而不断自谋调整、自觉适应的发展过程。与此相适应,行政学研究也不能仅仅停留于某一层次上,而应是一个不断深入和完善的过程。只有这样,才能使该学科保持旺盛的生命力和活力,并充分显示出其理论价值和实践意义。目前,中国现阶段的行政改革方兴未艾,从行政体制和机构设置模式,到行政职能和行政行为都将进一步调整和变更。为了转变传统的行政模式,变革不符合新时期需要的行政观念和手段,实现对行政事务的现代化管理,加强行政学的学习和探索仍是行政工作者和研究者的一项重要任务。本书就是为了适应行政学教学的需要,根据作者多年来的教学经验和研究成果编写而成的。在编写过程中,既吸取了外国行政学的有益部分,又注重总结我国的行政管理的丰富经验;既注重对行政学原理进行系统阐述,又注重将所述原理结合我国行政管理和行政改革实践,反映改革开放以来行政管理方面的新情况和新成果,并力求作到阐述准确、简洁、精练、易懂,具有应用性。本书既可作为高等院校行政学专业基础理论课教材和各类成人教育教材,也可以作为行政工作人员进修行政学的自学书籍。由于学识所限,不当及谬误之处难免,诚恳希望读者赐教指正。

作 者

一九九三年八月

目 录

第三版序言 ……………………………………………………… (1)

再版前言 ………………………………………………………… (1)

原版序言 ………………………………………………………… (1)

第一章 行政学概述 ………………………………………… (1)

    第一节 行政与行政学 ……………………………………… (1)

    第二节 行政学的历史演变 ………………………………… (9)

    第三节 学习和研究行政学的意义和方法 ………………… (18)

第二章 行政类型 …………………………………………… (23)

    第一节 中国古代社会的行政 ……………………………… (23)

    第二节 西方国家的行政 …………………………………… (30)

    第三节 社会主义国家的行政 ……………………………… (38)

第三章 行政职能 …………………………………………… (47)

    第一节 行政职能概述 ……………………………………… (47)

    第二节 行政职能体系比较 ………………………………… (58)

    第三节 中国行政职能的转变 ……………………………… (63)

第四章 行政组织 …………………………………………… (73)

    第一节 行政组织概述 ……………………………………… (73)

    第二节 行政组织的结构、体制和编制 …………………… (79)

    第三节 行政组织的原则 …………………………………… (87)

    第四节 中国行政机构的改革 ……………………………… (92)

第五章　行政领导 ……………………………………………………（100）

- 第一节　行政领导概述 ………………………………………………（100）
- 第二节　行政领导的原则和方法 ……………………………………（105）
- 第三节　行政领导效能的保障 ………………………………………（116）

第六章　行政决策 ……………………………………………………（131）

- 第一节　行政决策概述 ………………………………………………（131）
- 第二节　行政决策的理论、程序和原则 ……………………………（136）
- 第三节　行政决策体制 ………………………………………………（144）
- 第四节　行政决策的科学化 …………………………………………（149）

第七章　人事行政 ……………………………………………………（158）

- 第一节　人事行政概述 ………………………………………………（158）
- 第二节　公务员及其义务与权利 ……………………………………（166）
- 第三节　公务员的职位分类 …………………………………………（167）
- 第四节　公务员的更新机制 …………………………………………（172）
- 第五节　公务员的激励机制 …………………………………………（181）
- 第六节　公务员的监督约束机制 ……………………………………（191）
- 第七节　公务员的权益保障机制 ……………………………………（194）
- 第八节　人事行政机构 ………………………………………………（196）

第八章　财务行政 ……………………………………………………（202）

- 第一节　财务行政概述 ………………………………………………（202）
- 第二节　预算制度 ……………………………………………………（206）
- 第三节　会计与决算制度 ……………………………………………（214）
- 第四节　审计制度 ……………………………………………………（219）

第九章　机关管理 ……………………………………………………（225）

- 第一节　机关管理概述 ………………………………………………（225）
- 第二节　机关管理的内容 ……………………………………………（228）
- 第三节　机关管理的现代化 …………………………………………（242）

第十章　行政法制 ……………………………………………………(247)

- 第一节　行政法制概述 ……………………………………(247)
- 第二节　行政法的制定、执行与审决 ……………………(251)
- 第三节　行政诉讼 …………………………………………(263)

第十一章　行政监督 …………………………………………(268)

- 第一节　行政监督概述 ……………………………………(268)
- 第二节　行政监督的目标与范围 …………………………(273)
- 第三节　行政监督系统 ……………………………………(278)

第十二章　行政促进 …………………………………………(286)

- 第一节　行政沟通 …………………………………………(286)
- 第二节　行政协调 …………………………………………(291)
- 第三节　行政授权 …………………………………………(297)

第十三章　行政发展 …………………………………………(303)

- 第一节　行政发展的概念 …………………………………(303)
- 第二节　行政发展的目标 …………………………………(308)
- 第三节　行政发展的条件和途径 …………………………(317)

原版后记 ……………………………………………………………(326)

第一章 行政学概述

第一节 行政与行政学

一、行政的概念

行政,在英文中为 Administration,内含执行、施行和管理之意。管理是人类社会普遍存在的一种自觉活动,当人类挣脱自然母体的脐带,从分散的个体汇合为集体时,就有了管理的萌芽。人们为了生存,就需要组织生产、安排分配等管理活动。随着人类社会历史的发展,管理的广度和深度也不断发展。在现代社会中,管理已经渗透于社会生产和社会生活的各个方面,任何一个社会组织,都要毫无例外地实施管理。国家行政组织是随国家产生而出现的国家政权组织,为了推行政务,履行职能,也离不开卓有成效的管理。由于行政组织的管理是一种重要的、特殊的管理活动,为了使其与其他社会组织的管理区别开来,人们习惯上把这种管理称为行政管理,或简称行政。

那么,什么是行政?行政一词中国古已有之,如"行其政事"、"行其政令"、"周公、召公二相行政"等。这里的行政,是指管理国家政务。在国外,也很早就出现了行政这一概念。二千多年前的古希腊学者亚里士多德(Aristotle)曾使用过行政这一术语。他所说的行政即执行政务之意。因此,无论是中国还是外国,对行政的理解一般是指对国家事务的管理。然而,究竟怎样准确地把握行政的具体含义,学者们的意见并不一致。从国外来看,大体有以下两种看法。

一是从政治的角度来考察行政。这种观点又分为两派,一派以孟德斯鸠(Montesguieu)的三权分立理论为基础,认为行政是立法、司法以外的政府行政部门所管辖的事务。另一派则扬弃了传统的三分法,从政治与行政分离的观点来解释行政,认为政治是国家意志的表现,行政是国家意志的执行。上述两种观点均有偏颇之处,实际上,现代国家三权分立并不绝对,而是相互交叉、互相渗透。这不仅表现在立法、司法机关也执行某些行政性质的管理职能,也表现在随着行政权力的膨胀,国家权力明显地向行政机关倾斜,除了原有的规则执行权之外,行政机关还获得了规则制定权和规则审决权,大有凌驾于立法权和司法权之上的趋势。而且,将行政与政治截然分开的观点也不符合世界各国的现实。任何国家的政治生活都表明,政治与行政是密切相联的,不仅政治是国家意志的表现,行政也通过制定重大的政治性决策和参与国家的立法活动积极地表现国家意志。因此,现代行政并不仅仅局限于国家意志的执行。

二是从管理的角度来考察行政。这是20世纪初科学管理运动兴起之后,一部分学者力图将科学管理的原理原则引用到政府行政组织,从管理的角度来解释行政。他们或是把行政看成是"为完成或实现一个权力机关所宣布的政策而采取的一切运作",是"运用各种方法,达成既定目标的一种活动或程序",或是将其解释为"通力合作完成共同目标的团体行动"。上述观点实际上是把行政视为一个运作过程。这种理论使行政这一概念有了较为宽泛的内涵和外延。它不仅包括行使国家权力的行政活动,也包括企事业单位的管理活动。显然,这两种活动有着不同的主体、对象、方法和手段,不能将二者混为一谈。尽管有的学者把它们进一步区别为公共行政和私人行政,但是,中国学者认为这种观点易于混淆行政管理与其他管理的界限,失去了科学分类的意义。

那么,应当怎样规定行政这一概念呢?马克思曾经指出,行政是国家的组织活动。马克思的这一观点尽管不是对行政作定义性的描述,但却指明了行政的主体及其职能。因此,可以这样理解行政,所谓行政,是国家的一种职能,是拥有行政权的国家机关依法对国家事务和社会事务进行组织和管理的活动。

二、行政学的概念及其特点

(一)行政学的研究对象

任何学科都要有自己特定的研究对象和范围,这样才能形成一门相对独立的学科。对于行政学的研究对象,不同的学者有不同的解释。但是一般认为,行政学是以行政管理为对象,研究其内在规律的科学。当然,对于行政学的理解,还不应停留于这一层次,为了准确地把握行政学概念,需要进一步对之加以规定。

国家行政是由行政主体、行政职能、行政对象、行政目的等诸要素构成的,考察行政学的研究对象,不能不涉及这些影响国家行政运行的主要因素。

1.从行政主体来看,国家政务和公共事务的推行和管理,是经由行政组织来实现的。现代行政组织不同于历史上的行政组织,传统社会的国家机构分化程度较低,履行国家行政职能的国家机构往往将其他国家职能兼容并蓄。现代行政组织也不同于其他社会组织,它是专指代表国家执掌行政权力,依法对国家行政事务进行组织和管理的国家机关。现代社会是行政化的社会,行政管理已经渗透到社会生活的各个领域。为了更好地进行行政管理,重要的先决条件之一就是建立科学、合理和完善的行政组织。因此,行政组织是确定行政学的研究对象所要涉及的第一要素。

2. 从行政职能来看,政府组织在整个社会生活各个领域中的基本职能是管理职能。如前所述,管理是人类社会的普遍现象,它不仅随着人类社会的产生而产生,而且又广泛地存在于社会实践的各个领域。然而,行政管理不是一般的管理,而是社会各种管理中最重要的管理。它是以国家的名义对行政事务实行直接的和具体的组织、指挥和管理。行政管理与其他社会管理比较起来,层次高、范围广,具有运筹帷幄的战略意义。因此,确定行政学的研究对象不能不涉及到行政职能这一问题。

3. 从行政的对象来看,它不是对社会某一部门、某一方面的管理,而是对包括国家事务、社会事务及其自身事务在内的整个行政事务的管理。如果说,古代社会由于其社会实践的局限和社会关系的简单使得行政管理的范围较为狭窄,那么,随着社会实践的深化和拓展,行政管理的范围空前扩大了。它不仅涉及政治、经济、文化、军事、财政、金融等有关国计民生的各个部门,也渗透到诸如环境保护、空间开发、计划生育等各个领域。社会中的任何一个部门都不能提供如此广泛的管理和服务;满足社会全体成员的共同需要,只有通过政府组织的行政管理。

4. 从行政的目的来看,主要是为社会提供有效的服务和管理。行政管理是整个社会管理的核心,行政组织的管理活动是否有效,直接影响着企事业单位和其他社会组织的管理活动的进行,影响着社会的总体效率。因此,作为为社会提供服务和管理的行政组织,必须建立合理的组织体系和工作程序,运用科学的管理手段和方法,为社会效率的提高创造良好的先决条件,进而推动社会的稳步发展。

通过以上分析,可以得出这样的结论,所谓行政学,是以国家行政组织有效地管理行政事务的规律为研究对象的理论体系。行政学研究的目的,是为政府合理地构建行政体系、正确地确定和发挥行政职能提供理论基础,为政府的行政发展设计方案和制定规划;提供科学的管理理论,提高行政管理人员的自身素质和管理水平;探讨先进的行政管理技术、方法和手段,增强行政能力,提高行政效率。

(二)行政学的内容体系

行政学研究的内容经历了一个由简单到复杂的发展过程。19世纪末,行政学最早是以研究行政法开始的,主要研究对行政活动的法律规范。1926年,美国学者怀特(Leonard D. White)在《行政学导论》中第一次阐明了行政学的内容体系,把行政学的研究内容分为四个部分,即组织原理、人事行政、财务行政和行政法规。怀特的观点对早期行政学研究的影响很大,即使到了本世纪,以上四个部分也是当代行政学研究的重要内容。美国学者古立克(Luther Gulick)和英国学者厄威克(Lyndall Urwick)从政府的管理职能出发,在《行政管理论文集》中,提出了著名的 POSDCORB 七职能理论(包括计划、组织、人事、指挥、协调、报告、预算)。这七项职能基本上包括了早期有关管理过程探讨的主要内容,并为以后同类研究的进一步发展奠定了基础。台湾学者张金鉴将行政学研究的内容进一步具体化,在其所著《行政学典范》中,提出了 15M 理论,即目标、计划、人员、经费、物材、组织、方法、领导、激励、沟通、士气、协调、时间、空间、改进。

近几十年来,随着社会的进步和科技的发展,行政学的研究内容日益丰富,除了在理论行政学方面继续发展之外,行政学还在向部门行政领域拓展,出现了教育、经济、军事、外交、卫生、科技、民政、司法、文化、市政等部门行政学和区域行政学。

就理论行政学来看,究竟应包括哪些内容,内容体系怎样设计,学者们的意见不尽一致。在研究内容方面,主要涉及到行政体制、行政职能、行政环境、行政组织、行政领导、行政决策、行政执行、行政技术、行政法制、行政监督、行政授权、行政协调、行政心理、行政沟通、人事行政、财务行政、机关行政、比较行政、行政效率和行政改革或行政发展等。在内容体系设计方面,大致存在着以下模式:

1. 按照行政活动过程或基本原理和管理过程进行因素排列而形成的因素排列式,这是中国现行教科书中较为常见的模式;

2. 将行政学基本原理和行业行政管理原理相结合的纵横结合式,这种模式的教科书现今并不多见;

3. 以政府职能概念作为逻辑起点和统摄全书的职能分析模式[①];

4. 借用生态学研究生命主体与其环境的相互关系的作用的理论和方法来研究行政系统与社会圈的相互关系的生态分析模式[②]。

[①] 参见谭力:《中国行政学》,中共中央党校出版社1990年版,第12~16页。
[②] 王沪宁:《行政生态分析》,复旦大学出版社1989年版,第28页。

以上对于行政学研究内容的确立和内容体系的安排的不同,反映了作者对有关问题的理解和兴趣的差异,这有助于促进中国行政学内容体系的设计更加科学和合理。

本书将行政学的研究内容概括为以下方面。

1. 行政类型

行政学是以行政作为研究对象的一门学科,在阐述行政组织及其运行原理之前,有必要对具有代表性的行政类型作一分析比较,勾画出各种行政的大体轮廓,使初学者不仅能够掌握行政理论、原则和方法,也能对各类行政有一个基本的了解。

2. 行政职能

行政职能在行政体系中的地位重要,它体现行政管理活动的内容、实质与方向,确定政府在国家、社会生活中的角色和作用,它是行政组织设置和改革的依据,也是行政决策和行政执行的基础。行政学研究行政职能的内涵、特点、分类,探讨影响行政职能确定的要素,分析行政职能转变及其动力和发展方向等。

3. 行政组织

行政组织是行政活动的主体,任何行政活动都要经由行政组织来进行。因此,行政组织在行政学中占有重要地位。行政学研究行政组织的种类、结构、体制及编制,揭示优化行政组织的指导原则,考察行政组织的变革及其经验,展示行政组织发展的未来。

4. 行政领导

行政领导在行政组织中的作用十分重要,整个行政组织的行政活动就是在各级行政领导的组织、指导下进行的。行政领导能否采用适当的领导方式,运用科学的领导方法,组成合理的群体结构,对于能否充分发挥领导效能具有决定性的意义。

5. 行政决策

行政决策是行政管理的基础,它决定着行政活动的目标、方向和远景。行政学阐释行政决策的特点、种类,揭示行政决策的内在规律,提出优化决策所应遵循的原则、程序和所依赖的现代行政决策体制。

6. 人事行政

行政组织的工作人员是国家行政权力的执掌者和具体行政任务的承担者,其素质的高低,能力的大小,工作态度的好坏,将极大地影响政府工作的进行。因此,人事行政历来都是行政学研究的重要内容。其涉及的范围包括从选拔录用到退休等一系列管理环节。

7. 财务行政

财务行政为庶政之母,它可以为政府活动提供物质基础,而且,通过预算、会计、决算、审计等管理制度使国家财政资金得到充分地运用,从而既减轻社会和人民的负担,又促进社会经济发展。因此,财务行政也是行政学研究的一项内容。

8. 机关管理

机关管理是各行政机关的行政管理的组成部分,它对行政机关的行政管理起着积极的保障、辅助和促进作用。机关管理工作如何,将对整个机关的活动具有重要影响。行政学研究机关管理的目的,是要分析、总结文书、档案、会议、信访、总务等管理的方法,进而提高机关管理的科学化水平。

9. 行政法制

加强行政法制建设,促进政府依法行政,是行政活动规范化制度化的保证。行政学运用法学研究方法探讨行政法在现代行政中的作用,研究行政法制中的行政立法、行政执法、行政司法以及行政诉讼等内容。

10. 行政监督

作为行政活动制约机制的行政监督,在行政学中也占有重要位置。行政学将法学和管理学研究方法融会贯通,探讨行政监督的目标、范围、特点和原则,研究不同的监督形式及其作用。

11. 行政促进

行政活动的顺利进行依赖于一定的促进机制,行政学揭示行政沟通、行政协调和行政授权的作用,探讨影响其发挥作用的障碍,提供克服这些障碍的方法。

12. 行政发展

政府行政具有动态性和发展性,若要与不断变化的社会环境相适应,就必须不断地对其加以变革和调整。行政学要为行政发展提供理论基础,确定行政发展的目标,查明行政发展的障碍,研究行政发展的途径,从而推进行政发展的顺利进行。

(三)行政学的特点

1. 政治性

行政学是政治学的一个分支学科,具有鲜明的政治性。行政管理是行政组织依法行使国家权力对国家和社会事务进行管理的组织活动,以此为研究对象的行政学研究如何调整党政、政企、政事、政社之间的关系,在合理区分行政权与立法权、司法权的前提下,研究怎样建立科学的决策体制和领导体制以及强有力的监督保障体制,以促使行政权的有效行使。所有这些都关系到国家政权的稳定和社会的和谐与发展。因此,为国家行政管理提供理论基础和指导原则的行政学,不能不带有政治性。

2. 综合性

国家行政内容丰富、范围广泛、职能复杂,需要综合多学科知识加以研究。作为反映行政管理规律的行政学吸收了政治学、管理学、法学、社会学、经济学、心理学等多种学科的知识,形成了一个综合性、边缘性的独立学科。这是行政学的最大学科优势和最突出的特点之一。随着政府职能和管理范围的扩大,它将进一步吸收其他学科的理论知识,从而使自己的理论体系更加丰富和完备。

3. 应用性

行政学作为一门学科,有其特定的范畴、原理和原则。因此,它固然具有很强的理论性,但是,与其他理论学科相比,行政学具有更为明显的应用性,主要揭示的是行政管理的方法、手段和技术。这些方法、手段和技术与行政管理实践的联系极为密切,是行政机关及其工作人员分析、解决问题的指南。因此,学习并掌握了行政学,就有可能有效地运用行政权力,履行组织、领导、指挥、监督、控制、协调、沟通等各种管理职能,合理地运用人力、财力和物力,使行政管理工作既经济、又高效。

4. 革新性

行政学有其特定的范畴、原理和原则以及内在结构,因此具有相对的稳定性。然而,行政学的革新性又是十分明显的。一方面,经济社会的进步和科技的发展常常给政府行政提出新问题,要求行政学跟上时代前进的步伐,及时革新其理论,更好地指导行政管理实践;另一方面,与行政学相关的其他学科经常提供新的理论和方法,行政学应当加以借鉴来丰富和发展自己。只有这样,行政学才不会失去它存在的依据,永葆其青春和活力。

三、行政学与相关学科的关系

行政学作为一门独立学科,有其区别于其他学科的独特的研究对象。而行政学作为一门交叉学科,又与其他有关学科相互联系。掌握这种联系,有助于加深对行政学的理解。

(一)行政学与政治学

行政学脱胎于政治学,二者联系非常密切。政治学主要研究国家的政治制度、政治组织、政治权力、政治原则等有关国家的根本制度的基本理论;行政学则侧重于研究政府的行政管理。它运用政治学的基本原理研究政府组织、政府行为等行政现象,研究如何设置合理的组织体系,如何确定正确的组织目标和如何有效地达成目标。因此,行政学主要是具体的、技术的和应用的研究,目的在于在确定国家的根本制度的前提下,推动国家行政的顺利进行,更好地发挥国家机器的功能。总之,就二者的相互关系而言,"行政学是藉政治学指引其努力的方向,政治学则赖行政学充实它的内涵"[①]。

(二)行政学与企业管理学

企业管理学是在科学管理运动兴起之后产生的关于改进企业经营管理的学科,行政学则是关于改进政府行政管理的学科。企业管理学的产生和发展,对行政学的完善起到了很大的作用,行政学的发展反过来又促进了企业管理学的发展。因此,这两门学科在本质上是一致的,二者所研究的基本问题和使用的主要概念、方法也有相同之处。学者们往往两门学科互通,理论常常互相借用,正因为如此,有人将企业管理学称为私人行政学,将行政学称为行政管理学。企业管理学和行政学的相互渗透、相互交叉和相互影响无疑为行政学的发展提供了有利的条件。然而,也必须看到,二者在研究的对象、目的和范畴方面存在着明显的区别。因此,行政学既要积极、又要有选择地借鉴企业管理学的研究成果。

(三)行政学与行政法学

行政学与行政法学的关系密切,二者都将政府行政作为研究对象,都是有关行政的科学。行政学的产生,就是从研究法律对行政活动的规范开始的。后来,由于政府政务扩展,自由裁量范围扩大,行政管理日益受到人们的关注,旨在研究行政管理内在规律的行政学才逐渐区别于行政法学,形成现代意义上的行政学。从学科性质来看,行政法学是一门法学学科,是行政法的理论表现形式,它以规范国家行政的法律法规及其产生和变化规律为研究对象,其研究目的在于使国家行政制度化、法律化,以实现行政法治。而行政学则以行政活动及其内在规律为研究对象,以阐明行政管理的原理、原则、方法和技术为任务,目的在于为增进行政效能提供理论依据。因此,旨在促进行政法治和行政效能的行政法学与行政学联系密切,互为表里,相辅相成。

(四)行政学与社会学

社会学是研究有关社会现象和社会问题的科学,它从整个社会的角度研究社会的组织、结构、功能、协调和发展以及社会生活现象中的重大问题。从管理的角度来看,一方面,社会学研究整个社会的管理,行政管理是社会管理的一部分,因此,行政学不能仅从行政组织本身的结构与功能来研究如何提高行政效能,而且必须将其置于社会大系统中加以研究,才能获得良好的效果。另一方

[①] 吴挽澜:《行政学新论》,幼狮文化事业公司1988年版,第14页。

面,社会学不以行政权力的行使作为专门研究对象,社会学研究的许多社会问题,都需要行政学研究如何经由国家行政加以解决。因此,加强行政学与社会学这两门学科的相互配合、相互渗透是十分有益的。

除此之外,行政学还与经济学、财政学、统计学、心理学、人才学、行为科学、信息学、决策学等学科有着密切的关系。因此,学习和研究行政学,要广泛地吸取与其相关的知识,以加深对行政学的理解,推进该学科的发展。

第二节 行政学的历史演变

一、行政学的兴起

行政学作为一门独立的学科,产生于 19 世纪末 20 世纪初。"行政学"一词,由德国学者史坦因(Lorenz Van Stein)首次提出,他于 1865 至 1868 年发表七卷本的《行政学》著作,但当时所谓的行政学主要是指行政法而言。行政学作为一门独立的学科,最早出现于美国。早在美国开国之初,联邦党人的著名代表,被誉为"行政天才"的汉密尔顿(Alexander Hamiltom)就很重视政府行政问题。他指出,"决定行政管理是否完善的首要因素就是行政部门的强而有力","使行政部门能够强而有力,所需要的因素是:第一,统一;第二,稳定;第三,充分的法律支持;第四,足够的权力。"[①]这种观点即使今天看起来也不失精辟,但还不够系统。1887 年,曾任普林斯顿大学校长的美国第 28 届总统威尔逊(Woddrow Wilson)在《政治学季刊》上发表"行政之研究"一文,第一次明确提出应把行政管理当作一门独立学科来研究。该文开行政学理论研究之先河,被认为是行政学的开山之作。继威尔逊之后,美国霍普金斯大学校长、著名行政学家古德诺(Frank. J. Goodnow)于 1900 年出版《政治与行政》一书,扬弃了传统的立法、司法、行政三分法,指出"政治是国家意志的表现,行政是国家意志的执行",从而使威尔逊开创的行政学正式从政治学中分离出来。威尔逊和古德诺的贡献在于开创了一个新的研究领域,但是他们的观点还不系统,还没有形成一个完整的理论体系。行政学作为一门独立的学科出现,一般以怀特和魏劳毕(William F. Willoughby)的两本大学教科书为标志。他们于 1926 年和 1927 年分别出版《行政学导论》和《公共行政原理》,对行政学的内容进行了系统的研究和阐述,从而形

---

① 《联邦党人文集》,商务印书馆 1980 年版,第 356 页。

成了行政学理论体系。1930年,国际行政科学学会在马德里成立,行政学引起了世界各国的普遍重视。

行政学产生于19世纪末20世纪初并不是偶然的,而是有着深刻的历史原因的。

1. 西方资本主义国家政府职能的扩张和行政权力的扩大提出了行政学研究的要求

在奴隶社会和封建社会中,社会生产力低下,社会生产和社会关系较为简单,与此相适应,国家事务也不复杂,行政管理还不能形成一门独立的学科。在资本主义国家发展初期,奉行消极主义和放任主义政策,政府职能十分有限,其任务主要是消极地保护个人财产,维持社会秩序,保卫国家免受侵略。到了19世纪末,资本主义由自由竞争向垄断过渡。在这一时期,随着社会关系的日益复杂化,带来了一系列的社会问题,矛盾冲突甚至成为一种普遍的社会现象。为了缓解和解决矛盾,维持社会的稳定和促进社会的发展,政府开始转变过去那种消极、被动的状态,积极干预社会生活。因此必须建立一个大政府管理大行政的工作。在这种情况下,原有的行政管理方法已经不能适应时代的要求,迫切需要有一门理论来指导国家行政管理活动,以使政府更好地履行其职能和完成其使命。于是,现代行政学便应运而生。

2. 科学管理运动的兴起,推动了行政学的形成与发展

19世纪末,欧美主要国家早已完成产业革命,资本主义经济迅速发展,科学技术突飞猛进,新机器的发明,新的能源动力的采用和新的运输工具的使用,使得众多工人的集中劳动取代了少量劳动者的分散作业,社会化大生产取代了小规模的手工工场生产。为了在产业高度集中,企业之间激烈竞争的条件下谋求超额利润,促使资产阶级学者对企业的生产过程进行科学研究,最终形成了一场影响美国乃至西欧工商企业管理的科学管理运动。科学管理运动兴起之后,美国政府将科学管理运动提供的科学原理和方法应用于政府的行政管理,精简政府,调整机构,促进了政府工作的改革,提高了行政效率。因此,现代行政学的出现,与西方的科学管理运动密切相关,正是科学管理运动的兴起,才促成了行政学的形成和兴盛。

3. 与国家行政有关的理论和政府行政实践为行政学的产生奠定了基础

西方近代史上的政治学,君主制时代德、奥两国的官房学以及资产阶级革命以后形成的行政法学,是现代行政学的理论基础。行政学是在这几种理论的直接促进下形成并发展起来的。除了理论渊源之外,行政学的形成还得益于行政实践提供的有益经验。例如,18世纪初期普鲁士创立的任官制度和19世纪50

年代英国建立的文官制度,为行政研究提供了素材,又为行政学的人事行政研究提供了主要的范畴和规范。因此与行政有关的理论和行政实践也是行政学形成不可缺少的条件。

二、行政学的发展历程

自从威尔逊提出建立行政学的主张之后,行政学得到了不断的发展。一般认为,行政学的发展大致经历了以下三个阶段。

(一)传统理论时期

该时期又称科学管理或古典管理理论时期,从时间上来说,是从19世纪末到20世纪三十年代。这一时期的主要流派有:

1. 以泰勒(Frederick W. Taylor)为代表的科学管理学派

泰勒被称为科学管理之父,其研究的着眼点在于提高企业组织的生产效率。他试图通过对时间和动作的研究力求发现完成工作的标准化操作方法,从而确定每一个生产过程的最佳途径。在1911年出版的《科学管理原理》一书中,泰勒主张以科学的研究取代旧式的单凭经验的研究方法;科学地选拔、教导和培养职工;使职工按照科学的原则密切合作;在管理者和职工之间进行适当的分工。泰勒的科学管理理论虽然以生产组织为对象,但它对政府行政的改革,也提供了线索和方法。

2. 以韦伯(Max Weber)为代表的官僚模型学派

韦伯被称为组织理论之父,建立官僚模型理论是其对行政学的重要贡献。韦伯认为,他的理论提供的是理想的官僚组织,是对工业社会中大型而复杂的组织进行行政管理的最有效的手段。他指出,理想的官僚组织体系应当具备:基于职能专业化的分工;明确的层级结构和权力体系;有关任职者职权与职责的规章制度;人与人之间关系的非人格化;以技术能力为基础的人员雇佣和升迁程序以及固定而明确的薪俸制度等。学者们认为,这样的机关组织精确,指挥统一,行动迅速;事权集中,责任确定;重服从,尚纪律,可以获得高度的效能。

3. 以法约尔(Henri Fayol)和古立克为代表的行政管理学派

法国学者法约尔被称为管理理论之父。在其《工业管理与一般管理》一书中,提出了计划、组织、指挥、协调和控制这五个管理环节,并确定了为了建立健全良好的工作秩序而必须遵循的14点原则[①]。法约尔提出的管理原则,不仅适用于工商界,也适用于政府行政,在将其应用于行政管理过程中,收到了较好的

---

① 参见本书第四章第三节。

效果。

4. 以怀特、魏劳毕和费富纳(John M. Pfiffner)为代表的理论行政学派

怀特于1926年出版《行政学导论》,该书为全美第一本行政学教科书。魏劳毕于1927年出版《公共行政原理》,该书重点论述了财务、预算和物资管理等问题。费富纳于1930年出版《行政学》一书,此书与怀特的《行政学导论》和魏劳毕的《公共行政原理》齐名,被称为三足鼎立的名著。上述著作的特点是采用理论研究方法来研究行政学,从复杂的行政现象中发现规律,求得普遍的法则和原理,以建立科学的知识系统,指导行政活动。

传统时期的行政学理论的贡献在于探讨了行政学的理论框架,并提出了适用各类组织的有价值的原理和原则。其缺陷是只重视组织结构和规章制度的研究,轻视人的心理和行为的研究;强调经济刺激,忽视心理激励;重视严格的监督控制,无视人的尊严;侧重于研究机关组织内部,无视社会环境因素的影响。传统时期行政理论的主要缺陷在行为主义行政理论那里得到了克服。

(二)行为科学时期

20世纪三十年代至六十年代为行政学发展的第二个时期,即行为科学时期。行为科学时期的行政理论是由于社会心理学进入管理领域,通过对人的行为的探讨去解释人类行为时才得以产生的。它作为社会心理的或人道的理论是针对传统时期的机械的或生理的管理理论而形成的。其理论学派主要有以下几种:

1. 霍桑试验学派

该派也称人际关系学派,代表人物为梅尧(Elton Mayo)。1927年至1932年,哈佛大学教授梅尧等人应邀到美国西方电气公司霍桑工厂进行人群关系研究,研究职工的行为与工作效果之间的关系。通过几年的研究试验,1933年梅尧出版《工业文明中人的问题》一书,创立行政学的人际关系学派。该派强调尊重人格,鼓励参与,重视组织中的非正式组织,通过提高职工心理需要的满足度来达到提高工作效率的目的。

2. 动态平衡学派

此派以美国学者巴纳德(Chester Barnard)为代表。其主要著作是1938年发表的《主管的职能》。主要观点有:组织是人群之间互动的关系所组成的系统,组织内的非正式组织对于正式组织来说具有积极的功能;强调人的贡献要与满足之间保持平衡;权威基本上不在于上级的地位,而在于其命令是否被受令者接受或遵从等。

3. 决策理论学派

该学派是从社会系统学派发展而来,并吸收了行为科学、系统理论、运筹学

和计算机等学科的内容。其代表人物有美国的西蒙(Herbert A. Simon)、马奇(James March)等人。西蒙于1947年出版《行政行为》一书,主张管理就是决策,决策贯穿于管理的全过程。组织是由作为决策者的个人所组成的系统。西蒙还将决策过程分为情报、设计、抉择和审查四个阶段,并对决策的准则、程序化和非程序化以及决策和组织机构集权与分权的关系进行了分析。

4. 需要层次学派

此派以美国心理学家马斯洛(Abraham Maslow)为代表。他在二战后发表一系列文章,提出了著名的需要层次理论。马斯洛认为,人有生理、安全、社交、自尊和自我实现五种基本需要。这五种需要彼此相关,并按其优先等级排列,即最优先的目标将独占人的意识,激起相应的行为。一般来说,在生理、安全、社交这些低层次的需要被满足之前,自尊和自我实现这些高层次需要是不重要的。一旦它们变得重要时,人们就会寻求这些方面的更大的满足。马斯洛的需要层次论具有一定的客观因素,它是西方行为科学的重要理论依据。

5. 人性本善学派

人性本善理论或 Y 理论是美国麻省理工学院教授麦格雷戈(Douglas McGregor)于1960年提出的。他在《企业的人性面》一书中将传统的管理理论称为 X 理论,在对 X 理论批评的基础上,提出了 Y 理论。与传统的认为人性恶的管理理论不同,麦格雷戈对人性持有一种乐观的观点,因而主张采取人性激发的管理方式,主要表现为民主领导、人人参与、积极沟通、满足需要、潜能发挥和适当授权等。

6. 激励保健学派

该派以美国学者赫兹伯格(Frederick Herzberg)为代表。他曾于20世纪六十年代同美国匹兹堡地区的200多名工程师和会计师进行面谈,主题是关于工作的满足感。通过研究,赫兹伯格验证了人有两类需求,其一是作为动物的需求,避免身体上的痛苦与清贫生活;其二是作为人的需求,即追求心理方面的成长。前者可以称为保健因素,后者可以称为激励因素。保健因素是消极的,它的变化可以使人员的工作态度产生短期的改变;而激励因素是积极的,它可以激发人员的工作意愿,产生主动积极的工作态度,促进个人行为朝着优异方向发展。

行为科学的出现,给予行政学理论以巨大影响。一方面,与以事为中心,强调结构、原则和方法的传统理论不同,行为科学强调的是人的因素,主张以人为中心来设计管理工作。因此,它弥补了传统理论的缺陷,拓宽了人们的视野,开辟了新的研究领域。另一方面,行为科学的行政理论通过引进实证方法、社会研究方法、心理研究方法、数量统计研究方法等丰富了行政学的研究方法。当然,行为科学的行政理论有其自身的局限:侧重事实真相的实证研究,缺乏理论系统性和完整性;过分强调组织中人的因素,否定组织结构和法令规章的作用;研究范围局限于个人与团体,忽视外界环境对组织的影响。

(三)系统理论时期

传统时期和行为科学时期的理论对组织与管理问题进行了多方面的探讨,提出了许多有价值的见解,同时又带有各自的片面性和局限性。20世纪60年代以来,系统理论力图克服以往理论的片面性,并为其综合提供了条件。系统理论认为系统内部要素是相互制约的,系统与环境之间也处于经常的相互作用中,因此,对于组织与管理问题的研究不能孤立地进行,而必须加以综合的考虑。这样,系统方法为行政理论的研究开拓了更为广阔的前景。

系统理论由奥地利生物学家贝塔朗菲(Ludwig Bertalanffy)首创。第二次世界大战以前,他就开始了系统理论的研究,1968年3月,出版《普通系统论的基础、发展和应用》一书,全面阐述了他的系统思想。此后系统理论发展迅速,被广泛引入各个学科,它与行政学和管理学相结合,形成了系统管理理论。其主要学派如下:

1. 帕森思(Talcott Parsons)的社会系统理论

帕森思是美国著名的社会学家,他认为社会是一个系统,组织是社会系统中的小系统。在系统环境下,任何组织都要解决四方面的问题,即适应环境、目标达成、完整统一、形态维持。帕森思进而划分了三个层次来分别解决上述问题。其一是策略层次,负责解决组织的适应问题,即根据不断变化的环境制定和调节决策;其二是协调层次,负责组织内部的协调;其三是技术层次,负责运用各种技术手段实现组织目标。上述三个层次相互独立,各有其不同的职责权力和组织形式。

2. 卡斯特(Fremont E. kast)的开放系统理论

美国学者卡斯特和罗森茨韦克(James E. Rosenzweig)认为组织是个开放系统,它与其环境交换信息、能量和材料。组织环境分为两类,一是社会(一般)环境,包括文化环境、工艺技术、教育环境、政治环境、法律体制、自然资源、人口特质、社会环境和经济环境;二是工作(具体)环境,包括服务对象、供应者、竞争者、社会政治、技术。社会环境的作用在于影响某一特定社会中的一切组织,而工作环境则更直接地影响着个别组织。因此,各类组织作为一个开放系统,必须要具有适应环境和改善环境的能力。另外,开放系统理论不仅重视组织与环境之间的相互作用,也强调组织内各个分系统以及它们之间的关系。该理论将组织划分为目标与价值、技术、社会心理、结构和管理几个分系统,并认为传统理论强调结构和管理分系统,从而重视制定计划;行为科学家强调社会心理系统,把注意力集中在激励、群体动态性和其他有关因素上。而开放系统理论则从整体的角度出发,克服了二者的片面性和封闭性,进而建立起更为完整的理论体系。

3. 生态理论

生态学是生物学的分支,它以各种生物之间及生物与外界环境之间的关系为研究对象。最早运用生态学来研究行政理论的是美国学者高斯(John Merriman Gaus),他在 1947 年出版《政府的生态学》一书,认为政府组织与行政行为必须考虑生态环境的因素。美国另一位学者里格斯(Fred Riggs)是运用生态学观点研究行政学的集大成者,其代表作为《农业型与工业型:走向比较行政的模式学》和《行政生态学》。里格斯认为政府组织及其活动是受环境影响的生态系统,它必须要考虑对环境的适应性。里格斯的重要贡献还在于运用结构功能分析法和物理学光谱分析上的概念将行政模式划分为融合型、棱柱型和绕射型三种形态,试图确立一套能解释各种类型社会的行政模型。里格斯的观点尽管未臻完善,但其理论价值是明显的,它不仅为比较行政的研究开辟了一个新的视角,而且也指明了各国行政必须要注意各自的环境,必须从本国国情出发,建立适合本国环境的行政制度,而不能盲目照搬别国的行政体制和方法。

4. 权变理论

权变理论是 20 世纪 60 年代末、70 年代初在西方国家形成并流行的一种管理理论。主要代表人物卡斯特、罗森茨韦克、卢桑斯(Fred Luthans)等人。权变观是从系统理论和生态理论发展而来,它在承认组织与其环境之间的相互联系和各分系统之间的相互作用的基础之上,探求最适宜于具体情况的组织设计和管理行动。由于每个组织与其环境之间的联系不同,组织内部各分系统的相互关系也不同,那么,在管理中要根据组织所处的内外条件通权达变,不能企求所谓普遍适用的、最好的管理原则和管理方式,一切以时间、地点和条件为转移。因此,权变管理就是依据环境自变量和管理因变量之间的函数关系来确定相应的组织结构、领导方式和管理机制,从而使组织与管理更为有效。

通过以上介绍可以看出,系统理论为人们提供了一种重要而有效的思维方法。它突破了传统理论和行为科学的封闭性并弥补了二者的缺陷,注重对组织进行整体分析,重视组织与环境的交互作用以及组织内部各组成要素的相互影响,确认了弹性管理原理。因此,它为人们探索行政现象提供了更为完整和灵活的方法。当然,由于组织与其环境之间的关系以及心理、社会现象比较复杂,因此,在研究上还存在许多困难,有待于进一步实践和反复论证。

现代行政学经过不断发展和完善,已经成为举世瞩目的新学科。行政学的研究给世界各国带来了明显的社会效益,进一步激发了专家学者探求行政管理规律的广泛兴趣。近几十年来,行政学研究发展迅速,出现了某些新的发展趋势,具体表现为:

1. 研究领域日趋扩大

现代行政学已经突破了传统的行政学的狭隘视野,从所谓的"纯行政"的研究走向政治与行政相结合的研究,重视对行政过程中的政治因素的探讨;从对行政现象进行封闭式的研究走向开放式的研究,重视社会环境对行政管理的影响;从一般行政学的研究走向区域和专业行政学的研究,注重地方行政、部门行政的探讨;从公共行政研究走向公共管理的研究,重视非政府公共组织在社会事务管理和服务中的作用。

2. 研究重心发生了转移

从过去注重原理、原则的研究转移到注重具体客观事实和具体案例的实证研究;从注重组织结构和规章制度的静态研究转移到注重组织内部人与人之间和组织与环境之间交互作用的动态研究;从注重行政组织中的生理条件和生理需要的生理研究转移到注重满足行政主体精神需要的心理研究;从行政管理的机械效率观的研究转移到注重社会效能观的研究;从注重行政执行的研究转移到重视行政决策理论的研究。

3. 新的理论和方法不断引进

行政学的发展已使其由单科的研究进到重视科际协作的研究。作为具有边缘或交叉性质的行政学,广泛吸收了现代社会科学和自然科学的新理论、新方法,例如系统论、信息论、运筹学、统计学、行为科学和决策学等。这些理论和方法的引进,可以使行政者根据不同的理论和方法,从不同的角度研究行政管理,进而促成现代行政学的繁荣与兴盛。

三、中国行政学的发展概况

中国是世界上的文明古国,行政管理有着悠久的历史。在两千多年的封建社会的历史上,逐步形成了一套以大一统的国家行政组织体制、官吏管理制度和监察制度为主要内容的行政管理制度。中国封建社会的行政制度和方法对其他国家的行政管理产生过重大影响,至今仍受国外学者的重视。

然而,作为系统的、独立的理论体系的行政学,产生于西方资本主义国家。随着近代西学东渐,行政学被介绍引进到中国来。早在1896年,梁启超在《论译书》中就提出"我国公卿要学习行政学"的倡议。中国江南制造局于19世纪末20世纪初翻译出版了《行海要术》、《行政纲目》、《行政学总论》、《行政法撮要》等著作,使西方行政学在中国传播开来。20世纪三十年代开始,中国学者撰写的行政学专著陆续问世。1935年,上海商务印书馆出版张金鉴的《行政学之理论与实际》,这是中国第一部行政学专著。与此同时,行政学开始步入高等院校的殿堂,被列为政治学系的必修课程,有的学校还招收行政学的硕士研究生,并选派一定数量的留学生出国深造。除了理论界的行政学研究之外,当时的国民党政府从政治需要出发,也进行了行政学研究。1934年,行政院内部设立行政效率委员会,并出版《行政效率》半月刊,编译了行政学丛书。后改为行政效率促进委员会,由国民政府行政院直接领导。

新中国成立后,开始了行政管理的新时期。党和政府为了适应新时期新任务的需要,开始积极探索社会主义行政管理的重大理论与实践问题,并为中国行政管理状况的改善作了巨大努力,为社会主义革命和建设的顺利进行提供了重要的保证。但是,中国的行政管理仍然存在着许多弊端,虽几经改革却未能根除。其原因固然很多,但主要原因之一是忽视了行政学理论的研究。建国初期,行政学专业和课程即被取消。这对中国行政学和中国行政的发展造成了不可弥补的损失。

中共十一届三中全会以来,经过拨乱反正,纠正"左"的错误,为政治学、法学、社会学以及行政学的恢复和繁荣创造了良好的政治条件。自1982年起,行政学这门学科发展非常迅速,受到了党和国家领导同志的高度重视。1984年8月,国务院办公厅和劳动人事部在吉林联合召开了行政管理学研讨会,发表了《行政管理学研讨会纪要》。9月,国务院办公厅正式发文,号召各省、市、自治区政府高度重视行政管理学的研究,开创研究行政管理学的新局面。不久,中国行政管理学会筹备组正式成立,并创办了第一个全国性的行政管理学专业刊物《中国行政管理》,各省、市、自治区相继成立了行政管理学会和行政学院。劳动人事部还成立了中国行政管理学研究所和劳动人事学院。截止到2008年,全国已有321所大学开设了行政管理学专业。此外,党校系统、社会科学院系统、成人教育系统和现代远程教育系统纷纷成立研究机构和教学机构。与行政管理学教学和研究机构完善的同时,一批行政学论著相继问世,同时引进和翻译了一批台湾学者和西方学者的行政学教材和著作。近年来,中国学者和实际工作者在从事理论研究的同时,注重理论联系实际,广泛而深入地探讨了有关中国行政改革的重大问题,并取得了一定的社会效益。

在今后行政学的发展中,应当坚持:第一,体现中国的特色,突破传统行政学的界限,实现中国行政学实质性的发展。第二,坚持理论联系实际,重点解决当今中国行政发展和社会发展中的重大问题。第三,进一步加强行政学的跨学科、跨专业的综合性研究。第四,继续加强行政学的分支学科和部门行政的研究,促进中国行政学体系的整体性繁荣。第五,加强比较行政研究的力度。

在新的世纪,根据对中国行政学发展现状分析以及考虑到上述原则,应当在以下几个方面积极推进行政学研究的发展。第一,基础行政学研究。基础行政学重点研究行政学的基础理论和方法。中国行政学基础理论的研究还较为薄弱,理应加强这一方面的研究,争取在不太长的时间内,出版一定数量的行政学名著,为中国其他行政学研究奠定坚实的理论基础。第二,应用行政学研究。中国行政学研究的薄弱环节之一,就是行政学研究在一定程度上落后于行政管理实践和社会的发展,不能为行政发展和社会发展提供充分的理论支持。因此,中国的行政学必须紧跟社会、时代进步的步伐,面对市场经济的建立、市民社会的形成、知识经济的兴起、社会转型的发展、信息社会的来临,加强应用行政学的研究,以期发挥行政学自身的社会价值。第三,发展行政学研究。改革开放以来,中国行政学界对于行政发展给予了高度的关注,结合中国经济体制和政治体制改革,重点研究了政府职能转变、行政体制调整、人事制度改革,以及机构精简、简化办事环节和办事程序等问题,试图从根本上提高行政管理的质量和效率。然而,相比较而言,对于发展行政问题的研究却显得不够。事实上,研究行政发展只是行政学内容的一个方面,提高行政管理的质量和效率本身不是目的,其目的是为了更好地促进整个社会的进步。因此,中国行政学在现有研究的基础上,应当重点加强发展行政的研究,探讨社会各领域发展的行政管理问题,以促进我国各项建设事业的良性发展。

第三节 学习和研究行政学的意义和方法

一、学习和研究行政学的重要意义

行政学是一门应用性很强的新兴学科,其基本原理、原则和方法运用于行政管理实践,对于克服行政弊端,改善政府管理,增强行政能量,促使政府高质量高效率地管理并服务于社会起到了十分重要的作用。因此,深入学习和研究行政学,推进中国行政学的普及和发展无疑具有重要意义。

(一)有利于掌握行政管理规律,正确发挥国家行政管理职能和行使国家行政权力

行政是现代政治的心脏,是支撑整个社会生活的一个重要杠杆,其地位和作

用极为重要。行政管理的成败直接关系着国家和民族的兴衰。由于现代行政职能多样、内容广泛、过程复杂,因此,任何执政者都必须努力成为行政管理的行家,真正学会管理。列宁在十月革命后就明确指出:"社会主义政党在世界历史上第一次基本完成了夺取政权和镇压剥削者的事业,紧接着就要解决管理这个任务。"①"整个关键不在于政权,而在于是否会管理。"②所谓会管理,就是能够把握行政管理规律,正确地发挥行政职能和行使行政权力,运用科学的理论、原则、方法和手段进行行政管理。自建国以来,中国行政管理有许多成功的经验,但在某些方面还没有作到会管理。在改革开放之前,在中央与地方的关系上还没有科学地划分二者的权责,没有合理地处理中央集权和地方分权的关系,以致于一放就乱,一统就死;在政企关系上政府对企业管得太紧,统得过死,抓得过细,包得太多,窒息了企业的活力;在干部人事管理上不分对象,不分类别,用陈旧单一模式笼统管理;在行政决策方面不重视科学原则和程序,决策体制不健全,决策失误时有发生。因此,为了建立一个懂科学、会管理的政府,就必须要进行行政学的学习和研究,以期掌握行政管理规律,更好地履行政府职能。

(二)有利于提高行政效率

中国原有的行政管理体制弊端重重,机构重叠、层次繁多、部门林立、人浮于事、职责不明、互相扯皮、缺乏时间观念和经济观点、不讲效率和效益几乎成为通病,已经影响到社会主义现代化建设的顺利进行。因此,必须对原有的行政管理状况进行改革,而改革正是需要行政理论来指导的。因为从某种意义上说,行政学是研究行政管理如何才能高效,如何才更经济的一门学问。换言之,行政学研究行政管理如何才能正常协调,指挥如何才能灵活高效,办事怎样才能迅速、准确和无误。例如,就行政组织的结构来说,在纵向上应该设立多少层次才能既不至于失控,又不致于束缚下级工作的积极性和主动性;在横向上怎样合理划分部门之间的权责,作到权责分明,避免相互扯皮、争功诿过等。这些都是需要加以研究和解决的。因此,只有努力学习、研究和运用新的行政理论、原则和观念,改善工作方法和办事程序,才能有效地提高行政效率。

(三)有利于迎接当前世界科学技术革命的挑战

当代世界正处在科学技术迅速发展的时代,科学技术发展正经历一场革命。国外有的学者声称世界正面临第四次产业革命。原子能的利用,电子计算机的诞生和发展,海洋和外层空间的探索及开发,新兴材料的广泛运用等共同构成了

---

① 《列宁选集》第3卷,人民出版社1972年版,第496页。
② 《列宁全集》第33卷,人民出版社1984年版,第165页。

这次革命的主要标志。当代科学技术的迅猛发展给社会经济生活带来了许多新情况新问题,对管理提出了更高的要求。国外一般公认,先进的科学技术和先进的管理是现代文明进步的两个车轮,二者缺一不可。现代社会的发展,需要科学技术,而科学技术的发展又取决于科学的管理。由于社会的管理水平往往落后于科学技术的发展,因而在科学技术迅速发展的今天,如不尽快提高管理水平,科学技术就难以推广和运用,不能充分发挥其应有的作用。因此,对于正在进行改革开放的中国来说,必须适应当代科学技术发展的要求,革除落后的管理体制和管理方法,学习和借鉴世界各国先进的管理手段和技术,实现行政管理的科学化和现代化,为科技进步、经济繁荣和社会发展铺平道路。

(四)有助于提高行政人员的素质,造就一支强大的行政管理队伍

国家行政管理需要大批公务人员,公务人员队伍素质的高低,决定着政府行政能量的大小和行政工作的成败。正因为如此。世界各国都将提高公务人员的素质当成是一项兴邦治国的重要任务。美国在20世纪上半叶,就开始在大学开设行政学课程,之后,除了约有500个左右的政治学系开设这门课外,还有60多所大学设有行政学院、行政研究院和研究中心,并有继续增加之势。法国和英国分别于20世纪40年代和60年代创立行政学院和文官学院。原西德在20世纪60年代也开办了行政学院和高级行政研究所。至20世纪70年代,世界上就有100多个国家制定了关于行政学的培训计划,兴办各种类型的行政学院或研究机构。这对于提高各国公务人员的素质,改善政府行政方面起到了积极的作用。在中国,由于特殊历史原因所致,原有的行政人员队伍文化知识和管理知识较差,专才多,通才少,难以胜任现代社会的行政管理。为了改善这种状况,必须对行政人员队伍进行广泛的、经常的培训,而行政学是所有行政领导和一般行政人员的必修课。只有掌握了行政管理学知识,才能够造就一支强大的行政管理队伍,实现我国行政管理的高效化、科学化和现代化。

二、学习和研究行政学的素养和方法

(一)学习和研究行政学的素养

学习和研究行政学应当注重知识、素质和能力的培养和协调发展,具备相关的基本素养和基本能力。

第一,运用多学科进行研究的能力。行政学是一门边缘性学科,特别强调多学科的交叉性研究。因此,学习者应当掌握与行政学有关的多学科知识,并注重融会贯通,以具备对社会事务及其行政管理进行综合研究的能力。

第二,主动探寻和解决问题的能力,即善于发现社会公共生活和行政管理实践中的问题,并从理性思维出发,从多种角度探寻解决问题的途径,从而影响行政管理实际进程的能力。

第三,提炼和表达新范畴的能力,即能够从理论和实践相结合的角度,概括出内含丰富的新范畴,以为行政学的发展提供新的思维视角和可借鉴的分析框架。

第四,具有良好的比较研究的意识和能力,掌握现代社会科学研究方法、数学分析手段以及计算机技术等。

第五,具有科学态度和创新精神,遵循科学研究规律,具有良好的学术道德,遵守学术规范,以行政学的知识传承和学术创新作为永恒使命。

第六,以准确、简洁、规范的学术语言表达行政思想的能力。

(二)学习和研究行政学的方法

1. 历史研究方法

历史方法是各种社会科学都适用的研究方法,行政学的研究也不例外。该方法从历史分析入手,考察行政管理的起源、类型及其历史演变,探索行政管理规律,寻求对现今行政管理具有指导意义的原则和原理。中国行政管理源远流长,在长期实践中积累了丰富的行政管理经验,是一份珍贵的历史遗产。西方各国历史上的行政方式各异,方法多样,也值得我们学习和借鉴。总之,采用历史研究方法,可以鉴往以察来,援古以助今,为现今的行政管理服务。

2. 比较研究方法

比较方法也是社会科学研究的一个重要方法。通过各国行政之横向比较,能够区别各国行政的类型和特征,扩大视野、鉴别优劣、取长补短、为我所用。国外行政学研究比较重视比较研究方法,这已经成为20世纪中叶以后行政学的治学趋势。中国恢复行政学研究时间不长,尤应注意比较方法,吸取国外合理的有益的经验,促进中国行政学的发展。

3. 法学研究方法

这是早期行政学家运用的方法。在早期行政学者那里,行政是政府官员依法行使其职权的活动。官员的行为必须以法律为依据,非经法律不得为任何人设定权利,也不得使其承担义务。这个时期的行政学者所研究的对象,多侧重于政府的现行法律法规。德国学者史坦因于1865年所著《行政学》即是这种研究方法的代表作。从法的角度研究行政至今仍有其价值,它对于克服行政管理中的人治,实行依法行政具有十分重要的意义。

4. 案例研究方法

该方法主要是通过集中地研究一个已经发生过的行政典型事件,在尽可能详尽地收集各种相关事实材料的基础上,用公开、客观的态度予以描述,将有关的人、事、情景以及当事人的观点交给读者评判,以此来验证某一个或某些理论命题,加深对原理的理解,把握理论的普遍适用性[①]。案例研究方法是值得借鉴和推广一个方法。因为案例最集中、最典型地反映着客观实际。只有深入地分析和研究案例,才能从个别到一般、从具体到抽象、从现象到本质,更深刻地理解行政学的基本原理。

5. 理论研究方法

理论研究方法就是通过对纷繁复杂、变动不居的行政现象进行分析,从行政实践的个性中发现其共性,从偶然中发现必然,从现象中发现本质,概括出一般性的原理和定律,以此作为行政活动的准则。早期行政学者怀特的《行政学导论》和魏劳毕的《公共行政原理》即理论研究法的代表作。这种方法的优点是提纲挈领、删繁就简、高度概括。在中国公共行政还未实现科学化和规范化的情况下,应积极加强行政学的理论研究,以系统、科学的理论知识指导中国的行政管理实践,提高中国行政管理的水平。

6. 行为科学研究方法

该方法以组织中的人和群体的行为为基点,重视人的作用,强调从心理学、社会学和人类学的角度研究人的问题,注重社会环境、人的相互关系和个人利益对提高工作效率的影响。行为科学研究的目的在于探索人们的行为规律,寻找调动积极性的方法,以实现预测和控制人的行为的目的。行为科学是近几十年来兴起的一种理论方法,最初起源于美国,现已受到人们的普遍重视,成为现代管理学的支柱之一。

7. 系统研究方法

系统方法是从系统工程理论移植过来的,从20世纪50年代开始运用于行政学研究。所谓系统方法,就是把研究对象置于系统的形式中,从系统的整体性出发,从系统与要素、要素与要素、系统与环境的相互联系和相互作用的关系中综合地考察对象,从而确立优化目标及其达成目标的方法。用系统的方法研究行政管理,可以统筹全局,分清主次,掌握要点,有利于了解行政系统与其环境的互动现象,有利于明确行政系统内部各组织要素和各管理环节之间的联系,有利于把握行政系统的全貌和对整个行政过程进行全面的考察。总之,系统方法为人们研究和解决复杂对象的问题提供了重要的方法和手段,对推进行政管理学研究具有较强的应用价值。

---

① 参见《中国政府管理百科全书》,经济日报出版社1992年版,第58页。

第二章 行政类型

第一节 中国古代社会的行政

一、中国古代社会的行政管理体系

(一)上古三代与春秋战国时期的行政管理体系

大约从公元前21世纪起,中国进入阶级社会,夏、商、周三代迭相兴起,君主专制国家体制规模初具,这一时期的行政管理以王权为核心,有一个由低向高的发展过程。

夏朝的最高统治者称"王",是国家权力的执掌者,总领国家军政事务的最高统治权。根据当时行政需要,夏朝设立了四辅臣、六卿、稷、羲和、太史、瞽、官师、大理、六事之人、遒人、啬夫等官职,分掌顾问议事、行政事务、农业生产、天文历法以及祭祀、教育、刑法、军事、税收等事务。由于夏朝处于国家形成的初级阶段,因此设官分职比较简单,权责区分也不严格,总体上尚未形成完备的行政管理体系。

在建立于公元前16世纪的商朝,国家权力机关与组织较之夏朝有了一定的发展,分为"内服"和"外服"两大系统。前者指商朝都城和商王直接统辖的王畿地区;后者指王畿以外的封国、方国等边远地区。内服系统包括中央政务官、专司祭祀占卜、掌乐事、主管典册和军事的官员。在王畿地区,出现了初级的行政区划,设有"里君"进行管理。宫廷内设有掌管商王的日常起居和王室财产的官职。"外服"系统主要是受商王册封的诸侯,他们在各自封国内设官行政,对中央政府负有纳贡服役、随商王出征等义务。殷商的行政有着浓厚的宗教神学色彩,政府的行政事务与祭祀、占卜往往混而不分,表明了商代行政管理中的落后成分。

周朝建立于公元前11世纪，定都镐京，史称西周。周朝统治者在宗法制和分封制的基础上，建立了较完备的行政管理体系，对后世行政管理影响深远。西周的最高统治者是周王，又称"天子"，是集政权、神权和族权于一身的"天下共主"，全权治理天下。在中央行政方面，由太师、太保、太傅组成的辅政官称"三公"，监护、辅佐和保护周王治国理民，地位甚高，权力亦大，必要时可以代行王权。中央行政军事司法部门称"卿事寮"，卿事是中央政府的最高行政长官和军事将领，多由诸侯或畿内封君担任。卿事以下设"三事大夫"，即司徒、司马、司空，分掌农业生产、征发徒役、征收军赋、工程营建等事务。周朝负责历法、祭祀、文化教育等项事务的部门称"太史寮"，主管官员为太史。太史的政治地位很高，可直接参与国事谋划。西周宫廷官员的设置承袭殷商，又有所发展，机构庞大，分工愈细。在地方行政方面，西周实行分封采邑制，凡王畿以外的土地均分封给王室宗亲或异姓功臣，称为诸侯。诸侯的行政建制规模有一定的限制，并对天子负有纳贡服役的义务。一般诸侯国高级官员的任命要受天子节制，形成了层层节制的国、邑两级地方行政管理体制。

公元前771年，周平王东迁洛邑，史称东周，又称春秋战国。这一时期的行政管理出现了重要变化：第一，宰相制取代世卿制。世卿多为王族，他们爵位世袭，势力很大，经常把持国政，甚至废立国君。诸侯国君为加强集权，开始设立相职为百官之长。到了战国时期，宰相成为定制，为官僚制度的形成提供了条件。第二，郡县制代替分封采邑制，县大夫和郡大夫由国君直接任免，加强了君权对全国行政的控制。第三，出现了官僚制。官僚指由君主直接任命和撤换的行政官员，职位不得世袭，没有封地，以领取俸禄作为主要收入来源。春秋战国的变法运动为官僚制的形成创造了条件。到了战国末年，官僚制度已基本形成。在君主政治条件下，官僚是君权的派生或再分配形式。官员的权责以印玺为凭证，受君主节制统辖；君主通过监察和考核制度，利用刑赏二柄驾驭官僚体系。春秋战国时代，官僚制度在历史的震荡中与集权化君主专制政治体制同步发展，为秦汉乃至后世中央集权君主专制政治的完善和行政体制的系统化奠定了基础。

(二) 秦、汉、魏、晋、南北朝时期的行政管理体系

公元前221年秦统一中国，建立了中央集权的庞大帝国。为了在制度上确认和巩固君主的至上权威，做了一系列建设性工作，计有议帝号，君主称"皇帝"，皇帝的命或令称"制"、"诏"，印称"玺"，居处称"禁中"，驾临曰"幸"等。汉承秦制，因而不改。秦汉以后的中国社会，皇帝制度是一切社会政治制度的中轴，也是行政管理的基础，在历史的长河中始终保持着相对稳定。

在皇帝制度的基础上，自秦起始，国家行政管理日渐完善。在行政体制方

面,中央政府行政体制的确立是秦、汉的三公九卿制。三公为丞相、御史大夫、太尉。丞相是百官之长和辅佐皇帝的最高行政官,权限极宽,凡军国要务,无不参与。御史大夫是副相,协助丞相治理国政,掌管文书档案和监察文武百官。太尉是最高军事行政官,持掌军政但无调兵权。三公皆开府治事,自辟僚属。九卿为政令执行部门,各辟属官,奉诏办事。其具体设置如下:奉常,汉改称太常,掌宗庙礼仪;郎中令,汉改称光禄勋,掌皇帝侍从警卫;卫尉,掌宫门守卫;廷尉,掌刑狱司法;太仆,掌宫廷车马仪仗;宗正,掌皇族事务;典客,汉改称大行令、大鸿胪,掌少数民族事务;治粟内史,汉改称大农令、大司农,掌国家财政;少府,掌皇帝私人财物及所有宫廷杂务。三公九卿的任免权完全操于皇帝手中,皇帝则通过三公九卿主宰全局,治理天下。

西汉中期武帝当政,为加强皇权,削弱相权,采用了重用贴身侍从,使其与闻国政,以及提高少府属官尚书地位的办法,令大司马大将军领尚书事,形成了"内朝"官制。原有的三公九卿府称为"外朝"。"内朝"参与决策,"外朝"转成执行机构。从而将行政决策大权全部揽到皇帝手中。西汉晚期,三公改为司徒、司马、司空,有位而无权,聊备顾问。到了东汉,少府属下的尚书台成为行政中枢机构。尚书台下分设六曹,是为六部制的前身。

曹魏时期,尚书台从少府属下独立出来,成为最高国家行政机关。南朝梁时改称尚书省,尚书令和尚书仆射号称"宰相"和"副相",为皇帝直属的最高政务官。与此同时,魏文帝将秘书监改为中书省,掌管奏章机要,草拟诏令。到了晋代,中书省成为决策机关,尚书省降为执行机构。晋代又设门下省,主要由皇帝贴身侍从官组成,参与决策。到了南北朝时期,三省长官尚书令、中书令、门下侍中并称宰相,此时三省制取代了三公九卿制,成为中央行政体制的主体组成,集体宰相制代替了秦汉的丞相制。

地方行政体制自秦代起始,正式在全国实行郡县制。汉代因袭秦制,实行郡县两级制,魏晋南北朝实行州、郡、县三级制。

(三)隋、唐、宋、元时期的行政管理体系

隋、唐是中国封建社会的鼎盛时期,在国家行政方面也出现了一些十分重要的制度。从行政体制来看,汉末以来的三省六部制逐渐形成,到了唐代中期定型为吏、户、礼、兵、刑、工六部。每部下辖四司,计有二十四司。据《唐六典》,吏部掌全国官吏之选授、勋封、考课;户部掌全国土地、户籍、徭役赋税;礼部掌礼仪、祭祀、燕飨等;兵部掌军卫武臣选授和军事行政;刑部掌司法刑狱;工部掌农林水利、百工屯田等。六部制为以后各代所沿袭。

在六部之下,唐代又有九寺五监制。九寺为太常寺、光禄寺、卫尉寺、宗正寺、太仆寺、大理寺、鸿胪寺、司农寺、太府寺；五监为国子监、少府监、将作监、军器监、都水监。九寺五监是办事机构，受尚书六部辖制。尚书六部作为政务机关"以符下寺"，后者则"符到奉行"。

宋代承袭三省六部制，但三省长官并无实权。中央另设政事堂掌行政决策，枢密院掌军政，设度支司、盐铁司、户部司合称"三司"，掌财政，史称"二府三司"。这些部门彼此间并无统属，完全听命于皇帝。

元代蒙古统治者承袭"汉法"，在中央实行一省制，即以中书省作为最高行政机构，总揽全国政务。设中书令，右、左丞相，平章政事，右、左丞和参知政事等，统称"宰执"，共同议决国家军政事务。中书省下设六部，基本沿用前代建制。元代又设枢密院掌军政，主管官员枢密使例由皇太子兼任。

在地方行政方面，隋初实行州县两级制，后改为郡县两级制。废除了地方官自辟僚属的旧制，规定县令以下官吏三年终任，加强了中央对地方的控制。唐承隋制，实行州县两级制。州设刺史，分曹治事。县设县令，下设司户佐、司法佐、博士，分掌财政、司法和文教事务。又在京都等重要地区设府，置府尹统辖。在少数民族地区设都护府，实行特殊的民族管理政策。此外，唐初在全国设有十道监察区，中期以后演变为行政区划，设节度使统领军政事务，结果成为割据势力，导致了唐末的分裂。

两宋实行路、州、县三级制。路设经略安抚使司、转运使司、提典刑狱使司、提举常平司等四套管理机构，分掌民政、军政、财政、司法、监察和赈荒救灾等事务。州设知州，主管地方行政。与州同级的还有府、军、监。府设在经济政治重要地区，军设于边境关隘，监设在矿区。州级官员三年一任，并且不许在本乡为官，以防勾结地方，形成势力。县设知县，主管基层行政事务。元代因袭宋代的路、州（府）、县制度。为了加强中央对地方的控制，又在地方上设置十一个行中书省，简称"行省"，为中央行政机关中书省的派出机构，行省长官有丞相、平章政事等，主要由蒙古贵族担任，总领军政，权力很大。元代的行省是近代省制的前身。

（四）明、清时期的行政管理体系

明、清时代，中国古代君主政治开始走向衰微，但君主专制的程度较之前代则有过之而无不及。在中央行政制度方面，君主专制的加强导致了君权与相权的冲突日趋激化。明太祖朱元璋在秉承前代各项制度的前提下，废丞相，升六部，以六部作为中央最高行政机构，直接隶属于皇帝。然后在宫内设殿阁学士，作皇帝的助手，参与决策咨询。明成祖时正式成立内阁制，设大学士若干，为首者称"首辅"。清初延用"内阁"。雍正时因对西北边疆用兵，设置"办理军机处"

协理军务,内设军机大臣若干,多为兼职。战后,军机处保留下来,成为办理国家军政要务的最高行政机构,内阁名存实亡。明代内阁和清代军机处均不得与六部形成统属关系,实为皇帝的秘书顾问部门。从晋代集体宰相制到内阁制和军机处的形成,表明了皇帝个人权力不断强化的趋势。

在地方行政方面,明、清时期实行省、府(州)、县三级制。明代的省仿照宋代,建立承宣布政使司、提刑按察使司、都指挥使司三套管理机构,分掌民事财政、司法监察和军事。三司互不统属,各司其职,相互监督。虽有利于中央对地方的控制,却削弱了地方行政的管理效力。清代对此进行调整,设总督衙门,统管二至三省军政和民政事务;又设巡抚衙门,总领一省行政事务,督、抚之间相互监督。又在一省之中设布政使,管民事财政;按察使,掌司法刑狱。巡抚称"抚台",布政使称"藩台",按察使称"臬台",三台相互牵制,便于中央控制。明、清的府、县设有知府、知县,掌管地方行政。此外,明、清时期还在地方上设有专职行政机构,主管专项事务。如明代的督粮道、提学道、兵备道、盐法道、屯田道、漕运道等。清代有学政衙门、漕运总督衙门、河道总督衙门、盐务衙门等。这些机构的设置充分表明了中央集权在上,地方分权在下的行政特点,与明、清以来君主专制政治的不断强化密切相关。

纵览中国古代政府管理体制,可以发现以下三个基本特点:第一,君主政治体制自上古三代以来长期延续下来,皇帝是全国的最高权力中心,君主的行政权力呈一种不断强化的发展趋势。第二,中央和地方行政体制总是伴随着君主专制的程度和时代特点而不断地调整变化,体现了中国古代统治阶级具有较高的自我政治调节能力。第三,从总体来看,中国古代行政管理的制度建制和操作机制相对完备,具有较强的系统性,为后世留下了一份宝贵的文化遗产。

二、中国古代社会的行政监察

从中央到地方建立严密的行政监察系统是我国古代行政管理的一大特点。早在秦汉时期就有了专门的监察机构和监察制度。秦代的行政监察制度已经初具规模,三公之一的御史大夫就是全国最高监察官员,执掌"典正法度"。御史大夫开府治事,属官有御史中丞、侍御史、监御史等。其中御史中丞主管纠察朝中官员,监御史派驻地方,监理诸郡。两汉继承秦制,在中央设御史台,由御史大夫专司监督。又将全国划为十三部州,即十三个监察区,州设刺史,掌六条问事,权责重大,专司地方行政监督。至汉末三国,州逐渐形成行政区划。这一时期,统治者为了加强行政监督,便加强对御史台的控制和提高其权限,使之能对中央和地方各级官吏进行有效的监察。

在唐朝，随着国势强盛，中央集权逐步强化，行政监察制度也进一步完备。唐代统治者将御史台分成三个部分。其一台院，设侍御史，掌纠劾中央百官，推鞫狱讼；其二殿院，设殿中侍御史，掌纠举朝臣殿中违失仪节；其三察院，设监察御史，掌监理地方官吏。三院组织合理，权责严密。宋、元两代因而不改。元代称御史台为"内台"，与中书省、枢密院并称"三大府"，可见行政监察在行政体系中的重要地位。

明清时期，与强化君主专制统治相呼应，统治者极其重视行政监察。明代的御史台被列为"三大府"之一，与总政务的中书省，掌军事的都督府三足并立。由于行政权和军权实际上握在皇帝一人手中，因而御史台的地位就更加突出了。洪武十五年，明太祖朱元璋改御史台为都察院，又称"风宪衙门"，掌"纠劾百官，辨明冤枉，提督各道，为天子耳目风纪之司"。设有左右都御史、左右副都御史各一人，下辖监察御史一百一十人。都察院权责广泛，对上至中央下至地方大小官吏均可纠举弹劾，有权与刑部和大理寺共同审理重大案件。监察御史分掌全国十三道监察区，定期巡视，"大事奏裁，小事立断"。清代沿用明制，仍以都察院作为中央监察机关。又与刑部、大理寺合称"三法司"，掌理司法和重大案件。

总之，中国古代社会的行政监察制度历史悠久，比较完备，对于促使各级各类官吏忠实执行统治者的意图，按照统治者的要求和旨意行事，进而维护统治者的统治均起到了重要作用。

三、中国古代社会的人事制度

中国古代人事制度内容丰富，系统完整，它曾对西方近代文官制度以重大影响，对于搞好中国现代的人事行政工作也具有一定的借鉴意义。在中国古代人事制度中，以官吏的选拔录用制度最具特色，对后世的影响也最大，因此，在此重点介绍这一制度。

在奴隶社会时期，由于受宗法制度的影响，在用人方面的血缘宗亲关系异常强韧，形成了以宗法血统关系为特征的世卿世禄制，即贵族的爵位世代相袭。在全国形成了以天子为中心的庞大血缘宗亲关系网络，为君主专制"家天下"提供了制度保障。

中国第一个选拔任官制度是春秋战国时期开始实行的军功爵制，即按军功的大小，赐与官吏以田宅、食邑的爵禄制。秦汉南北朝时期，国家行政机构和官僚队伍日渐庞大，与之相应，官吏的选拔、任用、考课等文官制度也日趋完善起来。秦汉王朝在春秋战国"尚贤"思潮和注重真才实学选官方式的影响下，实行"察举征辟"制。"察举"是由地方政府定期向中央荐举人才，或依据皇帝诏令荐举;分不同的科目,如贤良、方正、孝廉、明经、茂才、文学等。"征辟"即"征召"和"辟除"。前者指皇帝诏请德高望重的名士入朝与政;后者指各级政府主管官员自辟僚属,"察举征辟"制在选用贤能方面具有一定的积极作用。

魏晋南北朝时期,"察举征辟"制逐渐废弃,取而代之的是"九品中正制",又称"九品官人法"。该制由"德充才盛"、"贤有识鉴"的现任官员任本籍州郡的"中正"官,负责察访品评本地人才,依品(门第)、状(德才)分为九等,即"上上、上中、上下;中上、中中、中下;下上、下中、下下"。然后据报吏曹,从中选用,充任各级政府官吏。"九品中正制"实行不久,弊端百出,最突出的是豪族世家把持中正用人之权,取士全凭门第,形成了"上品无寒门,下品无世族"的局面,结果是排斥人才,加剧了官场腐败。

隋唐时期在官吏选用方面以科举制取代了魏晋时期的"九品官人法"。隋文帝开皇年间,初创科举制,主要有秀才、明经两科,士人公开报名,开科考试,中试者随才录用。隋炀帝时增设进士科。唐代经济发展,政治稳定,文化繁荣,学风炽盛,科举成为选任官吏的重要途径。唐代科举分为常科和制举两种。常科每年一次,科目有秀才、进士、明经、明法、明算等。考试合格者只取得任职资格,需要经过吏部的任官考试之后才能获得官职。制举为皇帝诏考的恩科,不定时,参考者包括在职官吏。考试内容以策论为主,中选即可授予实缺,有职者可以升迁。此外,唐代还设有武举。

宋代科举制沿袭唐代,设进士、诸科和武举三种,考试分为乡试、省试、殿试。殿试进士取三甲:进士及第、进士出身、同进士出身。一甲三名为状元、榜眼、探花。中选者由皇帝赐宴,中状元者披红插金,夸官三日。宋代科举不经过吏部考试即授予官职。由于取士过多,无官可任,遂采职、官和差遣三者分任的办法。官是官阶,只享有相应的俸禄而无实职;职为加官,是荣誉称号而无实权;差遣虽无官名,却掌有实际职权。这样一方面有利于皇帝操纵人事权,加强中央集权,防止地方势力扩展;但另一方面由于"差遣罢,而官、职尚存,职落而官如故",造成冗官冗吏,加重了国家的财政负担。元代直到元仁宗时才正式恢复科举制,但政府权要部门均由蒙古贵族执掌,科举取士的规模和效果与宋代相距甚远,表明了元代统治者在官吏制度上的民族歧视政策。

明清时代均以科举制作为选任官员的主要途径。凡士人称为"童生",通过县级初级考试之后,称"生员",俗称"秀才",才具备了正式科举的资格。正式考试分乡试、会试、殿试三级。乡试为省级考试,三年一次,在八月举行,故称"秋闱",中试者为"举人"。会试由礼部主考,在乡试的第二年二月举行,称"春闱"。考中者可参加三月的殿试,称"进士"。中选者均授予官职。随着明清封建王朝日渐衰落,科举制弊端百出,如程序繁琐,考试内容腐朽僵化,徇私舞弊日甚一日等。科举制伴随着君主制政治的衰败而逐渐走向设落。

除了选拔录用制度之外,中国古代社会还有对各级官吏进行"课考"、"上计"、"四善"、"二十七最"等考核制度,禁止官吏与亲族在同一官署、同一地区为官的亲族回避制度,依据国家规定到达一定年龄交还官职的致仕即退休制度,以及调动、培训、升降、奖惩和俸禄制度等,从而形成完整、周密的人事管理体系,为封建统治者选拔、培养了一大批文化知识水平高,具有管理国家能力的有才之士。一方面对于维持封建统治具有重要意义,另一方面对于中国古代社会的文化、政治和经济发展也起到了一定的积极作用。

第二节 西方国家的行政

一、西方国家的政府体制

西方国家的政府体制有多种类型,一般分为总统制、内阁制、委员会制三种。

(一)总统制

总统制是以总统为政府首脑的西方共和制国家的一种组织形式。总统制源于18世纪末期的美国,目前有许多国家采用这种政府体制。在实行总统制的国家,总统既是国家元首,又是政府首脑,由其决定政策并独揽行政大权,政府重要成员由总统任免,对其负责并向其报告工作。总统有一定的任期和任届,由选民选举产生,对选民而不是对国会负责。政府与国会实行不相容原则,总统和政府成员不得兼任议员,不能列席或出席国会,总统也不得直接向国会提出法案。总统虽然可以对国会通过的法案行使否决权,但无权解散国会,国会可以对总统依法行使弹劾权,但不能因政策问题对总统和政府成员提出不信任案。在总统制政府中,由总统组织和领导内阁,各部部长组成内阁会议。内阁会议不定期,其成员也不固定。从内阁的作用上看,它不是决策机关,无权对重大国务作出决策,仅是总统的咨询顾问机构和执行性机构。法国由于总统制中有议会内阁制因素,故内阁中设有一些掌握实权的机构,但涉及到政治、军事、外交等重大决策仍要通过总统府内的有关机构进行。

(二)内阁制

内阁制是资本主义国家由内阁总揽行政权力并向议会负责的一种组织形式。该政府体制源于18世纪初期的英国,现为议会共和制和君主立宪制国家采用,是资本主义国家最普遍的一种政府体制。在内阁制政府中,内阁总揽一切行政权力,是最高国家行政机关和整个国家行政机关的枢纽与决策中心。国家元首一般不负实际政治责任,均由内阁负责。内阁由议会中占多数席位的政党组成,或由议会中构成多数席位的政党联盟组成。议会中的多数党即执政党,执政党的领袖经国家元首任命为内阁首脑,一般称为内阁总理或首相。内阁代表国家元首行使行政全权,通常只对议会负责,定期向议会报告工作,并受议会监督。如果议会对内阁通过不信任案时,内阁应辞职,或提请国家元首下令解散议会,重新选举议会,以决定原内阁的去留。实行内阁制的国家实行相容原则,即内阁成员通常必须同时是议会议员,一方面担任行政工作,一方面参与议会立法,议会的重要法案均来自内阁。这样,内阁实际上成为参与立法和执行自己制定的法律的超权力机构。

(三)委员会制

委员会制亦称合议制,是以委员会为政权组织形式的一种政府体制。瑞士是唯一长期实行这一体制的国家。其特征是,政府的行政权力不是集中于国家元首或政府首脑1人手中,而是由7人组成的联邦委员会集体行使。联邦委员会由联邦两院联席会议按多数比例制产生,委员不得兼任议员,任期4年,可连选连任。委员会实行集体领导,各委员权力和地位完全平等,重大问题共同讨论,多数决定并由全体负责。7名委员分任7部部长,但无权对本部的重大问题单独做出决定,而是须经联邦委员会指定的有关3人小组研究决定。联邦议会每年从7名委员中选举1人担任主席,即国家元首,任期一年,不得连任,期满后由副主席升任,同时另选出1名副主席,实际上主席职务是7名委员轮流担任。主席的权力很有限,只是对外代表委员会履行各种仪式、礼节,对内主持联邦委员会会议。联邦委员会是联邦议会的执行机关,它必须服从及执行联邦议会的法律和政策,而无权否决或退还复决,也无权解散议会。由于联邦委员会对议会不负连带责任,因此,议会也无权推翻联邦委员会。

二、西方国家的政府组成

西方各国政府一般由政府首脑和各部部长组成。美国政府的组成包括总统、副总统和各部部长,此外,总统还可以指定其他机构的负责人参加。英国政府包括全部大臣、执政党的督导员、王室成员和其他高级官员。一般来说,所有政府大臣都是内阁成员,但是,由于内阁是政府的领导核心,因此,内阁通常由财政大臣、外交大臣、国防大臣、内政大臣、大法官、枢密院长、掌玺大臣等职务重要的主要大臣组成。入阁的大臣为阁员大臣,不入阁的大臣为非阁员大臣。后者包括次要部长、政务次官、执政党督导员和少数皇室官员等。法国政府由总理、国务部长、部长、部长级代表和国务秘书组成，内阁成员人数不固定，由每届总统决定。日本内阁由总理大臣、各省大臣和国务大臣组成。总理大臣是内阁的首长和代表，负组织内阁和任免内阁大臣之责。各省大臣分别掌管各行政省（部），国务大臣兼任一些地位重要的厅和委员会的长官。

　　西方国家政府的产生程序，一般是经法定程序产生政府首脑，再由政府首脑提名组阁。在实行总统制的国家，总统由普选或由选举团产生，总统既是国家元首，又是政府首脑，政府其他成员均由总统任命。例如，美国总统经过选举团选举产生，担任各行政部部长、副部长、助理部长、独立机构长官、管制委员会委员以及总统办事机构的高级官员等政治行政长官中的大部分人经参议院批准由总统任命。这些官员对总统负责，并与总统共进退。在实行内阁制的国家，政府通常由议会中的多数党组成，由国家元首任命议会下院多数党领袖为总理或首相，内阁其他成员由国家元首根据总理的建议任命。例如，在英国，按照惯例，每次大选之后，英王授权多数党领袖组阁，并根据其提出的人选任命内阁成员。在这种情况下，英王一般对组阁人选没有挑选的余地，否则首相提出辞职，或拒绝组阁，会造成政治僵局。因此，英王对大臣人选取舍的影响不大。此外，在某些实行多党制的内阁制国家，由于常常出现没有一个政党在议院中拥有多数或稳定多数议席的情况，因此，一般只能由获得相对多数议席的政党或在得到个别其他政党的支持下出来组阁，或由几个政党联合组阁。在这种情况下，国家元首和议会议长在任命内阁总理方面起着重要作用。例如，在荷兰，女王在与两院议长及第二院政党领袖磋商后任命首相及内阁成员。

　　在政府机构设置方面，西方各国不尽相同，并且根据政府职能、国内外形势和实际需要以及政府的管理方式的变化而变化。其基本趋势是，随着政府职能和权力的扩大，政府机构数目不断增多，机构规模日益庞大。

　　美国政府主要由三类机构组成，即总统办事机构、内阁级部和独立管理机构。总统办事机构主要有总统办公室、行政管理和预算局、国家安全委员会、政策发展办公室、中央情报局等。15个内阁级部是：国务院、农业部、商务部、国防部、教育部、能源部、卫生和公共服务部、住房与城市发展部、司法部、劳工部、内政部、财政部、运输部、退伍军人事务部和国土安全部。各部一般设部长、副部长、总顾问、总检察官各1人。部长的职责是对本部的行政工作进行指导和监督，并在其主管业务方面为总统提供政策建议。除内阁各部外，美国还设有60多个独立管理机构，其中独立管制机构称委员会，独立事务性机构大多称局。独立管理机构由总统直接领导，对总统负责。这些独立管理机构在美国的政治、经济和社会生活中占有重要地位,它们可以在自己业务管辖范围内制定规章、执行规章和裁决纠纷,集立法、行政和司法三种职能于一身,被称为美国的立法、行政、司法以外的第四政府部门。较重要的有联邦贸易委员会、证券与交易委员会、国家劳工关系委员会、交通安全委员会、联邦海事委员会、原子能委员会等。

英国政府行政机构主要有内阁和政府各部。内阁设有办公厅,作为内阁办事机构,设常设委员会和临时委员会,分别解决经常性事务和某些特殊问题。常设委员会有:防务和海外政策委员会、经济战略委员会、内政和社会事务委员会、立法委员会。常设委员会下设分支委员会。英国政府设18个部:内政部,财政部,国防部,运输部,司法部,卫生部,苏格兰事务部,威尔士事务部,北爱尔兰事务部,外交和联邦事务部,就业及退休保障部,环境、食品和农村事务部,国际发展部,儿童、家庭和学校部,商业、企业和规划改革部,创新、大学和技能部,社区及本地行政部,文化传媒及体育部。

法国政府机构分为总统府、总理府和政府各部三类。总统府为总统的办事机构,是政治决策的中心,负责指导和监督政府活动。总统府设总统府办公厅、总秘书处、总统私人秘书处和总统私人军事参谋部。总理府下设总理府办公厅和总秘书处。法国政府各部设置的数目经常变动,大体数目为20个左右。现设的部主要有司法部,生态、能源、可持续发展和海洋部,健康与体育部,劳动、社会关系、家庭、团结与城市部,移民、融合、民族认同与发展团结部,教育部,经济、工业和就业部,国防部,内政、海外与地方事务部,外交与欧洲事务部,食品、农业与渔业部,农村与区域规划部,文化与通讯部,高等教育与研究部,预算、账务、公务员与国家改革部等。

德国是联邦制国家,政体是共和制,联邦总理是政府首脑。目前联邦政府共有14个行政部门,分别是财政部,外交部,内政部,司法部,国防部,卫生部,经济技术部,教育与研究部,经济合作与发展部,劳工和社会事务部,交通、建筑和城市事务部,消费者保护、食品和农业部,家庭、老人、妇女和青年事务部,环境、自然保护和核安全部。[①]

日本政府机构由内阁机构、总理府和行政省(部)组成。内阁主要直属机构有内阁官房、内阁法制局、国防会议、人事院。总理府内设总理本府机构、委员会和厅。日本政府设11个省(部),即内阁府、总务省、文部科学省、厚生劳动省、财务省、环境省、法务省、外务省、经济产业省、农林水产省、国土交通省。

---

① 池霏霏:《国外政府机构设置的做法和经验》,《中国行政管理》,2008年第2期。

三、西方国家的政府职权

西方各国政府的职权不尽一致,一般包括以下几个方面:(1)执行法律,为实施宪法和法律的规定而制定政令、条例或发布命令;(2)制定和执行政策;(3)处理外交关系,政府行政首脑代表国家,任命驻外使节,接受外国来使,对外宣战、媾和与缔结条约等;(4)掌管军队、警察和监狱,主管司法行政事务;(5)掌管行政机构,任免官吏和主管官吏事务;(6)参与立法,主要的形式是向议会提出法案;(7)编造并向国会提出预算,调节和干预经济事务;(8)主管文化、科教、卫生、社会福利及宣传方面的工作;(9)决定大赦、特赦、减刑、刑罚执行的免除以及恢复权利;(10)颁赐荣典,授予荣誉职务和称号;(11)根据选举法规组织选举工作[①]。

西方国家政府的权力和职责范围经历了一个发展变动过程。在资本主义国家发展初期,政府权力受法律严格限制,其职责范围也很有限。随着资本主义社会的发展,社会关系日趋复杂,社会活动的节奏日益加快,致使西方政府职能不断扩张,其职权日益扩大,在某些方面已经超出传统权限范围。政府开始积极地干预经济生活,管理社会福利和安全保障等各个方面事务,并运用委任立法权、行政裁判权制定规则和运用规则裁决纠纷。

资本主义国家早期奉行亚当·斯密(Adam Smith)的自由放任主义学说,政府不干预社会的经济生活。然而,20世纪以后,在经历了历史上空前严重的经济危机之后,各西方国家为了克服经济危机,广泛采用凯恩斯(John Keynes)的学说,加强国家对经济的干预。例如,美国第32届总统罗斯福(Franklin Delano Roosevelt)就任总统后,积极推行新政,运用国家政权力量,对工业、农业、财政金融、对外经济等实行新的政策,以此来调整经济,应付经济危机。为此,罗斯福要求国会授权政府采取直接的、强有力的措施,并进行了史无前例的剧烈变革。罗斯福实行新政的结果,一方面,为了加强政府对经济活动的干预,重新组织了联邦政府,陆续增添了田纳西河流域管理局、联邦住房委员会、全国资源委员会和农村电气化管理局等几十个新机构、新部门,为政府管理经济提供了组织保障;另一方面,由于实行新政,使其政绩卓著:老年人有了生活保障,失业者可以得到救济,工人缩短了工作时间却增加了工资[②]。新政虽然不能根除经济危机,但却在一定程度上缓解了经济危机。战后,西方国家已将垄断资本与国家政权熔为一炉,政府对经济活动的干预有了长足的发展。主要体现在:(1)扩大国家

---

① 杨柏华等著:《资本主义国家政治制度》,世界知识出版社1984年版,第240~241页。
② 惠特尼:《美国总统列传》,天津人民出版社1986年版,第342页。

所有制，将某些私人企业收买为国有，通过财政拨款直接兴建国营企业，或是通过购买私人企业的部分股票，建立合营企业；(2)国家消费的扩大，目的在于为垄断资本提供有保障的商品市场，刺激生产的发展；(3)国家干预的加强，即运用经济立法、税收、预算、赤字财政、货币信用政策、价值政策、"经济计划化"、国际经济调节等法律手段、经济手段和价值杠杆，来干预国民经济，影响再生产过程[①]。

20世纪以来，在福利国家的旗号下，政府行政的范围从过去那种消极地保卫国家和维护社会秩序发展为主动地管理人们从摇篮到坟墓的所有事项，人们的生老病死、衣食住行无不纳入政府行政的范围。综合西方国家现今社会行政的内容，涉及到社会保险、社会发展、教育卫生等各个方面。与社会行政发展相适应，西方各国逐步健全社会立法，增加福利经费，建立相应的管理机构，力图有效地管理有关社会福利事宜。以英国为例，英国二战以后陆续制定了家庭津贴法、国民保险法、工业伤害保险法、国民健康服务法以及国民救助法等。与此同时，政府对社会行政的支出额增大，对福利服务的财政支出占英国每年财政支出的50%左右。

西方资本主义国家建立之后，明确规定立法权归议会，立法权是立法机关不可转让的专有权。然而，随着社会经济的发展，公共事务增多，政府管理日益复杂化、专业化，立法需求量增大。由于议会立法程序复杂、冗长，议员缺乏足够的有关行政的知识，这样，仅凭议会立法已经不能适应需要，向行政机关授予立法权不可避免。20世纪以来，议会不再是惟一的立法机关，行政机关根据法定职权和法律授权，行使范围广泛的立法权限。如今，行政机关的立法成为西方各国立法的主流，行政立法大大超过议会的立法。在美国，行政立法的总数多得令人吃惊，"1974年《联邦登记》就有45,420页。但是，要查核全部联邦法规就必须查阅《联邦法规汇编》，它有127卷，65,249页，5千万字，相当于圣经的70倍，莎士比亚全集的60倍。"[②]行政机关立法的出现和发展，弥补了议会立法的不足，使国家的立法活动能够适应行政管理技术性和专业性较强及当代社会活动节奏快的特点。

在西方国家发展初期，根据三权分立原则，司法权归法院执掌。直到一个多世纪前，西方国家的法院还在坚持，司法权归法院，将任何司法权授予行政机关都是违宪的。但是，19世纪末20世纪初以来，由于行政职能扩大，使得行政机关与被管理者之间的矛盾和纠纷日益增多，诉讼案件大量增加，对此，法院无力

---

① 赵玉林主编：《政治经济学问题探索》，广西人民出版社1983年版，第268～272页。
② 施瓦茨：《行政法》，群众出版社1986年版，第138页。

承担。而且,法院的司法程序繁琐冗长,不适应行政活动连续性和高效化的需要,再加上行政争议多具专业性和技术性,法院缺乏足够的专门知识和经验,因此,向行政机关授予司法权的趋势也同样不可避免。在英国,共有五十多种两千多个行政裁判所,负责受理裁决公民与国家机关之间的争议和个人之间但国家与之有利害关系的争议。

行政司法制度的确立,使行政机关能够溶合行政程序高效和简便与司法程序合理和公平的优点,为迅速、公平、合理地处理行政争议和其他争议提供了有效途径。

四、西方国家的文官制度

"文官"是个专门名词,是从英文 civil servant 意译过来的。它同法国的"公务员"和美国的"政府雇员"含义相通。在西方国家中,文官是指不与内阁共进退,经考试择优录用,无过失即可长期任职的文职人员。具体包括常务次长以下的各级常任官员、学术专家、科技人员、警察、消防与勤杂人员等。总统、议员、法官、部长或大臣、国务部长或国务大臣、政务次官、政治秘书和专门委员、选举产生的地方自治机关工作人员以及企事业中的工作人员均不属于文官。

文官制度是指由国家法律或法令规定的关于各级各类常任文官的考试、录用、考核、奖惩、升降、培训、调动、待遇、解职、退休、保障等管理制度的总称。它是西方国家政府制度的重要组成部分,其目的在于选拔、培养和使用优秀人才,提高政府工作效率,保证国家机器有效和正常地运转。

西方文官制度首先在英国建立。它是在反对封建官吏制度以及早期西方的"个人赡徇"和"政党分肥"的官员制度中逐步发展完善起来的。英国资产阶级革命后建立了君主立宪制政体,重要官员的任免权逐渐由议会掌握。但是,王室仍然掌握一般官员的任免权,不能彻底摆脱恩赐制的影响,致使封建主义的恩赐官爵、任用私人和卖官鬻爵的用人制度仍然起着作用。结果,政府机关充斥无能之辈,政府工作效率低下。进入19世纪后,随着两党制度的形成和发展,"政党分肥制"开始出现。由于执政党的更迭交替经常引起政府行政人员的大规模换班,一方面破坏了行政工作的连续性,形成周期性的政治动荡;另一方面,新上台的执政党将官职作为战利品进行"肥缺分脏",营私舞弊,买官求职盛行一时。由于任免官员以政治派别为标准,而不考虑其知识和才能,更使昏庸无能之辈充斥官场,导致了严重的政治腐败,致使政府效率极为低下,损害了资产阶级的利益。因此,随着后起的工业资产阶级势力的日益强大,变革这种阻碍资本主义经济迅速发展的官吏制度被提到议事日程上来。

1854年,斯坦福·诺斯科特(Stafford Northcote)和查尔斯·杜威廉(Charles Trevelyan)二人在财政大臣格拉斯顿的授意下就英国的文官制度进行了调查,并提出了一个"关于建立英国常任文官制度的报告"。该报告指出了当时官场的弊病,建议建立一个考试委员会,通过考试按照才能和教育程度录用官吏,并对考试办法、官吏的使用、晋升、待遇及调动等问题做出了统一的规定。1855年,英国政府以上述报告为基础拟成枢密院令,即《关于录用王国政府文官的枢密院令》,决定成立不受党派干涉,独立主持考试的文官委员会。1870年,英国政府又颁布了改革文官制度的第二个枢密院令。至此,英国的近代文官制度正式确立。尽管以后英国对其文官制度不断充实具体内容,但是,它所确立的竞争考试、考绩晋升、职务常任、通才教育、政治中立等重要原则,仍然是现代英国文官制度的主要支柱。

英国文官制度的建立,对西方其他国家产生了深刻影响,很快为其他西方国家所仿效。加拿大、美国和西欧各国相继建立了文官制度,并使这一制度的基本原则和具体制度深植于本国的政治、经济和文化的环境之中,成为一个国家管理制度走上现代化的标志之一。

西方各国文官制度尽管不尽相同,但是又有某些共同的特征。

(一)**考试录用,论功行赏**

考试录用即通过公开竞争考试的方法,根据考试成绩择优录用政府工作人员。公开考试、择优录用是西方文官制度的核心和首要原则,也是近代文官制度确立的根本标志之一。它有利于克服个人瞻徇或政党分肥制下根据君主、首脑或政党领袖个人的好恶任用官员的弊病,有助于政府选贤任能、广招人才,提高文官队伍素质,增进政府工作质量和效率。论功行赏是对文官的工作实绩和贡献进行严格考核,根据考核结果奖功罚过。这也是西方文官制度的一项重要内容。它有利于调动文官工作的积极性,促使其尽职尽责,优质高效地完成任务。因此,严格考核、论功行赏是提高政府工作效率的中心环节。

(二)**职务常任,政治中立**

西方国家一般把政治活动与行政管理作为区别政务官员和事务官员的基础。政务官由选举产生或由代议机关选任,有一定的任期,并随选举而变化。事务官则通过公开竞争考试择优录用,实行无任期的常任制,一经录用即终身任职,"无过失不受免职处分"、"不随内阁而进退",保证文官的职位、去留、待遇、前途等不受党派纷争的影响。正因为实行常任制,要求文官不得成为某一政党的御用工具,在政治上超然中立,不偏不倚。职务常任制的确立,有利于在两党轮流执政的条件下保持政府行政的连续性和政局的稳定性,有利于常任文官积累知识和经验,提高行政效率,并使文官免除后顾之忧,安心工作。但是,也易于造成自成一体、固步自封和独立王国等弊病。

(三)尊崇知识,待遇优厚

西方文官制度用人注重知识和专业,除美国之外,西方各国均规定了文官任职的学历条件。美国虽然对学历无硬性规定,但在考试时也注重应试者的基础知识和专业能力。因此,西方文官队伍知识化、专业化水平较高。例如,日本中央机关的公务员大学毕业的占 90%,所有高、中级官员都是大学毕业。这就为顺利地履行政府职能提供了良好的前提条件。此外,西方对文官实行较优厚的工资福利政策,文官收入额不受物价上涨的影响。政府通过采用定期提薪、生活补贴和退休金制度等稳定文官队伍,激发其工作热情,也便于从社会上广泛搜罗人才。

(四)讲究道德,立法完备

鉴于文官承担公务的特殊性,即对外以官方的身份出现,因此,西方政府要求文官不仅要遵守有关官员纪律的法规,还要遵守一定的职业道德。其内容一般包括,文官必须忠于国家,忠于职守,严守国家机密,仪表端庄,态度庄重,廉洁奉公,不得以权谋私,贪污受贿,不得经商或从事与本部门业务有关的任何营利事业,不得公开发表政见或对政府的政策任意批评等。文官职业道德规范是文官制度的组成部分,它对于维系文官高标准的行为准则,巩固和完善文官制度均有较为重要的作用。西方国家为了对文官队伍实施有效的管理,还制定了完备的文官法规,对文官的身份、地位、权利、义务、选拔、使用、待遇等事项明确加以规定,使文官管理有法可依,有章可循,保证了文官管理制度化和规范化。

第三节　社会主义国家的行政

一、社会主义国家的政府体制

(一)前苏联体制

前苏联的政府体制为部长会议制。1946 年 3 月,苏联最高苏维埃决定将苏联政府的名称由原来的人民委员会改为部长会议。这一名称后为蒙古、古巴和前东欧一些社会主义国家所采用。前苏联实行总统制前,苏联部长会议即苏联政府,它是苏联国家权力的最高执行机关和发布命令的机关。从权限的范围和性质来看,苏联部长会议是全国性的管理机关,它有权决定属于苏维埃社会主义共和国联盟管辖范围的一切国家行政问题。苏联部长会议从属于苏联最高苏维埃,由苏联最高苏维埃产生,对其负责并向其报告工作。从二者的关系来看,有些内阁制政府的特点,但又与之不同,即不存在多党竞争行政权的问题,政府对代表机关不负连带责任,它也无权提请解散代表机关。在领导方式上,苏联采用一长制和委员会制相结合的原则,即苏联部长会议实行委员会制,各部、委实行首长个人负责制。应当指出的是,苏联从1990年开始到解体这一时期,其政府体制发生了重要变动。一是实行总统制,苏联总统在国内和国际关系中代表苏维埃社会主义共和国联盟,是苏维埃国家——苏联社会主义共和国联盟的首脑,苏联武装力量的最高统帅,它具有领导国家管理机关系统和组成内阁等职权。二是部长会议改为内阁,苏联内阁是苏联的执行和发布命令的机关,隶属于总统,对总统和最高苏维埃负责,并向其报告工作。苏联内阁由总统、副总统和苏联各部长组成,它有权解决属于苏联管辖的国家管理问题。

(二)中国体制

中国的国务院制由建国初期的政务院制演变而来。根据1954年9月通过的第一部宪法的规定,中央人民政府政务院发展为中华人民共和国国务院。国务院是最高权力机关的执行机关,是最高国家行政机关,对全国人民代表大会负责,向其报告工作,并接受其监督。国务院总理由国家主席提名,经全国人民代表大会全体代表过半数通过决定。国务院其他组成人员由总理提名,经全国人民代表大会全体代表过半数通过决定,国家主席任命。全国人民代表大会有权罢免国务院的组成人员。国务院的任期5年,每届任期与全国人民代表大会每届任期相同。总理、副总理、国务委员连续任职不得超过两届。国务院实行总理负责制,总理领导国务院的工作,负责召集和主持国务院常务会议和全体会议,副总理、国务委员协助总理工作。国务院工作中的重大问题,必须经过国务院常务会议或全体会议讨论决定。由此来看,中国的总理负责制又是建立在合议制基础之上的。

(三)朝鲜体制

朝鲜为内阁体制。内阁是国家最高权力的行政执行机关,是总括性的国家管理机关。每届任期5年。现设总理一名,副总理三名。内阁总理代表朝鲜政府,内阁召开全体会议和常务会议。内阁全体会议由内阁全体成员组成,常务会议由总理、副总理和总理任命的内阁成员组成。内阁全体会议讨论和决定行政经济工作中的重要事宜;常务会议讨论和决定内阁全体会议委托的事宜。内阁发布决议和指示,可以设立协助其工作的非常设专门委员会。内阁对最高人民会议负责,最高人民会议闭会期间对最高人民会议常任委员会负责。内阁各委员会和省是内阁各部门执行机关,是中央各部门管理机关。内阁各委员会和省在内阁的领导下,统一领导和管理各部门的工作。

二、社会主义国家的政府组成

前苏联的部长会议由苏联最高苏维埃在联盟院和民族院联席会议上组成,其成员是,苏联部长会议主席、第一副主席各1人,副主席若干人,苏联各部部长,各国家委员会主席,各加盟共和国部长会议主席。中国国务院由每届全国人民代表大会第一次会议产生,其成员包括:总理、副总理和国务委员若干人、各部部长、各委员会主任、审计长、秘书长。朝鲜政府内阁由总理、副总理、委员长、相和其他成员组成。

在机构设置方面,由于以往的社会主义国家的政府对国民经济的管理在行政管理中占有很大比重,并且普遍实行以部门管理为主的原则,因此政府分工很细,机构设置规模庞大。下面仅介绍前苏联和中国政府的机构设置情况。

前苏联部长会议各部即政府各部,分为联盟部和联盟共和国部。前者在苏联全境直接地或通过其设立的机关管理所属部门;后者则通过加盟共和国同名称的部实行管理,并且直接领导属于它管理的企业和公司。苏联的国家委员会是全苏中央职能管理机关,分为全联盟国家委员会和联盟共和国国家委员会。这类委员会属于综合性机构,它们的活动往往涉及许多部门,分别在各自管理的范围内实行跨部门的领导和管理。

由于前苏联以往实行以部门管理为主的高度中央集权体制,致使部门林立,机构臃肿。例如,1980年,在勃列日涅夫去世前夕,苏联中央部委84个,其他机关26个,共110个,达到苏联机构设置数量的最高峰。随着八十年代苏联国内改革的发展,政府结构不断发生变动。根据苏联1985年《年鉴》所列苏联各部委的名单,苏联共有63个部,23个国家委员会。1989年最高苏维埃主席戈尔巴乔夫签署颁布了部分修改《苏联部长会议法》的法律,经过修改,苏联政府由37个部、19个国家委员会和其他主管机构(如国家银行)构成。

由此来看,八十年代以来前苏联政府机构的设置呈现出精简的趋势。特别是1990年3月,苏联最高苏维埃通过了《苏联所有制法》,明确了苏联社会主义所有制包括公民所有制、集体所有制、国家所有制和混合所有制。这对于缩小苏联政府管理范围,精简苏联政府机构方面具有重要意义。1991年4月,苏联最高苏维埃曾通过一项法律,决定进一步裁减和改组联盟部委一级机构。根据这项法律,联盟部委级机构减为51个,其他机构计划在1991年至1992年期间改组为国家公司、康采恩、股份联合企业等。

中国国务院的机构由三部分组成。其一是部委机构,它们是国务院负责某一项国家事务或某一方面国家事务管理的职能部门。部和委的区别在于,部的管理对象具有单一性,一般只涉及某一部门或领域;委的工作具有综合性,其管理对象涉及到多种业务部门。其二是直属机构,主管各项专门业务。对于某些不宜划归部管理,而且具有一定独立性的工作需设立独立的机构管理。三是办事机构,这是国务院的办公机构,在秘书长领导下工作,协助总理办理专门事项,负责各部门联系,处理国务院的日常事务等。

改革开放以后,中国进行了6次机构改革,根据2007年国务院机构改革方案,国务院的机构设置除国务院办公厅外,设部委机构27个:外交部、国防部、国家发展和改革委员会、教育部、科学技术部、工业和信息化部、国家民族事务委员会、公安部、国家安全部、监察部、民政部、司法部、财政部、人力资源和社会保障部、国土资源部、环境保护部、住房和城乡建设部、交通运输部、铁道部、水利部、农业部、商务部、文化部、卫生部、国家人口和计划生育委员会、中国人民银行、审计署。国务院直属机构和直属特设机构17个:海关总署、国家税务总局、国家工商行政管理总局、国家质量监督检验检疫总局、国家广播电影电视总局、国家新闻出版总署(国家版权局)、国家体育总局、国家安全生产监督管理总局、国家统计局、国家林业局、国家知识产权局、国家旅游局、国家宗教事务局、国务院参事室、国务院机关事务管理局、国家预防腐败局、国务院国有资产管理监督委员会。国务院办事机构4个:国务院侨务办公室、国务院港澳事务办公室、国务院法制办公室、国务院研究室。

朝鲜内阁下设38个单位,分别是:外务省、人民保安省、国家计划委员会、电力工业省、采掘工业省、金属器械工业省、电子工业省、建设建材工业省、铁道省、陆海运省、农业省、化学工业省、轻工业省、贸易省、林业省、水产省、城市经营省、国土环境保护省、国家建设监督省、商业省、收购粮政省、教育省、递信省、文化省、财政省、劳动省、保健省、原油工业省、国家检阅省、中央银行、中央统计局、国家科学院、国家社会科学院、体育指导委员会、内阁事务局、国家观光总局、民族经济协力委员会、民航总局。

三、社会主义国家的政府职权

社会主义国家政府职权不尽相同。前苏联部长会议的职权主要有:发布决议和命令,领导国民经济和社会文化建设;编制苏联国家预算和制定苏联国民经济和社会发展计划;保障国家和公民利益与安全;对苏联武装力量的建设实行总的领导;负责组织对外活动;领导和监督各级国家管理机关的工作。

中国国务院的职权为：根据宪法和法律，规定行政措施，制定行政法规，发布决定和命令；向全国人民代表大会或者全国人民代表大会常务委员会提出议案；规定各部和各委员会的任务和职责，统一领导各部和各委员会的工作，并且领导不属于各部和各委员会的全国性的行政工作；统一领导全国地方各级国家行政机关的工作，规定中央和省、自治区、直辖市的国家行政机关的职权的具体划分；编制和执行国民经济和社会发展计划和国家预算；领导和管理经济工作和城乡建设；领导和管理教育、科学、文化、卫生、体育和计划生育工作；领导和管理民政、公安、司法行政和监察等工作；管理对外事务，同外国缔结条约和协定；领导和管理国防建设事业；领导和管理民族事务，保障少数民族的平等权利和民族自治地方的自治权利；保护华侨的正当的权利和利益，保护归侨和侨眷的合法的权利和利益；改变或者撤销各部、各委员会发布的不适当的命令、指示和规章；改变或者撤销地方各级国家行政机关的不适当的决定和命令；批准省、自治区、直辖市的区域划分，批准自治州、县、自治县、市的建置和区域划分；依照法律规定决定省、自治区、直辖市的范围内部分地区进入紧急状态；审定行政机构的编制，依照法律规定任免、培训、考核和奖惩行政人员；全国人民代表大会和全国人民代表大会常务委员会授予的其他职权。

朝鲜内阁执行下列任务和职权：采取执行国家政策的措施；根据宪法和部门法，制定、修改和补充有关国家管理的条例；领导内阁各委员会、省、内阁直属机关和地方人民委员会的工作；设立或撤销内阁直属机关、重要行政经济机关和企业，采取改进国家管理机构的措施；编制国家国民经济发展计划并采取相应执行措施；编制国家预算，采取相应执行措施；组织开展工业、农业、建设、运输、邮电、商业、贸易、国土管理、城市管理、教育、科学、文化、保健、体育、劳动管理、环境保护、旅游及其他方面的工作；采取巩固货币制度和银行制度的措施；检查和监督建立国家管理秩序的工作；采取维持社会秩序、保护国家及合作社的财产和利益、保障公民权利的措施；同外国签定条约，进行对外工作；撤销同内阁决议和指示相抵触的行政经济机关的决议和指示。

四、社会主义国家的行政原则

行政原则是行政管理活动规律的反映，它决定和影响着行政管理系统的组织建设和运行过程。掌握这些原则，对于加强行政管理的自觉性，克服盲目性具有重要的积极作用。社会主义国家行政原则主要有以下几项。

(一)党领导行政原则

这是社会主义国家的行政管理应遵循的一条重要原则。之所以坚持这一原则,是由社会主义国家的执政党的地位和作用决定的。列宁曾指出:"党中央掌握着行政管理,就是说,管理着国家。"毛泽东也曾强调:"领导我们事业的核心力量是中国共产党。"既然党是社会主义建设事业的领导核心,那么,党的领导也必然体现为对政府行政工作的领导。坚持党对行政工作的领导,是使政府活动体现广大劳动人民群众的利益,坚持社会主义的正确方向,顺利地管理和服务于社会主义建设事业的重要保证。

当然,在社会主义现代化建设新时期坚持党对行政的领导并不意味着回到以往那种党政不分、以党代政的老路上去。新时期坚持党对行政工作的领导,是要坚持党总揽全局、协调各方的领导核心作用,提高党科学执政、民主执政、依法执政水平,保证党领导人民有效治理国家,并保证党对政府的政治、思想和组织上的领导。

党对行政的领导首先是政治领导。党规定的国民经济和社会发展的路线、纲领和政策以及有关行政的大政方针,政府必须自觉地贯彻执行,并接受党的检查和监督。党的思想领导主要是通过政府机关中的党组织加强思想政治工作,深入学习实践马列主义、毛泽东思想、邓小平理论、"三个代表"重要思想和科学发展观,发挥政府机关中党员的先锋模范作用,引导群众在行政管理中贯彻和实现党的路线、方针、政策。在组织领导方面,党通过制定政府系统中的干部人事管理的原则和政策,选派、培养政府机关干部,从组织上保证党的路线、方针政策得以贯彻实施。

(二)民主集中制原则

民主集中制原则是载入中国宪法中的所有国家机构均须遵循的一条基本原则,行政机关及其管理活动当然也要遵循这一原则。

社会主义国家行政机关的组织与活动的民主集中制包括民主与集中两个方面。集中是民主基础上的集中,民主是集中指导下的民主,二者密切联系,不可分割。民主集中制原则反映了行政机关中的领导与被领导、上级组织与下级组织、组织和个人之间的一种良好的正常关系。在行政管理中,只有坚持这一原则,才能保证人民群众充分表达自己的意志和愿望,同时保证集中和统一人民的意志和愿望,并使其得以实现。坚持行政管理中的民主集中制原则有以下几方面的要求。

1.在权力机关与行政机关的关系方面,行政机关从属于权力机关,接受权力机关的组织、领导和监督,对权力机关负责并向其报告工作。作为权力机关的执行机关,行政机关负责执行由民主选举产生的权力机关所做出的体现人民意志的各项决议,统一管理全国或本行政区域内的一系列行政事务。这既体现了广泛的民主,又体现了高度的集中统一。正如毛泽东所指出的那样,"只有这个制度,才既能表现广泛的民主,使各级人民代表大会有高度的权力;又能集中处理国事,使各级政府能集中地处理被各级人民代表大会所委托的一切事务,并保障人民的一切必要的民主活动"①。

2. 在中央与地方、上级与下级、组织与个人的关系方面,地方要服从中央,下级要服从上级,中央和上级机关颁布的决议和指示对地方和下级具有约束力,地方和下级机关制定的规章和其他规范性文件不能与中央和上级机关的有关规定相抵触。中央和上级机关也要在保证集中统一领导的前提下,合理地确定地方和下级机关的权限,充分调动其积极性。就行政机关与其工作人员的关系来说,个人应当服从组织,不允许凌驾于组织之上。同时,组织也必须保障行政人员民主权利的实现。

3. 地方各级行政机关实行双重负责制,一方面接受同级权力机关的领导和监督,对其负责并向其报告工作;另一方面接受上级行政机关的领导和监督,对其负责并向其报告工作。

4. 在行政机关内部实行合议制基础上的首长负责制。重大问题必须由领导班子集体讨论并做出决议。对于决议的执行,则应由行政首长负责指挥和监督,以期事权集中,政令统一,富有效率。

(三)人民参与管理原则

人民参与管理也是载入中国宪法的一条重要原则。在中国,人民是国家的主人,有权依照法律规定,通过各种途径和方式,管理国家事务,管理经济和文化事业,管理社会事务。只有保障人民实际参与国家管理工作,才能切实体现人民群众在社会主义国家的主人翁地位。

就人民群众参与管理的内容来说,社会主义国家首先要保证人民参与行政决策。人民群众通过直接或间接的途径参与行政决策,是使行政管理活动体现人民利益和意志的必要条件,而且,人民群众参与行政决策的深度和广度又是一个国家行政民主化的重要尺度。因此,社会主义国家必须逐步完善人民参与行政决策的机制,保证越来越广泛的人民群众通过各种方式参与行政决策过程。

其次,保证人民群众通过自己的社会团体和自治性组织参与国家法律和行政决策的执行,依照有关规定自己管理与自己直接相关的公共事务和公益事业,并使之协助、参与行政机关的管理活动,完成行政执行的任务。

最后,保证人民群众监督行政机关及其活动的民主权利,以便及时制止错误

---

① 《毛泽东选集》(四卷合订本),人民出版社1968年版,第958页。

第二章　行政类型

的行政决策,纠正执行中的偏差,克服行政机关中的各种腐败现象和官僚主义,防止国家和人民利益遭受损失。

(四)服务性原则

行政管理坚持服务性原则是由社会主义行政管理的性质决定的。在社会主义国家,人民是国家的主人,行政机关是运用人民授予的权力并按人民意愿执行公务的组织形式,人民与行政机关之间的关系是主仆关系。因此,行政机关理应尽到公仆的责任,始终把满足人民的需要当作整个行政活动的中心,把为人民服务的原则贯穿于行政管理活动的始终,体现于行政管理的各个环节。由于行政机关负有管理社会公共事务的职责,其活动关系到人民的生存、幸福和安宁,因此,它必须倾听人民的呼声,按人民意志办事,为广大人民谋福利,而不是自以为是,高高在上,独断专行,也不是对人民利益抽象地肯定,具体地否定,更不是主仆颠倒,利用手中职权谋取私利。早在改革开放之初,党的十一届三中全会就明确提出行政管理要转到三个服务上来,即"切实转到为发展生产服务,为基层和企业服务,为国家的繁荣昌盛和人民富裕幸福服务的轨道上来",这就为我国后来行政管理指明了根本方向和基本任务。30年之后的中共十七大报告中,明确提出要加快行政管理体制改革,建设服务型政府。这说明服务是中国政府一以贯之的行政管理原则。

(五)依法行政原则

社会主义国家的法律是人民群众意志的集中体现,只有依法开展行政工作,才能保证贯彻人民的意志,体现人民的利益。在中国,由于以往法制不健全,政府的许多工作无法可依,无章可循,行政往往依据行政主体的主观意志而定。而且,行政主体的法制观念淡漠,管理手段单一,人们习惯于依靠行政命令和政策进行各种行政活动。这种作法的弊病是十分明显的。首先,由于行政命令和政策缺乏法律作为基础和约束力量,行政主体可以对之朝令夕改,使其变化不定,导致长官意志、官僚主义的盛行;其次,由于行政命令和政策缺乏法律所具备的稳定性,因此频繁变动的行政命令与政策令公民无所适从,整个社会难以稳定;再次,长期使用变化不定的行政命令和政策来管理社会,使其丧失了应有的权威性和严肃性;最后,由于缺乏严密的法律系统地规定人民群众的权利及其保障措施,具体地规范行政主体及其行为,致使行政机关的活动难以控制,公民的正当权益难以得到充分保障,因为,缺乏法律约束的政府机关有可能恣意行政。

针对以往缺乏法制而造成的种种弊病,党的十一届三中全会提出,必须加强社会主义法制,使民主制度化、法制化,使这种制度和法律具有稳定性、连续性和权威性,做到有法可依,有法必依,执法必严,违法必究,决不允许任何人有超于法律之上的特权。这是对中国历史发展新时期的国家管理的基本要求。在之后的历次全国党代会报告中,都强调依法行政的重要性。特别是党的十五大报告,从建设有中国特色社会主义政治、继续推进政治体制改革的高度,第一次把依法治国、建设社会主义法治国家,作为党领导人民治理国家的基本方略提了出来。这是对改革开放以来邓小平民主法制理论的继承和发展,是治国方略方面的重大进步。

依法治国的重要环节是依法行政。根据依法行政原则的要求,行政机构的设置、人员编制、工作程序等均应依法来安排和决定,行政工作的开展都应在法律规定的范围内进行,行政机关的任何活动都应对法律负责,受法律制约,不得与法律相冲突或抵触。随着现代社会活动的日益丰富化和复杂化,行政职能和行政权力日益扩大,这样,依法行政对于保障公民意志的实现和正当权利不受威胁变得更为重要了。对于扩大了的行政权力必须增加防止滥用这种权力的法律手段。一方面,需要建立各种法律法规,明确规定行政组织的各层次、各部门的权力和责任,使其不得逾越,违者必究;另一方面,建立强有力的法制监督系统,依法纠正和补救行政过失,防止和克服行政机关及其工作人员的违法、侵权行为,确保公民的合法权益不受侵犯并确保政府按人民的意志行政。

除此之外,社会主义国家行政原则还有精简效能原则、廉政原则、各民族平等地参与管理原则等,它们对搞好社会主义行政管理工作都具有一定的指导意义。

第三章 行政职能

行政职能是国家职能的重要组成部分,在政府行政管理中具有十分重要的地位。行政职能是政府存在和运行的基础,决定行政管理活动的内容、实质与方向,反映政府在国家和社会生活中的角色,是行政组织设置和行政权力行使的依据,也是行政决策和行政执行的基础。在中国发展的新阶段,经济体制的改革要求作为政治上层建筑的政府对其职能进行重新认识,并依据社会发展的需要对其予以适当调整。在这种历史背景下,加强行政职能的研究便有了十分重要的意义。

第一节 行政职能概述

一、行政职能的涵义和特点

(一)行政职能的涵义

关于职能,从字面来理解即职责和功能。对于什么是行政职能,学术界的观点并不一致。

有的观点认为:"行政职能是以政府行政机关为主的公共部门对社会公共事务进行依法管理的过程中具有的职责和作用,它明确了公共行政的基本内容和基本方向。"[1]有的观点认为,行政职能"是指政府依法对国家政治、经济和社会事务进行管理时所承担的职责和任务"[2]。还有的观点认为,行政职能是"根据社会需求,政府在国家和社会管理中承担的职责和功能"[3]。还有的研究者对相

---

[1] 王乐夫等主编:《公共行政学》,高等教育出版社2006年版,第122页。
[2] 张永桃主编:《行政管理学》,高等教育出版社2003年版,第52页。
[3] 李文良等编著:《中国政府职能转变问题报告》,中国发展出版社2003年版,第2页。

关论述归纳出三种:一是认为它是能力和作用的结合;二是认为它体现的是职责和功能;三是认为它表现为职责和作用①。实际上,"功能"和"作用"的含义基本相通,因此,可以将行政职能规定为,以国家行政机关为主的公共组织在一定历史时期内,依法对政治、经济、文化、社会诸领域的公共事务进行组织与管理过程中,所承担的职责和发挥的作用。关于行政职能,可以从以下几个方面加以理解。

1. 行政职能是国家职能的重要组成部分

国家权力分为立法权、行政权、司法权,在国家权力的行使方面也就对应着三种不同的职能。因此,国家职能的内容最为广泛,它包括了国家机器的各个组成部分担负的所有职责和作用,这样就包含了行政职能。但是,作为国家机器重要的组成部分,行政职能是国家职能的主体,无论从职能的范围,还是从职能的地位来看,都显得尤为重要。根据国家权力划分和职能分类来看,政府所承担的职能在本质上是执行的职能,它是将上升为法律的国家意志付诸实施的过程。没有这一过程,体现国家意志的法律就不能最终生效,因而也就不能实现调整社会关系的目的。另外,当代政府在国家权力的占有方面与以往的政府不用,当代政府拥有了一定程度的规则制定权和裁决权,因而更加凸显了行政职能在国家和社会生活中的重要性。

2. 行政职能履行的主体主要是国家行政机关

在国家和社会生活中,一定的职能总是要由一定的组织来履行。行政职能是国家职能的组成部分,因而应当由国家机关来具体履行。履行行政职能的只能是国家行政机关。当然,行政职能履行的主体并非限于国家行政机关,经法律法规授权和政府委托,被授权或者委托的组织可以行使行政权力、履行行政职能。此外,在政府的公共服务领域,政府可以通过委托的方式,将部分公共产品交由社会组织来提供,从而在公营部门和私营部门创造一种有益的竞争氛围,以实现为社会提供高效率、高质量和多样化的公共服务的目的。

3. 行政职能的对象主要是社会公共事务

政府的公行政不同于私人企业、组织和团体的私行政,它以社会公共事务作为管理对象。因此,政府履行行政职能的指向对象是社会公共事务。正是在履行社会公共事务管理职能过程中,才昭显出政府存在的价值和作用。

4. 行政职能表现为职责和作用的统一

职责内含工作或者任务的性质和界限,作用则内含影响的大小和限度。因

---

① 郭宝平、余兴安主编:《行政管理研究概览》,山西人民出版社1992年版,第65页。

此,行政职能实际上是管什么及其程度的问题。据此,应当将有的观点所述的"如何管"的问题从行政职能的范畴中排除出去。"管什么"所要解决的是行政职能确定的问题,"如何管"所要解决的是政府职能实现的问题。职能的确定和职能的实现毕竟是两回事,将这二者混淆,就会把管理职权和管理方式这些本来与行政职能无关的要素加入到政府职能的内容中去。这样,行政职能只包括两项,一是职责范围,即政府职责在横向上拓展的广度。该要素表明政府职能所要涉及的对象的界限,以及政府作用所要影响的领域。二是作用程度,即政府作用的纵向深度。它表明政府于其职责范围内在哪些层次发挥作用,以及在不同层次发挥作用的强弱程度。

5.行政职能应当依法确定并依法履行

行政职能是作为国家政权组织的国家行政机关所履行的职能,因此,特别强调法制性。法制性首先意味着行政职能应当由法律所确定,任何行政机关对社会公共事务的管理,必须有法律依据。例如,对于行政许可行为,《行政许可法》规定,以下事项可以设定行政许可:(1)直接涉及国家安全、公共安全、经济宏观调控、生态环境保护以及直接关系人身健康、生命财产安全等特定活动,需要按照法定条件予以批准的事项;(2)有限自然资源开发利用、公共资源配置以及直接关系公共利益的特定行业的市场准入等,需要赋予特定权利的事项;(3)提供公众服务并且直接关系公共利益的职业、行业,需要确定具备特殊信誉、特殊条件或者特殊技能等资格、资质的事项;(4)直接关系公共安全、人身健康、生命财产安全的重要设备、设施、产品、物品,需要按照技术标准、技术规范,通过检验、检测、检疫等方式进行审定的事项;(5)企业或者其他组织的设立等,需要确定主体资格的事项;(6)法律、行政法规规定可以设定行政许可的其他事项。同时,《行政许可法》规定,通过下列方式能够予以规范的,可以不设行政许可:(1)公民、法人或者其他组织能够自主决定的;(2)市场竞争机制能够有效调节的;(3)行业组织或者中介机构能够自律管理的;(4)行政机关采用事后监督等其他行政管理方式能够解决的。另外,行政职能不仅要依法确定,其履行也要依法进行,凡违反行政实体法和程序法规定的行为,必须承担相应的法律责任。

(二)行政职能的特点

1.政治性

马克思主义认为国家具有政治统治和社会管理双重职能。作为国家政权机关组成部分的政府,不仅要履行社会管理的职能,还要履行政治统治的职能。政治统治职能的履行表现在,政府一方面要执行体现统治阶级的利益和意志的法律;另一方面,政府依据统治阶级的利益和意志的要求,通过行政立法进行权利与义务的分配,以此来维护国家的政治统治和社会秩序。因此,政府的行政职能具有政治性。

2. 整体性

政府负责对社会公共事务的管理,在职能设计上强调整体性。整体性意味着,政府根据社会需要从整体上安排自己的职能体系,防止职能的缺位现象。从理论上说,凡是市场不能调节的事务,社会自治不能解决的事务,都应当纳入政府的职能体系,从而使得政府具有综合性的处理社会事务的能力。当然,从现实来看,行政职能的整体性是相对的,它受着来自政府组织外部和内部多重因素的制约。因此在特定历史时期,政府还不能将所有的应该管、管得好、管得了的事务统统予以管理。这样,一方面要坚持行政职能的整体性,另一方面还要看到整体性的相对性,政府职能体系的完善是一个历史过程。

3. 广泛性

现代行政管理与传统行政管理不同。传统社会人群关系简单,社会活动节奏缓慢,因此,需要政府予以管理的事项相对较少,在这种情况下,政府职能也就简单。在资本主义革命胜利之后,政府主要承担"守夜人"的角色,只是履行为数不多的职能。而在现代社会,伴随着市场经济的发展,社会关系越来越复杂,社会活动的节奏越来越快,社会生活中越来越多的问题需要政府来解决。这样,在政府职能方面呈现出综合性和多样性,行政管理的范围涉及国家和社会生活的各个方面。因此,政府的政治职能、管理职能和服务职能得到全面的、均衡的发展,行政权力涉及政治、经济、文化、社会等多个领域。在这种情况下,政府的行政职能呈现出广泛性和多样性。

4. 执行性

政府活动本身具有执行性。古德诺曾经指出行政的国家意志执行的性质。尽管在现代社会国家行政机关在执行权之外,又拥有了准立法权和准司法权,但是,这不能改变其执行职能的性质。中国宪法规定,国务院即中央人民政府,是最高国家权力机关的执行机关,是最高国家行政机关。地方各级人民政府是地方各级国家权力机关的执行机关,是地方各级国家行政机关。因此,行政机关的权力性质决定了其职能的执行性。

5. 适应性

行政职能在特定的历史时期具有常态性,特别是在社会稳定发展条件下尤为如此。但是,行政职能不是静止不变的,而是具有动态性。随着社会的变迁及行政环境的变化,政府会调整自身的责任领域和作用力度,以与变化了的社会环境保持平衡。因此,行政职能是稳定性与适应性的统一。例如,新中国成立60

年来,特别是改革开放以来,在行政环境变迁的推动下,政府的行政职能发生了重要的变动。从较长的历史时期来看,新中国政府的行政职能的发展呈现为明显的阶段性和连续性的统一。

二、行政职能的分类

(一)政治统治职能、社会管理职能和公共服务职能

这是按照行政职能的性质进行的分类。

政治统治职能是阶级社会中国家的基本职能之一。政府履行这一职能的目的在于维护国家权力主体的政治地位和经济利益,控制和约束社会矛盾和冲突,保障政治秩序和社会稳定。社会管理职能是政府管理社会事务的重要职能。这一职能不仅历史久远,而且随着社会的发展,管理职能所覆盖的范围越来越大,渗透到了社会生产和生活的各个方面。公共服务职能是政府为了满足社会成员的需要和实现其利益而履行的职能。

(二)政治职能、经济职能、文化职能和社会职能

这是按照行政职能的领域进行的分类。

政治职能是在政治领域所履行的职能。在政治领域,政府除了履行统治职能之外,还要履行以下职能:(1)保卫职能,即保卫国家安全,维护国家的独立、主权和领土完整的职能;(2)外交职能,即政府代表国家处理本国与他国相互关系方面所履行的职能;(3)民主建设职能,即政府通过制度建设,保障公民参与和监督行政管理的职能。

经济职能是政府组织与管理经济事务的职能。任何国家的政府都要对经济事务进行管理,但是,在管理的方式、手段方面存在差异。在中国的计划经济时代,政府采用计划手段对企业生产和经营进行直接的微观管理;而在确定市场经济发展模式之后,则应当采用经济的、法律的和必要的行政手段对企业的生产经营活动进行间接的宏观调控。对于市场来说,政府主要在弥补市场失灵、市场不能和市场不健全等方面发挥作用。

文化职能是政府组织和管理文化事业的职能,主要包括对教育、科技、广播、影视、新闻出版、文学艺术、卫生、体育、图书馆、博物馆等事务的管理。

社会职能是政府对社会生活领域的公共事务进行管理的职能,包括对公共安全、社会保障、人口与生育、民族、宗教等事务的管理。

(三)计划、组织、协调、控制和监督等职能

这是按照行政管理的运行过程进行的分类。

按行政管理运行过程对行政职能进行分类有着较长的历史,如前文所述的法约尔曾将行政管理活动分为计划、组织、指挥、协调和控制 5 种职能;古利克和厄威克将行政职能分为计划(Planning)、组织(Orgnizing)、人事(Staffing)、指挥(Directing)、协调(Co—ordinating)、报告(Reporting)、预算(Budgeting)等 7 项。国内有的教科书也采取这种分类方法,将行政职能分为计划、组织、控制 3 项,或者分为计划、组织、协调、控制 4 项。

(四)其他分类

有的观点根据行政职能主体的不同,将行政职能分为中央政府职能和地方政府职能。中央政府职能由《宪法》和《国务院组织法》来确定,地方政府职能则根据《宪法》和《地方各级人民代表大会和地方各级人民政府组织法》来确定。有的观点采用比较方法,从政府所起的实际作用和担任的角色对政府职能进行分类,认为欧美国家政府具有守夜人、气象员和监督官的职能;日本政府则履行领航员、教练员和市场参与者的职能等,并将中国政府的职能确定为宏观调控器的职能、裁判员的职能、推进器的职能和救生员的职能[1]。也有的学者认为中国政府应当履行规则的制定者、秩序的维护者、矛盾的协调者、社会的服务者等社会公共职能[2]。

三、行政职能理论

(一)西方行政职能理论

关于行政职能的理论认识源远流长,但是,西方近代以前有关行政职能的阐述还没有形成系统的体系。近代以后,随着西方各国经济、社会发展,政府的行政职能也随之经历了相应变动。在西方国家,市场经济的建立和发展,使得国家和社会的分离成为可能,由市场作为社会资源配置的手段得到普遍认可。然而,市场失灵与为克服市场失灵而带来的政府干预的失灵又促使人们在市场和政府两种力量之间进行选择。因此,在西方国家较长时间的发展过程中,行政职能问题是其关注的一个热点。学者们在历史发展的不同时期提出不同观点和理论,在行政职能的研究方面积淀起较为丰厚的成果。这些成果不但丰富了政治学、行政学理论,而且也为西方国家的经济社会发展做出了贡献。历史上曾经出现的理论尽管各有侧重,但可以大体上将其分为自由放任的行政职能理论和国家干预的行政职能理论。

---

[1] 参见辛向阳:《政府职能的国际比较》,《社会科学》1994 年第 1 期,第 22〜25 页。
[2] 参见王邦佐、桑玉成:《试论市场经济下的政府角色》,《解放日报》1993 年 9 月 8 日。

第三章 行政职能

1. 自由放任理论

在资产阶级革命取得胜利后,三权分立学说在西方国家得到了广泛的认可和实践。由于国家权力的分立,行政职能也相应地从国家职能中分离出来。随着国家与社会的分离,个人权利与国家权力之间的分界和对政府行政职能的界定为自由主义者所关注,因此,西方关于行政职能的各种理论应时出现。近代西方市场经济的发展带来了政府与社会、政府与个人的分离,经济在独立于"宗教和文化的联系"之后,开始了其独立化的过程。与此相适应,自由放任成为行政职能理论的主要主张。

西方近代经济学鼻祖亚当·斯密创立了"看不见的手"的理论,最早论述了市场体制的合理性。斯密的经济理论以自由放任为基本原则,坚持市场机制对经济的自发调节作用,反对政府对经济的干预,并指出政府干预经济的缺陷,即"政府失效"。他认为,人们受利己主义本性的驱动,都从自己的利益出发去从事各种活动,"固然,他所考虑的不是社会的利益,而是他自身的利益,但他对自身利益的研究自然或者毋宁说必然会引导他选定最有利于社会的用途。"①尽管人们在活动中所盘算的只是他自己的利益和安全,而非公共利益,但是,"在这场合,像在其他许多场合一样,他受着一只看不见的手的指导,去尽力达到一个并非他本意想要达到的目的。……他追求自己的利益,往往使他能比在真正出于本意的情况下更有效地促进社会的利益"②。因此,斯密崇尚看不见的手的力量,倡导自由放任原则。他认为,每一个人,只要不违反正义的法律,都应听任其完全自由,让他采用自己的方法,追求自己的利益,以其劳动及资本和任何其他人或其他阶级相竞争。这样,国家就被完全解除了监督私人产业、指导私人产业、使之最适合于社会利益的义务。按照这种自然自由的制度,国家所应履行的职能仅包括:第一,保护社会,使不受其他独立社会的侵犯。第二,尽可能保护社会上各个人,使不受社会上任何其他人的侵害或压迫。第三,建设并维持某些公共事业及某些公共设施③。总之,在斯密那里,政府的职能只是保证一个有利于资产阶级发展生产和积累财富的和平环境。

"自由放任主义不仅是一种经济理论,而且是一种政治信条。"④在政治学领域,西方思想家们从自然状态、自然法和社会契约等理论角度论证政府干预的不

---

① 亚当·斯密:《国民财富的性质和原因的研究》(下卷),商务印书馆1981年版,第25页。
② 亚当·斯密:《国民财富的性质和原因的研究》(下卷),商务印书馆1981年版,第27页。
③ 亚当·斯密:《国民财富的性质和原因的研究》(下卷),商务印书馆1981年版,第252~253页。
④ 欧内斯特·巴克:《英国政治思想》,商务印书馆1987年版,第134页。

合理性,提出"政府最好治理最少"等观点。

自由放任主义理论产生之后,在相当长的历史时期内成为西方国家主导型的行政职能理论。尽管19世纪自由主义思想发生了一定的变化,例如或是强调政府应当促进公共事务的经济效率,为公共活动提供经济服务,或是认为政府可以去干预经济,从而弥补自由竞争的缺陷,或者主张为了弥补自由放任的不足之处,需要政府来干预,从而使得政府具有了弥补市场缺陷的功能[①],但是,其自由主义的基本思想没有发生根本转变。

20世纪三十年代西方世界经济危机之后,自由放任主义的思想受到了国家干预主义思想的冲击。但是,在70年代以后,西方经济发展出现了前所未有的滞胀现象,自由放任主义在西方出现了回归的趋势,从而出现了一种对抗凯恩斯主义的新自由主义思潮,主要有货币学派、理性预期学派、公共选择学派、供给学派、弗莱堡学派以及新自由主义理论等。新自由主义反对国家干预政策,主张充分发挥市场机制的作用,强调政府干预范围尽可能缩小。例如,有的学者认为,"甚至在必须采取强制的场合,也应当通过把强制限制于有限的并可预见的职责范围,或者至少通过使强制独立于他人的专断意志,而使它不致造成它本具有的最具危害的影响。"[②]还有的学者提出,政府的职责范围必须具有限度。它的主要作用必须是保护我们的自由以免受到来自大门外的敌人以及来自我们同胞们的侵犯,保护法律和秩序,保证私人契约的履行,扶植竞争市场。在实践上,美国里根政府从全面干预经济的立场撤退,尽量缩小干预的范围和程度,国家干预的作用明显减弱。

2. 国家干预理论

国家干预理论可以追溯到西方历史上的重商主义思潮。作为资产阶级最初的经济学说,重商主义认为货币是财富的惟一形态,货币的多寡是衡量国家富裕程度的标准。国家为了致富和防止贫困,必须积极干预经济活动,保护国内工商业,以促进对外贸易的发展,并采取行政手段,或者限制货币输出,或者实行保护关税政策。

随着亚当·斯密经济理论的兴起,重商主义所倡导的国家干预主义被自由放任主义所替代,直到20世纪30年代才再度崛起。1929—1933年,西方世界遇到了历史上空前严重的经济危机,加剧了资本主义固有的各种矛盾。在运用传统反危机措施失效的情况下,有些学者认为国家对经济的干预不可避免。

---

① 参见辛向阳:《西方学者关于政府职能的主要理论》,《国外社会科学》1995年第1期,第71页。
② 哈耶克:《自由秩序原理》(上卷),生活读书新知三联书店1997年版,第17页。

1936年,英国学者凯恩斯出版《就业、利息和货币通论》,主张政府干预经济生活,利用扩大政府开支,实行赤字预算、通货膨胀等手段刺激经济活动,从而增加国民收入,实现充分就业、消灭经济危机。在理论界倡导国家干预的同时,在实践上美国第32届总统罗斯福实行新政,以其取得显著的政绩证明了政府干预在克服经济危机中的必要性。

继凯恩斯之后,凯恩斯主义经济学形成了新古典综合派和新剑桥学派。前者主张混合经济论,即公私机构共同对经济进行控制,认为没有政府或没有市场的经济都是一个巴掌拍不响的经济。因此,现代资本主义制度实质上是一种由政府进行调节的自由企业制度。在这种制度中,政府应当运用财政政策和货币政策,调节总需求,以减少失业,消除危机,促进经济的稳定增长。后者则认为收入分配失调是资本主义社会的症结所在,因此,政府的经济政策应当以解决收入分配不合理为根本点,实现收入"均等化"。

上述自由放任理论和国家干预理论是西方关于政府行政职能的两种基本理论,它们在资本主义社会发展的不同历史阶段影响着政府的经济政策,从实际效果来看,也都对西方国家的经济发展做出了贡献。两种理论的论辩对人们的启示是,市场会有缺陷,市场确会失灵,而政府干预也有自身的缺陷,政府同样也会失灵。因此,"市场和政府间的选择并非是一个在完善与不完善之间的选择,而是在不完善的程度和类型之间,在缺陷的程度和类型之间的选择。"[①]在处理市场和政府的关系方面,各国只有从本国不同历史阶段的经济社会发展状况出发来确定政府的行政职能体系,才能将市场和政府这两种不同的力量合理协调,进而达到促进经济社会发展的目的。

(二)中国行政职能理论

1.计划经济时代的行政职能理论

新中国建立之后,由于借鉴前苏联的政府职能模式,政府成为国家、社会和人民生活的"决策者和实施者",国家的政治、经济、文化生活等各个领域都由国家统一计划安排。这一管理模式在建国初期适应了当时的历史条件,并取得了一定成效。但是,由于受意识形态的影响,政府的阶级性和政治统治职能被过分强调。因而,关于"政府该做什么"的问题,理论界盛行"两种职能说"和"三种职能说"。"两种职能说认为,资本主义国家的活动表现为'两种基本的职能,内部的主要的职能是束缚多数被剥削者,外部的非主要的职能是靠侵略别国领土来扩大本国统治阶级的领土,或者是保护本国领土不受别国的侵犯'。三种职能说

---

① 查尔斯·沃尔夫:《市场或政府:权衡两种不完善的选择》,中国发展出版社1994年版,第76页。

认为,社会主义国家政府的职能,一是'对地主资本家使用暴力',二是'无产阶级对农民实行领导',三是'对整个社会进行社会主义建设',并认为三种职能缺一不可。另一类三种职能说认为,社会主义国家政府的职能,一是'镇压国内被推翻的阶级',二是'保卫国家以防外来的侵略',三是'经济组织工作和文化教育工作'。"①

2. 市场经济时代的行政职能理论

随着改革开放和市场经济体制的构建,政府原有的管理模式逐渐无法适应经济和社会的发展。因此,国内学者开始积极研究政府与市场、政府与社会的关系,探讨行政职能的转变问题,寻求理论的发展。

由于中国社会转型期经济结构的调整和经济发展模式的变迁,使得政府与市场关系的重构成为行政职能理论所要解决的首要问题。在对计划经济体制进行反思和对市场经济进行理论研究的基础上,市场机制在资源配置上的作用开始得到重视。1984年10月20日,中共十二届三中全会通过了《中共中央关于经济体制改革的决定》,提出社会主义经济"是在公有制基础上的有计划的商品经济","要突破把计划经济同商品经济对立起来的传统观念,明确认识社会主义计划经济必须自觉依靠和运用价值规律,是在公有制基础上的有计划的商品经济。商品经济的充分发展,是社会经济发展的不可逾越的阶段,是实现我国经济现代化的必要条件。""有计划的商品经济"理论的出现,克服了传统观点割裂市场和计划关系的不足,将二者视作相辅相成的关系,开始强调市场调节的地位。此后,在探索社会主义市场经济理论的过程中,有学者提出"二次调节论",即"在社会主义经济中存在市场机制和政府调节机制两种机制,二者都是覆盖全社会的,共同作用于现实经济,但二者的地位有第一性和第二性之分——市场调节是基础性调节(第一次调节),政府调节是高层次调节(第二次调节)。市场调节作为基础性调节,时时处处发挥作用;政府调节作为高层次调节,解决市场调节所解决不了或解决不好的问题"②。当然,中国在市场经济建立过程中,不仅遇到前市场经济国家曾经遇到的困难,还面临许多转型期特有的难题。鉴于市场经济的不断成熟,中国学术界在借鉴西方理论、探索适合中国国情的改革模式中,提出了"政府主导型的市场经济"概念。这种观点认为,"政府的作用不能仅限于维持社会秩序和保持经济稳定,更重要的是要推动经济社会的发展,实现经济的

---

① 谭健:《政府职能的理论必须发展》,《政治学研究》,1985年第1期,第16页。
② 厉以宁:《非均衡的中国经济》,经济日报出版社1991年版,第75~76页。

第三章　行政职能　　　　　　　　　　　　　　　　　　　　　57

持续增长,担当起现代化、市场化的发动者和组织者的责任"①。

随着经济体制改革的深入发展,政府与社会的关系也在发生深刻的变迁。与此相适应,中国学者对新时期政府的行政职能进行了广泛的理论探讨,其观点大致有以下几个方面。

(1)在政府与社会关系的框架下研究行政职能

针对计划经济时代全能主义行政职能所带来的大政府小社会的状况,学术界提出了小政府大社会的观点,并主张中国要逐渐由"大政府、小社会"向"小政府、大社会"转型。"小政府、大社会"模式,主要是指转变政府职能、规范政府行为,充分发挥社会自身的自治能力,将原来政府包办的大量事务回归社会,由其自主管理。还有的观点扬弃了"大小论",提出了"强弱论",认为在政府与社会的关系方面,存在着"强政府弱社会"、"强政府强社会"、"弱政府强社会"和"弱政府弱社会"四种关系模式,提出当代中国应当寻求"强政府强社会"模式,即在合理划分政府职能范围和社会自治范围的前提下,使二者在各自的领域范围内充分发展②。

(2)在政府转型理论框架下研究行政职能

伴随着中国社会转型,学术界对政府转型开始予以关注。相关的观点有:①从政治统治型政府到经济建设型政府再到公共服务型政府转变;②从全能政府到有限政府转变;③从管制型政府到服务型政府转变;④从划桨型政府到掌舵型政府转变。这些关于政府转型的研究,大都涉及行政职能转变问题,它们分别从不同视角试图阐明新时期行政职能的发展方向。

(3)依据行政职能的性质研究行政职能

在依据行政职能性质所划分的行政职能中,由于在社会主义社会政府的政治统治职能相对弱化,政府职能的重心也就应当转化,因此突出了社会管理职能和公共服务职能的作用。近些年来党和政府关于政府职能的定位和表述都在强调管理和服务职能。例如,中共十六大在涉及经济建设和经济体制改革时,强调完善政府的经济调节、市场监管、社会管理和公共服务的职能,中共十七大则提出加快行政管理体制的改革,建设服务型政府。随着中国社会主义市场经济的建立和发展,学术界就政府的上述职能进行了探讨,特别是对服务职能的内涵、必要性、实现途径以及基本公共服务均等化等问题进行了广泛研究,形成了一批研究成果。

---

① 卫兴华:《市场功能与政府功能组合论》,经济科学出版社 1999 年版,第 295~296 页。
② 沈亚平、王骚主编:《社会转型与行政发展》,南开大学出版社 2005 年版,第 105 页。

(4)针对政府具体行为研究行政职能

这一研究主要针对政府的具体行为来探讨行政职能转变问题。例如行政审批制度及其改革。行政审批是政府的管理职能之一。中国原有的行政审批制度是计划经济时代的产物,虽然在特定历史时期发挥过一定作用,但是随着中国经济体制改革进程的加快,客观上要求对其进行改革,并可将其作为推进行政职能转变的切入点和突破口。自 1998 年初由地方政府发起的行政审批制度改革之后,中国开始了涉及事项广泛的改革。与此同时,学术界围绕行政审批的设定权限、设定范围、实施机关、实施程序、监督和审批责任等进行了研究。改革实践和理论探讨推动了行政审批制度的改革,对行政职能转变产生了积极的促进作用,并导致了《行政许可法》的颁行。

第二节 行政职能体系比较

一、自然经济与行政职能

根据系统理论,行政组织作为一个开放系统,与其环境之间相互联系、相互作用。在行政环境中,政治、经济、文化和社会诸因素都对行政系统产生影响作用。当然,这些要素对行政系统的影响程度并非一致,其中起决定作用的是经济因素。可以说,一国的行政模式由该国的经济基础或者经济发展模式所决定,因而,不同的经济体系需要不同的行政职能体系与其相适应。

自然经济是一种自给自足的小农经济。在这种经济形态下,生产基本是在宗法式农民家庭(即家庭公社)、原始村社(即农村公社)和封建领地这种分散、孤立、封闭状态的经济单位中进行的,以满足生产者自身消费需要,而不以商品交换为目的。由于自给自足,社会组织的发育也不成熟,主要以血缘和地域关系为纽带结成的家庭或家族式的自然团体为基本存在单位。在这分散、封闭的经济单位中,特权和等级也逐渐滋生,从而在自然经济状态下生成等级化的共同体社会。"在等级化的共同体社会中,社会的一切关系,包括物质关系和精神关系,都囿于等级化的非自由选择的不平等的竞争关系中。社会资源的流动和配置也完全依等级关系来进行。而等级关系毕竟是人为的具有强制性的分配关系。因此,按等级关系规则进行的社会资源配置并不全方位地反映社会对社会资源需求的合理参数。这就有可能导致社会资源的大量浪费。在社会生产力水平极为低下的传统农业社会中,要维持这样的社会资源配置方式,自然只能以超经济强制的手段来进行了。"①

这样,在自然经济占主导地位的传统社会中,国家在政治上实行专制统治,阶级统治就成为政府的首要职能。同时,由于等级关系成为社会资源配置的主导因素,政府在经济和社会管理的过程中也必然采取强制的手段和方式。所以,在自然经济和等级化的社会基础之上,政府职能便形成以政治职能为中心、其他职能以强制手段为主的结构形式。

二、计划经济与行政职能

计划经济,或计划经济体制,又称指令型经济,与市场经济相对,是国家对生产、资源分配以及产品消费事先进行计划的经济体制。

计划经济的思想源于历史学派先驱李斯特对亚当·斯密经济自由主义的批判,他们阐述了政府干预经济的必要性。之后该构想得到了马克思主义经典作家的阐释,创立了计划经济的理论学说。对此,列宁指出:"只要还存在着市场经济,只要还保持着货币权力和资本力量,世界上任何法律都无法消灭不平等和剥削。只有建立起大规模的社会化的计划经济,一切土地、工厂、工具都转归工人阶级所有,才可能消灭一切剥削。"②随着十月革命的胜利,计划经济开始在前苏联以及其他社会主义国家得到践行,因而长期以来被当作社会主义制度的本质特征和社会主义经济理论的一个基本原理。

根据马克斯、恩格斯等人的理论,计划经济是一种有计划、按比例发展的经济,实现这种发展的基本方法从总体上讲就是要靠社会统一的、事先制定的计划进行调节。这样,计划经济的实行就需要一个具有很大权威的社会中心来制定计划、进行管理,而国家政权就成为计划的实现主体和保证。所以,在计划经济体系下,生产什么、怎样生产和为谁生产等经济问题都由政府决定,政府成为市场职能的替代者。国家大部分资源由政府控制,政府通过指令的形式来约束企业。企业既不能自主经营也不能自负盈亏,完全成为行政部门的附属物。"在这种情况下,经济活动的政治化使得政府的权力渗透到经济领域的各个方面。而且,与国家的经济管理计划化相适应,必然要求强化中央政府高度集权的政治体制。因此,在计划经济社会中,政府承担着繁重的经济管理职能。这种职能可以简要地表述为政府运用行政手段,通过经济计划对各经济实体进行直接的微观

---

① 施雪华:《论社会转型与政府职能转变》,载《天津社会科学》,1995年第2期,第24页。
② 《列宁全集》第13卷,人民出版社1987年版,第124页。

管理。"①不仅如此,由于政府企图通过经济计划职能来实现经济和社会发展目的,从而导致在社会管理中也以政府意志为主导,忽视和抑制了个人和社会的意志,政府控制了全部社会资源。所以,计划经济时代的政府可以支配一切,其职能无所不能、无所不包,被称为全能型政府、管制型政府。

综上所述,在高度集中统一的计划经济体制下运行的政府职能体系,由于其"价值取向是以政府的管理和规范为主体的,因而政府职能的功能是集权的、单一的、整体性的政府权能,政府职能在功能上突出政府整体的需要,政府职能的范围广泛,政府职能的运行方式以政治性、行政性、直接性为主,同时政府职能的权能运行仅限于政府条块体系之间"②。所以,计划经济中的行政职能体系在结构上的整体特征就发展为:(1)政治统治职能突出,将许多其他行政职能纳入到政治职能的范畴之中;(2)社会管理职能膨胀,政府对于社会事务,不分大小,大包大揽,直接管理;(3)在经济管理方面,微观直接管理职能过强,而宏观调控能力相对较弱。围绕这样的行政职能而展开的行政管理难以适应中国经济社会发展的要求。

1984年10月20日,中共十二届三中全会作出了关于经济体制改革的决定。决定指出,中国建国35年来所发生的深刻变化,已经初步显示出社会主义制度的优越性。但是必须指出,这种优越性还没有得到应有的发挥。其所以如此,除了历史的、政治的、思想的原因之外,就经济方面来说,一个重要的原因,就是在经济体制上形成了一种同社会生产力发展要求不相适应的僵化的模式。这种模式的主要弊端是:政企职责不分,条块分割,国家对企业统得过多过死,忽视商品生产、价值规律和市场的作用,分配中平均主义严重。这就造成了企业缺乏应有的自主权,企业吃国家"大锅饭"、职工吃企业"大锅饭"的局面,严重压抑了企业和广大职工群众的积极性、主动性、创造性,使本来应该生机盎然的社会主义经济在很大程度上失去了活力。既然如此,变革原有的经济体制,并在此基础上转变政府职能势在必行。

三、市场经济与行政职能

市场经济是市场对资源配置起基础性作用的、与计划经济相对的一种经济运行方式。它是商品经济和生产的社会化发展的必然结果。市场经济与计划经济不同,它具有以下特征:

---

① 沈亚平、王骚主编:《社会转型与行政发展》,南开大学出版社2005年版,第88页。
② 何颖:《行政学》,黑龙江人民出版社2007年版,第189页。

第三章 行政职能

首先,从主体地位看,在市场经济体制下,个人、企业等经济实体成为独立的市场主体,各主体之间是一种平等的关系。各经济实体摆脱了计划经济体制下政府的束缚,不再由政府决策并承担风险,而是拥有经济决策的自主权利,能够独立承担决策所带来的风险,成为独立追求各自利益、自主选择、自由发展的市场主体,并以平等的身份进行等价交换。

其次,从资源配置方式看,市场对资源配置发挥基础性作用。计划经济体制下,政府通过计划直接调配资源;而市场经济体制则要求建立各种商品和生产要素市场,形成统一开放的市场体系,从而由市场形成价格,保证各种商品和生产要素的自由流动,并对生产资料、消费资料、资金、科技和劳力等各种经济要素发挥基础性配置作用。这样,市场就成为促进生产要素流动和资源优化配置的基础机制。

再次,从政府管理的方式来看,政府主要是依靠各种经济、法律和行政手段对经济活动进行宏观调控。在市场经济条件下,政府不再直接干预企业行为,而是通过价格、税收、利率等经济杠杆调控市场主体的行为,并通过政策、法律等规范来约束和规制企业行为。这种间接管理的方式与传统的计划经济条件下政府通过指令性的行政手段直接管理经济存在根本不同。

最后,从规范监督角度看,市场经济体制中的经济活动和经营管理都将受到法律的规范。法律在市场经济中扮演重要角色:市场主体的资格和地位需要法律确认;市场交易的规则需要以法律的形式确定;正常的市场秩序通过法律规范来维护。因而,很多学者称"市场经济是法制经济"。在市场经济条件下,政府和企业都以平等的身份和地位参与市场活动,一切行为要以法律为准绳,各司其职、互不干预,而不再存在依指令的隶属和服从关系。

正是市场经济的以上特征,决定了与其相适应的行政职能体系需要具备以下特点:

第一,在政治职能方面,政治民主化是对市场经济的回应。在计划经济时代,政治职能的主要内容就是阶级统治。而市场经济的发展,促进了国家与社会关系的变革,使国家权力向社会回归。与此相应,民主化就成为市场经济条件下政治职能发展的必然趋势。"政府的民主建设职能一般应体现在政府组织外部和内部民主建设两个方面。就外部而言,政府应当创造、提供条件和机会,保障公民参与政府的决策、决策的实施以及对政府整个行政活动进行监督。"[1]而政府内部民主建设则包括机构设置和职能的调整和完善、管理方式的公开透明、内

---

[1] 沈亚平:《公共行政研究》,天津人民出版社1999年版,第71页。

部管理的法制化、监督机制的完善等内容。

第二,在经济职能方面,政府要充分发挥宏观调控的作用,弱化微观管理的职能。古典和新古典经济学认为,在价格机制的调节下,市场能够实现资源的最优配置。然而,事实上以市场为基础配置资源虽然有诸多优势,但也有其难以克服的弊病,如自发性、盲目性、滞后性等,从而导致"市场失灵"的结果。尤其是西方世界经济危机的频发,宣告了古典经济学所描绘的"市场神话"的结束,经济学家开始认识到市场的局限,探讨进行国家干预的合理性和必要性。于是,宏观调控,即国家运用计划、法规、政策等手段对经济运行状态和经济关系进行干预和调整,就成为各国克服"市场失灵",保证国民经济的持续、快速、协调、健康发展而普遍采用的重要手段。所以,在市场经济体制下,政府对经济活动的管理主要以经济、法律和必要的行政手段来影响作为主要微观经济主体的企业投入产出以及价格,从而实现间接调控,而较少使用直接干预市场行为的微观管理手段。

第三,在社会管理职能方面,政府要"有所为有所不为"。在计划经济体制下,政府职能结构是一种强政府弱社会模式。而市场经济体制的确立,则要求政府退出那些市场可以自我调节和社会能够自我管理的领域,将这部分职能让渡于社会。为此,就要积极发挥社会民间组织的作用,如消费者协会、会计师事务所、资信评级组织等社会组织,通过其服务、沟通、协调和监督等作用来代替政府承担部分社会管理的职能。另一方面,市场经济体制在促进市民社会发展的同时,也对政府的管理职能提出更高要求。例如,社会组织的发展成熟尚需一定过程,其发展需要政府的支持,其运作需要政府加以规范和监督;市场经济的发展可能导致社会发展的不平衡,政府就有责任通过完善社会保障体系等政策维护社会稳定和协调发展;市场主体在利益的驱动下可能会对环境产生污染和破坏,从而加重政府治理和保护环境的职责。

第四,政府要突出公共服务职能,为社会提供服务,主要体现在公共物品的供给上。公共物品具有非排他性,一旦提供就无法拒绝其他消费者对该物品的消费,会导致"搭便车"现象的发生,使得市场机制难以对其进行有效配置。那么,组织和提供公共物品就成为政府的一项重要责任。例如,国防、教育、文化设施、公共卫生、道路交通建设、对知识产权的保护等公共物品都需要政府集中资源来实现和供给,为公民提供一个健康、有序、稳定的社会环境,满足公众的生存和发展需求。

第三节　中国行政职能的转变

一、行政职能转变的历史背景

(一)经济体制转型

1949年以来,中国长期沿用前苏联模式,采用计划经济作为基本的经济制度。直到1978年,中国开始了对市场经济体制的探索,展开对经济体制的一系列变革。"70年代末80年代初,改革首先在农村进行,农民在实践摸索中推出'包产到户'与'包干到户',并获得巨大成功。继而,这种做法获得中央的肯定,开始在全国农村全面推广家庭联产承包责任制,调动了农民的生产积极性,获得显著成效,使农村经济向专业化、商品化和现代化转变。80年代中期,经济体制改革的重点转移到城市,开始进行全民所有制的大中型企业的改革。"[①]1984年,党的十二届三中全会通过了《中共中央关于经济体制改革的决定》,放弃主辅之分,明确社会主义经济是"公有制基础上的有计划的商品经济"。1992年,中共十四大报告正式确立社会主义市场经济体制为中国经济体制改革的目标。

从确立经济体制改革目标至今成效显著,其中两方面较为突出:"一是由市场配置资源的基础性改革取得重大进展;二是以公有制为主体、多种所有制经济共同发展的基本经济制度得到了较快的发展,尤其是民营经济的发展同10年前比,有相当大的突破。"[②]然而,国有企业改革、收入分配制度调整、腐败治理等方面仍不尽人意,距离人们对改革的预期还有较大距离。而这些改革成败的关键仍然在于政府改革。可以说,政府转型与市场经济改革息息相关,并成为制约其进一步发展与完善的决定性因素。因此,经济体制转型对政府职能转变提出了相应要求,要求其在职能上真正体现出市场经济服务者的身份,为市场经济的发展提供良好的环境。

(二)全球化

按照国际货币基金组织的定义,"全球化是跨国商品与服务交易及国际资本流动规模和形式的增加,以及技术的广泛迅速的传播,世界各国经济的相互依赖

---

① 沈亚平主编:《转型社会中的系统变革:中国行政发展30年》,天津人民出版社2008年版,第237～238页。

② 迟福林:《门槛——政府转型与改革攻坚》,海南出版社2008年版,第75页。

性增加"。在全球化背景下,一国的经济制度或政策已经不仅仅是本国国内的事情,它的制定和执行需要考虑到世界经济形势或别国经济政策,同时本国政策也会成为别国政策的影响因素。因此,经济全球化对政府转型不仅提供了契机,也提出了更高要求,毋庸置疑地影响着转轨国家的制度安排和选择。

伴随生产力水平的提高,全球化趋势日益增强,世界贸易组织就是这一过程发展的产物。世贸组织以在全球范围内建立统一、自由的市场为目标,要求各成员以统一的国际准则规范自己的行为。2001年12月11日,中国经过多年努力,终于正式成为世界贸易组织的一员,使中国经济的发展迈向新的台阶。WTO虽然是经济贸易组织,但是其规制对象并非仅限于企业和市场。事实上,WTO针对政府设立了种种规则,要求成员国政府遵照并执行。对于一个刚刚确立市场经济改革目标、从计划经济体制下的全能型政府向市场经济体制下有限型政府过渡的发展中国家的政府而言,加入WTO,与国际接轨,无疑将使其在行政体制、行政职能、行政理念、管理方式等多方面面临巨大冲击。单就政府职能而言,从职能的主体、主体间关系到职能的内容等都需要经历新的发展与变革。

(三)公共需求快速增长

伴随经济体制转轨,中国社会也发生着深刻变革,经历着从传统农业社会向现代工业社会的转型。在这一社会转型的关键时期,社会矛盾迭出,利益重组,公共需求发生明显变化,并迅速增长,呈现出以下特点和趋势:

第一,公共需求以超常的速度增长,并将逐步成为经济社会发展的重要动力和市场需求的主流。20世纪九十年代中期至今的10年间,中国城镇居民在教育、医疗、社会保障等方面公共需求的比重大幅上升。有专家估计,近10年在城镇居民的总需求中,个人公共需求年均提高的比重,相当于过去5年公共需求比重的总体增幅。

第二,随着人们收入水平的不断提高,公共需求的结构变化相当快,并逐渐由消费型向发展型升级。近10多年来,无论是城市还是农村,人们衣食支出的年均增长则大大高于总消费的增长。

第三,由于收入差距的不断扩大,社会结构和公共需求的主体进一步分化,并由此使社会矛盾复杂化。

第四,随着中国经济结构和社会结构的快速变化,就业、人口、资源、环境等矛盾和问题快速显现,并使公共需求的供给面临严重不足。

第五,广大农民在义务教育、医疗、养老保障等方面潜在的公共需求开始转化为现实需求,要尽快采取措施妥善解决①。

虽然公共需求显著增加,然而面对历史欠账与改革发展的需要,政府尚无法为社会提供充足的公共服务,从而有可能形成公共需求全面增长与公共服务不能满足需要的矛盾。面对这一困境,转变政府职能,强化公共服务能力,已成为解决现实公共需求矛盾的必要途径和必然选择。

二、行政职能转变的历程

(一)行政职能转变的酝酿

从20世纪70年代末中共十一届三中全会召开到1984年全面经济体制改革推行前的几年,是中国政府职能转变的酝酿阶段。这一阶段伴随经济体制改革序幕的拉开,扭转了政府职能以阶级斗争为重点的错误导向,并初步确立了"简政放权、政企分开"的改革思路。

1949年到1978年的几十年间,计划经济体制发挥过重要作用,但其弊端也日益显现,促使人们开始对其进行深刻反思。1978年,中共十一届三中全会召开,指出经济管理体制的严重缺陷之一就是权力的过度集中。体制要变革,就需要政府权力下放,让地方和企事业单位都有一定的自主权,能够在国家统一计划的指导下自主决策、自主经营;精简行政机构,将政府的部分职权转移给企业性专业公司或联合公司;另外,在坚持党的领导的同时,解决党政不分、政企不分的问题。1982年,中共十二大确立了计划经济为主、市场经济为辅的原则,在计划经济以外,允许部分产品的生产和流通由市场自行调节。这种经济体制模式的变化,必然带动经济管理方式的变化。中共十二大还提出在指令性计划以外,政府对一些产品和企业要运用指导性计划的管理方式,留给企业自主的空间。

因此,中共十一届三中全会以后,随着经济体制改革的发展,政府职能也逐渐发生改变:从改革前的以阶级斗争为主转向以经济建设为中心,并开始重视政府的经济管理的宏观职能。但是,这一阶段的改革尚未充分认识到政府职能转变的重要意义,"行政改革的重点在于撤并机构、裁减人员,以解决领导班子副职过多和干部老化等问题。简政放权也主要是政府对企业的管理权在各级政府之间的重新分配,并没有真正触及到政府向企业分权的层面"②。然而,毋庸置疑,经济体制改革的深入推行已预示了政府的一场重大变革,政府职能即将发生重

---

① 迟福林:《门槛—政府转型与改革攻坚》,海南出版社2008年版,第33～34页。
② 沈亚平主编:《转型社会中的系统变革:中国行政发展30年》,天津人民出版社2008年版,第91页。

要转变。

(二)行政职能转变的启动和发展

1984年《中共中央关于经济体制改革的决定》标志着政府职能转变的启动,其后十余年,行政职能问题日益受到重视,在理论和实践中都获得了长足发展。

1984年10月,中共十二届三中全会通过的《中共中央关于经济体制改革的决定》中,明确提出中国社会主义经济是公有制基础上有计划的商品经济,不再强调计划与市场的主辅关系。随着对市场经济认识的深入,政府的职责与定位也逐渐明晰。该《决定》首次明确、全面地提出了政企分开与政府职能转变的问题,概括指出了改革后的政府经济管理的职能应侧重宏观管理,即"制定经济和社会发展的战略、计划、方针和政策;制订资源开发、技术改造和智力开发的方案;协调地区、部门、企业之间的发展计划和经济关系;部署重点工程特别是能源、交通和原材料工业建设;汇集和发布经济信息,掌握和运用经济调节手段;制定并监督执行经济法规;按规定的范围任免干部;管理对外经济技术交流和合作等等"。行政职能转变问题提出后,在经济体制转型的每一次关键时刻,行政职能问题都会一再成为关注的焦点。

1986年,全国六届人大四次会议通过《关于第七个五年计划的报告》,将政府经济管理职能进一步概括为:"统筹规划、掌握政策、组织协调、提供服务、运用经济手段和加强检查监督。"

80年代末,市场经济改革进入艰难发展时期,政府改革已成为重要议题,而职能转变则是重中之重。1987年,中共十三大报告指出:"为了避免重走过去'精简—膨胀—再精简—再膨胀'的老路,机构改革必须抓住转变职能这个关键。"1988年,政府机构改革把"转变职能、下放权力、调整内部结构、精简人员"作为总的指导思想,强调在明确职责的基础上设置机构和人员。

1992年10月,中共十四大报告明确建设市场经济为经济体制改革目标,同时强调加快政府职能转变的重要性,指出职能转变的根本途径在于政企分开。该报告进一步明晰了行政职能的边界,对于国家法令规定属于企业行使的权利,政府都不得干预;下放给企业的权利,各级政府不得截留。政府的职责在于在宏观上调节经济活动,为经济发展提供健康、有序的环境。

1993年11月,为保证市场经济体制的进一步发展,中国共产党召开十四届三中全会。会议通过了《中共中央关于建立社会主义市场经济体制若干问题的决定》,为建立社会主义市场经济体制提供了理论和政策框架,并对政府职能转变提出较为具体的论述。该《决定》指出:"转变政府职能,改革政府机构,是建立社会主义市场经济体制的迫切要求。政府管理经济的职能,主要是制定和执行宏观调控政策,搞好基础设施建设,创造良好的经济发展环境。同时,要培育市场体系,监督市场运行和维护平等竞争,调节社会分配和组织社会保障,控制人口增长,保护自然资源和生态环境,管理国有资产和监督国有资产经营,实现国家的经济社会发展目标。政府运用经济手段、法律手段和必要的行政手段管理国民经济,不直接干预企业的生产经营活动。"[1]

这一阶段属于市场经济逐步确立和初步发展阶段,政府职能急需从计划经济体制下的模式中转变过来。因而,行政职能转变的重点在于经济职能上,从计划经济时期的微观管理转向市场经济条件下的宏观调控。所以,这一时期的政府职能建设主要围绕经济建设这个中心,大力发展宏观管理职能,重新界定政府与企业的职责边界,积极引入市场机制,着眼于适应经济转轨的客观需求。

(三)行政职能转变的新开端

行政职能转变包含两种类型:"一是适应市场经济发展的政府功能转变;二是适应在市场经济基础上社会事业发展的政府功能转变"[2]。在第一种类型中,政府作为经济发展的主体组织地位尚未发生根本变化,而在第二种类型中,政府已退出作为经济活动主体的地位,以社会事业发展为中心。随着市场经济体制的深入发展,社会组织和力量得到增长,必然对政府转型提出新的要求,要求其从经济建设型主体转变为公共服务型主体。因此,1998年政府机构改革对行政职能转变就定位为社会管理和公共服务。

1998年《关于国务院机构改革方案》明确政府职能为三项:宏观调控、社会管理和公共服务。此次改革的重大举措之一就是试图加强政府的社会管理和公共服务职能,新设了劳动与社会保障部、国土资源部、信息产业部等。同时,为还权社会,发挥社会中介组织作用,各部委划出200多项职能,由企业和社会自我管理,市场自我调节。仅北京市在本次机构改革中,就有112项政府职能移交给了企事业单位和社会自治组织,369项管理社会经济事务的行政性审批权被取消。

2003年10月,中共十六届三中全会做出的《中共中央关于社会主义市场经济若干问题的决定》中,将政府职能转变与行政体制改革紧密联系起来,提出改革的重点包括:改革审批制度和减少直接干预,反对和打破行政性垄断,完善宏观调控和加强中长期计划,加强对重要领域的行政监管,加强社会管理和公共服

---

[1] 中共中央党校教务部编:《十一届三中全会以来党和国家重要文献选编》下册,中央党校出版社2003年版,第73页。

[2] 丁煌:《行政学原理》,武汉大学出版社2007年版,第112页。

务。2004年3月,国务院颁布的《全面推进依法行政实施纲要》中指出,要"依法界定和规范经济调节、市场监管、社会管理和公共服务的职能。推进政企分开、政事分开,实行政府公共管理职能与政府履行出资人职能分开,充分发挥市场在资源配置中的基础性作用"。"无论是经济调节、市场监督,还是社会管理,其本质都是公共服务。强化公共服务理念和公共服务职能,是全面履行政府职能的基础和前提"[1],这是市场化新阶段对政府改革的客观要求。

综上所述,在1998年机构改革后,政府在继续加强和改善经济管理职能的同时,也日益关注社会管理和公共服务的职能的增强,将其与经济职能摆在同等重要的地位。政府服务性职能的加强,既是市场经济发展的产物,也是市场经济进一步发展的必然要求,必将在今后相当长的一段时间内继续成为行政职能转变的重要内容。

三、行政职能转变的经验与展望

(一)行政职能转变的经验

1. 政府与市场关系

改革开放几十年的实践证明,行政职能转变首先要处理好政府与市场的关系。从20世纪80年代起,改革计划经济与微观管理是政府改革的主要内容。政府通过下放权力、裁并部门、改革审批权、改善管理方式等手段,鼓励企业自主经营,积极培育专业市场,放松对个体、民营和三资企业的市场准入限制,明晰宏观调控职能。经过多年努力,中国已基本形成市场调节为主、政府调控为辅的资源配置框架。可以说,在培育、规范、促进市场体系的形成方面,中国政府已取得较大成绩,也取得了许多经验。在政府与市场关系方面,政府要充分发挥市场的作用,对于市场可以自主调节的领域,不再进行直接干预和微观调节;对于市场需要国家调控的领域,要通过宏观手段对经济活动进行调节。这一原则仍须在今后的改革和发展道路上继续坚持。

2. 政府与企业关系

政府与企业的关系也是行政职能转变过程中需要解决的一个重要问题。经济的转型要求政府职能的重新定位,重新确立政府与企业的关系模式,因而从80年代中期的国有企业改革到90年代末的机构改革,政企职责分开一直是改革的重点内容。据统计,"中共十四届三中全会以后,国有企业制度创新的力度显著增强。相当一部分企业按照'产权清晰、权责明确、政企分开、管理科学'的

---

[1] 迟福林:《门槛——政府转型与改革攻坚》,海南出版社2008年版,第133页。

要求推进规范的公司制改革,取得积极进展。到1998年底,已有575,367户企业改造成为股份有限公司和有限责任公司,绝大部分企业已具备面向市场、创造性开展生产经营活动的权力与条件。一部分企业的经营机制已发生实质性转换,政府逐渐退出微观经营管理领域,而把主要精力放在宏观调控层面"[1]。之所以取得如此成绩,在于正确地划分了政府与企业权责,使企业真正成为市场经营活动的主体,而政府则退出市场组织、参与者的主体地位,成为市场活动的监管者和服务者。

3. 政府与社会关系

经济体制的深刻变革引发政府与社会关系的调整。从1998年政府机构改革开始,政府一方面裁撤一些职能,从本应由社会自我管理的领域退出;另一方面则增加了一些服务职能,为个体和组织发展提供良好的社会环境。虽然这些改革还不成熟,但是这种职能上的调整已初现成效。自1998年政府改革以来,各地社会自治组织蓬勃发展。据国家民间组织管理局统计,"截至2007年底,全国共有社会组织38.7万个,比上年增长9.3%;吸纳社会各类人员就业456.9万人,比上年增长7.4%;形成固定资产总值682亿元,比上年增长61.2%;收入合计1343.6亿元,比上年增长111.3%;各类费用支出900.2亿元,比上年增长99.9%;2007年社会组织增加值为307.6亿元,比上年增长173.9%,占服务业的比重为0.32%"[2]。这些组织遍及科技、教育、文化、卫生、劳动、民政、体育、环境保护、法律服务、社会中介服务、工商服务、农村专业经济等各个行业和领域,是国民生活中肩负着经济、文化和社会建设重任的不可或缺的力量。

政府与社会的权力边界究竟如何明确划分,虽然尚无定论,但是历史的经验已表明政府对社会的管理不能无所不包、面面俱到,过分强大的政府会遏制社会的进步。所以,改善社会管理和服务职能,鼓励公众参与社会管理,已日益成为行政职能转变的核心内容。

4. 中央与地方的权力关系

从中央与地方的职权划分上看,改革开放以来,中央政府不断下放权力,扩大地方政府的自主权,激发地方的积极性和主动性。通过一系列政策制定和改革,中央政府适当下放了行政管理权、人事权和经济管理的事权。特别是从80年代的财政包干制到90年代的分税制和外贸投资领域的改革,扩大了地方政府的财权和自主权。在发挥"两个积极性"的原则指导下,中央政府保留国民经济

---

[1] 高萍:《50年来中国政府经济职能的变化与启示》,《中国经济史研究》,2002年第4期,第23页。
[2] 《2007年民政事业发展统计报告(社会组织部分)》,中国社会组织网。

的重大决策权,保证经济总量的基本平衡和经济结构优化;而地方政府则有权制定地区性法规和政策,调节本地区的经济活动,促进区域经济和社会发展。纵向职能的改革,初步理顺了中央与地方关系,使政府间纵向职能配置合理化,管理能力与管理幅度相匹配,在发挥中央宏观调控作用的同时,确保了地方政府的自主性和灵活性。所以,中央与地方政府职权的科学合理配置,是行政职能转变需要重视的问题之一。

(二)行政职能转变的展望

行政职能转变的关键是要与中国的发展实践相结合,符合经济与社会发展的客观需要。面对21世纪中国经济与社会的转型,以及国际发展形势,中国政府的行政职能应做以下转变。

1.行政职能内容变化

如前所述,行政职能包括政治职能、经济职能、文化职能和社会职能。这些职能的内容并非一成不变,而会根据社会的发展变化在具体侧重上发生变动。

第一,在政治领域应当加强民主建设职能。伴随政治文明程度的提高、法治进程的加快以及公民意识的觉醒,政府在政治职能方面的民主化建设是大势所趋。因此,应当按照宪法所规定的"人民依照法律规定,通过各种途径和形式,管理国家事务,管理经济和文化事业,管理社会事务"的规定,加强政治民主建设,拓宽民主参与渠道,实行参与式行政。

第二,在经济领域要加强宏观调控职能。虽然自改革开放以来,中国政府在经济职能从微观管理到宏观调控的转型上取得了一定成绩,但是政府在某些方面仍然没有完全摆脱计划经济时代的管理角色。例如,某些地方政府为谋求政绩,促进地方经济发展,通过行政手段左右市场投资导向;设置贸易壁垒,保护本地产业;为获不当利益,在某些行业实行行政垄断等。这些做法都与经济体制改革与行政职能转变背道而驰,也表明行政职能进一步转变任重道远。但是,市场经济体制的不断完善,以及与国际市场的不断融合,将会推动政府进一步放松对市场和企业的微观管理,使市场机制在更大的范围内对资源配置发挥作用,通过宏观调控方式保证国民经济健康有序发展。

第三,在文化领域要强化文化建设职能。近些年来,越来越多的人们享受到改革开放的成果,在物质生活方面获得了较大满足。随之而来的是人们对精神文化生活需求的不断增多,对政府在文化建设上的能力提出挑战。特别是在当今的信息时代,科技文化在国民生活和国际竞争中扮演越来越重要的角色。正因如此,中国已经将"科教兴国"作为国家的发展战略,在文化教育和科技等领域加大了投入。但是这些投入与发达国家相比还有很大差距,也不足以满足日益增长的现实需要，尚待进一步加强。

第四，在社会领域要突出社会管理和公共服务职能。经过三十多年改革开放的发展，中国已基本完成了农业经济大国向工业经济大国的转变，正在经历工业经济大国向工业经济强国的转变。在前一进程中，政府主要集中力量发展经济，取得了经济建设的显著成绩，但是却忽视了社会管理的重要性，产生了一些不良后果，如 SARS 初期的政府应对失当、频发的生产和食品安全事故、商业贿赂现象严重等。这些问题昭示出政府的社会管理的缺位，要求增强政府社会监管能力。此外，新的社会发展时期需要政府在发展经济的同时，更多关注社会的全面发展，关注民生问题，完善公共服务体系，保障基本公共服务的均等化，从而使政府的社会管理和公共服务成为新时期行政职能建设的中心。

2. 行政职能结构变化

计划经济时代的行政体制有其集权性的特点。这种集权在中央和地方关系上表现为权力集中在中央，地方缺乏自主权；在政府与企事业单位和其他社会组织的关系上表现为管理权限集中在政府，以至政企不分、政事不分、政社不分。体制安排与职能配置密切相关。集权体制下上下级职能配置不平衡，中央政府承载了过多的职能，而且，在政府与社会的关系方面，政府也承担了大量的"不该管、管不好、管不了"的职能。这种体制设置和职能定位不能适应现代市场经济发展、政治民主化和经济全球化所提出的要求，需要做出调整和变动。

在中央和地方之间的职能结构调整上，中央政府应当在维护权威的前提下下放权力，扩大地方的自主权，将部分社会经济的管理权能交给各级地方政府，使其能够根据本地区发展的需要制定相关政策措施，确保地方发展的积极性和主动性。对此，中共十七届二中全会《关于深化行政管理体制改革的意见》指出，必须坚持发挥中央和地方两个积极性，在中央的统一领导下，鼓励地方结合实际改革创新。各级政府要按照加快职能转变的要求，结合实际，突出管理和服务重点。中央政府要加强经济社会事务的宏观管理，进一步减少和下放具体管理事项，把更多的精力转到制定战略规划、政策法规和标准规范上，维护国家法制统一、政令统一和市场统一。地方政府要确保中央方针政策和国家法律法规的有效实施，加强对本地区经济社会事务的统筹协调，强化执行和执法监管职责，做好面向基层和群众的服务与管理，维护市场秩序和社会安定，促进经济和社会事业发展。按照财力与事权相匹配的原则，科学配置各级政府的财力，增强地方特别是基层政府提供公共服务的能力。

在政府与社会之间的职能结构调整上，需要从政企分开、政事分开、政社分开入手，明晰各方权责，将属于政府的权能归于政府，属于企事业单位和社会组织的权利归还社会,使政府、企事业单位和其他社会组织都成为权责相对独立的完整单元。对此,中共十七大报告再次强调:"加快推进政企分开、政资分开、政事分开、政府与市场中介组织分开,规范行政行为,加强行政执法部门建设,减少和规范行政审批,减少政府对微观经济运行的干预。"

此外,政府还需要进一步向社会自治组织让渡管理和服务权能,将社会可以自我管理的职能回归社会,使更多的社会主体参与到公共管理中来。

3. 行政职能运行方式变化

中国正处于社会转型的重要时期。这种转变不仅是经济体制的转轨,更伴随着价值和制度理念的深刻转变。经济方面体现出来的是规则与平等的理念;社会方面体现出来的是多元与和谐的理念;政治方面体现出来的是民主与参与的理念。与此相应,近年来政府推崇法治理念,提倡依法行政,将推动行政职能的运行向着更加规范、公开、公正、透明的方向发展。

依法行政要求行政机关按照法律的规定履行职权,一切行为都要接受法律的规范和监督。这种要求不仅体现在实体上,更体现在程序上。也就是说,行政行为要在步骤、方式、顺序和时限上都符合法律的规定。因此,行政法治的原则促使行政职能在运作方式上更加遵守规则,从而减少了主观性和随意性,确保行政行为的规范和公正。

在落实依法行政的同时,中国政府也大力推进政府信息公开,促进管理方式的创新。世纪之交,国务院要求各级政府及其部门增加工作透明度,将办理的行政事项能够公开的都要向社会公开。中央政府率先开通门户网站,对政务公开工作的推进起到重要的推动作用。"到 2006 年底,国务院有 55 个部门及直属单位建立了政务公开领导小组及其办事机构,36 个部门和单位建立了政务公开制度;全国乡镇普遍推行政务公开,逐步走上规范化轨道;85% 以上的县级和 83% 的地市级行政机关实行了政务公开,省级政府部门的政务公开工作也取得了进展。"[1]2007 年 6 月,《政府信息公开条例》颁布,实现了政务公开的规范化和法治化,标志着政府管理方式创新又迈向了新的台阶。可以说,政务公开的实践也极大地推动了行政职能的转变,必将促使其在运行方式上更加公开、公正和透明。

---

[1] 毛寿龙:《2006 中国政府治道变革的进展回顾》,《江苏行政学院学报》,2007 年第 6 期。

第四章 行政组织

第一节 行政组织概述

一、行政组织的涵义和特点

在中国,组织这一概念的原始意义是将丝麻织成布帛,引申为将一物的构成部分组合成一整体。在西方,组织源于器官,器官是自成系统的有特定功能的细胞结构。后来,这种关于自然组织的概念被引进到社会科学领域,从传统的对物的意义的理解,逐步引申去解释社会现象,于是产生了现代意义的社会组织概念。按照现代组织理论,组织是人类社会中普遍存在的现象。当代社会存在着各种各样的组织,人们的一切社会活动,都需要经由社会组织来进行,人们的一切目的,都需要经由社会组织来实现。可以说,任何人的一生都是处于各种组织之中,并要与其他组织不断地联系和交往。

关于组织这一概念,目前国内外还没有一个公认的定义。人们分别从静态、动态、生态、心态等多种角度揭示组织的多重涵义。《牛津辞典》曾把组织解释成"为特定目的而作之有系统的安排",这一定义揭示出了组织的基本涵义和要素,对准确把握组织概念有一定借鉴意义。

对于什么是行政组织,学术界也没有一致的观点。有的学者从强调共同目的出发,认为"组织是人类为了取得共同的目的而结成的任何一种形式",或者认为"组织是为了促进某些一致目的的实现,通过职务和责任的分配所作的人事安排"。有的学者强调行政组织的层次统属关系,认为"组织结构是由层层授权而联结起来的相互关联的职位的模式"。有的学者则强调组织内人们之间的相互关系,认为组织"是结构性和整体性的活动,即在相互依存的关系中人们共同工作或协作"。

上述定义对于考察行政组织均有参考价值。我们可以从以下三个方面来分析行政组织的基本内涵。

1. 目的一致性

目的一致性是指行政组织是为了实现共同的目的而组合起来的,这是构成行政组织的第一要素。

2. 层次统属性

层次统属性是指行政组织内的各个层次通过权责分配而形成一种命令与服从的关系。

3. 结构有机性

结构有机性是指行政组织经由其内部各机构和人员的相互联系构成一个完整的有机体。

因此,可以这样规定行政组织,所谓行政组织,是为了履行一定的行政职能,实现一致的行政目的,通过权力和责任的分配而建立起来的系统协调的有机整体。对于行政组织,可以从广义和狭义两方面理解。广义的行政组织泛指一切具有计划、组织、指挥、协调、控制等行政功能的组织,它不仅包括国家行政机关的组织,也包括国家立法、司法部门内履行行政职能的组织,还包括企事业单位、群众团体等社会组织中处理其有关行政事务的组织。狭义的行政组织则仅指履行国家行政管理职能的国家行政组织。它是执掌国家行政权、依法对国家政务和社会公共事务实施管理的政府组织。我们在此涉及的是狭义的行政组织。

行政组织是具有执行性质的国家政权组织,与其他社会组织相比较,它具有以下特点。

1. 政治性

政治性是一切国家政权组织的特点,行政组织也不例外。行政组织的政治性首先指行政组织在阶级社会中是实现统治阶级意志,实施统治阶级的法律和政令的工具,具有国家统治职能;其次是指随着行政组织在现代国家中的地位日益重要,政府的公共决策权力日益突出,它不仅左右着国家政治生活的发展,也影响着公民的权利和义务,决定着各社会组织和团体的利益的消长。

2. 社会性

行政组织的社会性由行政组织的社会职能所决定。行政组织是代表国家管理社会公共事务的组织形式。这一职能决定了行政组织要对范围广泛的社会生产和生活实施有效的领导和管理。这种领导和管理主要体现在对社会生活的调节、监督、检查、控制和协调等方面。此外,行政组织的社会性不仅表现为进行管理,也表现为提供服务。为了维护统治阶级的利益及其统治,任何社会的行政组织都必须服务于社会,施益于公众,为公众的利益提供条件和保障。在当代社会中,各国行政组织的服务作用日益增强。但是,在不同的社会制度下,行政组织的服务方向和服务内容不同,只有在社会主义国家,才能真正将一切依靠人民,一切为了人民作为行政组织活动的出发点和归宿。

3. 权威性

行政组织代表国家行使权力执行公务,其行为建立在宪法、法律的基础之上,因而具有权威性,它的一切合法活动都受到国家强制力的保障。行政组织的权威性主要表现为依法制定的行政措施、行政法规、行政决定和命令等对各社会行为主体具有普遍约束力,适用者必须将其作为合法的规定加以接受。否则,就要承担相应的法律责任,或者由行政机关对之进行处罚,或者采取强制措施,以保证具有强制力的行政行为的实现。

4. 系统性

行政组织是为了实现统一的行政目的并依法建立起来的,与其他社会组织相比,行政组织更富于系统性。行政组织要按照社会分工确定不同层次、不同业务部门,确立相应的组织结构,分别对国家、地方和行业的有关行政事务进行管理。同时,为了保证政令统一,协调平衡,指挥灵便,行政组织又必须形成一个纵横交织、头尾相继、上下贯通、左右联系的具有严密体系的有机整体。

5. 法制性

国家行政组织作为国家政权组织的一部分,具有很强的法制性。这里的法制性包括两重含义。一是指行政组织各部门的设置、职权范围、人员编制、财政预算、工作程序和管理方式等均要由国家宪法和法律规定。上述各方面的变动也必须经过法定程序由立法机关和有权机关审批决定。二是指行政组织的行政行为必须符合国家宪法和法律规定,不得超越法定职权或违反法定程序任意行政。因此,法制贯穿于行政组织建设和行政组织运行的全部过程中,行政组织及其公务人员必须加强法制观念,严格依法行政。

二、行政组织的要素

行政组织是一个完整的体系,这种体系由若干要素构成。所谓行政组织要素,是指构成行政组织的基本成分。概括来说,行政组织主要由以下要素构成。

1. 物质要素

包括行政组织在内的所有组织都要具备一定的物质要素。所谓物质要素,是指人员、经费、物质等方面的要素。人是构成组织的基本要件,行政组织必须有工作人员。没有行政人员,行政组织就无法正常运行。因此,人是行政组织的活的灵魂,是行政活动得以进行的基础。经费如同行政组织的血液,没有一定的财政经费的支持,行政活动也就无法开展。办公场所与用品、交通工具与通讯设备及附属设施等物质因素的好坏,也影响着行政组织的运行。因此,它们也是构成行政组织的物质条件。

2.结构要素

行政组织的结构要素包括部门、职位和权力三项。部门是通过对行政组织的分解而形成的机构。任何行政组织都由数量不等的职位构成。行政权力由国家法律赋予,它是行政组织履行职能所必须具备的一种能力或力量。这种权力蕴含于行政组织的各个部门和职位之中。

3.管理要素

管理要素包括职能目标、权责分配、管理技法、管理程序、管理规范等。职能目标是行政组织存在的基础,任何行政组织都是为了完成一定的行政任务而建立起来的,为更好地完成工作任务,必须确定各自的职能目标。职能目标是行政组织活动的指南,是行政组织履行规划、决策、指挥、协调、控制等职能的根据;职能目标又是评价行政组织建设和行政组织活动的标准,它为衡量政府工作效能的高低提供了一个客观的尺度。行政组织是一个权责分配体系,通过合理的权责分配,使上级与下级、部门与部门、人员与人员之间形成既分工又合作的关系,从而增进行政组织的整体功能。管理技法是指行政管理过程中所运用的管理技术和管理方法,它是实现组织目标的手段。为保证行政高效率,必须要使管理技法科学化。管理程序是行政活动的先后次序。由于行政管理具有内在规律性,因此,行政组织必须根据行政规律确定合理的管理程序,并使之规范化。管理规范是指行政组织和行政人员在行政活动过程中所应遵循的行为规范,它具体表现为有关的法规、道德、规章制度等等。

4.精神要素

包括员工的团体意识和机关风气。团体意识是通过机关人员对组织目标的认同、感情交流和思想沟通形成的集体意识。在行政组织中,团体意识是十分重要的。它可以使机关人员密切合作,协同一致地实现组织目标。而如果没有形成团体意识,组织内部必然人心涣散,矛盾百出,不能形成强有力的组织体系。机关风气是由机关工作人员的责任心、工作态度和服务观念形成的一种精神状态,这是行政组织的无形的动力。有了良好的机关风气,才能保证行政组织顺利地履行其职能,完成其使命。

三、行政组织的种类

行政组织的类型多种多样,可以依据不同的标准加以分类。常见的分类有以下几种。

1. 以行政职权和管辖范围为标准,分为中央行政机关和地方行政机关

中央行政机关是国家权力机关的最高执行机关或最高国家行政机关,负责统一管理和领导全国和地方的行政工作。中央行政机关的职权及于全国,其发布的法规、规章、决议和命令在全国均有约束力。由于中央行政机关在行政体制中处于核心地位,因此,其职权划分、活动方式和组织形式等直接影响着整个行政组织的效率。地方行政机关是地方各级国家权力机关的执行机关,是领导和管理地方各行政区域的行政工作的机关,它们发布的规章、决议和命令一般只在本行政区域内生效。地方行政机关实行双重从属制,既服从于同级地方人民代表大会,又服从于上级行政机关。在少数民族聚居的地方实行民族区域自治,民族自治机关享有宪法和法律规定的民族自治权。

2. 以行政职责的内容和性质为标准,分为领导机关、职能机关、辅助机关、咨询机关、监督机关和派出机关

领导机关又称各级政府的首脑机关或统率机关,它是各级政府的决策与执行的指挥机关。这种机关是行政的中枢,它统辖全局,运筹决策,是决定行政效能的关键。职能机关是为完成一定职责范围内的行政事务而设立的执行机关,它们在领导机关的指导监督下,分管所属的专业行政事务,贯彻落实领导机关对其具体业务的指示、决定和命令。辅助机关即为行政首长提供信息、处理日常事务和为职能机关提供服务的机关。这种机关又可分为政务性和事务性、综合性和专业性的辅助机关。咨询机关是行政管理过程中为决策机关提供参考意见和建议以及完成决策机关委托办理的特殊工作的机关。监督机关是指对管理者在行政活动中的遵纪守法、廉洁奉公等情况进行监督的机关。派出机关则是行政机关在所辖区域内设立的代表机关,例如行政公署、街道办事处等。这类机关不是一级国家行政机关,其职责主要是代表一级政府对该级政府领导下的下级行政机关的工作进行检查督促,完成上级机关交办的其他任务。

3. 以存在时间的久暂为标准,分为常设行政机关和暂设行政机关

常设行政机关是指正式列入政府编制序列、长期存在的机关。这种机关设置的原因是其掌管的行政事务具有经常性和连续性,因此,该机关的设置没有预定限期,长久存在。暂设行政机关又称非常设行政机关和临时行政机关,指的是不正式列入政府编制序列,根据工作需要而临时设立,事项执行完毕即撤销的

机关。

4.以业务管辖范围和性质为标准,分为一般权限机关和部门权限机关

一般权限机关是执掌全国或一定行政区域内全面性、综合性行政事务的机关,如国务院和地方各级人民政府。部门权限机关是执掌全国和一定行政区域内专业性、特殊性行政事务的机关,如国务院各部委,地方人民政府中的厅、委、局、科等。

5.以管理事项的复杂程度为标准,分为综合管理机关和专业主管机关

对多种管理对象实施某种特定管理职能的机关,称为综合管理机关,如国家发展和改革委员会、人事部、财政部等,其管理对象涉及多种业务部门,而不只是一个部门。对单一的管理对象实施全面业务管理的机关是专业主管机关,如铁道部、交通部、水利部、农业部等。在中国的行政机构改革中,为了精简机构和提高行政效率,国务院把减少专业性主管机构,加强综合性管理机构作为改革的一个目标。除了裁并原有的部委机构外,还将原来的某些专业主管机关转为独立核算的公司,以减少政府对企业的行政干预。

四、行政组织的地位

行政组织的地位是指法律规定的国家行政机关在同其他国家机关、政党、社会组织、企事业单位、公民所发生的法律关系中,以及行政组织内部各行政机关相互之间发生的法律关系中的职权和责任的总和。国家行政组织的地位由宪法和有关法律规定,这种法律地位在行政组织与其他国家组织、政党、社会组织和公民发生的法律关系中得以体现。

在中国,国家组织由权力机关、司法机关和行政机关组成。其中行政机关是权力机关的执行机关,它由权力机关产生,对权力机关负责,向权力机关汇报工作,接受权力机关的监督。行政机关依据权力机关制定的宪法、法律而履行行政职能,并在法律规定的范围内,拥有一定的自由裁量处置权。行政机关和司法机关二者之间是平等的、并列的关系,行政机关行使国家行政权,司法机关行使国家审判权和检察权。行政机关不能干涉审判权和检察权的行使,人民法院和人民检察院也不得代替行政机关行使国家行政权。但是行政机关有权管理司法行政事务,人民法院有权依法审理某些行政案件和其他行政违法案件,人民检察院有权就行政机关及其工作人员遵守国家法纪的情况进行监督。

行政组织与政党组织的关系主要是指行政组织与中国共产党的关系。在中国,共产党是执政党,党的职能是对国家政治生活进行领导,即实施政治原则、政治方向、重大决策的领导,向国家机关推荐重要干部。党对国家政治生活的领导

第四章　行政组织

包括各个方面,其中包括对行政组织及其活动的领导。这种领导是通过制定符合社会发展规律和人民群众需要的大政方针,以此作为政府工作的指南来体现的。当然,坚持党的领导并不意味着运用党组织来包揽一切行政事务,包办政府的工作,而只是对政府的行政事务进行原则指导和监督保证,从而保证政府成为名副其实的行政主体,形成相对独立的国家行政管理体系。

就行政组织与社会组织、企事业单位和公民的关系来说,行政组织为了实现其职能,可以依法对后者的活动进行管理、干预,实施影响和控制。社会组织、企事业单位和公民有服从行政管理的义务。对于不服从管理者,行政组织有权予以行政处罚和行政强制。同时,社会组织、企事业单位和公民可以依法对行政组织及其工作人员行使监督权,行政组织及其工作人员有接受监督、纠正不当和违法行为的义务。

在国家行政组织内部,上级行政机关领导相应的下级行政机关,国务院领导全国各级行政机关,各下级行政机关都从属于相应的上级行政机关,具有服从上级行政机关的义务,并可以在自己的法定权限范围内,独自处理所属行政事务。

第二节　行政组织的结构、体制和编制

一、行政组织的结构

(一)行政组织结构的意义

行政组织结构,是指行政组织各组成部分的排列组成方式,它包括各个具体行政机关的结构和整个国家行政机关的结构。行政组织的基本元素是工作职位和工作人员。若干个职位和人员按一定方式排列组合形成一个行政机构,若干个行政机构按一定方式排列组合形成一级行政机关,各级行政机关按一定方式排列组合形成整个行政组织体系。因此,行政组织结构是职位、人员、机构和行政机关相互关系的模式。

对于任何组织来说,最重要的问题之一就是要建立合理的组织结构,它极大地影响着组织的正常运行。在组织能否成功地达成其目标的问题上,组织结构合理与否是最重要的决定性因素之一。一般说来,组织结构愈合理,其内部各组成要素的相关度就愈大,组织内部力量的相互抵消和内耗现象就愈少,组织的整体功能就愈好。因此由组织结构所确定的各组成要素的相互关系是十分重要的,它规定了组织各层次上诸要素的职位、职责和职能以及相互之间的关系,由

此规定了组织存在的总格局,没有这种总格局,任何组织的活动都无从设想。

在组织结构的设计中,主要问题之一就是进行专业化分工,即将组织系统划分为若干分系统,使其完成不同的任务,履行不同的职能。这种专业化在组织结构中通常表现为两个方面,一是分层化的纵向结构或垂直结构,二是分部化的横向结构或平行结构。

(二)行政组织的纵向结构

行政组织的纵向结构又称层次结构,指的是通过职权职责的分配而形成的具有上下级统属关系的一种梯级结构。纵向结构可以分为外部结构和内部结构两种。行政组织的外部结构是指国家行政组织的纵向分层。在中国,国家行政组织的纵向分为5个层次,即中央、省、市、县、乡。行政组织的内部结构是指某个行政组织的纵向分层,一般划分为三个层次。例如,国务院所属部门分为部(委、办)、司(局)、处室三级;省市政府分为厅(委、局、办)、处、科三级。而县级政府的直属单位划分为局(委、办)、科两级。

行政组织不同,其内部层次的多少也就不同。纵向层次少,便于上下之间的联系和沟通,有利于发挥行政人员工作的主动性和独立性。但是,纵向分层过少使得领导者的控制幅度过大,造成领导者所要管辖的事务过多,难免顾此失彼,而且还会给协调工作带来一定的困难。相反,纵向层次多,可以使复杂的任务化繁为简,根据授权原则将具体事务分别委派给各层次的人员来负责,这样可以使领导者摆脱繁琐事务,集中力量抓好领导工作。但是,组织纵向层次过多,沟通就会缓慢,由于各层次的过滤还会使所沟通的信息变形或失真。而且,领导者控制幅度过小,不利于下级独立自主地开展工作。

总之,行政组织纵向层次的多少要根据不同组织的具体情况而定,无视组织的性质和特点而主观地增加或减少纵向层次对于组织的正常运行都是不利的。不过,根据组织理论,一个组织内部的纵向结构可以大致划分为三个层次,即决策领导层、管理协调层和技术操作层。在特殊情况下,还可以将管理协调层进一步划分为中层和基层的管理协调层。这几个层次,各有其相对独立性,分别发挥不同的功能,同时,它们之间又相互关联,共存于一个完整的系统之中。

(三)行政组织的横向结构

行政组织的横向结构也称行政组织的部门结构,指的是组织内部各组成部门之间的组合方式。由于这种组成方式发生在同一层次的各个部门之间,因此,它构成了平等、合作和协调的关系。可以肯定,处于行政组织纵向结构上的任何层次都有分设部门的必要。由于每一级行政组织面临的事务都是多种多样的,必须将其划分归类,由不同的部门分别管理。这样才能做到各司其职,各负其责,相互协调,共同合作,从而有效地实现组织目标,完成组织任务。

划分行政组织中的横向部门可以从不同的角度进行,常见的划分方法有以下几种。

1. 按职能划分

即把工作性质相同的行政业务划归给一个部门管理。这是一种最悠久和最普遍的划分部门的方式,至今仍然广泛应用于企业和政府组织中。例如,中国国务院下设的一些部委、省人民政府下设的一些厅局,就是按照专业职能的不同进行划分的。依据职能划分部门符合专业化分工的原则,可以作到事权专一、职责明确、力量集中,有利于提高各部门的行政效率和工作人员的专业技术水平。缺点是容易形成本位主义,给上级机关的协调工作造成困难。

2. 按区域划分

即以行政管理的活动区域作为划分工作部门的依据,将某一区域内有关的行政事务集中于一个统一的单位。这是当行政组织的活动空间比较广阔,从而难以沟通和集中统一指挥管理时所采取的一种划分部门的方法。这种方法有利于调动地区部门的积极性,有利于各地区部门内部工作的协调和工作效率的提高。缺点是各地区部门自成体系,往往强调各自的局部利益,这样会削弱上级机关的宏观领导,不利于各区域之间的合作和协调。

3. 按行业和产品划分

即依据行业和产品的类别来划分部门。中国以往政府中的许多经济部委都属于这种划分。例如,冶金部、化工部、纺织部、水利部、机械电子部等。这种划分方法有利于发挥专业技术力量的业务特长,有利于协调发展同类型、同系列的产品生产。但是,依行业和产品划分部门可能会造成行业性和产品性的独立王国,给整体上的综合平衡带来困难;而且,由于分工过细,导致政府机构庞大,违背精干效能原则。

4. 按服务对象划分

即以服务对象为依据设置机构,如老干部局、军转办、侨务办公室、留学生司、信访办公室等。这种方法的优点是对象明确,职责清楚,而且简化了部门与服务对象之间的关系,沟通方便,便于听取服务对象的要求,直接为服务对象服务。但是,按服务对象划分的部门常与职能部门发生业务上的交叉,难于明确划分二者之间的权限,易于产生相互推诿、"踢皮球"现象。而且,由于服务对象变动性大,按服务对象设置的部门往往受它影响而给其工作带来困难。

以上各种划分并不是绝对的,而且各种方法均有利弊,所以现实中的部门划分往往综合运用上述方法,以收取长补短之功效。

二、行政组织的体制

行政组织体制是行政组织结构中各层次、各部门之间的行政关系法律化、制度化的表现形式。行政组织体制主要有以下四组。

(一) 首长制与委员会制

依据行政组织中最高负责人人数的多寡,可以分为首长制和委员会制。

首长制又称独任制、一长制,其特征是,行政组织中的法定最高决策权归属于一位行政首长,由其发号施令,组织内其他核心成员只是行政首长的参谋和助手,仅起到咨询建议作用。美国的总统制是首长制的典型。首长制的优点是权力集中,责任明确,决策迅速,效率较高,减少不必要的冲突,易于保密。其缺点是由于权责高度集中,行政首长大权独揽,易于独断专行,拉帮结派,培植势力,滥用权力。而且,一个人的学识、能力、时间、经验、精力毕竟有限,一个人独掌权力的结果,或是使其事务缠身,疲于奔命;或是考虑问题难于周全,误时误事。

委员会制又称合议制,系指行政组织中的最高法定决策权不归属于单一的行政首长,而是由若干人集体行使,领导集体成员之间的地位与职权平等,集体议决事项并集体负责。瑞士联邦政府是委员会制的典型。委员会制的优点是,集体议事,可以集思广益,考虑周详,减少失误;领导集体成员分割权力,可收彼此牵制,防止垄断之功效。缺点是难于协调各方意见,决策犹疑,行动缓慢,效率低下;事权不一,责任不明,易于争功诿过。

由于首长制和委员会制各有其优缺点,在实际运用中就应根据具体情况而定。一般来说,凡涉及决策、立法、咨询、协调等事务应采用委员会制,但要注意精干领导,减少虚职、副职,严格划分职责,分工明确。凡涉及到执行性、速决性、技术性、事务性工作,宜采用首长制,但要注意加强内部监督和外部控制,同时加强参谋咨询人员的作用,以弥补行政首长个人学识、能力等方面的不足。为了免除上述两种体制的弊病,还可以采用折衷混合的形式,即在一个行政组织中,决策事务由领导成员集体讨论,共同决定;而决策执行则由行政首长个人全权负责。混合制一般兼有首长制与委员会制的优点,但是,如果运用不当,造成的弊病可能更为严重。

(二) 层级制与机能制

依据行政组织内部的节制关系和分工状况,可以划分为层级制与机能制。

层级制又称分级制、直线制,系指将行政组织进行纵向划分,使之成为具有统属关系的若干个层次。处于这一体制上的各个层次的工作性质相同,而其管辖范围却依次递减。一般而言,指挥和执行机构常采用这种体制。层级制的优点是事权集中,指挥灵便,命令统一;节制分明,结构严谨,纪律严整,效率较高。由于各层次业务性质相同,因此,人员的职务升降,均可较快胜任工作。层级制的缺点是,各层级管辖事务过多,责任过繁,主管难于有效地安排工作,或是草率武断,或是只顾眼前,无暇顾及组织的发展与变革;下层执行人员接受指令过多,难于应付工作,而且层级节制过严,窒息下级的活力。

机能制又称职能制、分部制,系指对行政组织进行横向划分,使之分成不相统属的若干部门。在机能制下,各部门掌管业务的性质不同,但所管辖的范围大体一致。例如,国务院各部委的工作性质不同,但它们权力行使的范围均及于全国。机能制的优点是,业务专一,职责明确,有利于积累经验,提高办事效率;首长不致独任其劳,有精力统筹全局。缺点是如果运用不当,各部门间缺乏合作精神,相互掣肘与扯皮,妨碍行政组织的总体效率,并给首长的协调造成困难;如果分工过细,会造成机构臃肿,部门林立。

现实中的行政组织一般很少将这两种体制截然分开,而是往往将二者结合起来,实行直线机能制。直线机能制以层级制为基础,首先按管理范围划分组织的层级体系,然后按业务性质划分各层次的职能体系,从而把指挥层级与专业技术职能紧密配合,使之相辅为用,相互促进,充分发挥行政组织的整体效能。

(三)完整制与分离制

依据行政组织在同一层次上的各个部门所受上级指挥与控制的异同,可以分为完整制与分离制。

完整制又称集约制、一元制,系指同一层次的各部门或同一部门的各组成单位,受单一领导者或单一机关的指挥、控制和监督的组织形式。完整制的优点是指挥统一,减少摩擦与冲突;权力集中,责任明确;领导者或上级机关能够纵观全貌,统筹规划,驾驭全局;防止相互推诿、相互扯皮。缺点是缺乏权力制衡,放纵了上级权力,易于导致独断专行、官僚主义;上级权力过大,把持过严,使下级失却主动进取精神,养成懒惰作风和依赖心理。

分离制又称独立制、多元制,系指同一层次的各部门或同一部门的各组成单位,受两个以上的领导者或机关的指挥、控制和监督的组织形式。分离制的优点是权力分散,相互牵制,防止独断专行、滥用权力;上级控制较松,易于发挥下级的积极性和主动性。但是,分离制如果运用不当,会造成各单位相互隔离,不思配合,各自为政,事权冲突,工作重复,政出多门,下级无所适从等弊病。

(四)集权制与分权制

依据行政组织中上下级职权的大小,可分为集权制与分权制。

集权制是行政组织的职权集中于上级机关,下级机关处于受控、被动服从的地位,只能依照上级的决策、指示、指令办事的组织形式。在集权制下,由于决策指挥权集中于上级机关,因此,在实际工作中,能够做到政令统一,标准统一;力量集中,纵观全局,统筹安排;层层节制,指挥灵便,命令易于贯彻执行。但是,如果集权过度,易于导致忽视地方和下级机关的需要和利益,挫伤其积极性和责任心;上级机关为琐事所羁,不利于抓主要矛盾,且易于养成任意专断习气;下级事事向上级请示,缺乏应变能力,延误工作效率。

分权制是行政组织中的上级机关委托给下级机关一定的事务,并赋予相应的权力,使其在职权范围内自行解决、处理问题,上级机关一般不对其干涉,仅负检查监督之责的组织形式。分权制的优点是可以发挥下级工作的积极性,使本地区、本部门的工作得以因地、因事制宜地处理,而且应变能力较强。适当的分权不仅减轻了上级领导的负担,又可以防止上级独裁,因而有一定的制衡作用。当然,分权也要有一定的限度。权力过于分散,会导致指挥失灵,调度困难,控制不力的弊病,不利于上级机关统筹兼顾和形成统一的政令,并且下级机关可能会形成本位主义,以局部利益牺牲整体利益,若协调不当,会引起相互间的矛盾和冲突。

集权制与分权制各有利弊,在组织设计时应根据组织内部和外部的具体条件来加以选择。但是,无论是实行集权制,还是实行分权制,都要适度,既不能把集权搞成极权,也不能把分权搞成分裂。而是应当力求掌握集权与分权的适当点,充分调动上级机关和下级机关的积极性。

三、行政组织的编制

(一)编制的概念和特点

在任何一个行政组织中,都要根据工作需要设置一定的机构和配备一定的人员。为了保证机构设置的合理化和人员配备的精干化,保证行政组织的有效运转,就必须要加强行政组织的编制管理。

编制有广义和狭义两种涵义。广义的编制,是指国家关于某个组织内部的机构设置、人员定额及其结构比例的规定;狭义的编制则仅指某个组织内部的人员定额及其结构比例的规定。中国原有的编制有三种类型:一是国家机关编制;二是党群机关编制;三是企事业单位编制。行政组织的编制包括在国家机关编制之内。从广义上讲,行政编制主要包括两部分内容:行政组织的机构设置和用人数量标准。前者称为行政机构编制,后者称为行政人员编制。无论哪种编制都要求作到结构比例的合理化。

在中国,有关行政编制的立法主要有《国务院行政机构设置和编制管理条例》、《地方各级人民政府机构设置和编制管理条例》。前者的立法目的是为了规范国务院行政机构的设置,加强编制管理,提高行政效率,要求机构设置和编制管理应当适应国家政治、经济、社会发展的需要,遵循精简、统一、高效的原则。后者的立法目的是为了规范地方各级人民政府机构设置,加强编制管理,提高行政效能,要求机构设置和编制管理工作,应当按照经济社会全面协调、可持续发展的要求,适应全面履行职能的需要,遵循精简、统一、效能的原则。

编制具有以下特点:

1.规范性

它严格规定了行政组织机构如何设置,人员多少,结构比例关系怎样。任何行政组织都必须按照确定的编制来设置机构,配备人员。

2.强制性

编制不是一般的规范,而是一种强制性规范,它一经审批,即具有法律效力。只有列入编制的机构,才是国家认可的合法机构;而且,未经法定程序,任何机关和领导都不得任意增加机构,增加人员和变动比例。对于违反规定的,人事部门可以拒批人员指标,财务部门可以拒发经费和工资,主管部门应追究有关人员的责任。

3.合理性

即根据一定任务设定机构,根据机构确定编制,再根据编制配备相应的人员。因此,编制工作遵循的是因事设岗、因岗定人这一思路。它可以保证行政组织精简、高效,克服机构臃肿,冗员过多,人浮于事等弊病。

4.稳定性

由于"编制就是法",而稳定性是法的一个基本特征,因此,编制一经确定,不能随意变动,使其在较长一段时期内规范行政组织的机构设置和人员配备等行为。

(二)编制工作的内容

1.规定行政组织的机构设置

既要确定各级行政组织的完整结构,又要确定某个具体行政组织的内部结构。例如,对于前者,国务院曾于1983年的机构改革中规定,省政府工作部门设35~40个,地区行政公署的办事机构设15~20个,市政府的工作部门设30~40个,小市少于30个,特大城市可多于40个,县政府工作部门一般设25个左右。凡已达到上述限额的,增设机构一般不予批准。对于各级政府的工作部门,也应规定其内部机构设置的数额,以期作到对整个行政组织实行限额管理和有效控制。

2. 规定机构内部的人员数额

行政组织履行行政职能,必须靠有意识的人来完成。因此,机构确定之后,就要根据机构性质和工作需要配备相应的人员。但是,在不同的机构中,人员配备多少,必须要由编制来规定。行政人员编制所确定的人员定额,是行政机构用人的定量标准,任何人不得随意更动。中国对行政组织人员编制管理主要是控制编制总额,在总额范围内,由各级政府自行决定工作人员的部门分配和结构比例。这种作法是国家对人员编制进行宏观调控的基本手段,也是编制工作的主要内容之一。根据《地方各级人民政府机构设置和编制管理条例》的规定,地方各级人民政府的行政编制总额,由省、自治区、直辖市人民政府提出,经国务院机构编制管理机关审核后,报国务院批准。地方各级人民政府根据调整职责的需要,可以在行政编制总额内调整本级人民政府有关部门的行政编制。但是,在同一个行政区域不同层级之间调配使用行政编制的,应当由省、自治区、直辖市人民政府机构编制管理机关报国务院机构编制管理机关审批。

3. 规定人员的结构和比例

行政机构是由各类人员构成的,这些人员应当有一个合理的结构和比例。只有这样才能保证行政管理的顺利进行。对人员结构和比例的规定有两种方式,一是规定各类人员的百分比,例如领导类和一般类人员各占多大比例,专业人员和辅助人员各占多大比例等。二是规定各类人员的绝对数额。例如,《国务院行政机构设置和编制管理条例》规定,国务院办公厅、国务院组成部门、国务院直属机构、国务院办事机构的司级内设机构的领导职数为一正二副;国务院组成部门管理的国家行政机构的司级内设机构的领导职数根据工作需要为一正二副或者一正一副。对于各类人员比例的规定应当严格,避免"若干人"这样的笼统规定,以防止单位领导人滥用名额,造成虚职、副职过多以及"官"多"兵"少等不合理情况发生。

(三) 行政组织编制的作用

1. 控制行政组织规模,保证行政机构精干

中国 20 世纪进行过多次行政机构改革,但往往收效甚微,增设机构,扩大编制的现象屡禁不绝,相反却呈有增无减之势。造成这种情况的重要原因之一就是编制管理机制不健全,缺少一套有权威的行政组织编制法。而如果在政治体制改革的同时完善行政组织编制法,强制规定行政组织内部机构设置的定额,并以追究超编违法者的法律责任和采取惩戒措施为后盾,就会有效地防止机构设置上的主观随意性,达到控制行政组织规模的目的。

2. 控制行政人员数量,保证行政人员的合理比例

有的学者指出,企业组织以追求经济效益为目的,力求以最小的综合投入获得最大的综合产出。因此,它在包括人力在内的所有资源的使用方面存在着自我约束机制。而行政组织不是营利机关,其经费由国家财政开支。这样,行政组织在机构设置和人员配备方面缺乏自律机制。在实践中,行政组织确实存在着因人设事、冗员充斥、虚职、副职泛滥等弊病。通过加强编制管理,根据行政机构的任务,合理地规定人员定额,并以法律的形式加以确定,将会克服上述弊病。而且,根据行政机构的工作需要,对各类人员的比例进行合理地调配,才能使行政机构处于科学的结构状态。

3. 控制行政经费的增长

行政编制与行政经费直接相关,扩大编制就意味着增加经费。压缩编制,规定行政机构及其人员的限额,可以节省开支,造就廉价政府,减轻社会负担。而控制行政经费的增长,又可以有效地阻止行政机构及人员规模的扩大。

通过以上介绍可以看出,编制在行政管理中,特别是在行政机构建设中具有十分重要的作用。任何一个追求精干高效的政府,都应加强编制立法工作。目前,中国尚缺乏一部统一的关于机构编制方面的基本法。在近几届全国人代会上,都有关于制定机构编制法的提案。有代表指出,长期以来,我国机构编制管理法规、政策,大多属于单角度的,始终没有一部基本法,在实际操作中带有很大的随意性和人治特征。为了监督机构编制工作,查处编制违法行为,节约不必要的财政开支,提高行政效率,尽力推迟、延缓机构改革的轮转周期,使我国的机构编制工作走上法制化的轨道,应当尽快制定机构编制法。

第三节 行政组织的原则

一、组织原则研究的必要性

组织原则是在对组织的一般特性进行分析的基础上所做出的理论概括,它是指导组织建设的基本准则。借助这些原则,可以增强组织建设的自觉性,避免盲目性和任意性,有助于形成机构精干、结构合理、运转协调和灵活高效的行政组织体系。

在西方的组织理论中,尤其是在传统的组织理论阶段,学者们提出了许多组织原则。其中,某些原则受到了后来学者的批评。有的学者根本否认这些原则,认为它们前后矛盾,相互冲突,不适用于公共管理人员面临的行政情况。诚然,传统的组织原则确有不完善之处,但它毕竟是学者们长期观察、分析和研究的结果,其中一些原则至今看来仍有一定的借鉴价值。而且,从理论上来说,组织现象是人类社会的客观现实,必定有它的特定规律。尽管不同的组织之间具有差异性,但又有着某些共性,因此,人们就可以根据这些共性概括出适用于组织现象的一般原则。我们知道,管理理论中权变观的最重要的观点即在组织设计上否认存在着绝对不变的、普遍适用的组织原理或原则。然而,即使这种以无原则为原则的理论,也没有绝对排斥原有的组织原则。它在"一切组织都有普遍的组织与管理原则"和"每个组织都有其独特之处,对各种情况都必须作单独的分析"。这两种对立的观点中采取中间的立场。这是因为权变观是以承认各组织既有相似性,又有差异性的观点为前提的,只不过权变观更为强调后者,它主要关心的是组织在变化着的条件下和在特殊环境中如何有效地运营这一问题。

通过上述分析,可以看到,分析和归纳组织原则不仅是必要的,而且是可能的。当然,组织原则的研究必须要建立在科学的基础之上。只有通过深入的实际调查和理论研究,才能抽象出真正具有指导意义的组织原则。而且,业已得出的组织原则也不是一成不变的,随着现代组织的发展以及人们对其认识的深入,组织原则必将进一步丰富化。

二、西方组织原则的基本内容

西方的组织理论形成于19世纪末20世纪初。在其发展过程中,学者们提出过许多组织原则,其中有代表性的观点有以下几种。

1.法约尔的组织原则

法国学者法约尔在1916年出版的《工业管理与一般管理》一书中指出,企业是否健全,是否有良好的工作秩序,取决于一定数量的不偏不倚的原则、法则和规章。这些原则包括:(1)工作分工;(2)权威与责任;(3)纪律;(4)命令统一;(5)目标统一;(6)个人利益服从整体利益;(7)公平合理的员工报酬;(8)集权;(9)层级节制;(10)人事相适;(11)公平;(12)员工任期安定;(13)主动性;(14)集体精神。

2.古利克等人的组织原则

美国学者古利克在从事广泛的工业组织和政府组织管理实践的基础之上,继承并发展了法约尔的管理原则。他与英国学者厄威克在1937年出版的《行政科学论文集》中,提出了如下原则:(1)使人员适应于组织结构;(2)承认一个高层主管为权威的来源;(3)坚持统一指挥;(4)使用专业人员和一般工作人员;(5)按照目标、程序、服务对象和地区进行部门划分;(6)授权并使用例外原则;(7)要使职责与职权相称;(8)考虑适当的控制幅度。

3. 穆尼(James Mooney)和雷利(Alan Relley)的组织原则

美国学者穆尼和雷利在1939年出版的《组织原则》一书中提出了4项组织原则。(1)协调原则:协调为组织的首要原则,这一原则可以保证在完成共同目标中统一行动;(2)阶梯原则:采取逐级授权,实施权力与责任的上下梯次的分工,以建立起指挥命令系统;(3)机能原则:即同级机关依其职能而分工;(4)参谋原则:在组织中建立旨在提供资料、建议咨询和协助首长实施监督的幕僚机构。

4. 阿尔福特(Leon Alford)的组织原则

美国学者阿尔福特在其《生产手册》一书中概括出以下原则。(1)目标的原则:组织的各部门须具有与全部事业一致的方针;(2)权责一致的原则:凡课以执行的责任,必须赋予指挥的权力;(3)最高权威的原则:高级权威对于部属的责任,须是绝对的;(4)权威系统的原则:正式权威由上而下的控制系统,必须明确规定;(5)控制限度的原则:一个首长的控制限度不应超过5至6人;(6)特殊注意的原则:集中注意于例行标准或计划以外的政策问题,则管理效率大增;(7)指派任务的原则:每一人的任务当限于主管一个主要职务;(8)权责确立的原则:在组织结构内,每人的任务、权限、责任和关系应有明确的规定;(9)业务类同的原则:类同或相关的任务和活动,应交付一人或一特定单位执行;(10)组织成效的原则:组织工作圆满顺利地进行,是检验组织的最后标准。

此外,德国学者韦伯、美国学者孔茨(Harold Koontz)等人也提出了各自的组织原则。尽管有人批评上述原则仅仅强调严格的控制,但是,仍有许多管理者认为这些原则代表了组织管理的最高原则。

三、中国行政组织的基本原则

根据中国宪法、法律的规定和中国行政机构改革的理论与实践,并在参照国外有关理论的基础上,我们认为中国的行政组织建设应遵循以下原则。

(一)精简效能的原则

精简原则是载入中国宪法的一切国家机关均应遵循的重要原则。精简包括两重含义,一是精兵,即精简人员;二是简政,即裁减机构,简化管理环节。效能是指行政组织履行行政职能的有效性和能力。精简与效能密切相关,效能要求精简,精简增进效能。为了达到精简之目的,首先要从政府的职能需要出发来确定机构设置和人员编制,避免因人设事现象的发生。其次,在确保组织目标实现的前提下,从纵向上减少不必要的层次,杜绝手续繁多,中间堵塞,运转不灵的弊病;从横向上减少不必要的部门,本着机能一致的原则,同类业务归口管理,重叠机构一律撤销。再次,实行政企分开,转变政府职能,下放管理权限,使政府对企业的直接的微观管理转变为间接的宏观管理。这样,政府机构自然达到了精简的目的。最后,实现行政管理活动的社会化,把某些社会事务交由社会团体、群众组织等机构管理。这样,既可以克服官僚主义和事务主义,也可以精简机构,节约开支。

(二)完整统一的原则

政府作为行政管理的主体,在组织上必须做到完整统一。这样才能够令行禁止,协调一致。所谓完整统一,是指行政组织的各层次各部门通过其内部的集约机制形成一个有机的统一体。贯彻完整统一的原则,首先要做到职能目标的统一,这是实现行政组织完整统一的重要前提。在确定行政组织职能总目标之后,将其层层分解为分目标,然后落实到各行政层次,各行政部门。各行政机构要紧紧围绕行政职能的总目标,发挥各自的功能,并且齐心协力,为实现政府职能总目标而努力。其次,政令统一,对于具有共同目标的一组行政活动只应有一个计划,贯穿单一的意志,杜绝"上有政策,下有对策"的以局部影响全局的现象发生。再次,机构设置完整统一,即政府机构的设置要完整配套,并确定行政组织上下左右之间的隶属与协调关系,使行政组织形成机构齐备、上下贯通、左右协调的统一体。最后,指挥统一,一个下级单位和下级人员,只能接受一个上级单位和领导者的指挥,避免政出多门、多头指挥、复线指挥的现象。

当然,强调完整统一并不排斥分权管理,有效的行政管理必然要求二者的有机统一。中国地域广阔,人口众多,各地区政治、经济、文化发展不平衡,中央不能包揽一切。就一个行政机构来说,行政首长也不能事无巨细,亲自过问、处理。因此,首先必须坚持纵向上层层合理授权,使行政组织的各层次拥有独立处理所属事务的自主权力;其次,横向上按职能目标分类管理,使各职能部门成为事权确实的组织单元。这样整个行政组织就会成为运转灵活、充满活力的行政管理体系。

(三)权责相称的原则

权责相称或权责一致,是国内外管理学界公认的定律。行政组织若要顺利地开展行政活动,也必须在组织建设上遵循这一定律。权责相称原则要求,第一,明确每一部门和个人的工作任务或职责,做到事事有定人,人人有定事,各司其职,各负其责。第二,依任务和职责划分各自的权力,并使职权和职责一致或相称,即按职责的大小规定相称的职权,按职权的大小规定相称的职责。否则,有责无权或责大权小,责任落空;而有权无责或权大责小,必然滥用其权。第三,权责相称还要求辅之以考核、奖惩制度,对行政机构及其工作人员的行使权力、履行职责的情况严格考核,对越权失职者罚,对尽职尽责者奖。这是保证下级部门的工作人员合理行使职权、履行与职权相称的职责的重要手段。

(四)管理幅度适当的原则

管理幅度亦称控制幅度,是指一个上级首长直接领导的下级人员的数目。在行政组织中,任何一个主管人员的精力、体力、能力和时间都是有限的。他能够直接领导、指挥多少人员,受上述因素和其他因素的限制。因此,要有一个限度,这个限度就是管理幅度。管理幅度与组织层次密切相关,两者之间成反比例关系。管理幅度越大,组织层次越少;管理幅度越小,组织层次越多。如前所述,管理幅度过大过小都不利于行政活动的开展。那么,合理的管理幅度应该如何确定?虽然许多学者对其反复探讨,却没有得出一致结论,只是把理想幅度的普遍原则大致确定为 3~11 人。1933 年,法国学者格列卡纳斯(Vytautas Graicunas)建立了一个模型,它表明当部下的数目以算术级数增加时,需要上级加以协调的关系数目就会以几何级数增加。有的学者指出,格列卡纳斯夸大了增加了的下属对主管工作的影响,但是,他们也认为,宽泛的管理幅度使主管的工作更为复杂和困难则是事实。按照目前一致的观点,管理幅度难以确定一个绝对的界限,大小应根据具体条件而定。一般来说,影响管理幅度的因素包括:(1)领导者本人的能力、知识和时间;(2)部属的能力和态度;(3)组织的规模、业务性质和工作数量;(4)业务活动中的计划性和规范性;(5)考核监督机制的健全情况;(6)下级机关的地区分布状态等。

(五)适应发展的原则

行政组织建设要在相对稳定的基础之上,着眼于未来的发展,坚持稳定性与适应性的统一。首先,行政组织要保持相对的稳定性,其机构设置、工作流程、办公秩序、人员构成、规章制度不能随意更改,这是行政活动连续性的重要保证。其次,要使行政组织具有一定的适应性。这不仅要求在组织设计时使某些行政机构具有一定的弹性和应变力,而且,也要根据行政环境的发展和政府职能的变更对原有的行政组织进行适当的调整。行政组织的发展是一个过程,它不会永久地停留在某个阶段。因此,行政组织要科学地预测社会、政治、经济和文化发展的总趋势,增强行政组织在变动的环境中调整自身的主动性。

(六)依法设置的原则

依法行政是现代法治社会行政管理的重要原则。行政组织建设属于行政活动,因此,也必须依法进行。所谓依法设置,是指行政机构的设立、撤销、合并都必须依据宪法和法律的规定进行。我国现今已制定了国务院组织法和地方各级人民政府组织法,在约束、规范各级政府的组织建设方面起到了积极的作用。但是,总的来说,我国的行政组织立法还不系统完备,有的规定过于粗疏,弹性很大,还没有形成一个完整有效的法律约束机制。因此,应当加快行政组织立法的步伐,完善包括各类行政机构和人员编制在内的组织法规和规章,建立起机构合理、人员精干的高效能的行政组织体系。

第四节 中国行政机构的改革

一、中国行政机构设置的历史演变

建国以来,中国的行政机构设置变动较为频繁,随着政治经济形势的发展,始终不断地进行调整。下面,我们沿循社会主义改造和社会主义建设发展的历史时期,对行政机构设置的变动情况作一简要考察。

(一)社会主义改造和开始经济建设时期(1949～1956年)

建国初期,根据中央人民政府法的规定,政务院设35个行政机构。1952年,随着国民经济恢复时期任务的完成,为了适应新时期经济建设的需要,加强了中央领导,中央行政机构增至42个。1954年9月,第一届全国人民代表大会制定了新中国第一部宪法,并颁布了《国务院组织法》,对政务院时期的机构设置进行了变动,设部委机构35个,直属机构20个,办事机构8个,以及秘书厅共计64个部门。1955年至1956年,随着大规模经济建设时期的到来,对经济管理部门进行了调整,由原来的64个部门增至81个,形成了建国以来国务院机构设置的第一个高峰。

(二)全面经济建设时期(1957～1966年)

1958年,中国对经济管理体制作适当改变,将原由中央集中统一管理的企事业单位,下放给地方管理,扩大了地方的自主权。与此相适应,国务院对所属机构作了调整。到1959年底,国务院设部委机构39个,直属机构14个,办事机构6个,以及秘书厅共60个部门,比1956年减少了21个,这是建国以来的第一次大精简。但是,到了三年经济困难时期,为了克服经济困难,中央重新强调集中统一,将原来下放给地方的权力又集中起来,陆续恢复和增设了一些部门。到1965年底,国务院设部委49个,直属机构22个,办事机构7个,以及秘书厅共计79个部门,比1959年增加了19个,形成了建国以来国务院机构设置的第二个高峰。

(三)十年"文化大革命"时期(1966~1976年)

"文化大革命"开始后,国家机关普遍受到冲击,其工作处于停顿、半停顿状态。1970年,国务院被迫大量裁减机构和下放人员,只设有32个部门,其中13个部门不归国务院领导,而分别划归军队方面、中央"文革"小组和中联部直接管辖。国务院实际上只有19个部门。这是建国以来第二次大"精简"。1971年至1974年间,为适应经济整顿工作的需要,国务院陆续恢复和增设了一些机构。1975年,为了实现四届人大提出的四个现代化的宏伟设想,对工业、交通、文化、教育、科技等系统的混乱局面进行整顿,加强了国务院的领导。经四届人大批准,国务院恢复建立部委机构29个,直属机构19个,办事机构4个,共52个部门。

(四)社会主义现代化建设新时期(1976~1993年)

1976年10月,中国开始进入一个新的历史发展时期。从1977年到1978年3月第五届人大召开期间,国务院增设了20多个工作部门。经五届人大批准,国务院设部委37个,直属机构32个,办公机构7个,共76个部门。此后,由于种种原因,国务院机构设置陆续增加。到1981年底,国务院有52个部委,43个直属机构,5个办事机构,共100个部门。国务院机构设置的数量,达到建国以来的最高峰。

1982年,为了克服部门林立、机构臃肿、层次重叠、人浮于事、职责不清、运转不灵、效率低下等弊病,更好地适应社会主义现代化建设的需要,国务院决定进行机构改革。经过撤部并委,压缩直属机构后,国务院的部委裁并为43个,直属机构15个,办事机构3个,共61个部门。这是建国以来国务院机构的第三次大精简。这一次行政机构改革是富有成效的,即不仅压缩了政府规模,精简了机构,而且,对我国的行政领导体制和管理制度的改革也起到了先导作用。

然而,1982年的行政机构改革成果未能巩固下来。此后,中央和地方的行政机构又呈膨胀之势。1987年初,国务院机构增至72个,各部门的司局级机构由原来的828个增加到936个,处级机构由原来的3720个增加到5000个。这样,一度精简了的行政机构又进一步膨胀起来。这表明,在新的历史条件下,中央和地方的行政机构改革仍须继续进行。

1988年,中国再次启动机构改革。这次改革首次提出了转变政府职能的要求,强调政府的经济管理部门要从直接管理为主转变为间接管理为主,强化宏观管理职能,淡化微观管理职能。改革的重点是那些与经济体制改革关系密切的经济管理部门。改革后国务院设部委42个,直属机构19个,办事机构5个。共计66个部门。通过改革,国务院部委、直属机构、非常设机构数量、人员编制都有明显减少。但是,这次机构改革是以"有计划的商品经济"为指导思想的,虽然对高度集中的计划经济管理体制有所触动,但基本框架未变,政府职能未发生根本性变化。1992年底,国务院组成部门增至86个,这就导致了1993年的改革。

1993年机构改革是在确立社会主义市场经济体制的背景下进行的,它的核心任务是在推进经济体制改革、建立市场经济的同时,建立起有中国特色的、适应社会主义市场经济体制的行政管理体制。改革后国务院设部委41个、直属机构和办事机构18个,共计59个。比原来的86个减少了27个。但是,这次机构改革的成果仍然未能巩固下来,改革后的政府机构重新开始膨胀,人员不断增加,仍然没有走出"精简——膨胀——再精简——再膨胀"的怪圈。因此,机构改革势必继续进行。

二、中国行政机构改革的经验教训

从上述中国行政机构变动的情况来看,以往尽管对行政机构作过精简,进行过改革,但由于缺乏科学原则的指导,改革成效不大。总的来说,行政机构的变动走的是一条"精简——膨胀——再精简——再膨胀"的非良性发展道路,而且,总的趋势是边简边增,越精简越多。之所以出现这种情况,主要有以下几方面的原因。

(一)产品经济体制是造成机构臃肿庞大的根本原因

建国以来,中国在相当长的一段时期内一直认为社会主义的经济特征是计划经济,力图将一切经济活动都纳入国家的统一计划,保证社会生产按比例地协调发展,否认价值规律杠杆对社会生产和交换的调节作用,而主要是通过政府对市场的干预和控制来达到自觉的调节。经济体制决定管理体制,管理体制反过来又对经济体制的运行起保证作用。为了适应产品经济体制的需要,国务院有2/3的部门主管经济工作。这些主管部门分工越来越细,机构越来越多,编制越来越大。中国行政机构的历次膨胀,多与增设经济部门有关,即使是在1982年的机构改革后,61个部委中仍有39个部门主管经济工作。因此,只要不变革传统的产品经济体制,就不能从根本上铲除机构膨胀的根源,只能在"精简——膨胀——再精简——再膨胀"的怪圈中徘徊,只能是边简边增,越简越多。

(二)政企合一、政企不分是造成机构臃肿的又一原因

长期以来,行政部门往往仅凭行政命令手段管理经济,企业的产供销、人财物都要由政府统一筹划和安排,以至造成政企合一、政企不分。整个国家就如同一个巨大的工厂一样,企业是这个大工厂的车间班组,行政部门是这个大工厂的科室。政府的千百只手伸向企业,企业受着行政部门的多头干预,其生产经营的

管理权被抽空和分割。这样，一方面窒息了企业的活力，另一方面使政府机构恶性膨胀，机构臃肿，部门林立的现象不可避免。因此，不转变政府对企业直接的微观管理的职能，即使行政机构进行了精简，由于微观管理职能的需要，过不久被裁并的机构仍会重新恢复。

（三）机构改革没有与干部人事制度改革配套进行

中国以往的干部人事制度积弊甚多，如铁饭碗、终身制等等。如果不对这些不合理的人事制度进行改革，就会使机构改革困难重重。因为机构与人员编制密切相联，精简机构就意味着裁减人员。从历次精简来看，精简下来的人员无处消化，不能实现富余人员的合理分流，而是仍然留在行政机关内部。这样，机构精简风一过，又得给这些人找差事，设机构。有人将这种现象形象地比喻为拆庙不遣人，为人而设庙。进而言之，拆庙不遣人，就等于不拆庙。

（四）机构改革缺乏科学的指导思想

首先，以往行政机构改革的原因，往往在于财政经费紧张。每当财政吃紧的时候，就下决心精简机构，财政稍宽松了，机构就马上膨胀起来。因此，过去精简机构的目的，仅仅是为减轻财政压力，而没有自觉地将其看成是造就廉价政府，减轻社会和人民负担的利国利民的大事。其次，以往的机构改革缺乏总体研究和设计，每次机构改革都注重机构数量的减少和编制的压缩。没有根据社会发展新时期的特点和政府职能的需要，科学地论证和合理地确定政府机构的设置问题。常常是撤并一些机构，或者为了减少机构设置的总数量，采取一刀切的方式，硬性裁并一些机构。结果，有可能造成该撤并的没撤并，不该撤并的反而遭到撤并。由于机构设置留有缺口，因此，那些不该撤并的机构又不得不重新恢复。

（五）机构设置缺乏强有力的控制和约束机制

这一方面表现为组织法规不健全，在机构设置和人员编制的控制方面还没有作到制度化和规范化，易于造成机构设置和编制的失控。而且，在机构改革后，也不善于运用立法的形式将改革的成果巩固下来。由于缺乏强有力的控制和约束机制，其结果必然是年年一小简，几年一大简，但最终却达不到精简的目的。

三、世纪之交的中国行政机构改革

（一）1998 年的机构改革

20 世纪末 21 世纪初，中国又进行了 3 次机构改革，即 1998 年、2003 年和 2007 年的机构改革。1998 年的机构改革，是改革开放以来进行的第 4 次改革，也是中国政府决心最大和动作最大的一次改革,被认为是一场关系到中国在新世纪经济发展和社会进步的革命。1998年3月《国务院机构改革方案的说明》指出,中国当时政府机构的弊端表现为政企不分,政府直接干预企业的生产经营活动,难以发挥市场在资源配置中的基础作用;主要依靠行政手段管理经济和社会事务,许多应该运用法律手段,或者通过社会中介组织来解决的问题,也是通过政府设置机构管理,把过多的社会责任和事务矛盾集中在政府身上;政府机构重叠庞大,人浮于事的现象严重,这不仅滋生文牍主义和官僚主义,助长了贪污腐败和不正之风,也给国家财政造成了沉重负担。在这种背景下进行的机构改革的目标是:建立办事高效、运转协调、行为规范的政府行政管理体系,完善国家公务员制度,建立高素质的专业化行政管理队伍,逐步建立适应社会主义市场经济体制的有中国特色的行政管理体制。改革的原则是:按照社会主义市场经济的要求,转变政府职能,实行政企分开;按照精简、统一、效能的原则,调整政府组织机构,实行精兵简政;按照权责一致的原则,调整政府部门的职责权限,明确划分部门之间的职责分工,完善行政运行体制;按照依法治国、依法行政的要求,加强行政体系的法制建设。经过机构改革,国务院除办公厅外,设部委级机构29个,直属机构15个,办事机构6个,共计50个部门。

　　1998年机构改革的特点是:(1)改革力度大。本次改革是历次机构精简比例最高的一次,国务院部门从原有的40个减少到29个。(2)实行政企分开,不再保留直接管理企业的部门。例如电力部、煤炭部、冶金部、机械部、电子部、化工部等。(3)转变政府职能,这是本次机构改革的主要特点。回顾改革开放以来的几次机构改革,正如有学者分析的那样,1982年的机构改革重点不是转变政府职能;1988年机构改革首次提出转变政府职能的要求,但进展缓慢;1993年把机构改革的重点放在了转变职能上,但没有与精简机构相结合,改革的效果不理想。本次改革对国家计委、国家经贸委等原来的综合部门的职能进行了调整和转化,定位为宏观调控部门,并将国家计委改名为国家发展计划委员会,其职能为制定长远规划,提出调控目标和调控政策,进行经济预测等。(4)按照权责一致的原则,调整和改组职能交叉的部门。将原来由劳动、人事、民政、卫生等部门管理的以及由各行业部门统筹的社会保险工作,统一划归劳动与社会保障部管理。将原来由几个部门分管的药品、药政、药检等职能,统一由国家药品管理局管理。(5)适应经济和社会发展的需要,加强公共服务部门。设立劳动与社会保障部、国土资源部、信息产业部等新的职能机构,使政府职能从过去管企业、管生产、管经营转到为企业、社会和公众的服务上来。

　　总的来说,本次机构改革是前三次改革基础上的进一步深化和具体化,改革方向更加明确,改革力度加大。改革的触角已经深入到具体部门的增减,走出了改革初期只管减不管职能与需要是否相符的阶段,改革显得更为理智和成熟,表明我国的机构改革已经初见成效。

(二)2003年的机构改革

2003年3月,中国进行了改革开放后的第5次机构改革。这是一次在新世纪、新阶段和新政府领导下所进行的一次机构改革。1998年机构改革之后,适应发展社会主义市场经济要求的行政管理体制正在形成。五年来的实践,积累了较为丰富的经验,《关于国务院机构改革方案的说明》将其归纳为:(1)坚持以适应社会主义市场经济为改革的目标,把转变政府职能作为机构改革的关键;(2)坚持精简、统一、效能的原则,把精兵简政和优化政府组织结构作为机构改革的重要任务;(3)坚持积极稳妥的方针,既审时度势,把握时机,坚定不移地迈出改革步伐,又充分考虑各方面可承受的程度,审慎地推进改革;(4)坚持机构改革与干部人事制度改革相结合,制定配套的政策措施,妥善安排分流人员,优化干部队伍结构;(5)坚持统一领导,分级负责,分步实施,从实际出发,因地制宜地进行改革。国务院本次机构改革的指导思想是:以邓小平理论和"三个代表"重要思想为指导,按照完善社会主义市场经济体制和推进政治体制改革的要求,坚持政企分开,精简、统一、效能和依法行政的原则,进一步转变政府职能,调整和完善政府机构设置,理顺政府部门职能分工,提高政府管理水平,形成行为规范、运转协调、公正透明、廉洁高效的行政管理体制。

这次机构改革的主要任务是,(1)深化国有资产管理体制的改革,设立国务院国有资产监督管理委员会;(2)完善宏观调控体系,将国家发展计划委员会改组为国家发展和改革委员会;(3)建立金融监管体制,设立中国银行业监督管理委员会;(4)继续推进流通管理体制改革,组建商务部;(5)加强食品安全和安全生产监管体制建设,在国家药品监督管理局基础上组建国家食品药品监督管理局,仍作为国务院直属机构;(6)为加强人口发展战略研究,推动人口与计划生育工作的综合协调,将国家计划生育委员会更名为国家人口和计划生育委员会;(7)不再保留国家经济贸易委员会、对外贸易经济合作部。经过改革,除国务院办公厅外,国务院设部委级机构28个,直属机构和直属特设机构19个,国务院办事机构7个。

对于这次机构改革,有专家指出,与上一次机构改革相比,已从单纯的"加减法"变为复杂的"成本运算"。正如国家经贸委的淡出,"计划"也以微妙的方式在几大机构的名称中引退。人们普遍认为,这一轮政府机构改革,有鲜明的时代特色。一是紧紧抓住了政府职能转变的主题,职能转变是从优化组织机构进行转变的;二是根据世界经济一体化的趋势,统筹内外贸易的资源和优势;三是更加强调市场导向。此外,这次机构改革幅度不大,有学者认为,说明我国政府机构改革也逐步走向稳定和成熟期,以往的机构大撤大并、人员大裁大减的现象已经成为历史,政府改革成本大幅度下降。

但是,尽管这次改革机构变动不多,却关系重大,任务十分艰巨。国务院负责人就国务院机构改革方案作说明时指出,国务院机构改革方案通过后,要认真组织实施改革方案,按照科学规范部门职能、合理设置机构和优化人员结构的要求,抓紧新成立部门的"三定"工作,并对其他部门的"三定"方案进行完善,进一步理顺部门职能分工。国务院机构改革后,地方政府机构改革要按照巩固、完善、探索、深化的总体要求,积极探索符合各地特点的改革路子。国有资产管理机构设置要按照中央的规定,依法有序地进行。其他有的机构设置不搞一刀切,也不要求完全上下对口。要进一步转变政府职能,转变政府职能是深化行政管理体制改革的关键。不论新成立的部门,还是其他部门,都要进一步转变职能,改进管理方式,推进电子政务,减少行政审批事项,规范行政审批行为,完善政府的经济调节、市场监管、社会管理和公共服务职能。

(三)2007年的机构改革

2007年机构改革的主要任务是,围绕转变政府职能和理顺部门职责关系,探索实行职能有机统一的大部门体制,合理配置宏观调控部门职能,加强能源环境管理机构,整合完善工业和信息化、交通运输行业管理体制,以改善民生为重点,加强与整合社会管理和公共服务部门。

改革具体内容和要求是:(1)合理配置宏观调控部门职能,国家发展和改革委员会要进一步转变职能,减少微观管理事务和具体审批事项,集中精力抓好宏观调控。财政部要改革完善预算和税政管理,健全中央和地方财力与事权相匹配的体制,完善公共财政体系。中国人民银行要进一步健全货币政策体系,加强与金融监管部门的统筹协调,维护国家金融安全。国家发展和改革委员会、财政部、中国人民银行等部门要建立健全协调机制,形成更加完善的宏观调控体系。(2)加强能源管理机构,设立高层次议事协调机构国家能源委员会。组建国家能源局,由国家发展和改革委员会管理。(3)组建工业和信息化部、交通运输部、人力资源和社会保障部、环境保护部、住房和城乡建设部。(4)国家食品药品监督管理局改由卫生部管理。明确卫生部承担食品安全综合协调、组织查处食品安全重大事故的责任。

改革后,国务院设27个部委机构,17个直属机构和直属特设机构,4个办事机构[1]。

本次机构改革的一个主要特点是以大部门建制为核心来进行机构改革。实行大部门体制,就是要把政府相同或者比较相近的职能加以整合,归入一个部门为主管理,其他有关部门协调配合;或者把职能相同或者比较相近的机构归并到一个较大的部门。在这次改革中,构建大部制是按照精简、统一、效能的原则和决策、执行、监督相协调的要求,建立权责一致、分工合理、决策科学、执行顺畅、监督有力的行政管理体制,以加快服务型政府的建立。

应当指出,在以往的机构改革中,也曾尝试过大部制,例如,2003年的机构改革将国内贸易与对外贸易职能和机构进行整合,组建商务部,但是,本次大部制的提出内含着决策、执行和监督分立的要求,意味着要对三权予以厘清并使其相互制约,形成良好的权力制衡与监督的运行机制。

当然,大部制改革涉及面广,较为敏感复杂,也缺乏成熟的经验,因此,只能探索实验,并有计划分步骤进行。此外,未来的机构改革应当以开放系统理论的视野推进大部制建设,不能仅仅停留在政府内部来寻求机构整合问题。因为,政府的机构体系的设置是政府内部力量和外部力量共同作用的结果。从政府内部来看,大部制的有效实施,取决于准确的职能定位、科学的权责划分、协调的部门关系、适当的组织规模、合理的人员编制;从政府的外部环境来说,则取决于成熟的市场经济、完善的规则体系、发达的民间组织、健全的信用体系。实施大部制,内部条件是重要的,但是外部条件也不能忽视。例如,市场经济的成熟可以充分发挥市场机制这只看不见的手在资源配置方面的作用,民间组织的发达可以使社会成员更有效地自我组织和自我管理,规则体系的完善和信用体系的健全有利于社会成员的行为循规蹈矩,减少社会矛盾和冲突,这些都会减轻政府管理的负担,缩小行政职能覆盖的范围,从而为政府机构的精简、统一和效能创造良好的外部条件。

---

[1] 具体部门设置见本书第二章。

第五章 行政领导

第一节 行政领导概述

一、领导与行政领导

领导是一种非常久远的现象。有了人类社会的存在，为了保证群体或组织目标的确定及其有效达成，就离不开领导者的领导活动。在人类社会发展的不同阶段，不同的社会结构和政治结构要求并造就出不同类型的领导者，他们曾在各自所处时代的治理国家、管理社会方面起到了重要的作用。如今，"我们生活在一个'以行政为中心的时代'。在这一时代中，无论是政策的制定，还是政策的执行，政府的效能从根本上来说取决于行政领导。"[①]由于行政领导在行政管理中的地位突出，因此，行政学不能不重视对它的探讨。

在阐述行政领导的含义之前，有必要首先定义领导。所谓领导，顾名思义，是率领、引导的意思。然而，怎样准确、规范地定义领导，国内外学者的意见不尽一致。学者们多从各自的兴趣和各自选定的角度来阐述，由此产生了众多的有关领导的定义。有的学者从个人特质、行为、对别人的影响来定义领导；有的学者则用互动型式、角色关系、管理职位、他人对合法影响力的知觉等来定义领导。

尽管学者们可以从不同角度出发来解释领导现象，但是，从领导的现实过程和实际效能来看，在阐述领导这一概念时，必须要考虑以下因素。

首先，领导不是一个孤立的概念，领导能够产生实际效能的前提之一在于某人或某些人与其他人有所区别而成为领导者，其他人被称为被领导者。二者不加区分或者缺少一方都不能构成现实的领导。其次，领导是领导者影响被领导

---

① 詹姆斯.E.安德森：《公共决策》，华夏出版社1990年版，第47页。

者的过程。但是,应当指出的是,这种影响不是单方面的,而是二者相互影响和相互作用的过程。被领导者对领导者的认可程度以及他们的能力、要求和愿望等也影响着领导者的行为,左右着其行为的效能。正如有的学者所指出的那样:"领导的观念,已由个人的性质变为领导者与被领导者之间互动及交互影响的关系。在此关系中,人人皆可影响他人,亦同样接受他人的影响。"[①]当然,由于领导者与被领导者的权力、职位、能力、专长等方面的不同,他们的作用力或影响力是不同的。二者相比,前者显然大于后者,因而成为领导者,后者成为被领导者。最后,领导者影响被领导者不是自发的或者无意识的,而是自觉地使其意图影响被领导者,指引和率领被领导者实现组织的目标。

通过上述分析,可以这样定义领导。所谓领导,是领导者在一定的客观环境中引导和影响被领导者实现某种预定目标的行为。这种行为不是以个人和权力为核心的凌驾于他人之上的强制行为,而是重在心理感召和令人心悦诚服。而且,领导也不是一味地在被领导者后面推动和驱策,而主要是率先示范、带领、指导、启迪和激励,使群体活动共同指向既定的目标。

行政领导是领导活动的一种,它是指国家行政机关的行政领导者为履行行政职能,引导和影响下级机关及其工作人员实现行政目标的行为。与其他领导相比,行政领导具有以下特征:

1. 行政领导是国家行政系统中的领导

行政领导是一种政治行为,这种行为不仅表现在执行国家意志,组织实施国家的法律和基本政策,而且也要根据法律规定和授权,积极体现国家意志,制定行政法规、规章和各种政策,从而有效地治理国家,管理社会。

2. 行政领导是高层次和影响全局的领导

既然人们的社会活动千差万别,领导的种类也就多种多样。其中,居于主导地位和影响全局的是行政领导。行政领导者总理国家和地方行政事宜,确定整个国家或某一行政区域、某一系统的发展目标、方向和重点,制定行政管理法规和行政措施,并通过国家和地方的行政机构对政治、经济、文教、卫生、科技、军事、外交、财政、外贸等事务进行综合性的宏观管理和监督控制。

3. 行政领导具有法律性权威

行政领导权由国家法律规定,并由同级人民代表大会或上级行政机关依法定程序授予,所以,行政领导行为具有法律性的权威和效力。它在行政领导者管辖的区域内具有普遍的约束性和支配力。

---

① 关挽澜:《行政学新论》,幼狮文化事业公司1988年版,第205页。

4.行政领导追求双重的行政价值

首先是功能价值,即达成行政管理活动的高效和经济;其次是目标价值,实现有效与公平的服务。因此,行政领导不能像企业领导那样把着眼点侧重于经济效益,而是要同时兼顾行政管理的经济效益和社会效益。

5.行政领导从属于国家权力机关

在中国,国家权力机关享有立法权,行使国家最高权力,并有权领导和监督一切国家机关。行政机关是权力机关的执行机关,负责实施宪法、法律以及立法机关的决议。它由权力机关产生,向其汇报工作和接受其监督。因此,二者之间的关系是从属关系。那么,作为由人民代表大会及其常委会选举或决定的主要行政领导者的领导行为也必须从属于权力机关,对权力机关负责。行政领导者主持制定的国民经济和社会发展计划、国家预算以及计划和预算执行情况的报告等要经过权力机关的审查和批准。

二、行政领导的基础

行政领导者之所以能够有效地实施领导,关键在于其本身的率领和引导他人的力量,这种力量可以称为影响力。影响力是指改变他人或团体心理和行为的能力。影响力概念和权力概念不尽相同。权力也是影响力,但这种影响力往往以强制手段作为后盾。所以,马克斯·韦伯认为一个领导人由于其职位而握有权力,而权力就是发表必须被遵守的命令的能力。法约尔也认为,权力是下达命令和强迫别人服从的力量。影响力也不等同于权威。理论界认为,权威是合法的权力或制度化的权力,它指占据某一合法职位者所享有的权力。凡不拥有法定职位者则没有权威。进而言之,权威也与威信不同,威信指威望和信誉。拥有某种权威者可能同时具有威信,但有威信者并不一定都具有权威。有的被领导者尽管没有法定权力或权威,但由于有专长和技巧,有很强的沟通能力和说服能力,或者具有高尚的品德,乐于助人,也会在团体中具有威信。所以,不应当将权威与威信二者混淆起来。

既然行政领导的实质是一种影响被领导者的力量,那么,影响力的产生和存在,又必须以某些条件作为基础,没有这些条件,影响力便无从发生。美国学者西蒙将行政领导的基础归为信任的权威、认同的权威、制裁的权威和合法的权威。也有的学者将其分为合法权、奖惩权、参照权和专家权。

1.合法权

合法权来自法定的职位,它是由领导者在组织等级系列中的地位决定的。凡是占据正式组织图中所明文规定的职位的人,均具有合法的权力。而没有法定职位和职权者,不具有合法的领导权,也不能产生领导意义上的影响力。

2. 奖惩权

奖惩权是奖赏和惩罚他人的权力。凡是能够使他人获得奖惩的人,就能产生影响力,从而具有领导作用。因为,他人为了得到奖赏,避免惩罚,就必须要接受领导者的领导。奖惩权是领导者的一项重要权力,领导者可以运用这种权力强化或弱化被领导者的某种行为。然而,就二者相比,奖励是利益和名誉的给予,它可以激发下级的积极性,增强责任心、自尊心和自重感,从而可以增加影响力。而惩罚是利益和名誉的剥夺,惩罚实施的结果,会产生消极抵制作用,影响领导者的效能。因此,在实际领导工作中,应把握奖赏重于惩罚的原则。

3. 参照权

亦称归属权,指的是基于被领导者的认同和敬慕并愿意模仿领导者而使其产生的权力。在行政组织中,如果领导者品德高尚,作风优良,风度不凡,才能出众,他的言行就会令他人信服和崇拜,成为他人言行的楷模或他人愿意模仿的对象。参照权能够对下级产生较强的影响力。人们常说,榜样的力量是无穷的,"其身正不令而行"。因此,领导者若要更好地发挥领导作用,应该自觉地培养这方面的影响力。

4. 专家权

专家权是指领导者自己显示出来又为被领导者所感知的专门知识的权力。与整个社会化专业分工相吻合,行政组织也以高度专业化为其特色。在行政组织中,尤其是在业务性、技术性较强的机构中,领导者如果没有专门的知识和技术,就不能有效地领导下级。所以,西蒙曾指出,"人之所以为人们接受其领导,首先需要其部属承认其确有所长,使大家产生信心,而后始受其领导。所以优越的智慧、能力、训练、学识、经验都是领导的基础"。

作为行政领导者,由于担任了法定职务,自然就具有了合法权和奖惩权,而参照权和专家权却不是在担任法定职务的同时就能够获得的。为了取得参照权和专家权,领导者必须注意不断地锻炼、培养、充实和完善自身,以强化其影响力,更有效地发挥领导职能。

三、行政领导的职能

行政领导的职责在于成事而不是做事,而为了"成事",领导者必须要履行一定的职能,发挥一定的作用。关于行政领导者有哪些职能,国内外学者的观点不尽一致,综合而言,大体包括以下几个方面。

1. 规划决策

主持制定本地区、本部门的发展方向、目标,并围绕发展方向和目标以及根据行政管理过程中出现的各种问题进行决策,是行政领导的基本职能之一。在行政管理中,行政领导者能否制定出正确的工作发展规划并科学地进行行政决策,关系到行政管理工作的成败和管理效能的高低。因此,行政领导者必须运用科学的规划决策手段,遵循正确的原则和程序,并借助于信息系统和咨询系统,保障规划决策的科学化。

2. 制定规范

行政规范是行政组织的各种法规、规章、制度、纪律、工作原则和程序的总称。它是行政任务得以顺利完成,行政目标得以顺利实现的重要保障,也是使行政管理摆脱主观随意性,实现制度化和规范化的前提。行政领导的重要职责之一,在于制定或主持制定本部门的各种规范,并通过广泛多样的宣传教育,促使各个机构和各个成员将其内在化。

3. 正确用人

行政管理是众多的机构和人员的集体活动,因此,有效的行政管理需要大批的人才。作为行政领导者,不仅要树立正确的人才观,具有爱才之心,用才之胆,护才之魄,荐才之德,还要讲究用人之道,做到知人善任,人尽其才,并为优异人才的发展创造良好的条件。

4. 合理授权

任何行政机关都是由若干层次和众多的部门所构成的。为了保证行政活动的有效性,必须要做到分层管理,分科负责,因此,客观上要求不同层次的行政领导者逐级授予下级以一定的权力,并确定相应的职责。授权的结果,不仅可以满足下级的自尊心、自重感,使其对工作产生兴趣,提高工作效率,也可以使行政领导从繁琐事务中解脱出来,集中时间和精力处理好机关的重大问题。

5. 沟通协调

沟通是协调的前提,协调是沟通的结果。由于行政领导者处于组织的信息集中点和沟通网络的中心,因此,一方面他要起到信息传播者的作用,及时向下级和其他组织互通信息。另一方面,他也要成为信息沟通的促进者,即采取一定措施,增进各层次各部门的信息交流,从而增进相互了解,使其互知互谅,增进团结,进而完成目标一致的各项工作。

6. 积极激励

制定规范,违者必究,是一种消极性的管理措施。这种措施的实施,只能使行政人员达到起码的工作标准。为了使人们的行为突破常规,朝着更为优异化的方向发展,充分提高工作效率,必须诉诸于积极激励。行政领导者的重要职能之一就在于充分调动下级人员工作的积极性。而为了达到这一目的,领导者必须做到尊重下级,鼓励下级参与决策和上行沟通以及担负实际责任,并为其成长和发展创造条件,留有余地。

7. 监督控制

行政领导的职责不仅在于制定决策,确定目标,引导行政活动朝着正确的方向发展,还包括对行政活动的实际进程进行跟踪监测,发现偏差及时纠正,从而使行政活动维系在既定的轨道上,确保行政目标的实现和行政任务的完成。因此,行政领导者不仅要起到导航作用,还要起到舵手作用。当然,行政领导的监督控制还包括其他方面,对此将在下文具体阐述。

8. 人际关系

行政领导的最后一项职责是处理各种人际关系。在履行这一职责时,领导者要担任名誉首脑、领导人和联络官这三种角色。[1] 作为名誉首脑,领导者是组织的一个象征,他要代表组织参加各种社交活动;作为领导人,领导者必须使组织充满活力,激励下属,使其同心协力达到机关的总目标;作为联络官,则要发展与组织内其他部门或组织外的同僚或地位相等的人的关系。

通过上述分析可以看到,行政领导者担任着十分重要的职责。领导者能否充分而有效地履行这些职责,对于行政管理工作的成败和行政效率的高低,具有举足轻重的作用。

第二节 行政领导的原则和方法

一、行政领导原则

行政领导原则是指在行政领导的体制建设和实际的行政领导工作中所应当坚持或者遵循的指导准则。这些原则可以大致分为以下三个方面。

(一)行政领导的政治原则

1. 坚持党的领导

在中国,共产党是执政党,它对国家生活起着重要的领导作用,这种领导作用的一个重要方面就是对政府工作的领导。当然,如前所述,在政府领导工作

---

[1] 参见马丁·坎农:《管理学概论》,中国社会科学出版社1989年版,第377页。

中,坚持党的领导并不意味着党可以包揽一切行政事务,而是在党政分工的基础上实现党对政府工作和行政领导活动的路线、方针和政策的领导。因此,作为行政领导者,必须将接受党的领导、贯彻党的基本路线作为己任,并自觉接受党组织对其工作的监督。

2. 模范地遵纪守法

行政领导要有牢固的法制观念,在国家法律法规所允许的范围内开展各种行政活动,防止以言代法、因人废法,凌驾于党纪国法之上的错误行为。而且,行政领导也必须恪守法定权限,并注意依据法律、通过法定程序开展领导工作。

3. 履行公仆职责

社会主义行政领导既是行政权力的体现,也是人民公仆的体现。行政领导的权力是人民赋予的,因此,行政领导只能行使人民赋予的权力,为人民的利益尽责。从这个意义上说,社会主义的行政领导不论职位高低,种类差别,都是人民的公仆,都应自觉树立"领导就是服务"的观念,把为国家、为社会和为人民服务当成是自己工作的宗旨。

(二)行政领导的体制原则

1. 决策集体性

行政领导的重要职责之一在于决策。由于行政领导者个人的见识、判断、预测和分析综合等能力有限,如果在决策问题上独裁专断,难免失误。而一旦决策失误,势必造成难以挽回的影响和损失。因此,凡是关系到本地区、本部门发展方向,涉及因素众多,事关全局,影响深远的重大行政决策,应当集中集体的智慧,在充分听取专家学者意见的基础上,由领导集团成员集体讨论抉择。

2. 指挥统一性

在实施行政决策、执行行政任务过程中,为了保证指挥系统强而有力,执行系统协调高效,必须做到权力集中。对于实现某一行政目标的全部活动,自上而下只能贯穿统一的意志和一致的行为规范。否则,多头指挥、复线指挥、政出多门只能导致指挥系统混乱,令下级无所适从。此外,指挥统一性不仅可以使权力集中,而且也可以使责任明确,从而能够防止行政领导争功诿过现象的发生。

3. 权责划分科学性

由于任何行政组织都是由若干管理层次和管理部门组成的,因此,也就存在着不同层次的领导和不同部门的领导。为了保证行政组织协调而有效地运转,就要科学地划分各个行政领导的权责。从横向来看,应本着机能一致的原则,某一项行政工作要由单一的领导来执掌,从而确立相应的分工负责制度,避免职权交叉;从纵向来看,要依据合理的控制幅度原则并根据不同层次的实际职能,划清决策层、管理层和执行层各级行政领导的职权,理顺上下级领导之间的关系,调动各方面的积极性。

(三)行政领导的工作原则

1. 以身作则,严己宽人

行政领导者既是组织内各种规范的制定者,也应是各种规范的模范遵守者。希望他人做到的事情,行政领导者必须首先作到,只有这样才能示范下级,表率部属。此外,在对己对人的要求上,要严于律己,宽以待人,首先正己,然后正人。正所谓"屋漏在下,止之在上;上漏不止,下不可居"。当下级工作出现失误时,领导者应首先检讨自己,然后再对下级晓之以理,促使问题得到圆满的解决。

2. 虚怀若谷,凝聚众力

行政领导工作广泛多样,纷繁复杂,而领导者个人的能力又有限,因此,在领导工作中,必须要善于听取各种不同意见,尤其是反面意见。否则,一来不能发挥集体的智慧,可能导致领导工作的失误,二来会造成领导与下级关系紧张,积怨日深,整个组织内部离心离德。因此,领导者只有作到谦虚不骄,雍容大度,才能集思广益,弥补领导能力的不足,同时改善上下级之间的关系,增强组织的凝聚力。

3. 坚持原则,赏罚必信

作为行政领导,应当敢于坚持原则,依据既定的规章制度和奖惩措施,对有功者一定奖赏,对有过者一定处罚。否则,各种制度形同虚设,就不能激励先进,驱策后进,提高士气和行政效率。因此,行政领导者必须坚持励有功而罚有过,作到赏罚分明,而且还要讲究赏罚之道,努力公平赏罚,合理赏罚。

4. 平易近人,关心部属

行政活动是领导者和被领导者共同进行的集体活动。二者只有工作分工的不同,没有尊卑贵贱之别。因此,领导者切不可高高在上,傲睨自若,而是应当和蔼可亲,平易近人。只有平易近人,才可人心和顺,进而政事通达。所以,领导者的平易近人是使组织内部形成宽松和谐的气氛,促进各项行政工作顺利进行的必要条件。此外,领导者不仅要有和蔼可亲的态度,也要有关心、体贴下属的热情。上级关心下级,下级自然会支持上级,而且会不计个人得失,积极认真地完成领导指定的各项工作。

5. 在位谋政,尽职尽责

行政领导者由于占据了领导职位,就必须兢兢业业,尽心竭力地履行领导职责。能否尽职尽责不仅是领导者道德素质高低的体现,也是其政治素质优劣的充分反映。作为一个优秀的行政领导者,不仅要保证完成自己的法定职责,而且还要积极努力为行政组织的发展和社会的利益多做工作。行政领导者要有这种进取献身精神,一来可以充分发挥自己的领导能量,二来可以鼓励下属,促使其树立牢固的责任心和使命感。

二、行政领导方式

(一)行政领导方式及其选择

行政领导方式是行政领导者在履行其职能、处理上下级关系过程中的行为方式。关于领导方式,国内外著述甚多,较为常见的是依据领导者对权力运用的情况,将领导方式划分为独断式、民主式和放任式。

1. 独断式

又称独裁式、专断式或专制式。这是一种依靠权力或威势强制下级服从的领导方式。其主要特征是,决策权高度集中,所有决策都由领导者自己决定,下级只能依令行事,没有参与决策的权力和机会;决策由领导者强制执行,下级对领导的指示和命令不能怀疑,要求下级必须服从;以严密监督的手段鞭策下级工作,并经常主观武断地评价下级的工作;与部属保持相当距离,有功归属领导,有过则归咎于下级,自己不负任何责任。

独断式是自古以来就有的传统的领导方式。由于这种领导方式将各种权力集中于领导者手中,因此,可以保证政令统一,行动迅速,易于保密。但是,独断式所确立的是单纯的自上而下的命令服从关系,被领导者的意志、情绪和利益得不到应有的重视,易于养成领导者一言堂、主观武断的作风,压抑下级工作的积极性和主动性。

2. 民主式

又称参与式。这是一种注重指导和鼓励部属开展工作,上下级之间相互尊重,彼此信赖,共同合作的领导方式。其主要特征是,领导者引导、鼓励下级参与决策过程,机关决策由下级人员参与讨论而决定;决策的执行采取授权的方式,加强下属的责任感,调动其工作的积极性和创造性,执行中如果发现原决策有误或难以实行时,上级依据实际情况或下属意见加以修改;督促与检查主要依靠各部门的相互制约和工作人员的工作竞赛来实现,并对下级工作做出客观公正的评价;上下级关系融洽,领导者积极参与团体活动,有功大家分享,有过先行责己,然后追究有关人员的责任。

民主的领导方式是适度的领导方式。由于这种领导方式注重指导、引导和鼓励,尊重下级的各种要求,调动其积极性和主动性,因此,既可以集思广益,避免决策失误和不切实际,也可以创造一种融洽的工作气氛,提高工作效率,保证上下级团结一致地完成任务。所以,民主式是一种比较理想的适用范围广泛的领导方式。当然,领导者采取这种领导方式也应该注意把握分寸,如果运用不当或将其绝对化就会产生决策缓慢、贻误时机、各行其是、执行不力的弊病。

3. 放任式

一种无为而治、顺其自然的领导方式。其特征是,领导者基本上不制定决策,下级的工作完全由其自行处理和决定;领导者不主动干预或指导下级的工作活动,而是任其自然发展,只是下级工作发生矛盾冲突、重大事故或下级提出请求时,才开始过问;对下级的考核、奖惩采取例行公事的态度,上下级关系松散疏远。由于这种领导方式基本上使领导者放弃了领导职责,容易导致放任自流、过于分散的结果。一般只适用于特定条件下的特定组织,例如学术、文化、艺术、科研、教育等部门。

从现代行政领导的实际过程来看,采取极端独断式和放任式的领导是少见的。领导者总是会根据工作性质、自己与下级的能力或其他有关因素来反省自己的领导方式,调整自己的领导行为。事实上,在以上两种极端的领导方式之间,存在着其他区别或大或小的领导方式,领导者可以根据主客观情况做出适当的选择。在此问题上,美国学者坦宁鲍姆(Robert Tannenbaum)和施米特(Warren Schmidt)于1958年(1973年修改)提出了领导行为的连续统理论,对选择适当的领导方式有一定的启迪。

连续统理论没有把领导行为进行机械的分类,而是将其视为一个连续体,在两种作为端点的领导方式之间,存在着多种领导方式。如下图所示。

以领导者为中心的领导⇄以部属为中心的领导

领导者运用权力的范围						部属自主的范围
领导者自己做出决策并宣布决策	领导者向部属推销决策	领导者提出设想,欢迎提出问题	领导者提出决策草案,供下属人员共同讨论修改	领导者提出问题,征求意见后做出决定	领导者限定范围,然后让部属做出决定	领导者允许部属在上级规定的范围内自主地做事情

图 5-1 领导行为的"连续统"

图中左端表明决策权高度集中在领导者手中,是一种以领导者为中心的领导方式。采用这种领导方式的领导者较为重视工作,并常常运用其权力去影响部属,随着在连续统上向右移动,授予下级的权力相应增加。到了最右端,领导者在很大程度上分散了自己的权力,这是一种以部属为中心的领导方式。偏向右端领导行为的领导者比较重视群体,给部属相当的工作自由。当然,正如坦宁鲍姆和施米特指出的那样,两端的情况都不是绝对的,权威和自由都不会没有限度。

作为一个领导者,可以从不同的领导行为和方式中进行抉择。而领导者做出何种选择,一般取决于领导者对部属解决问题的知识和能力的认可程度。如果领导者对部属持信任态度,认为他们具有独立解决问题的才能,就可能采用以部属为中心的领导方式;反之,如果领导者对部属能力持怀疑态度,就可能采取以领导者为中心的领导方式。

一般来说,部属具有了以下条件,领导者就应给予其更大的自由:即部属有自主的要求,肯于承担责任并作好了准备,有较强的对付含糊不清的情况的能力,理解、掌握了所规定的目标和任务,有处理问题的知识和经验,已经习惯于分担决策的责任。此外,选择领导方式还应当考虑到机构类型、集体效率、问题本身和时间的紧迫程度等形势的因素,以期综合分析,合理判断,最终做出适当的选择。

(二)关于领导者领导方式的调查和分析

领导方式是影响领导者工作绩效的重要因素之一。以往,中国理论界一般侧重于对领导方式进行理论分析,而比较缺乏对其予以集中性的实证研究。为弥补这方面的不足,近些年来,我们利用成人教育教学的机会,对多类组织领导者的领导方式进行了调查。调查涉及到冀、鲁、豫、津三省一市,调查对象共567人,被调查者所在单位包括党团机关、政府组织、企事业单位和部队。由于领导方式的分类较多,为便于比较分析起见,限定被调查者只能采用一组领导方式,即依据领导者对权力运用的情况而划分的独断式、民主式、放任式对其本人或者所在单位领导者的领导方式予以分析。下面是调查结果的汇总分析。

1. 领导方式现状的调查

首先,从总的调查结果来看,在上述各类组织中,领导者采用独断式、民主式和放任式的领导方式的比例分别为30%、24%、3%,采用以一种领导方式为主,其他领导方式为辅的领导方式(以下简称综合式)的占43%。

其次,从各类部门的调查结果来看,党团机关共调查10人。在被调查的党团机关中,领导者采用民主式的占70%,采用以民主式为主,其他方式为辅的占30%。没有人单独采用独断式和放任式。

事业单位共调查52人。在被调查的事业单位中,领导者采用独断式、民主式、放任式的比例分别为23%、25%、21%,选择综合式的占31%。

第五章　行政领导

企业单位共调查195人。在被调查的企业单位中,采用独断式、民主式、放任式的领导方式的比例分别为22%、39%、2%,选择综合式的占37%。

行政机关共调查166人。在被调查的行政机关中,采用独断式、民主式、放任式的领导方式的比例分别为28%、42%、0.6%,选择综合式的占29.4%。

军队共调查144人。在被调查的单位中,采用独断式、民主式的领导方式的比例分别为24%、5%,选择综合式的占71%,没有人单独运用放任式。

对于以上调查结果,由于被调查者的认知能力、思考问题的方式和角度不同,或许使其分析评价有一定的偏差,但是,该项调查是在被调查者修完行政学课程及其他相关课程之后进行的,同时,又要求被调查者只能分析自己及其直接上级,鉴于双方工作关系密切,相互之间较为了解,因此,上述调查结果具有一定的可信性。

2.现有领导方式的分析

从以上各类领导方式的汇总分析来看,被调查者所在单位的领导者选用最少的领导方式是放任式。军队、党团机关和行政机关在开展各自的工作中有较强的规范和纪律约束,而放任式又属于一种消极无为、近乎于放任自流的领导方式,显然不能广泛适用于上述组织。此外,企业组织的领导者也不适宜于单独选用这种领导方式。从调查来看,有的企业的领导之所以采用放任式,或者是因为企业不景气,厂领导让工人以车间为单位搞承包,自己养活自己,或者是因为某些职工的工作较特殊,例如长期在外联系供销,因而授予其较大的自主权。事业单位较适用于放任式,但被调查的事业单位中的领导者采用这种方式的仅占1/5。就是在这些采用放任式领导方式的单位中,也有55%的被调查者认为其单位不适用放任式,而主张选用民主或实行民主式与放任式相结合。

在所有被调查的单位中,采用最多的是综合式。许多被调查者认为,在一个单位中,具体工作千头万绪,每项工作又各有其特点,因此,领导者对其难以采用单一的领导方式来管理。例如,在被调查的军队中,领导者采用综合式的占有多数。某部政治部主任从领导方式来说属于独断式,但在部队的生活管理中选用民主式。有时,为了减少各种繁杂事务的纠缠,同时调动下级的积极性,在诸如典型人物的宣传和某些建设项目的施工上,只规定一定的原则和标准,其余一律由下级自主决定。有些被调查者还就如何运用综合式总结出自己的经验。这些经验分为两类。一是从工作性质出发,认为凡涉及组织发展方向、集体利益和福利、机构和劳动人事调整、资产的使用和收益等有关全局性、群众性的工作必须采取民主式;凡时效性、创新性较强的工作应采用独断式;对于具体性、事务性的工作则可以采用放任式。还有人认为,对随机性强的工作,宜专断,而对常规性和计划性较强,而且又受其他部门制约的工作,宜民主或放任。二是从政策规定角度出发,认为对政策规定比较明确的业务,可采用民主甚至放任的方式;对政策规定不太明确的业务,一般应采用民主式;对政策没有规定的业务,可采用先民主后独断的领导方式,即先由部属提出处理意见,征求有关人员或部门意见后,最终由单位主管决定。由于采用综合式有利于领导者灵活适宜地处理各类不同事务,因而实效较好。在被调查者中,许多人对本单位采用这种领导方式持肯定态度。

在被调查单位中,采用民主式领导方式的接近三分之一。除军队由于其单位性质特殊而较少选用民主式以外,其他的行政机关、企业事业单位和党团组织中有相当数量的领导者采用了这种领导方式。有些企业非常重视职工的民主参与,在制定企业的中长期发展规划和年度计划时,都要召开职代会听取职工代表的意见,制定出草案后下发给职工听取建议,然后形成正式文件下发全厂,并在执行中接受职代会的检查和监督。一些行政机关也较为重视工作人员的民主参与。如某机关在重要事务的决策过程中,一般要向下级发放一个固定的意见表格。在表格中,横向上是部属人员名单,纵向上是项目内容,让部属在相关栏目中提出自己的见解,充分发表意见。以上做法有利于决策的科学化,调动下级的积极性,改善上下级之间的关系,创造一种融洽的工作气氛。因此,被调查者对民主式的领导方式基本表示认可。被调查者对本单位领导采用民主式的认可率分别为:党团机关68%,事业单位85%,企业单位83%,行政机关77%。

被调查单位的领导者采用独断式领导方式的比例相对较小。尽管独断式的运用具有命令统一、行动迅速,易于保密的优点,但其缺点更为突出。因此,被调查者对这种领导方式大都不持认可态度。被调查者对本单位领导采用独断式的认可率分别是:事业单位17%,企业单位14%,行政机关17%,军队43%。从以上统计数字来看,只有在军队中,这种领导方式的认可率才相对较高。因为军队是一个高度集中、行为高度统一的武装集团,担负着对外反侵略、对内反颠覆的重要使命。在军队中采用独断式,有利于领导者的意图畅通无阻,作到令行禁止,防止下级阳奉阴违,玩忽职守,保证政治上的统一,有助于各种军事行动的圆满完成,有利于军事行动的保密。因此,有一部分被调查者甚至认为,即使现今的国际国内形势发生了重大变化,但是,军队的性质和使命没有根本性的转变,那么,军队的领导者依然要沿用独断这一传统而有效的领导方式。

3、领导者领导方式的改进

(1)鉴于放任式和独断式的缺点比较明显,因此,应当限制对这两种领导方式的单独运用。对于放任式来说,除了某些学术、文化、艺术、科研等特定部门和某些独立性较强,不易于集中统一管理的工作以外,一般不宜于单独选用。采用独断式,一方面窒息下级的活力,压抑部属工作的积极性和主动性,消磨被领导者的工作热情;另一方面,易于导致决策的失误,而决策失误是领导者最大的失误,因决策失误而造成的浪费是最大的浪费,因此,也不宜广泛采用独断式。一位被调查者所在县的领导曾决定投资近亿元建设一个中型棉纺织厂,而决策时缺乏可行性研究,缺乏科学论证,更没有听取有关专家和部门的意见。决策后草草上马,致使投产无期,债台高筑,两千余名职工回家待业,损失惨重,教训极为深刻。即使是较为适用专断式的军队,也有些被调查者对该方式提出质疑。他们对某些领导者在诸如士兵入党、选改志愿兵和选派技术职务人选等事务中的"一言堂"的专断作风表示不满。与赞同独断式的被调查者相反,他们认为在当前和平与发展的新形势下,以及干部战士思想观念活跃,参与意识大为增强的情况下,部队领导也应转换一下领导方式。此外,军队干部转业到地方后,也面临一个领导方式的转变问题。调查中发现,在7名军队转业干部中,有6人沿袭军队中长期养成的独断式,效果均不理想。总之,被调查者对有些领导者把自己视为对弈者,而把部属视为棋子的做法比较反感,要求领导者予以改变。当然,独断式在领导过程中并非完全不可取,除了速决性、执行性和技术性的工作之外,在部属对某项工作不了解,或者理解不深,或者当下级部门出自局部利益而相互矛盾、抵触时,采用独断式对解决这些问题或许更为有效。

(2)民主式是一种理想的领导方式,适用范围也比较广泛。但从调查来看,领导者运用民主式时,也出现了一些问题。第一,民主参与会导致决策与执行的活动进展缓慢。为了提高效率起见,不应事事讲民主。领导者应当善于把握民主参与的广度和深度。第二,实行民主参与,有时会导致僵局,尤其是在决策所涉及的事务比较重大,或者是在各参与单位意见冲突激烈时,这种情况将更为明显。有的被调查者总结自己的领导经验,认为为了更好地发挥民主式的功效,领导者必须有一定的预见、决断、组织、协调和应变能力,而且要做到:敢于民主——放得开;适时集中——收得住;善于指挥——不失控。这些经验对于解决上述问题有一定的借鉴意义。第三,有的领导者只在领导层讲民主,而无视部属的参与要求。为维系部属参与的积极性,提高重要决策的科学化,领导者有必要扩大民主参与的范围。

(3)综合式也是适用范围较为广泛的一种领导方式。但是,如果运用不当,则会出现民主、专断、放任三种领导方式与所要解决的问题的错位现象。其结果可能带来比单独运用某种领导方式更多的弊病。有的被调查者根据本身经验,提出宜专断则不让,宜民主则不乱,宜放任则少干预。领导者可以将其当作运用综合式领导方式的指导原则。

三、行政领导方法

有效地履行领导职能不仅取决于选择适当的领导方式,而且也取决于使用正确的领导方法。所谓领导方法,是指行政领导者为实现一定的行政目标,完成一定的行政任务所使用的领导手段。领导方法种类繁多,大致可以分为以下两类。

(一)领导部属方法

1. 指挥命令方法

这里所说的指挥命令并非官僚主义式的强迫命令,而是指领导者为了实现行政目标发布必要的指示、决定、通告、决议等。指挥命令方法是促使下级及时、准确、迅速地完成行政任务,贯彻领导意图的重要手段,它以领导者的权威和地位为基础,以命令对象的服从为条件。为了使部属不折不扣地执行命令,必须要以纪律作为保证。如果部属阳奉阴违,消极敷衍,就要视情节轻重和危害程度给予相应惩处。领导者在运用这种方法时应注意,必须要以法定的或被授予的权力为依据,只能在自己的权责范围之内进行指挥、发布命令,否则将是越权行为。

2. 说服疏导方法

这是领导者通过耐心细致的思想教育使部属明确并自觉贯彻领导决策、领导意图的方法。在领导工作中,单纯使用指挥命令的方法只能使下级形成被动、消极和服从的心理,因此,必须辅之以说取疏导方法。通过说服,可以使被领导者深刻把握上级决策的目的和意义,认识自己的工作重点和范围以及完成任务的方法、途径,从而更主动自觉地适应工作的需要。说服疏导必须要作到以诚待人、以理服人、以情感人,而不能居高临下,盛气凌人,动辄指责。否则,就不能达到提高下级积极性和主动性的目的。说服疏导既可用于个别部属,也可用于团体。前者可以采取面对面谈心方式,后者可以采取座谈、报告等方式。

3. 激励方法

这是一种激发人的内在潜力,使其产生所期望的行为,从而促进组织目标实现的方法。激励是一种刺激,是改善人的行为、调动人的积极性和创造性的一个重要手段。在行政管理中,部属的优异行为和工作的积极性,往往是由某种激励促动的。一般说来,人们具有各种需要,某种需要未满足是激励的起点,激励就是对这种需要予以相应的满足。通过给予下级以物质的和精神的奖赏,可以诱导其行为向积极和主动的方向发展。由于人们的需要是多方面的,要满足这些需要必须要采取多种激励的方法,包括奖金、友谊和关心、尊重、良好的工作条件、有趣和有意义的工作等。

4. 示范方法

这是领导者以自身的优异行为为下级树立典范或榜样,从而有效地影响部属,发挥领导职能的方法。下级经常有意无意地模仿领导的习惯、态度,上级的一言一行、一举一动都是被领导者行为的楷模。部属的这种模仿本性对领导者提出了很高的要求,即领导必须树立正面榜样,不能树立反面样板。如果领导者的行为不端,就势必对下级造成消极的影响。例如,领导者本身未遵守有关的规章制度,就不能希望和保证全体部属遵守。因此,领导者要特别注意树立自己的正面形象,完善自己的行为方式和工作作风。只有这样,才能表率于下级,使组织内部风气正派,团结向上,顺利地完成组织的使命。

(二)管理事务方法

1. 有效地管理会议

有效地组织会议是领导工作的组成部分。会议是制定决策、协调关系、安排检查工作和传递信息的重要手段,也是集中集体智慧、实行集体领导的重要形式。因此,领导者应当掌握组织与管理会议的方法。从以往情况来看,行政组织中会议过繁、过多,其中相当一部分是可开可不开和无效的会议。所以,领导者应花大力气控制会议的数量。其方法是严格计算会议成本,讲求经济效益;进行会议预算,按预算拨款;追求会议的效益,能不开的就不开,能开小会、短会的就不开大会、长会,能合并开的就合并开。此外,为了提高会议的质量,领导者在会前应组织有关人员充分准备,开会期间严明纪律,报告要简明扼要,突出重点,讨论时要引导与会人员围绕中心,切合主题。

2. 合理地运筹时间

领导工作都是在特定时间中进行的,能否科学地利用时间,是决定领导效能的因素之一。因此,领导者必须要掌握合理运筹时间的方法。美国学者艾伦·莱金(Alan Lakein)在《如何控制你的时间和生命》一书中提出了有效利用时间的 ABC 分类法。他认为领导者每天要处理的事务很多,而又常常不能及时处理完毕。因此,每天工作开始之前,不妨将事情按轻重缓急分为 ABC 三类。其中 A 类的事情最重要,B 类次之,C 类可以放一放。经过分类之后,就应集中精力设法将 AB 类事情办好。这样就可以使各项领导工作有条不紊,提高工作效率。美国的另一位著名学者德鲁克(Peter Drucker)在《有效的管理者》中提出集约分散时间的方法,即主张管理者应将自行控制的零碎时间集中起来使用。因为许多小段零星时间等于没有时间。同样的时间,如果集约成一定的连续时间段,就能办成几件大事,不仅可以节约时间,还可提高工作效率。

3. 提高公文效用

公文是国家行政机关推行政务和管理社会的重要工具，各级行政领导者必须认真抓好公文的管理工作，以提高公文的效用。针对以往公文泛滥、文电旅行严重的弊病，领导者应制定合理有效的规章制度，严格控制发文。凡是可以口头和电话传递信息的，就不要发文。同时，建立公文运转的时效制度，规定本机关各层次、各部门处理公文的期限。凡在规定期限内没有处理完毕并产生严重后果的，应追究有关人员的责任。此外，对于经过批示的公文，领导者应当视其重要程度，亲自督促或指定助手督促下级办理，以求及时准确地落实。这是提高工作效率，发挥公文效用的重要保证。

第三节　行政领导效能的保障

一、行政领导者的素质

素质，指事物的本来性质和特点，它是构成事物的基本成份。行政领导者的素质是其应具有的内在基质和条件。作为一名领导者，能否充分发挥自己的领导效能，重要的因素之一就在于是否具备领导者应当具备的良好素质。正是由于领导者素质对领导效能具有重要作用，因此，在1920至1950年间，素质研究在西方迅速发展，成为早期领导学研究的主流。当然现代领导科学已经突破了早期学者的狭窄视野，拓展了领导科学的研究领域，然而，对领导者素质的研究仍不失为领导科学研究的基本内容之一。那么，一个好的领导者应当具有哪些素质呢？根据国内外有关研究，领导者素质主要包括以下几个方面。

（一）政治素质

在中国，行政领导者要有较高的政治理论素质，能够从马克思主义立场出发，运用马克思主义的理论和方法观察、研究和处理问题；行政领导者要有坚定正确的政治立场，坚持四项基本原则，贯彻执行党和政府关于社会主义建设的路线、方针、政策；树立牢固的法律意识，坚持依法行政；全心全意为人民服务，甘当人民公仆。

（二）能力素质

能力素质是领导者能否胜任其领导工作的主观条件。关于领导者要具备哪些能力素质，历来众说纷纭。根据领导者的职能，下列能力素质是干好领导工作所不可少的。为了科学地规划决策，领导者须具备高瞻远瞩的预见力，正确果敢的判断力,审时度势的应变力和勇于开拓的创新力;为了正确地用人和调动下级的积极性,领导者要有知人识事,保证人事相称和求才、育才、留才的能力以及激励部属的能力;为了有效地协调下属的活动,领导者应具备较强的组织能力、沟通能力和与人交往的能力;为了准确地传达各种工作信息,说服教育部属和创造轻松愉快的工作气氛,领导者还要有适当而巧妙地运用文字、言辞的表达能力和一定的幽默感。

(三)文化业务素质

文化业务素质是决定领导效能的一个重要方面。只有将行政领导者的为国家、人民和社会谋福利的政治素质与其文化业务素质相结合,才能形成巨大的领导力量。现代社会的行政领导工作复杂多样,领导者若没有广博的文化知识和精深的专业知识,就不能卓有成效地胜任工作。那么,行政领导者的文化业务素质包括哪些呢?首先,行政领导者必须是专家,对其所在部门的业务知识应当了如指掌,使自己真正成为内行领导。否则,就不能制定切中本部门时弊的各种决策和有效地推行决策,而且也会事事受制于部属,进而丧失自己的影响力。其次,行政领导者也必须是通才,掌握与行政管理有关的行政学、行政法学、政策学、政治学、经济学、社会学、人事管理学、领导科学、管理心理学等知识。此外,行政领导者还应掌握与行政领导关系密切的自然科学和其他社会科学知识以及新的综合性、边缘性学科知识。

(四)身体素质

行政领导是繁忙和复杂的社会活动,尤其是现代社会的行政领导者,每天要分析研究大量的信息,解决处理众多的公务问题。而且,领导者不仅要在机关内运筹帷幄,也要走出机关调查研究,深入实际。因此,必然要求行政领导者有健康的体魄和旺盛的精力,只有这样,才能保证各项领导工作落到实处。否则,为身体所累,就会心有余而力不足,即使计划设想再好,也难以产生实际意义。

二、行政领导者的选拔

行政领导者担负着领导政府行政工作,组织与管理行政事务的重任,在行政管理中的地位和作用十分重要。因此,发现并引进优秀人才,使俊杰在位,对于充分发挥行政领导效能,保证政府工作质量,提高行政效率具有重要意义。

所谓选拔,是指通过一定的程序和手段挑选新的领导者的活动。为了选拔出符合领导职位要求的合格人选,除了确定对候选者进行考查测验的内容之外,还必须针对不同的内容设计并使用不同的测量方法。

(一)成就测验

在选拔领导干部时,应主要考察对象的成就或功绩,因为功绩是其德、能、勤、廉素质的集中体现。为了充分掌握有关人选的功绩,可以采用民意测验、领导者的举荐和考察个人成就记录的方法。民意测验是一种简便易行的方法,由于同事之间相互了解,有可能评选出合适的人选。领导者与下级工作关系密切,熟悉下级的工作表现和实绩,因此,领导者的举荐具有一定的权威性。尤其是由公正无私并且具有甄选能力的领导者所举荐的人选,具有很大的可信性。个人成就记录记载着被考察者的表现和成绩,它是选拔领导干部的基本和客观的依据。

(二)能力测验

如果说成就测验是对领导干部人选以往成绩的考察,那么,能力测验则是对领导人选发展潜力的测量。测量的目的是确定其是否符合领导职位的要求。能力测验可以采取以下方式。

1. 书面测验

书面测验分为论文测验和判断测验,通过书面测验可以考察领导干部人选判断事实的能力和逻辑推理以及证明的能力。

2. 口头测验

通常采用口头问答的形式。根据有关研究,口头测验可以采用以下三种方法[①]。第一,型式化、组织化面谈。这种方法使用详细的表格,列出许多特别的问题,并列有答案空格待填,在面谈时及面谈后依记忆填写。该方法的优点是面谈主持者不会完全依他自己的意思控制整个面谈过程,缺点是缺乏弹性。第二,复式及团体面谈。候选人可能分别或同时与数位面谈主持者会谈,最后由后者讨论综合每个人的观点,做出最后的评判。这种方法的优点是效度较高,缺点是要耗费过多的时间与人力。第三,压力式面谈。该方法给予候选人以失败压力,面谈主持者极富攻击性,并不断攻击候选人,使其产生防卫机能,再行观察他们受到压力时的反应。

3. 智力测验

该方法用于估价候选者的智力成熟度或智商的高低。以往我国选拔领导干部时较为缺乏智力测验,或者至少是不系统,亟须借鉴国外行之有效的测验方法,建立起规范化的智力测验体系。在领导干部选拔中,智力测验是较为重要的方面,因为它是保证人事相称的不可缺少的一环。

---

① 参见黄天中:《人事心理学》,三民书局1976年版,第219~220页。

4.操作测验

该方法要求候选者在一定的时间内担任某项工作,借以观察他的技艺和工作情况。

(三)人格和性向测验

不同的领导工作需要不同的气质和心理品性,需要对其加以区分和测量。关于人格测验可由不同的专家针对不同的领导工作设计出来,以保证选得适职的人选。性向测验是要发现候选者在某个学习领域的自然才能。不同部门的领导职位需要具有不同性向的领导者,所以,在选拔领导干部时,亦需考虑不同的候选者的不同性向。否则,就会强人所难,既不利于工作,又不利于本人的职业发展。

选拔领导干部除了采用以上方法之外,还可以借鉴西方流行的一种选拔方式,即评估中心。西方有的学者认为,评估中心是甄补管理和其他要职的成功方法。评估中心不是指某个处所,而是指一种方法或一个过程——综合的标准化的测量过程。它要求被评估者亲临模拟的实际工作之境。这种评估不是采用单一的方法,而是应用多种评价技术。其基本做法是,在1至3天时间内,集中评估由8至12人组成的候选者小组,组织他们进行小组讨论,做公文篮练习,模拟接见下属,口头提问,书面沟通等。评估中心用来评价候选者在若干天内处于紧张情境中的某些行为和能力,这些行为和能力对于成功的领导工作来说具有决定性的意义。

评估中心的评估人员必须经过特殊训练,他们作为一个小组发挥作用,并在评估过程中进行轮换。因此,评估人员可以在每项评估中观察不同的候选者。评估过程结束之后,该小组做出报告或对每个候选者做出评价,以作为晋升资格证明。

以上介绍了选拔领导干部的各种方法。这些方法当然可以根据不同的情况而有所取舍,但是,为了选拔出合格的人选,有必要对候选者进行较为综合的考察。我们以往选拔领导干部似乎存在着两种倾斜,一是重功绩的考察,而不太重视潜在能力的测验;二是选拔中主观色彩较浓,客观评价不足,多由领导层考察、讨论、决定。为了克服以往干部选拔的局限,应当建立起一套公正合理、具有竞争机制的规范化和制度化的选拔方法,这是提高行政领导者整体素质的重要保证。

三、行政领导者的结构

现代行政领导职责综合复杂,单一的行政领导者已经不能胜任各级各类行政组织的领导工作。为了完成复杂的领导工作,需要建立起由若干领导成员组成的领导集体。既然现代行政领导职能是经由领导集体来履行的,那么,领导集体能否充分发挥其整体效能,取决于领导成员的配备是否得当,组合是否合理。因此,行政学和领导科学就不能不研究行政领导集体结构的合理性问题。根据中国当前的理论研究和实际情况,行政领导集体的结构问题,主要包括以下4个方面。

(一)知识结构

行政领导的知识结构是指将具有不同的知识和专业特点的领导成员根据行政工作的特点和需要进行合理组合,使领导班子成为知识完备、专业齐全的具有综合业务领导能力的集体。干好行政领导工作不能仅凭领导者的经验,而是需要掌握现代科学文化知识和业务知识。然而,作为领导者个人的知识总是有限的、片面的。因此,在建设行政领导班子时,应当注意把具有各种不同知识的领导成员集合为一个有机整体,使之相辅相成,互补相济。

知识结构包括文化知识和专业知识两个方面。就文化知识来说,在一个领导班子中,既要有自然科学方面的人才,也要有社会科学方面的人才;既要有擅长理论的专家,也要有实际知识丰富的专家。行政组织的层次越高,行政部门的地位越重要,其领导班子的文化知识结构就应该越完备。就专业知识来说,由于现代行政管理的专业性和技术性很强,涉及到许多不同的领域,因此,行政领导集体不仅要有通晓行政管理知识的软专家,也要有熟悉各类专门业务的硬专家。当然,根据行政组织的类型和性质的不同,领导班子的专业结构应有所区别。例如,在综合性管理部门的领导班子中,通才应多于专才,而对于专门业务管理机关的领导班子来说,专才应具有较大的比重。

(二)智能结构

智能结构是指具有不同智能类型的行政领导成员的协调组合,它标志着领导集体运用科学知识解决实际问题的水平。人既非全知,亦非全能,任何人的智能都有其局限性和特殊性。一个领导班子不应该由一个模式、一种智能类型的人才组成,它应该是具有多种智能类型人才构成的组合体。科学研究表明,人的智能是各式各样的。有的人擅长逻辑思维,有的人擅长组织协调,有的人长于交际,有的人精通业务。因此,在组织行政领导班子时,应根据各部门、各单位的特点和实际需要,搞好不同智能类型的人才的合理配备。一般来说,一个智能结构合理的领导班子既要有富于远见卓识、适应能力强、善于把握全局、具有决策能力的主要领导者,又要有魄力大、行动果断、办事干练的实干家和沉着冷静、足智多谋的智囊人物;既要有德高望重、善于以理服人的思想工作者,又要有以身作则、铁面无私、执法如山的监督工作者；既要有擅长于识才、爱才、育才、用才的人事管理专家，又要有善于调解下级矛盾，解决下级工作和权责冲突的协调者。只有将具有不同智能类型的人才按照科学合理的原则构成完整的、多功能的智能结构，才能使行政领导班子发挥最佳的整体效能。当然，领导层次不同，对领导集体成员的智能程度和结构比例的要求也就有所不同。领导层次越高，领导成员的智能水平也就应当越高，决策能力和组织协调能力强的领导成员所占比例也就应当越大。

(三) 气质结构

气质结构是指针对领导成员不同的个性特点，根据互补的原则组合而成的协调结构。所谓气质，是人的典型的、稳定的心理特点。心理学研究表明，人的气质有多种类型，例如活泼型、安静型、兴奋型、抑制型等，不同类型气质的人各有其不同的长短优缺。这样，在组织领导班子时，也要考虑到领导成员性格、气质这种心理因素。良好的气质组合对领导集体的协调起着重要作用。气质上的互补，有助于建立领导成员之间的和谐的人际关系和健康的社会心理状态。否则，就会使领导成员之间相互磨擦、内耗严重，从而削弱领导集体的功能。一个气质结构合理的领导班子，首先要作到气质相异，避免领导成员的气质特点整齐划一；其次要做到气质协调互补，形成有益的气质差异，避免格格不入的气质撞车。

(四) 年龄结构

年龄结构是指各级领导班子要有一个与领导层次相适应的年龄梯级。一个年龄结构合理的领导班子，应该是老中青按适当比例组合而成的集体。领导班子年龄结构的合理化，首先，可以充分发挥各年龄区段领导成员的最佳智力效能。一般来说，老年人考虑问题周到，经验丰富，深谋远虑，善于应付复杂局面；中年人年富力强，兼有老年人和青年人的长处，具有承前启后的作用；青年人则思想活跃，善于接受新事物，富于进取精神和创造精神。如果一个领导集团由一个年龄区段的领导成员构成，就不能互补互促，从而影响整体效能。其次，合理的年龄结构还有利于领导班子成员的自然交替，保证领导活动的连续性和稳定性。

对于不同层次的领导集团，老中青的比例应有所不同。但是，根据现代生理科学和心理科学对人的年龄与智力的相对关系的研究，18岁至49岁是人的一生中记忆力、比较力、判断力等综合指数的最高阶段，是创造力的黄金时代。因此，领导集团中一般应该由年富力强和奋发有为的中青年干部占多数，这是使领导班子积极进取，充满活力的重要保障。

四、行政领导者的创新

行政领导工作决不能因循守旧,其自身具有开拓创新的内在要求。尤其是在现代社会强调创新的大背景下,一个行政领导者能否具备较强的创新意识和创新能力,也是决定其领导成效的一个重要因素。

(一)时代要求领导行为的创新

在各级各类组织中,领导者的数量虽然不多,但是能量很大。因为,领导者控制组织的中枢,统辖全局、运筹决策、指挥调度、监督协调,是决定组织生存和发展的关键。因此,各级各类领导者能否具备与岗位职责相称的创新能力和水平,便具有了十分重要的意义。

在新的世纪,社会历史发展到了一个新的阶段。在世界范围内,随着以高科技信息为主导的新型产业的兴起,在经济领域内出现了一场空前的革命,知识在这场革命中成为经济发展的直接驱动力。在知识经济时代,一个国家和民族以及各行各业要生存、要发展,都必须要创新。正如江泽民同志所指出的那样,21世纪,世界将进入全球化知识经济时代,国际竞争日趋激烈,国家与民族的自主知识创新能力,高技术创新及产业化能力将成为国家竞争力的关键因素。如果说,任何组织以往所面临的都是一个充满创造力和创造性的竞争世界,那么,在知识经济时代,各国、各领域的创造力和创造性的竞争将更加趋于激烈。

罗斯福在阐述总统职位的职能时说过:"总统的职能就是:善于把握好的机会并适应各种新的条件,不断地引导我们服从于人类统一的意志。如果没有领袖的先见之明,我们都将面临困境和迷失方向。"[①]作为领导,必须具有常人所不具有的先见之明,善于运用自己的知识和智慧,富有创造性地开辟前进之路,将社会或者组织成员带出困境而不至于使其迷失发展的方向。在社会发展的新时期,对领导者及其领导行为提出了新的要求。由于领导者是组织生存和发展的关键,因此,在知识经济初见端倪之际,尤其应当强调领导者的创新意识和创新能力。创新的本质在于革故鼎新,在于通过创新,形成本组织生产、工作的独特的观念和思路,形成人无我有、人有我优的鲜明特色。

之所以强调领导者的创新意识和创新能力,一是时代要求使然,另一方面,还在于领导者自身的内在职责要求。相比较而言,领导与管理既有相同的一面,又有不同的一面。就不同的一面来说,领导者位于组织的策略层,而管理者位于组织的协调层。策略层向组织的环境开放,它要根据各种信息的反馈,针对不断

---

① 参见伯恩斯:《领袖论》,中国社会科学出版社 1996 年版。序言部分。

变换的组织环境及时地更换策略,根据组织环境的需要不断制定新的决策,以使本组织与变化了的组织环境保持新的动态平衡。而协调层则属于半开放半封闭的层次,它主要负责协调组织内部的各种关系和活动,包括协调技术层次各部门相互之间以及技术层次与策略层之间的关系和活动。由此来看,领导重例外,管理重常规;领导重变化,管理重稳定;领导重突破,管理重秩序。"经营管理人员的目标是使事情按照应该有的秩序进行,领导人的目标是做应该做的事情。"①"经理想到今天和明天,领导人必须想到后天。经理代表一种过程,领导人代表历史的方向。"②因此,在现代社会,衡量一个组织的领导者是否胜任其职务的一个重要标准,是能否面对错综复杂的组织的外部和内部环境,团结和带领组织成员开拓进取,开创工作新局面。

(二)创新型领导及领导创新的分类

由于领导者所处的社会环境、自身的知识水平、业务素质、工作能力和道德素质等方面的不同,其类型也就有所不同。关于领导者的分类较多,根据领导对自己岗位的责任感和使命感,可以将领导者分为毁业型领导、守成型领导和创新型领导。

毁业型领导完全忘记自己的责任和使命,以贪图个人的安逸和享乐为目的,任意挥霍组织的资源,最终导致组织趋于衰败。这种领导不仅在企业组织中存在,在政府行政组织中也存在。导致这种结果,主要不在领导者的能力因素,而是在于他们的政治的、道德的因素。守成型领导故步自封,不思进取,萧规曹随,以维持组织和事业的现状为目的。创新型领导则永不自满,积极进取,以不断开创工作的新局面,为组织和社会做出更大贡献为目的。这是真正意义上的领导。"真正的领导(并非单指政治上的领导,还包括其他方面的)是要能领导社会和民众走出新天地的人。"③因此,凡是对组织和社会高度负责的领导,都应当自觉地努力使自己成为一个创新型领导。

对于试图有所创新的领导者而言,创新可以指向许多方面。例如,就创新而言,有学者认为,主要表现在以下4个方面的创新思维和创新活动:(1)能够准确地、不失时机地在瞬息万变、险象环生的市场经济环境中寻找和发现机会。(2)勇于和善于捕捉并正确地利用已经寻找和发现的机会,这其中又蕴涵着一系列的创造行为。(3)能够因势利导、随机应变地不断研究和发明行之有效的经营管

---

① 参见理查德·尼克松:《领导人》,新华出版社1983年版,第7页。
② 同上。
③ 参见《中国大学人文启思录》第4卷,华中理工大学出版社2000年版,第373页。

理思路、经营管理策略和经营管理方法,也就相当于人们常说的"总是有新点子"。(4)连同上述的三条,都意味着一种扬弃的哲学思维,或者如熊彼特所说"创造性的破坏"①。根据领导工作的实际,我们在此将领导的创新主要分为思维创新、观念创新、规范创新和工作创新这四个方面。

思维创新即思维方式的创新。思维方式是人们观察、认识和考虑问题的方式。对于一个群体甚至一代人而言,思维方式一旦形成,便具有非常强的稳定性。它会左右着人们对问题的认识和思考。领导者在思维方式方面的创新作用表现为,要敢于适应时代发展的要求,率先破除传统的束缚、禁锢人们思维方式转换的各种因素,善于从新的视角、采用新的思考问题的方式来观察、处理问题。思维方式的转变在管理及其思想史上有过许多实例。例如权变理论在思维方式上对于传统时期的理论曾做出过重要的扬弃。针对传统时期管理学家追求单一的、一成不变、普遍适用的管理方式的思维方法,提出通权达变的思维方式和研究方法,主张要依据环境自变量和管理的因变量之间的函数关系来确定相应的组织结构、领导方式和管理机制,从而使组织和管理更为有效。由此来看,在领导工作中,思维方式的改变和突破,将会带来全新的领导理念和行为。

观念创新的前提必须是开放自己的思想。具有创造力的人,"他们的特点是能够克服各种对创造力的妨碍,特别是自己无意中对自己的束缚,并充分地应用创造能力改造生活和各种层面"②。冯·坎奇认为在创新过程中,起着枷锁作用的因素有:(1)正确答案只有一个;(2)思想必须符合逻辑;(3)遵照规则行事;(4)要实际一些;(5)不要有任何模糊性;(6)不要出任何毛病;(7)不要轻浮;(8)那不是我的领域;(9)不要做傻瓜;(10)我没有创造性。而有利于人们创新过程的因素有:(1)可能不止一个正确答案;(2)想法可以不合逻辑;(3)不要墨守成规;(4)不必太实际;(5)允许有模糊性;(6)犯错误是好事;(7)必须先做起来;(8)不要限制你的范围;(9)甘愿做傻瓜;(10)我有创造性。在领导的观念创新过程中,有必要自觉破除枷锁,使自己的身心处于良好的有利于观念创新的状态中。观念创新对于领导者而言是非常重要的,它往往表现为新的观点、概念或范畴的出现,而且,伴随着新的观念的形成,将对现实的实践活动产生有意义的指导。

规范创新是对组织内约束组织成员行为的准则的更新。确立规范是一个组织得以存在和发展的重要前提,也是领导者的一项重要的职责。从现实来看,规范一旦系统化为制度之后,便具有较强的稳定性或者运行的惯性。在组织内外

---

① 王超主编:《权力与影响力》,中国对外经济贸易出版社1999年版,第205页。
② 王超主编:《权力与影响力》,中国对外经济贸易出版社1999年版,第193页。

条件发生重大变化的条件下,领导者能否根据组织发展的需要对人们习以为常的规范加以创造性地改变,关系到组织是否具备对变化了的外在环境的应变性和对变化了内在环境的适应性。在我国目前急剧的社会转型过程中,无论是企事业单位,还是政府机关,领导者都面临一个制度创新问题。领导者对制度创新的洞察力越强,制度创新的自觉性就越强,在组织规范的设计和实施方面的效果也就越好。

工作创新既包括领导者对组织成员工作的创新,也包括领导者对自己工作的创新。在此,首先涉及群体的创新,然后再阐述领导者个人工作的创新。对于部属工作的创新,领导者应当与部属形成不断创新的共识,使大家都认识到,"凡是人所创造的东西迟早是要陈旧的"[1],"对于一个组织来说,有系统的放弃陈旧事物是使其人员把目光和精力集中于创新的一种可靠途径"[2],从而形成有利于创新的良好环境,并力求使自己的组织成为一个具有创造性的组织。在领导工作中,首先,应当善于发挥部属的积极性和创造性,部属的智慧是组织创新取之不尽、用之不竭的源泉。其次,领导者也应当善于发掘部属提出的有价值的创新性观点,哪怕它在初始阶段是不成熟和不完善的。正如有的学者所指出的那样:"思想类似于婴孩,刚诞生时是很小的、不成熟、没有定型的。它们只是有可能实现的,而并不是已经实现的。"[3]领导者在群体创新中的作用在于力排众议,扶植胚胎样的、不成熟的、看来不切实际的创新性观点,使其成为完备的、成熟的、切实可行的新的工作思路和方法。第三,在组织内创造一种宽容的氛围,使大家畅所欲言,防止相互诋毁和拆台。一个成员间热衷于相互挑毛病的组织必定是死气沉沉的,不可救药的。

(三)领导者个人创新要诀

对于领导者个人的工作创新来说,它是领导工作的一个重要的组成部分。在实际工作中,领导者若要卓有成效地创新,必须具备创新意识和创新能力。创新意识表明了领导者自身所具有的强烈的成功欲望和事业心,以及永不满足现状,怀疑、批判现实,以求改变常规的一种意识和勇气。而创新能力则是领导者创新素质的外化,表明领导者具备的改造现实,需求突破的一种力量。领导者的创新除了需要具有敏锐的洞察力、高超的预见力、熟练的分析综合能力和果敢正确的判断力之外,还必须做到:

---

[1] 德鲁克:《管理新潮》,中国对外翻译出版公司1988年版,第236页。
[2] 德鲁克:《管理新潮》,中国对外翻译出版公司1988年版,第237页。
[3] 德鲁克:《管理新潮》,中国对外翻译出版公司1988年版,第233页。

1. 开来应当继往

世界银行总裁柯尔逊(Andy Coulson)曾指出:"'革新'一词源于拉丁文,其原义是'重新、重开始,从头再来'。在这种意义上,革新乃意指继往开来,而我们身为革新者,是必须牢记这种意义的。理由是,我们年复一年地革新工作,其成败大都取决于我们能否恰当地继承已经丰富的经验。"① 由此来看,创新必须具备坚实的经验基础。创新决不是虚无缥缈的主观臆想,只有具有丰富实践经验的人,才能提出有价值的创新思路,才能保证自己的创新思路的切实可行。这也就说明为什么孩童群体尽管在具有创造力的人数比例上远远超过成年人群,但对现实和事物的发展真正起到突破和推动发展作用的往往不是孩童而是成人的一个主要原因。

2. 立异必须兼容

创新的源泉之一在于对他人思想的吸收和整合。有学者指出,兼收并蓄,不择细流,故能成其大;能整合,切时中,通达变。善于创新的人,必定是随时汲取他人认识和思想的火花,并通过这些认识和思想的火花引发自己的思维共振而捕捉自己创新灵感的人。因此,任何意欲有所创新的人,不能将自己封闭起来,而是要以开阔的胸襟容纳他人的思想和主张,这样才能历久弥新。

3. 变革符合规律

创新总是意味着变革现在,开创未来。然而,创新决不能违背事物发展的客观规律,它必须是建立在合乎事物发展必然趋势的基础之上。领导者创新的价值在于根据现实的客观需要对职责范围内的工作做到先人一步,在多数人尚未察觉之时率先提出新的工作思路和主张并付诸实施,由此带动同类工作发展到新的水平,此即所谓"醒得早,起得早"。在初步构想新的创新思路时,尽管需要领导者大胆设想,充分发挥他们丰富的想象力,但是,在将初步的设想系统化时,则要仔细推敲自己的新观点与客观现实发展的需要是否相吻合。否则,只能在事实面前碰壁。

4. 创新必研问题

创新以从新的角度发现问题并有效地解决问题为最终目的。发现问题与解决问题相比较而言,前者要比后者更为重要,因为前者是后者的基础,只有发现问题才可以启迪众人一系列的解决问题的思考和行为。创新型领导的使命首先在于透过自己的预见能力适时地发现和提出问题。从人类认识发展史来看,一个新问题的提出往往会开辟一个新的研究领域,从而促使一种新的理论的诞生;

---

① 参见王超主编:《权力与影响力》,中国对外经济贸易出版社 1999 年版,第 205～206 页。

而且,研究和提出新问题需要更大的毅力和更大的勇气。因此,领导者应当以坚忍不拔的毅力和无所畏惧的勇气来研究、发现和提出问题,这是衡量领导者是否真正具有创新能力及其创新潜力大小的一个重要尺度。

5.求新根基知识

科学技术的突飞猛进和知识经济的迅猛发展,把人类带入了一个日新月异、不断变革的时代。在新事物、新知识、新问题层出不穷的形势下,领导者唯有不懈学习,努力汲取新的知识的营养,才可能跟上时代潮流,有效开展工作。正如江泽民同志所指出的那样,"如果我们不能通过新的学习和实践不断提高自己,就会落后于时代,就有失去人民拥护的危险"。因此,新时代的领导者必须要有积极的学习态度,既要学习业务知识,又要学习其他知识;既要学习社会科学知识,又要学习自然科学知识;既要学习书本知识,又要学习实践经验。要在不断的、长期的学习中立足一个信息点,掌握一个信息域,放眼整个信息际,自觉地丰富知识,开阔视野,拓宽思路,这样才能厚积而薄发,并将知识转化为发现新问题、解决新问题的智慧和能力,带领组织锐意进取,不断开创工作新局面。

6.达变善用群体

领导者不仅要有强烈的创新意识,而且在具体的工作中还必须善用群体创新。因为,个人的能力再强毕竟有限,领导只有礼贤下士,充分发挥组织成员的创新作用,才能集思广益,使领导集他人智慧于一身,在与组织成员的信息交流中,不断充实和发展自己,增强自身创新能力。21世纪的创新要靠人才,领导者必须转变传统的人才观念,真正做到不拘一格选人才,大胆启用有闯劲、有魄力、敢于求新求变的人,建立人才创新的激励机制,创造宽松、积极的创新氛围,使组织中的每一个人都能人尽其才,才尽其用,在提高个人创新水平的同时,增强组织整体创新能力。能否使组织在自己的指挥、引导、组织、协调、带领下,实现部门整体创新素质的提高,也应该成为衡量领导者自身创新能力高低的重要标准。个人与组织之间、组织各成员之间、领导与成员之间的良性的创新互动机制,才是一名领导、一个单位或部门源源不断的创新动力。通过领导作用的发挥,创造这种动力,应该是创新型领导的题中之意。

五、行政领导者的例外原则

在领导过程中,有大量的工作要由领导者完成。一个领导者能否适当地为自己的职责定位,合理安排本人和他人的工作,不仅是能否提高领导效能的关键,也是能否充分调动部属的积极性,使整个组织顺利地完成任务的重要一环。

那么,作为一个领导者,应当如何认识并很好地履行个人的职责呢?有的领导者认为："我只做我必须做的事,从不去做下级该做且能做得更好的事。"他所做的事情被其概括为"例外,当然前提是建'例'"①。只做例外的事情,或者领导过程中的例外原则,早在传统时期的管理学那里就有管理学家提出。例如古利克和厄威克就曾提出领导者应当"授权并使用例外原则"。如今,再次提出这一原则,对搞好领导工作而言,仍有其现实的指导意义。第一,坚持例外原则可以使领导者从纷繁复杂的事务中解脱出来,集中时间和精力做好自己应当做的本职工作,从而极大地提高领导效能。如果坚持事必躬亲,缺乏一整套处理一般性问题的规章制度,就会使领导者成为就事论事的事务主义者,只能处理今日之事,对于明日、后日甚至更为长远的事情无暇顾及,最终一事无成,成为一个庸才领导,创新、开拓就是一句空话;第二,坚持例外原则,可以使下级按照组织内部规定的规章制度开展工作,而不必事事向上级请示报告,这样既可以避免一事一议,减少大量不必要的事务,也可以使组织成员对各自工作应付自如,提高工作效率;第三,领导者实行例外原则的前提是健全规章制度,凡属规章制度规定的事项,要求下级必须按照有关规定予以处理,这样,可以将部属的工作行为纳入统一的轨道,有利于实现组织成员工作的规范化,防止和克服工作中的主观随意性。因此,每一个领导者都必须在实际的领导工作中自觉坚持例外原则。

例外是例行的对称。按照字典的解释,例外即指一般的规律、规定之外的事情。由此可见,例行的事情是在工作中反复或者经常出现的事情,这种工作属于常规性的工作,是有章可循,有法可依的工作。对于这种工作,除非在下级遇到困难而请示,否则领导者一般不要干预。例行性工作以外的事情即为我们所说的"例外",它是在领导工作中或者在组织运行过程中从未遇到的一些新问题。由于领导者处于整个组织的策略层,作为一个全开放的层次与组织的内外环境联系非常密切,因此,领导者必须将处理好例外事务作为自己的一项十分重要的职能。

例外原则对领导者的启示在于:
1. 实行例外原则要以建章立制为基础

领导者如要将例外原则落到实处,首先要在组织内部建章立制,这样才能使所有工作步入正轨,才能使领导者从繁琐的事务中解脱出来。因此,领导者应当根据本单位的工作实际合理地安排组织成员的行为规范,制定出工作制度、各项政策以及整个工作的流程或程序,使事事的处理和人人的职守都有明确的规定。这些规定对所有人一律适用,在规定面前人人平等,凡违反规定者都应当受到相

---

① 参见陈升钧:《只做例外》,转引自《报刊文摘》2000年12月25日第3版。

应的惩罚,这就是所谓的"建例"。在制定规定时,应当注意,(1)规定应当系统,凡单位内的工作事项,都要建例,否则,制度留有缺陷,工作中的失误或整个工作流程中的阻塞便不可避免。(2)建例应当适度,防止过严。如果企图将组织成员的所有行为都以严格的规定加以规范,势必使规章制度泛滥。其结果如有的学者所指出的那样,导致组织成员认为遵守法规制度为其工作的唯一目的;使其工作行为僵化,缺乏伸缩性,不能随环境的转变而作有效的适应;规章制度过严势必造成组织内各单位交互牵制现象,为协调各部门关系造成时间上的浪费;导致执行人员趋于增多,增加行政经费的浪费;对于政府组织这样的公益机关,增加人群交涉事情的困难;组织成员解决问题的可能性机会减少;人员的责任心降低,凡事不愿积极负责,只有诉诸法规制度[①]。规章制度过严的主要弊端在于,极大地束缚了组织成员工作的积极性、主动性和创造性。由于组织成员在实际工作中所处理的事务有可能是较为复杂的,因此,在制度建设方面,就应当给予其一定程度的"自由裁量权",为部属留有一定的自由空间和相对灵活的处理各自事务的自主权。(3)在内部的建章立制方面,应当遵循"对内治理平"的原则,使所制定的规章制度尽量保持相对稳定,避免朝令夕改,否则使组织成员无所适从。

2.在建章立制的前提下着重例外事务

在领导工作中,领导者经常要面对大量的问题。对于这些问题,应当认清其实质,按照美国管理学家德鲁克的观点,要搞清"我面临的是常见的问题呢,还是偶然的例外"?"这一问题是另一常发性问题的原因呢,还是需特殊处理的例外事件?"[②]领导者所面临的问题大体分为:(1)常见的例行性问题;(2)首次出现的一般性问题;(3)偶发的特殊问题。对于第一种问题,可以由下级按照业已规定的规章制度来处理,领导者一般不宜过多干预。对于首次出现但确属一般性的问题,应当属于领导者的例外范围。对此,可以按照德鲁克的观点,寻求具有普遍意义的解决方法,即一条规则、一项政策、一种原则。一旦建立了正确的原则,所有同类问题都可得到解决。换言之,问题再次发生时,就可根据原则去处理了[③]。一旦对这一问题的处理制定了相关的规章制度,就可以将其划入例行的范围,由下级具体处理。第三种问题较为复杂,它可能在以后的领导工作中多次出现,但不会成为常见性的一般问题;或者这种问题在领导工作中只出现一次,

---

① 参见姜占魁:《行政管理论丛》,五南图书出版公司1985年版,第298~300页。
② 德鲁克:《有效的管理者》,工人出版社1989年版,第137页。
③ 德鲁克:《有效的管理者》,工人出版社1989年版,第139页。

以后不会再次出现同类事件。对于这些问题,不可能建立起统一的、对整个组织具有普遍适用意义的规章制度,只能特事特办。所以,偶发性的特殊问题可作为领导者坚持例外原则中所应当特别关注的关键性问题。

在坚持例外原则的时候,领导者应当注意:

1. 领导者着重关注并处理例外问题并不意味着对例行性工作放任自流

因为人们对于组织规范的遵守情况并不一致,有的人能够将组织规范内在化,自觉遵守各种规章制度,而有的人则仅仅把组织规范作为一种外在的约束,只是在有人督促、监督、控制或者在面临制裁的情况下才不得已遵守。这就要求领导者对于部属依照组织内部的规章制度开展工作的情况进行有效的监督。当下级的工作偏离组织的规定或者违反组织的规定时,领导者应当介入并按照有关制度加以处理。

2. 领导者对于例外事件应当持积极态度

领导者对于例外事件不能持消极态度,认为这些事件的出现是给自己出难题、找麻烦。事实上,由于组织内外环境处于经常的变动之中,一些处于常规之外的未能预测到的事件的出现是正常的,从不出现偶发情况却是反常的,而且,正是有了这些超常规事件的不断出现,才显示出领导存在的价值。对于这些超常规事件,领导者应当以平常心和紧迫感这双重心态来对待,既不能烦躁,因为你是领导,处理这些事件是你不可推卸的职责;又不能拖延,因为不适当的延误,会对组织造成难以弥补的损失。

3. 领导者对例外事件的处理不能独断专行

尽管领导者担任着处理例外问题的重任,但是,在处理例外事件过程中,决不能唱"独角戏",不能将例外事件作为只是自己苦心孤诣的领地,坐在办公室中寻求个人的"眉头一皱,计上心来"。鉴于领导者自身的智力、知识、时间和精力都是有限的,因此,面对例外事件,有必要广泛听取咨询人员和下级的意见和建议,然后经过综合分析,权衡各种意见的利弊得失之后,再做出相应决定。

4. 领导者应当对例外事情持主动态度

领导者不能只是消极地等待例外问题的出现,而是应当主动地预测工作中将要出现的各种偶发性问题,掌握处理这一类问题的主动性。作为一名出色的领导者,平时就要广泛掌握本部门开展工作的有关信息,把握组织环境发展的趋势,对比国内外同行业工作运行的动向。然后,对之进行深入细致的分析、鉴别和概括,从中梳理出事情发展的脉络,创造性地预测将要出现的例外工作,从而使自己在偶发事件出现之前做好较为充分的准备,立于不败之地。

第六章 行政决策

第一节 行政决策概述

一、决策与行政决策

决策这个词是从英语翻译过来的。在英语中,"decision—making"、"policy—making"均为决策之意。但前者的含义较为广泛,不仅指层次高、影响广的重大问题的决策,也指具体的小问题的决策;而后者仅指上层,尤其是政府政策的制定。从管理决策理论来看,涉及到决策,一般使用的是前一个概念,但是,它所探讨的重点越来越向高层次的决策倾斜。

关于决策这一概念,国内外学者有许多不同的表述和解释,共同之处是把决策看作是为实现一定的目标,对两个或两个以上的行动方案进行抉择的行为。一般来说,决策有狭义和广义之分。狭义的观点将决策视为一种选择,"其结果是择定一个备选方案,放弃其他方案"[1]。广义的观点将决策看作是一个过程,这一过程包括做出抉择前后所进行的一系列活动。我们在此是在广义的意义上探讨决策概念的。

决策是自古以来就有的人类活动。中国史籍中就记载有"运筹帷幄,决胜千里"、"上中下三策"、"三十六计"等等。而且,决策也是每个人、每个组织都可能从事的活动。"每个人都在不断地进行着决策,从一个儿童决定是否伸手触摸烧热的火炉的最初决策,到限制战略武器谈判桌上的复杂决策,决策的领域的确是既广泛又复杂。"[2]应当指出,人们无论进行何种决策,都需具备一定的要素,没

---

[1] 坎农:《管理学概论》,中国社会科学出版社1989年版,第88页。
[2] 保罗·穆迪:《管理决策方法》,中国统计出版社1985年版,《导言》部分。

有这些要素,就没有完整的决策。决策的要素包括:(1)决策者。即决策的主体,决策者既可为个体,也可为群体。没有决策主体,决策活动便无从进行。(2)决策对象。决策对象是决策所指向的客观物,决策必须针对某一特定的客观事物或事件有的放矢地进行。(3)决策信息。信息是与决策有关的情报资料,信息及其收集、分析和使用贯穿于行政决策的始终,是整个决策的基础和前提。(4)决策方式。决策方式是进行决策时所采用的具体方法。传统决策一般采用经验方法,而现代决策由于决策对象愈加复杂化,因此,必须借助智囊团研究和科学的预测方法以及运用现代数学和计算机等先进的科学技术,才能保证决策科学化。(5)决策结果。决策结果是决策方案实施的效果,它是决策的归宿,引导决策的方向,决定决策方法,并且检验一项决策的优劣。

行政决策是管理决策的一种,它是国家行政机关和行政人员在履行行政职能过程中,为了有效地管理国家政务和社会公共事务而进行的各种决策。行政决策作为管理决策的一种,二者当然具有某些共同的特征。但是,行政决策作为一种具有某种特殊性的决策,有着自身的特点。

1. 决策主体的特定性

行政决策的主体是依法执掌国家行政权的国家行政机关和行政工作人员,以及法律法规授权和行政机关委托的其他组织和个人。

2. 决策内容的广泛性

行政决策内容上的广泛性是由行政管理的广泛性和行政职能的复杂性决定的。由于行政机关管理社会公共事务,而其本身在实施管理过程中又要履行复杂的职能,因此,旨在解决行政问题的行政决策不能不带有内容上广泛性的特点。

3. 决策程序的规范性

行政决策,尤其是重大问题的决策,由于决策目标结构复杂,性能综合,涉及的因素众多,因此,有必要遵循科学化、规范化的决策程序。这样才能保证决策正确。此外,行政机关制定行政管理的立法性决策,必须遵循法定的程序,违反法定程序的决策行为属于违法行为,决策本身不会发生法律效力。

4. 决策效果的强制性

国家行政机关的组织、职权和活动方式都由宪法和法律规定,它所进行的行政决策体现的是国家的意志和利益。因此,有效成立的行政决策具有法定效力,在效力所及的时空范围内,对所有的组织和个人都有强制性和约束力。

5. 决策形成过程制约因素的多重性

行政决策形成过程受着多种力量的影响和制约。从政府组织内部来看,行政首脑、行政机构和研究机构都会对决策过程造成直接或间接的影响;从政府组织外部来看,立法机构、利益集团、政党和大众传播媒介也会程度不同地影响行政决策过程[①]。

6.决策影响的全局性

行政决策层次高,涉及的范围广泛,影响的程度深远,对于全国或某一地区具有重要的意义。尤其是重大的战略性决策关系着社会发展的方向、远景、目标、重点和速度,与整个社会的繁荣、安宁和社会成员的幸福息息相关。

7.决策目的的非营利性

行政决策与企业决策不同,后者以营利为目的,而行政决策及其贯彻实施固然要动用相当的人力、物力、财力,但是这种消耗一般是无偿的,目的在于向社会提供服务。

二、行政决策的类型

行政决策种类很多,可以依据不同的标准分为不同的类型,常见的行政决策有以下几种。

1.依据决策目标的地位和作用的不同,可以分为战略决策、策略决策和战术决策

战略决策又称宏观决策,即是决策目标带有全局性、影响深远的决策;策略决策又称中观决策,是指为实现战略决策服务,具有局部性的决策;战术决策又称微观决策,一般指为了完成战略和策略决策目标,针对某些具体问题而进行的决策。

2.依据决策机构在行政组织中的权限和地位的不同,分为高层决策、中层决策和基层决策

这类决策可以分为两个序列,一是从宏观的角度来看,分为中央决策、地方决策和基层决策。中央决策是国务院及其各部委依据法定权限,针对全国范围内的具有战略意义的或其他只适宜中央统一处理的问题而进行的决策;地方决策是省级和县市级政府依法定权限就本行政区内的行政事务进行的决策;基层决策是乡镇级政府为管理本行政区内的行政工作作出的决策。二是从微观的角度来看,可以将某一行政机关内部的决策分为领导层决策、管理层决策和技术层决策。领导层决策所要解决的是全局性和与外界环境有密切关系的重大问题;管理层决策是管理机构针对任务安排、工作协调、监督控制等问题做出的决策;

---

① 参见王沪宁:《比较政治分析》,上海人民出版社1987年版,第139～140页。

技术层决策则是为了解决具体工作问题进行的决策。

  3. 依据决策所要实现的目标的数量的不同,分为单目标决策和多目标决策

  前者是只要求实现一个目标的决策;后者是要求同时实现几个目标的决策。单目标决策一般用于因素比较简单,利益目标比较单一,效果易于判断的决策对象;多目标决策则以追求多方面综合利益为其目的。由于行政管理的对象和职能比较复杂,因此,行政决策多为多目标决策,即使在进行单目标决策时,也不应将其孤立化,而要注意该决策与其他决策的联系。

  4. 根据决策对象具体情况的不同,分为程序化决策和非程序化决策

  程序化决策又称常规决策、例行决策或重复性决策,指的是在行政管理中定型的、重复出现的决策,因而是有法可依、有经可取、有章可循的决策。这种决策较为容易,多属于日常工作范围。非程序化决策又称非常规决策、非例行决策或一次性决策,指的是针对偶发事件或首次出现的问题而进行的决策。处理这些事件和解决这些问题不能沿袭旧法、照章行事,因而难度较大。它要求决策者要具备高超的判断力、创造力、积极的进取精神以及丰富的知识和经验。一般来说,基层领导者的决策大都是程序化决策,上层领导者所作的决策大都为非程序化决策,中层领导者对这两种决策兼而有之。

  5. 根据决策体制的不同,分为个人决策和集体决策

  个人决策是指领导者个人做出的决策;集体决策则为领导集体共同做出的决策。凡事关全局、影响深远的重大问题的决策,应集体讨论决定,以集思广益,周全考虑。除此之外的技术性、执行性和速决性的行政问题,则应由行政首长个人决定,从而保证决策效率。为了便于考察领导者的政绩和追究错误决策者的行政责任,凡是集体做出的决策要由集体负责,而领导者个人做出的决策要由其个人负责。

  6. 根据决策条件和后果的确定程度的不同,分为确定型决策、风险型决策和非确定型决策

  确定型决策是指决策面临的自然状态和各种决策方案的结果都可以确定,因而比较容易判断和抉择的决策。这种决策只要将各种方案的损益值加以比较、判断,即可做出选择。风险型决策又称统计型和随机型决策,是指决策者虽然掌握各种自然状态的概率,但又不知道未来究竟将出现哪种自然状态,因而要冒一定风险来选择方案的决策。进行风险型决策时可以遵循以下准则:一是最大可能准则,即选择一种概率值最大的自然状态进行决策;二是期望值准则,即权衡每一方案的得失之后进行决策;三是局部实验准则,即在决策方案广泛实施之前进行试点,以检验决策方案的有效性;四是随机应变准则,即准备好必要

第六章　行政决策

的替代方案,以便在不测事变发生时能够应付自如。非确定型决策是决策面临的自然状态和决策的结果都不能确定,从而没有把握选择方案的决策。进行这种决策时,除了遵循学者们提出的乐观值准则、悲观值准则、等概率准则和最小遗憾值准则等之外,还要作到"摸着石头过河",多方案并进,步子稳妥,并把力量集中在信息反馈上,及时收集情报和总结经验教训,以便随时应变[1]。

三、行政决策的地位和作用

1. 行政决策是行政管理的基本的和首要的环节

整个行政活动,基本上包括决策和决策实施这两个环节。决策是实施行为的确定,实施行为是决策的执行,整个行政管理就是处在决策——执行——再决策——再执行的循环往复之中。根据系统论的观点,行政组织作为开放系统必然要与外界环境相互作用。社会环境发生了变化,便会以信息的形式输入到组织内的决策系统。经过一系列的决策过程,所确立的决策又以信息的形式传递给执行系统付诸实施,从而引发执行系统的执行活动。行政决策目标实现之后,决策系统又会根据新的社会要求制定新的决策,从而产生新一轮次的行政执行。因此,决策与执行相比,前者是首要的环节,没有决策,就没有目标明确和卓有成效的执行活动。

2. 行政决策贯穿行政管理的各个方面,是行政管理各项职能的基础

行政组织是规模庞大、性能复杂的有机系统。在这一系统中,无论是一般行政机关还是部门权限机关,无论是综合管理机关还是专业主管机关,都要涉及到行政决策;无论是行政首长还是一般的行政人员,为了处理各自的行政事务,都不可避免地经常采取这样那样的决策行为,对于行政首长来说尤为如此。而且,无论是哪一种行政机关履行哪一种行政管理职能,无一不以决策作为基础。决策贯穿于行政管理的计划、组织、指挥、协调和控制的各个环节之中,贯穿于行政组织的各个层次、各个部门和各个方面。

3. 行政决策是行政管理的关键性环节,其质量的优劣决定着政府工作的成败,也关系到行政效率的高低

既然行政决策是行政管理的基础和首要的环节,决定着行政活动的方向和目标,那么,行政决策,尤其是事关全局的重大决策的质量优化与否,将直接影响行政工作的成败。决策的优化可行,为正确实施行政行为奠定了基础,通过有效的执行,将带来利国利民的好效果;决策失误,一错百错,将导致满盘皆输和危及

---

[1] 参见苏东水:《管理心理学》,复旦大学出版社1987年版,第255页。

国家以及社会的恶果。总之,行政决策在行政管理中的地位十分重要,可以将其视为整个行政管理活动的核心,起着至为关键的作用。此外,由于行政决策贯穿于行政管理的各个方面和各个过程,每一项行政活动都要经过事先周详的考虑和安排,因此,如果决策正确,可以使行政工作避免失误,少走弯路,使人力、物力、财力作到合理的使用,避免行政工作的盲目性,增强自觉性,从而可以提高行政效率。

4.行政决策在社会生活和行政管理中的作用日益突出

首先,行政决策的范围更加广泛。如果说传统社会和近代社会政府的职能比较简单,因而行政决策的范围受到了很大限制的话,那么现代社会政府的职能日益复杂,行政决策的范围也得到了相应的扩大。它突破了原有的军事决策、社会安全决策和财政决策的狭小范围,渗透到了社会生产和生活的各个方面。其次,行政决策后果的影响越来越大。当代社会是高度分化又高度综合的社会,一方面,专业化分工越来越细;另一方面,各社会组织之间的联系也越来越密切复杂。因此,决策后果的影响也越来越大、越来越深远。政府的重大决策,不仅会对社会产生直接的影响,还会产生绵绵不断的间接影响。所以,保证行政决策的科学化,不仅对于造福当代,而且对于造福未来都具有重要的意义。最后,行政决策的更新频率越来越高[①]。与传统社会不同,现代社会活动和社会关系日益频繁复杂,从而使得行政决策适用的周期越来越短,更新的频率越来越快。行政机关必须针对经常出现的新情况、新问题及时制定新的决策。因此,行政决策已经成为政府机关的重要职能,在行政活动中的地位日益突出。

第二节 行政决策的理论、程序和原则

一、行政决策的理论

决策是自古就有的人类行为。有了人的决策行为,就有了关于决策行为的探讨。然而,决策研究形成一门正式的理论,只有半个多世纪的历史。在管理学界,学者们之所以突破原有的注重提高工厂企业的生产效率的观点而加强对工厂企业决策的研究,原因在于随着西方世界的社会、经济和政治的发展,对于工厂企业来说,至关重要的已经不是效率问题,而是决策问题,决策好坏成为企业

[①] 夏书章主编:《行政管理学》,山西人民出版社1984年版,第145页。

成败的关键。于是,学者们将决策方向、目标和方法置于研究的首要地位,并逐渐地形成一门引人注目的新学科,即决策学。

20世纪三十年代,美国管理学者巴纳德首次将决策概念运用于管理理论之中,并试图论证决策在管理中的重要作用。1947年美国学者西蒙出版了《行政行为》一书,对决策过程组织理论作了较为系统的阐述。在该书中,西蒙揭示了前人只重视决策执行过程而忽视决策制定过程的缺陷,指明决策也同执行决策一样,二者都渗透于整个组织之中。因此,西蒙提出了管理过程就是决策过程的著名论断,这是管理理论发展中的一次变革。1960年,西蒙又出版了《管理决策新科学》一书,对决策理论做了进一步系统而简明的论述。至此,西方的决策理论基本形成。由于西蒙将行政、决策与管理三种不同领域的知识成功地熔为一炉,对决策过程进行了先驱性的研究而荣获1978年诺贝尔经济学奖。

现代管理决策理论是行政决策理论的理论基石。决策理论诞生以来,不仅渗透到心理学、经济学和政治学界,也渗透到行政学界。西蒙等学者创立的决策理论和决策技术方法,既适用于管理领域,又适用于行政领域。因此,行政决策理论与管理决策理论的产生和发展具有相辅相成的特点。此外,行政决策理论的产生和发展,还与行为主义方法在政治科学中的运用有关。20世纪上半叶,行为主义政治学家拉斯韦尔等人提出,由于权力是政治现象和政治行为的核心问题,因此,应该把权力作为政治学的主要研究对象。与这种观点相适应,某些行政学者认为,行政学也应将行政权力作为行政学研究的中心。由于行政决策是行政权力的最重要、最直接的体现形式,从这个意义上说,研究行政权实际上就是要研究行政决策权。上述理论构成了行政决策理论的更直接和更进一步的理论基础。

行政决策理论的产生对行政学的发展产生了重要的影响。自20世纪初美国学者古德诺提出政治与行政的二分法以来,行政学在相当一段时期内研究如何经济而有效地执行国家意志,决策问题被排除于行政学研究的视野之外。"旧公共行政学的特征是相信行政实践是一个技术问题,其关键在于执行中的工作效率。"[1]然而,二战后西方学者关于行政学研究对象的态度发生了深刻的变化,人们一致认为政治现象和决策工作在行政活动中的确是重要的[2]。因此,行政决策已经成为行政活动中的一个举足轻重的环节,并成为行政学研究的重要内容。

---

[1] R.J.斯蒂尔曼:《公共行政学》上册,中国社会科学出版社1989年版,第23页。
[2] R.J.斯蒂尔曼:《公共行政学》上册,中国社会科学出版社1989年版,第23页。

经过两三代人几十年的努力,行政决策科学已经初步形成一定的理论框架。学者们就行政决策的原理和意义、过程和程序、种类和体制、原则和方法等进行了积极而广泛的研究,并逐渐形成了特点各异的理论。例如理性模式理论、法律模式理论、政治模式理论、社会心理模式理论等。常见的有理性决策模式理论、渐进决策模式理论和综合审视决策模式理论。

(一)理性决策模式理论

理性决策模式理论又称系统分析决策论。它要求决策者根据完整或综合的材料,考虑一切有价值的因素,提供尽可能多的备用方案,并分析其得失,最后选出最佳方案。具体决策步骤为:发现问题、提出目标、设计方案、预测后果、分析比较、选择最优方案。理性决策理论深受古典经济学家对理性的经济人如何做出决定的设想的影响,企求使决策理性化和科学化。它要求决策者能够得到所需要的全部决策信息,了解社会的所有价值偏好和相互比重,掌握所有可能的决策方案,知道每一方案所产生的全部结果,能够选择最佳方案。

理性决策理论试图找出和实现决策者认为最有价值的目标,使决策更为理想化。这种决策模式虽然对于否定经验决策模式来说具有积极意义,然而,由于这种决策模式对决策者的要求过高,决策者在信息资料、时间和经费以及知识水平等方面均有一定的局限性,因此,在决策中这种理论很难运用。

(二)渐进决策模式理论

渐进决策理论的倡导者为美国学者林德布洛姆(Charles Lindblom)。他通过这一理论向行政管理者提出了一种务实和稳健的观点。其理论观点是,以现行政策为基本方案,只考虑有限的变化因素,选择与现有政策相比只有"边际差异"的政策。渐进决策的顺序要求决策者:(1)识别问题;(2)调查相似问题以往如何处理;(3)分析、评价看来似乎可能采用的几种解决方法;(4)从中选择一个办法,它既有助于解决问题又不会急剧改变现有程序和机构。

渐进决策理论为决策者提供了一种选择。由于决策者在主客观条件方面都有局限,因此,遇到问题要在原有决策的基础上略加增损,尽量不要离原有方案过远。根据这种理论,决策是一个渐进的过程,看上去似乎行动缓慢,但可以积小变为大变,实际速度要大于一次大的变革。该理论的优点在于能够维护社会和组织的稳定,使其在稳定中得到发展。但这一理论不适用于大变动时期的重大方针、政策的制定,这是它的局限性所在。

(三)综合审视决策模式理论

综合审视决策理论是上述两种理论的结合,由美国学者埃茨奥尼(Amitai Etzioni)等人提出。综合审视包括:在范围广泛的主题上评价和搜集一般数据资料,详细分析特定问题。具体来说,在决策中既要重视理性成分,对整个责任领域的指定距离范围内进行"宽角度镜头"似的系统考察,把决策目标规定在一个大体的范围内,从而避免决策迷失方向的状况;又要减少不必要的繁文褥节,缩小考察范围,对系统考察所发现的重点问题进行"窄角度镜头"似的精细考察,使决策逐步靠近大目标的要求。因此,综合审视理论通过仅集中注意审视似乎可能的和有希望的选择,克服了理性决策模式的不切实际的一面,又通过较少关心同类问题在以往如何解决,改善了渐进主义。

二、行政决策的程序

程序是事情进行的先后顺序。行政决策程序是指行政决策过程的先后步骤,它表明了决策者的思维逻辑。关于决策过程包含多少步骤,国内外学者的观点不尽一致,有的主张三步说,有的主张四步说,还有的主张七步说。然而,学者们对几个重要步骤的认识基本上是一致的。下面,根据西蒙的观点,就决策程序分别加以阐述。

(一)情报活动——确定决策目标

按照西蒙的观点,"情报活动"先于"设计活动",而"设计活动"又先于"抉择活动"[①],因此,情报活动是整个决策过程的基础。情报活动是探查环境、寻求要求决策的条件的行为,而环境包括政府组织的外部环境和内部环境。因此,需要决策者对政府组织外部的政治、经济、文化、社会等环境因素和政府组织内部的机构设置及其运行情况、行政能力和效率等环境因素进行经常的、广泛的探查,从而寻求到决策的理由和根据。

一般来说,情报信息活动是决策过程的第一个环节。而情报活动本身并不是目的,之所以要搜集情报资料,目的在于从中发现各种需要解决的问题。所谓问题,是事物发展实际状况与应有状况之间的差距,决策的目的就是要消灭或缩小这些差距。作为检测差距,即衡量事物发展是否存在问题的标准是多样的,例如制度规定、政府法令、上级要求、国家计划、同行比较和先进定额等。当人们运用上述标准衡量客观实际从而发现现实存在着差距或问题,并准确地界定问题和弄清问题产生的原因之后,就可以在此基础上确定解决问题所期望达到的结果,即决策目标。

确定决策目标是决策过程中的关键一环,因为决策目标是以后各决策环节的先导。目标一错,一错百错。作为行政决策的目标,应当符合以下标准:第一,

---

[①] 西蒙:《管理决策新科学》,中国社会科学出版社 1982 年版,第 36 页。

单义性。决策目标必须表达准确,只能有一个单一含义,而不能含糊不清,要让人们对于一个决策目标只能有一个理解。否则,就会使人无所适从,难于在执行中掌握。第二,可行性。决策目标必须是建立在正确的预测基础之上,也就是说,决策者拥有实现该目标的人力、物力、财力和时间以及全部手段。第三,可计量性。为了使决策更加易于执行和对执行结果更加易于评价,使决策目标数量化是必要的。对于某些性能综合、结构复杂的决策目标,也应力求将定性化和定量化加以结合,尽量避免伸缩性较大的含混目标。第四,时效性。决策目标的实现,必须要有一定的时间限制。否则,人们将对决策缺乏兴趣,也失去了决策的意义。第五,责任性。即决策目标的实现必须落实到具体的单位和个人,这就要求对总目标加以分解,从而建立起密切相联的子目标系统。决策目标确定之后,就可进入决策的下一步骤,即设计活动。

(二)设计活动——拟定备选方案

设计活动是创造、制定和分析可能采取的行动方案的行为。决策目标确定之后,接下来就要拟定与实现该目标有关的各种手段的方案,以确定目标与手段之间的关系。在设计活动中,应注意遵循以下准则。一是多样性准则。该原则要求拟定的方案尽可能地详尽,以便在各种备选方案中进行优选或综合。正如古人所说:"大凡用计者,非一计之可孤行,必有数计以襄之也。以数计襄一计,由千百计炼数计,数计熟则法之生。"二是排斥性准则。即各种备选方案在内容上是相互排斥的,不能相互重复和包含,只有这样才有利于进行比较和选择。三是约束性准则。即拟定决策方案要考虑到执行该方案时的各种资源和有关法律、政策等限制性规定。否则,决策方案再好,也无法付诸执行。

一般来说,对于简单的决策方案,可以采取一步成型的方法。而对于比较复杂的决策方案,则应该经过轮廓设想和具体设计两个阶段。轮廓设想是勾勒出决策方案的大体轮廓。这一阶段要求保证决策方案的多样性,强调设计者的大胆设想,充分发挥他们的想象力和创造性,为决策者提供范围广阔的选择余地。具体设计是将每个方案轮廓都充实进具体的内容,使之丰富成熟。与前一阶段相比,具体设计阶段要求设计者保持冷静的头脑和求实的精神,仔细推敲,小心论证。经过上述两个阶段,并经过初步的评价剔除之后,提出若干相互排斥的备选方案,供决策者选择定夺。

(三)抉择活动——确定决策方案

抉择活动是从可资利用的方案中选出一条特别行动方案的行为,这是政策形成的关键阶段。决策者确定的决策方案优化与否,不仅取决于备选方案的质量和数量,还取决于决策者进行抉择时所采取的方法和所确定的相应标准。就抉择方法来看,有赖于决策者根据具体情况灵活应用。关于抉择的标准,由于决策者的价值取向、看问题的角度以及所要解决的问题的不同而有所不同。下面几项标准或许有普遍意义[①]。第一,决策方案是否具有合目的性?因为每一个行动方案都是达到既定目标的手段,如果对问题提出的解答方案无助于推动既定目标的实现的话,那么,就不应采用这个方案。第二,决策方案是否具有有效性?即是否体现出最大的经济效果?选定的决策应当体现出最大限度地利用所有可用的资源。第三,决策方案是否易于实行?在此,可行性指是否能制定一个使该决策生效的计划。上述第一、第三项标准无疑是适用于行政决策的,但第二项标准对于行政决策来说则有一定的局限性。因为,在行政决策中,不仅要分析备选方案的经济效果,而且也要分析评价其社会效果,只有将二者结合起来,才能对每一方案做出正确而全面的判断。除上述标准外,决策者在分析评估方案时,还需要考虑到风险、副作用、资源、代价等因素,通过对各种方案的对比鉴别,尽可能选择出优化可行的方案。

(四)审查活动——决策反馈调整

审查活动是对过去的抉择进行评价的行为。决策者的拍板定案标志着行政决策的形成,但是并不意味着整个决策过程的结束。为了证明人们的主观设想是否符合客观实际,就必须对决策者择定的决策方案进行检验或验证。而这种检验往往是通过局部试验来进行的。局部试验是决策与执行的中间环节,它既是决策过程的延续,又是执行过程的先导。在局部试验中,决策者应跟踪监测试验过程,随时收集反馈信息。如果信息多属正反馈信息,则证明决策正确,接下来就可以进入普遍实施阶段。如果决策者收到的多为负反馈信息,就必须对原有方案进行调整。但是在调整之前,有必要根据反馈信息对原有方案进行可靠性分析。因为,根据决策在执行过程中的失效规律,决策执行初期往往存在着较高的失效率。其原因或者是来自传统习惯的阻力,人们对决策不充分理解,或者是决策本身不完善或者错误。如果是前者,就不应该轻易变更决策,而应该致力于排除传统的阻力,同时加强宣传,使人们理解并拥护决策,从而推动行政决策的顺利执行。如果是后者,就应该修正原有决策,使之逐渐完善,或者对原有决策进行根本性的修正,即进行追踪决策。追踪决策既意味着原有的决策和执行循环的结束,又意味着新的决策与执行循环的开始。

---

① 参见亨利·西斯克:《工业管理与组织》,中国社会科学出版社1985年版,第175页。

三、行政决策的原则

为了保证科学决策,除了使用科学的决策技术和遵循合理的决策程序之外,还应遵循以下原则。

(一)信息完备

信息是决策的基础,整个决策过程,可以说是信息的输入、变换、输出和反馈的过程。有的管理学家指出,优良的决策是百分之九十的信息加百分之十的正确判断。这充分地说明了信息在决策中的重要作用。只有掌握了充分的信息,决策者才能够审时度势,驾驭全局,及时地做出科学决策。否则,只能使决策成为盲目和错误的行动。因此,决策者必须努力获得足量、准确、及时、适用的各种信息,为制定科学、合理和可行的决策奠定基础。

(二)科学预测

由于决策是根据过去和现在的状况决定未来的行为,因此,行政决策不仅需要掌握翔实、准确的有关过去和现在状况的信息资料,还需要通过丰富的想象和联想以及严密的逻辑思维对信息资料进行估计、推测和判断,找出决策对象和决策条件的运动、变化和发展的趋势或规律。科学预测是科学决策的前提,没有预测或预测不科学,必将导致盲目或错误的决策。当然,预测毕竟是根据一定的客观实际所作的主观判断,尽管它有科学的一面,但也有近似和不全面的一面。因此,决策者首先应该把预测信息作为决策的重要依据,同时也要注意它的局限性,对取得的预测值,根据实际情况和发展趋势加以分析和修正。

(三)合理明确

所谓合理是指行政决策要从现实和可能出发,既要考虑到各种限制性因素,又要发挥主观能动性,确立合理恰当的目标。决策目标不能过高,以免使人失去自信心;也不能过低,否则人们会失去兴趣。由于决策目标将引导行政机关及其工作人员的行为,因此,能否确保决策目标的合理恰当,对于激发其积极性和主动性,树立坚定信念具有重要意义。所谓明确,是指有关决策的目标、标准、步骤、时效等均需表达准确,能量化就尽量量化。这样,一方面易于决策的贯彻实施,另一方面也有利于实施控制和对实施的后果进行评价。

(四)切实可行

决策总是要付诸实施的,因此,保证行政决策的可行性是必要的。在制定行政决策时,首先要考虑到政治、经济、文化、法制、传统、价值观念以及干部群众的意愿、情绪和承受能力等诸多因素的影响;其次要考虑到执行决策时可资利用的人力、物力、财力资源和时间因素以及各种执行手段;最后还要考虑到为执行决策而制定计划的难易程度。只有对以上因素认真分析,综合论证,周密审定,才能使决策牢固地建立在现实性基础之上。否则,无视条件和可能,决策即使再好,也不会带来正面的实际效果。

(五)系统协调

系统方法作为一种思维方式,强调全面观、整体观和综合观。具体到决策中,要求决策者必须立足整体,总揽全局,善于从战略高度决策。依据这一原则,对于决策所涉及的各个方面和各个环节都不能将其孤立化、片面化和绝对化,而是应该在大系统的背景下分析它们的地位、影响和作用。这样就有可能处理好诸如局部与整体、分目标与总目标、眼前利益与长远利益、直接效果与间接效果、经济效益与社会效益等关系。

(六)刻意创新

决策总是意味着变革现在,开创未来。因而,每一次决策,都意味着或多或少的新的思想观念和技术手段的出现。在行政决策过程中经常会出现新情况新问题。在无章可循,无法可依,无经可取的情况下,决策者不仅要具有强烈的创新意识、责任感和突发灵感以及丰富联想的创造性思维能力,而且也要善于激励决策的其他参与者的创造性,同时设法互相启发,增加联想的机会,使创造性思维产生共振和连锁反应,以诱发出更多的创新设想[1],从而为有效地解决问题创造前提。

(七)评估择优

评估择优是决策的关键环节。在某种意义上,决策就是抉择。为了保证决策者的抉择行为的有效性,必须向其提供若干个备选方案。如果只有一种方案,决策者就无法抉择,也就不能进行科学决策。此外,在保证决策方案多样性的基础上,还要求决策者动用科学有效的方法分析、比较、鉴别每一方案的优劣,最终选择出一个优化可行的方案。

(八)讲求效益

行政决策与其他决策一样,都以效益作为出发点和归宿。讲求效益的基本内容是,要求决策者力求使决策及其执行过程的消耗小于获得的利益,不仅保证行政决策实施之后达成合乎目标的结果,而且保证使人民群众从中获得实际利益。

(九)民主参与

现代重要行政决策不是行政首长个人所能胜任的,而是需要吸收专家学者

---

[1] 明鲁、立田编:《领导决策概论》,华中工业学院出版社1988年版,第232页。

和下属参与决策。民主参与的重要意义在于,可以广开言路,获得更多的决策方案;通过讨论,可以促使参与者互相启示,开阔视野,深化思路,有利于新思想、新观点的形成;通过不同意见之间各扬己长,互攻他短,可使各种方案的利弊充分显现,有利于它们之间互相取长补短,得到优化可行的方案。因此,在行政决策过程中,实行民主参与并在此基础上开展充分的民主讨论,对于保证决策科学化,具有十分重要的意义。

(十)稳定可调

行政决策要有一定的稳定性和连续性,决策形成后要适用一段历史时期,避免决策的朝令夕改,这样有利于社会的稳定与安宁。因此,决策者在制定决策时要树立长远观,使决策具有一定的弹性,能适应未来发展的需求。此外,任何一项行政决策都面临着不断变化的社会环境,在决策的执行中,决策者要注意信息反馈,发现问题之后,及时对原有的决策加以调整,从而使其与社会发展的客观情况相适应。

第三节 行政决策体制

一、行政决策体制的概念

行政决策的科学化,不仅取决于先进的决策技术、合理的决策原则和科学的决策程序,还取决于完备的决策体制。所谓行政决策体制,是指承担行政决策的机构和人员所形成的组织体系。构成行政决策体制的各个机构和各个人员在决策过程中处于不同的地位,担负不同的责任,履行不同的职能,同时又相互配合,互相制约,互为条件。承担行政决策的机构与人员之间的这种分工与合作的关系构成了行政决策体制。

行政决策体制是随着社会经济政治条件的发展而变化的。社会的经济结构和阶级结构不同,其政治体制和行政决策体制也就不同。封建社会的行政决策体制是高度集权式的,行政决策由皇帝、统帅、官长等个人做出。这种决策体制可以称为个人决策体制或家长式决策体制。在现代社会中,政治经济生活的高度复杂性决定了行政决策不能由组织领导者独自进行。为了实现决策的科学化,必须求助于与决策相关的决断、信息、咨询等系统的密切配合。因此,现代行政决策活动需要实行行政决策系统的功能分化,现代行政决策体制就是在这种功能分化的基础上形成的。与传统的行政决策体制不同,在现代行政决策体制中组织领导人广泛吸收有关的机构与人员参与决策,并由此形成了智囊团、思想库、参谋班子等决策参与机构。它们在现代行政决策中起着越来越重要的作用。

一般认为,现代行政决策体制由行政决策信息系统、行政决策咨询系统和行政决策中枢系统这三部分构成,科学的行政决策只能在这三大系统的有效运行的情况下才能形成。下面,根据上述三个系统的过程性功能,依次加以阐述。

二、行政决策信息系统

行政决策信息系统是为行政决策中枢系统和咨询系统收集、加工、传输和贮存信息的组织机构形式。此处使用的信息是指行政信息,它是反映行政活动特性和变化规律的信息,是行政管理中所接受、传递和处理的各种情报、资料、文书、报表和数据的总称。

在行政决策过程中,无论是决策中枢系统,还是决策咨询系统,其工作都要以信息为基础。如果没有信息,行政决策就失去了依据和前提。既然信息在决策过程中的地位十分重要,就有必要建立起为决策提供服务的信息管理系统。当然,不同的时代,有不同的信息系统。在古代社会中,生产和科技水平低下,信息数量少,而且政府职能简单,对信息的需求量也少。因此,当时还没有设置专门从事信息管理的信息系统。信息的获取、加工和传输等都融合于各级行政机构的日常业务之中。在这种情况下,信息处理过程比较简单,信息技术和管理水平低下。在现代社会中,随着社会生产力向广度和深度迅猛发展,科学技术的飞腾跃进,信息激增,出现了所谓"信息爆炸",不仅在整个社会系统中产生着大量的信息,而且在行政系统内部也产生着大量的信息,这就为行政信息的处理带来了一系列复杂的问题。为了有效地实施信息管理,社会上和行政组织内部出现了从事信息工作的专门机构和专门人员,形成了现代行政决策的信息系统。

行政决策信息系统的主要任务是为行政决策者收集、加工、传输和贮存有关信息,为行政决策服务。作为行政决策体制中心的"神经系统",它主要发挥以下几个方面的作用。第一,及时完整准确地收集、处理信息。所谓及时,是指迅速地收集、处理有价值的信息。所谓完整,是指尽可能全面地收集、处理与决策有关的信息。所谓准确,是指信息的收集和处理过程中要避免信息的各种失误或失真。第二,为行政决策中枢系统和咨询系统传输合乎需要的信息,提供决策方案制定的客观依据。第三,利用其先进的电子计算机系统,协助决策者对各种方案进行比较和评价,选择优化方案。第四,搜集传输决策执行的反馈信息,为决策者修正决策和控制执行系统提供依据。

行政决策信息系统主要有收集、加工、贮存、传输这四个方面的功能。信息的收集是指在确定行政组织的信息需要之后,按照预定计划进行搜集工作。不仅要收集行政管理过程中的动态信息和图书资料、文件、档案中的静态信息,也要针对行政系统内部和外部出现的新情况、新问题进行跟踪收集。信息的加工是信息处理的基本内容,是对收集到的原始信息进行筛选、提炼、分析和判断,鉴别真伪,分门别类,使之形成有参考价值,便于储存、传输和利用的信息资料。信息的贮存指将经过加工处理但暂时用不上的信息,以文字、图象和其他电子手段存储起来,准备以后检索、调用。信息的传输是指行政信息系统依决策者的需要和规定的流程,将信息及时、准确地传递给有关单位和人员,充分发挥信息的使用价值。

随着现代科学技术的发展,人们把电子计算机与现代通讯技术结合起来,形成联机系统和电子计算机网络,建立高度自动化的高级情报信息系统。70 年代以来,一些发达国家开始广泛应用,中国也正在学习和借鉴外国的经验,一部分科研单位正在积极创造条件,加快中国情报信息系统的现代化进程。

三、行政决策咨询系统

所谓决策咨询系统,主要指决策的智囊团,它是广泛开发智力,集思广益,协助行政决策中枢系统进行决策的组织形式。在行政组织中领导者担负着重要的决策职能,由于领导者个人的能力、知识和经验是有限的,因此,为了保证决策正确,就有必要借助于智囊团为之出谋划策,发挥他们在决策中的辅助作用。中国早在春秋战国时期就有"养士"制度,后来历代都设有"谋士"、"军师"等,在当时的政治军事斗争中起到了重要作用。在现代社会中,行政决策所面临的问题动态变化更大、不定因素更多,不能像在小生产条件下那样仅依靠个人的智囊妙计来决策,而是需要建立健全多种形式的咨询机构。只有这样,方能保证行政决策顺利进行。

现代社会的咨询系统虽然脱胎于古代社会的智囊制度,但与之又有明显的不同。现代咨询系统是一个多学科专家的集合体,具有合理的智能结构,而且研究工作具有相对独立性,注重凭借先进的科学理论,运用科学的思维方法和电子计算机等先进技术手段进行科学设计、科学实验和科学论证,从而做出符合客观实际的结论。这些都是古代智囊人物不可比拟的。

现代咨询系统在决策中的主要任务是:第一,进行科学预测,为决策中枢系统提供战略性、综合性和政策性的建议。第二,拟制评估决策方案,即接受咨询委托后,利用信息系统提供的信息资料,采用科学手段和技术,从不同角度、不同侧面分析决策的内容、形式和后果等,最后提供几套决策方案,供决策者选择采纳。此外,咨询系统也要参与决策方案的评估过程,辅助决策者选定优化可行的决策方案。第三,在决策方案实施过程中,根据反馈信息,协助决策中枢系统调整原有决策方案,或者在原有方案不能继续执行的情况下,提出可行的替代方案,供决策者进行追踪决策。

现代智囊机构的形式多种多样,常见的有两种。一是国家设置的专门决策研究机构,这类机构中集中了大量的专门人才,配备了先进的技术装备,从事政治、经济、军事、法律、文化、教育、外交等各门学科的广泛研究,为有关的政府机关和其他单位、部门提供咨询服务。比较著名的有美国的兰德公司、布鲁金斯学会、英国的伦敦战略研究所和日本的野村综合研究所等。中国的经济技术社会发展研究中心也属于这种研究咨询机构,它的任务是对国家重大技术、经济措施和建设项目,在各部、委向国务院提出的方案的基础上,从国民经济全局出发,进行可行性研究,提出分析意见,对战略性、综合性和长远性的技术经济问题,进行专题研究,提出研究报告,对重大技术经济政策的效果进行预测分析,提出完善有关技术经济政策的建议。研究中心设常务干事会和精干的工作机构,成为国务院的智囊机构。

另一种常见的智囊机构是兼职顾问咨询机构,主要由各类兼职人员组成。成员包括各种专家学者、离职的政府官员和社会知名人士等。这种机构一般由党和政府有关部门与学术团体协商建立,由有威望的、组织能力强的党政负责人和专家学者领导。例如,美国政府机构大量聘请科技顾问,除美国总统科学咨询委员会外,其他政府机构的领导人也有自己的科学咨询委员会。这些顾问咨询机构定期或不定期地召集专家开会,听取他们的意见和建议,已经形成一套完整的制度。

改革开放以后,中国的决策咨询机构有了很大的发展,其形式也趋于多样化。除了上述的专门决策研究机构之外,还包括由退居二线的老干部组成的政治咨询机构,从属于政府各部门的政策研究机构,由专家,学者、教授组成的专家委员会和学术委员会,各种形式的自然科学技术委员会、研究会和社会科学学会、研究会以及大专院校、科学院和社会技术研究所等等。

为了更好地发挥中国咨询机构的作用,首先,必须保证咨询机构地位上的相对独立性,允许咨询机构对有关决策问题进行独立的、实事求是的研究,而不能将它与政府之间的关系仅仅理解为简单的依附关系,避免咨询机构的工作受到领导人和决策者的任意干扰。其次,允许咨询机构提出各种互不相同或相互对立的意见,鼓励百家争鸣,各抒己见。对于咨询机构的研究成果,决策者应当予以重视和尊重,在决策中充分考虑它们的意见。最后,咨询机构应由多学科知识的人员组成,使其成为学科健全、视野开阔的具有综合研究能力的决策智囊机构。

四、行政决策中枢系统

行政决策中枢系统由拥有行政决策权的领导机构或领导者以及协助领导者进行决策的工作机构组成。决策中枢系统是现代行政决策体制的核心,整个行政决策过程都是在它的宏观领导和统筹安排下进行的。行政决策的信息系统和咨询系统均为行政决策中枢系统服务,它们的工作只有适应中枢系统的需要,紧密配合中枢系统的活动,才能充分发挥其作用,影响行政管理过程。

处于行政决策中枢系统的领导集团或领导者是该系统的核心,自始至终居于主导地位,起决定性作用。具体表现为,第一,领导者是行政决策的组织者,即从实际出发,立足全局,审时度势,适时地提出决策任务;组织力量,建立和健全相应的机构;推动调查研究的进行,确定目标和组织决策方案的制定。第二,领导者是决策方案的审定者,即运用科学的思维方法和自身的智慧,对咨询系统提出的备选方案,分析权衡,做出最后的抉择。第三,领导者是决策实施的检查、监督者,即检查监督决策执行进度情况和有无偏差以及决策本身是否存在问题,进而采取措施进行督导、控制和修正、完善。

在一个行政部门中只能有一个行政决策中枢系统,否则就会导致多头领导、政出多门的弊病。在行政决策中枢系统内部,既可以由单一首长负责,也可以由委员会集体负责,或者采用首长制与委员会制相结合的方式。实行首长制的优点是决策过程迅速,能够适应不断变化的行政环境,因此中国法律规定行政系统实行行政首长负责制;实行委员会制可以集思广益,弥补个人知识、经验和能力的不足,减少决策失误,因此中国法律规定国务院工作中的重大问题,必须经过国务院常务会议或者全体会议讨论决定。

从决策行为学的角度来说,决策者的决策行为取决于自身的素质。其中包括文化素质、能力素质和心理素质。作为一名优秀的决策者,首先要具备完备的知识和丰富的经验,有勇于创新、面向未来的领导观念。其次,要具备敏锐的洞察力,高超的预见能力和正确的判断能力。由于决策者是最后的拍板定案者,既需要尊重咨询系统的意见,又不能完全为其所左右。因此,决策者必须从更高的角度出发,洞察到影响决策问题的更多的难以把握的因素,透视到决策一旦实施所带来的更加深远的和间接的影响,更加深刻地把握决策的根本目标和意义,更充分地掌握同决策问题有关的方面和条件。只有这样,才有可能对多种备选方案进行适当的抉择。最后,决策者要时刻保持清醒的头脑,善于调节自己的感情,既不急躁冒进,又不优柔寡断,断送优势,丧失时机。总之,领导者必须在以上三方面努力学习,加强修养,提高自身的决策素质。

第四节 行政决策的科学化

一、行政管理要求决策的科学化

如果说一定的效率是社会组织存在和发展的基础,而决策则是社会组织存在和发展的关键。20世纪以来,随着科学技术的迅猛发展和社会竞争的加剧,组织与管理的重心发生了重大的转移,即从注重效率发展为注重决策。决策成功与否成为一个组织能否生存和兴旺发达的决定性因素。

对于政府行政组织而言,效率无疑是一个具有超历史意义的永恒的价值。特别是在政府职能主要旨在执行国家意志的时代尤为如此。即使在当代社会条件下,政府作为组织与管理社会事务的公共组织,它的工作效率的高低,将直接制约着其他社会组织效率的高低。政府能否正确地处理好这种"主轴"和"齿轮"的关系,在很大程度上决定着它内在的工作质量和外在的公众形象。

然而,效率并不是政府所要追求的唯一价值。因为,当代政府早已走出"执行国家意志"的范围,它在"表达国家意志"的舞台上扮演着越来越重要的角色。而政府的国家意志的表达,是通过各种决策来实现的。政府能否采取适当的方法和手段来正确地进行决策,对于一个国家或者一个地区来说,具有至关重要的意义。在政府的决策职能于其职能体系中的含量越来越多,或者说政府的决策职能充分泛化,以至于像美国学者西蒙所说的那样,管理过程实际上成为决策过程之际,就必须高度重视对政府行政决策的深入探讨,以期为政府决策的实施提供可以借鉴的理论和方法,提高决策的质量和水平。

对于行政决策,学术界为其选定了一系列相关的价值。其中,较为重要的是科学化、民主化和法制化。以上选定的三项价值在重要程度上并非可以等量齐观。科学化无疑具有核心地位,而民主化和法制化则属于决策科学化的保障机制。也就是说,就行政决策本身而言,它所追求的结果就是科学化。决策科学化,可以使决策及其实施的各种消耗产生预期的效果。

改革开放以来,在总结以往经验教训的基础上,党和国家高度重视决策的科学化。党的十四大报告指出:"决策的科学化、民主化是实行民主集中制的重要环节,是社会主义民主政治建设的重要任务。领导机关和领导干部要认真听取群众意见,充分发挥各类专家和研究咨询机构的作用,加速建立一套民主的科学的决策制度。"党的十五大报告指出,要"逐步形成深入了解民情、充分反映民意、广泛集中民智的决策体制,推进决策科学化、民主化,提高决策水平和工作效率"。党的十六大报告指出:"要完善深入了解民情、充分反映民意、广泛集中民智、切实珍惜民力的决策机制,推进决策科学化民主化。各级决策机关都要完善重大决策的规则和程序,建立社情民意反映制度,建立与群众利益密切相关的重大事项社会公示制度和社会听证制度,完善专家咨询制度,实行决策的论证制和责任制,防止决策的随意性。"党的十七大报告指出:"推进决策科学化、民主化,完善决策信息和智力支持系统,增强决策透明度和公众参与度,制定与群众利益密切相关的法律法规和公共政策原则上要公开听取意见。"因此,近些年来,决策的科学化作为一个重要的理论和实践问题,一直得到中央的高度重视。

在中国行政学界,20世纪八十年代以来就开始了对决策问题的研究。这一方面是基于行政学自身发展的需要,另一方面,更主要的是行政管理实践的需要。行政管理实践中存在的大量的决策失误现象,促使人们加强对决策科学化的探讨。特别是近些年来,一些地方因决策失误带来了严重后果,造成了巨大的浪费,以至于有人深刻地指出,在目前中国,决策性浪费成为最大的浪费,因而使得决策问题的研究显得更为迫切。

所谓决策科学化,意味着决策目标符合客观实际,选定方案切实可行,决策的实施能够产生预期的效果。为了达到这一目的,就要使整个决策过程中的各个环节都要符合科学化的要求。具体来说,科学化要求,决策问题的界定必须准确,决策的目标必须有助于问题的最终解决,决策方案必须有利于决策目标的实现,对各备选方案必须考虑各方因素而加以合理选择。因此,决策科学化涉及到众多的与决策有关的因素和环节,在遵循客观规律和人的认识规律的前提之下,对以上各因素、各环节加以合理地解决,才有可能保证决策的科学化。

科学决策是相对于经验决策的一种决策形式。经验决策建立在领导者个人权威基础之上,主要根据领导者个人的经验和认识来进行决策。经验决策具有非理性、重复性、非定量性和单一性的特点[1]。尽管经验决策在某些情况下不失为解决特定问题的有效方式,但是,经验决策有其自身的局限性。在现代行政管理过程中,单凭少数人的经验,凭借非理性、非量化、非程序化的经验性决策来解决复杂的行政管理问题,显然难于奏效。因此,必须使决策摆脱单纯依靠经验的传统做法,使决策的整个过程上升到科学水平。

---

[1] 参见刘嘉林等主编:《行政决策读本》,中国铁道出版社1999年,第161页。

实现行政决策科学化,具有十分重要的现实意义。

1. 行政决策科学化,是使决策能够产生实质性预期效果的前提

决策是决策者立足现实面向未来的一种行为。具体来说,决策是从现实问题出发,利用收集到的各种信息,运用一定的技术手段而采取相应对策的过程。决策的目的,是试图通过决策的实施,达成既定的目标或者解决问题所预期的结果。那么,决策能否保证科学化,将直接决定将来能否顺利地实现预定目标。如果在整个决策过程中或者在决策的一些重要阶段违背科学化的要求,产生实质性的预期效果就是一句空话。

2. 行政决策科学化,可以防止因决策失误而造成的社会财富的巨大浪费

行政决策的制定和实施,需要消耗大量的人力、物力和财力。尤其是事关全局,具有重大影响的宏观决策,投入的社会资源更为巨大。因此,任何决策者都必须要以高度的责任感,确保决策的科学化,以便使各种消耗能够产生良好的实际效果。

3. 行政决策科学化,是树立政府良好形象的保障

决策是政府的一项重要职能,而且也是政府工作人员的一项重要工作。无论是政府各级领导,还是一般的公务人员,为解决各自的工作问题,都要进行相应的决策。正如有的学者所指出的那样:"人们通常有一种一致的看法,即当你从一个行政单位的上层往它的底层移动时,或者当你深入到某一技术过程或职能部门中去时,尽管政治现象和决策工作的总量是逐渐减少的,但是它们依然是在很重要的程度上表现出来"[①]。正因为决策是政府的一项普遍性工作,因此,众多的行政人员在决策中能否做到科学化,将极大地影响着政府的外在形象。而且,上层政府的决策属于一种特殊的抽象行为,它与行政机关及其工作人员处理特定问题的具体行为不同,涉及的范围广、影响的程度深远,一旦失误,将造成范围广泛的影响,而且这种影响短期内难以消除。所以,如果政府决策不能做到科学化,而是往往遭受失误的困扰,除了带给社会严重恶果之外,还势必造成社会成员对政府的不信任,败坏政府形象。

二、民主化是科学决策的前提

决策科学化的实现,要依靠相应的保障机制。民主化在这方面起着至关重要的作用。

民主化是现代行政管理发展的趋势之一。在政府的行政管理中,实行民主

---

① 斯蒂尔曼:《公共行政学》下册,中国社会科学出版社1988年版,第23页。

化重在多数人的民主参与。行政管理中的民主参与包括三个方面,即参与决策、参与执行和参与监督。就决策来说,民主决策是相对于个人决策而言的一种决策形式。个人决策主要由领导者个人做出,它与领导体制密切相关。在行政管理过程中,民主的群体决策和领导者的个人决策各有其优缺点,但是相比较而言,民主决策更有利于集中集体的智慧,更有利于实现行政决策的科学化。因此,行政决策,特别是上层机关的宏观决策,应当采用民主决策的方式和方法。一般而言,民主决策有四个指向。一是指在领导集团内部,凡属重大问题的决策,必须集体讨论,集体决定;二是指在决策过程中,应当注意听取有关专家学者的建议或论证,注重"外脑"在决策中的重要作用;三是在决策过程中注意听取下级人员的意见,以便收集更为广泛的信息,而且使决策的执行获得更为广泛的群众基础;四是注意听取人民群众的意见和要求,以使政府的决策更加符合人民的意见,更加充分地反映民意。

对于广大人民群众而言,民主化在决策中的作用不仅体现为公民权利的保障,更重要的是通过民主参与,可以集思广益,从而增加决策内容的科学含量。党的十五大报告提出的"深入了解民情、充分反映民意、广泛集中民智"是对决策民主化的高度概括。"深入了解民情"和"充分反映民意"体现的是决策的政治性,反映了中国政府追求全心全意为人民服务的宗旨;而"广泛集中民智"则体现的是决策的集体性,反映了中国政府一切依靠人民的工作思路和方针。"广泛集中民智"可以说是决策科学化的保障机制之一,因为无论是领导者本人还是辅助领导者决策的工作人员,都是知识有限和能力有限的,为保证决策科学化,必须借助"民智"这一取之不尽用之不竭的外脑。特别是决策过程中需要更广泛的信息时,公民的民主参与就显得更为重要。"当在要求中有一条是全面性知识时,群体可能会有助于发展更多的有关存在问题的情况的信息,因而使决策更接近'理想的'合理性。"[①]并且,通过民主参与这一环节,可以更好地了解民情,更好地在决策中反映民意。

目前,行政决策的民主化不仅受到了党和国家在理论上的高度重视,而且,在国家的法律文件中也得到了体现。以往,在政府的立法性决策中,民主化在其程序中还不能得到充分的重视。例如,在1987年国务院办公厅经国务院批准发布的《行政法规制定程序暂行条例》中,其规定的规划、起草、审定、公布的程序中没有包括公民民主参与的环节。在2000年3月15日第九届全国人民代表大会第三次会议通过的《中华人民共和国立法法》中弥补了这一缺陷。该法第5条规

---

① 卡斯特等:《组织与管理》,中国社会科学出版社1985年,第473页。

定:"立法应当体现人民的意志,发扬社会主义民主,保障人民通过多种途径参与立法活动。"第58条进一步规定:"行政法规在起草过程中,应当广泛听取有关机关、组织和公民的意见。听取意见可以采取座谈会、论证会、听证会等多种形式。"民主化向立法性决策中的渗透,有助于实现立法法中提出的"科学合理地规定公民、法人和其他社会组织的权利与义务、国家机关的权力与责任"的目的。

民主化,作为行政决策的一项重要价值,应当渗透于行政决策的整个过程,贯穿于行政决策体制的各个方面。

如前所述,行政决策体制包含相互联系和相互作用的三个组成部分。即行政决策的中枢系统、咨询系统和信息系统。中枢系统是行政决策体制的核心。作为中枢系统的领导者,必须清醒地认识到,现代决策,尤其决策目标结构复杂、性能综合,涉及因素众多的重大问题的决策,已远非领导者个人能力所能奏效。因此,领导者必须牢固树立民主决策的意识,使决策公开化、采取对策集体化、群众和下级参与化。防止和避免领导者采取封闭神秘方法决策和个人说了算、一言堂的主观武断的工作作风。

行政决策的咨询系统往往由学者专家组成,在决策过程中,更应当提倡民主决策。在围绕决策目标拟订实施方案时,应当营造一种自由民主氛围,允许各专家学者运用不同学科知识,从不同角度、利用不同方法拟定备选方案。对于青年专家学者,更应当鼓励他们发挥青年人敢于创新、勇于开拓的特点,突破传统和固有的思想框框,争取从新的视角提出富有特色的方案,从而提高决策水平。总之,在决策研究和方案设计过程中应当自觉抵制惟我独尊的独断主义。中枢系统中的领导人员,也应当保证咨询系统研究人员工作的独立性,允许他们在遵循客观规律的基础上,运用科学知识和理论对决策问题进行实事求是的研究,而不能对他们的研究设计过程任意干扰,或者将咨询系统当作论证领导意图的工具。对于咨询系统提出的预测性的意见和研究成果,领导者应当予以重视和尊重。

行政决策的信息系统是为决策的中枢系统和咨询系统提供决策信息的专门机构。为了给以上两个系统提供准确、及时、完整、适用的决策信息,其工作也必须实现民主化。首先信息系统应当开放化,面向全体公众。公众意见和要求永远是政府决策的最主要的基础和依据。通过系统、具体地收集公众之所想、之所需的信息,才能保证深入了解民情。其次,在所有收集起来并经过整理的信息中,应当优先向中枢系统和咨询系统输出有关"民情"的信息,这有利于使政府将"民情"内含于行政决策的内容中,从而使政府的行政决策充分反映民意。最后,信息系统应当自觉地采集公众对完善政府工作、提高决策质量的建议,并及时传递到决策指挥中心,这样有利于实现广泛集中民智,保证决策的科学化水平。

实现民主化本身也取决于一定的保障机制。

1. 政务公开化是民主参与的基础

除法律另有保密规定之外,行政机关必须公开它所做决定的依据、程序以及结果。在中国的行政实践中,许多单位和部门都规定了公开办事制度,公开办事程序,公开办事结果,朝着政务公开化迈进了一大步。为了保障公民、法人和其他组织依法获取政府信息,提高政府工作的透明度,促进依法行政,充分发挥政府信息对人民群众生产、生活和经济社会活动的服务作用,国务院于2007年4月5日颁布了《中华人民共和国政府信息公开条例》,并于2008年5月1日开始实施。该条例规定了政府信息公开的范围、公开的方式和程序、公开的监督和保障等。该条例的颁行统一了全国各地政府的信息公开规定,有助于使政府信息公开走上普适化、制度化的轨道,并为公众对决策的民主参与创造了良好条件。

2. 政府和公民双方之间的双向信息沟通渠道的建立是民主参与的前提

双向沟通渠道是针对单向沟通渠道而言的。与以往的由里而外、由上而下的单向行政管理的指挥命令体系相适应,传统的沟通渠道也是单向的。单向沟通渠道严重地限制了公众信息向政府系统内部的传输,结果,行政决策难于真正地反映民情。双向沟通渠道的建立,一方面可以使公民充分了解政府活动的基本动态,有利于公民对政府工作的监督;另一方面,也有利于政府及时知晓公民之所想、之所需,从而使政府决策内容反映民意落到实处。在这方面,"电子政府"建设的启动对建立双向的沟通渠道无疑具有重要意义。据报道,随着计算机网络技术的发展,中国开始举办"政府上网工程"。1999年,被人们称为"政府上网年"。1月22日,由中国电信和国家经贸委经济信息中心主办,联合40多家部委(办、局)信息主管部门共同倡议发起的"政府上网工程启动大会"在北京举行。计划到1999年底,60%的国家部委和地方政府在因特网建立自己的主页,2000年达到80%。建立"政府上网工程",有利于及时发布和收集行政信息,接受来自各方的反馈意见,对于实现信息资源共享,改变政府的工作方式,增强政府工作的透明度,提高行政决策的科学性具有重要意义①。

3. 将民主参与作为政府重大行政决策的一个必经程序

搜集公民信息只是决策民主化的一个方面,民主化还要求行政决策时应当有效地集中民智,广泛听取民众的意见。特别是那些涉及广大人民群众利益,影响广泛和深远的重要决策,在决策程序方面必须做出严格规定,将征求人民群众

---

① 参见刘嘉林等主编:《行政决策读本》,中国铁道出版社1999年版,第178~179页。

意见作为决策的一个必经环节。这不应当仅仅被看成是一个民主形式,而是应当将其提到一切为了人民,一切依靠人民的工作宗旨这一高度来认识。

三、科学决策需要法制化加以保障

法制化也是当代行政管理的重要特点之一。法制化要求政府的行政管理必须摆脱随意性的影响,对社会事务实施规范化的管理。伴随着社会主义市场经济的建立,中国的治国方略发生了重大的转变,即由以往的依行政命令和政策治国开始转向依法治国。依法治国的核心是依法行政。依法行政意味着,政府无论是在对内部事务管理中,还是在对外部事务管理中,都必须依据法律规定在法定权限范围内,遵照法定程序做出各种行政行为。凡违反法律规定做出行政行为,必将承担法律责任,受到法律的制裁。

实现行政管理的法制化,对于行政决策科学化也起着重要的保障作用。法制化在实现决策的规范化、制度化方面有着重要意义。关于决策法制化的内容基本包括:

1. 行政决策内容的法制化

行政决策由于涉及到社会公共事务,一般与公民的切身利益有着密切的联系。因此,决策者在制定行政决策时应当树立起依法决策的意识,从而使决策内容符合国家的法律法规的规定。特别是在制定涉及公民权利和义务以及公共利益的行政决策时,更应当注意决策内容的合法性问题。否则,无视法律有关规定这样的限制性因素而制定决策,即使所做决策再好,由于违背法律规定也无法执行,甚至带来严重后果。近年来在中国公共行政领域,不同层次的许多领导干部都聘用了律师作为法律顾问,在实施重大决策时进行法律咨询。决策法制化是决策可行性的基本前提,实现决策的法制化,有可能避免因违法决策而引起的重大失误和浪费,保证行政决策科学化和合法化。

2. 行政决策程序的法制化

决策程序是决策过程中所应遵循的工作次序,它反映着决策思维和工作的正常逻辑。明确决策程序,可以避免决策过程中的主观随意性,实现决策过程的规范化。决策程序法制化应当包括,(1)决策制定程序的法制化。行政决策作为人们主观见之于客观的一项实践活动,有其特有的发展规律。学者们提出的有关决策的确定目标、方案设计、方案抉择、反馈调整反映着正常的思维逻辑。因此,对于重大的行政决策,应当有所规定,使之得以遵循。(2)决策审查程序的法制化。由于行政决策意义重大,为防止发生重大失误,在其正式出台之前,对之进行事先审查是十分必要的。对此,应当规定政府各层次行政决策审查的权限和具体行使审查权的机构。由该机构审查决策的目标是否符合客观实际,选定方案是否有利于决策目标的实现,是否切实可行,是否体现着经济原则,一旦决策实施,将会对社会产生哪些有利和不利的影响等。通过设置行政决策的事先审查制度,可以在错误决策产生实际后果之前就采取措施加以避免,因而它是对决策实施预先控制的重要手段。(3)决策实施程序的法制化。决策的实施是将人们的主观设想变为现实的过程。与决策的制定一样,它也有其展开的规律和特点。作为行政领导,必须树立起按照客观规律办事的意识,支持执行单位和人员遵循固有的工作程序进行决策执行活动,而不允许为了突出政绩或者表功而任意干涉执行过程。在此,为了防止决策执行受到非科学因素的干扰,应当建立一种机制,实现有人提出的"让机制管决策"的主张,让机制来保障决策执行的顺利进行。(4)决策跟踪监测程序的法制化。行政决策并不随着方案的择定而宣告终结,因为该行为之前的各种活动还停留在人们的主观阶段。那么,人们在决策中的主观活动是否与客观相一致,就需要在决策的实施过程中加以跟踪监测,发现问题,及时解决。因此,对于诸如实施监测的机构和人员,其监测的方式、途径和工作程序以及向行政领导反馈的机制等,应当加以规定并做到制度化。

3. 行政决策责任的法制化

决策责任的法制化在此是指行政人员因违背科学化的要求、实施了错误决策并造成了相应的结果,在确定和追究其责任时应当作到法制化。如前所述,行政决策是一项十分复杂的实践过程,再加上决策者在决策中的主观能力有限,因此,行政决策的失误在某些情况下是难免的。从成因来看,决策失误类型主要包括两个方面。一是由于客观原因而造成的决策失误:(1)决策所面临的自然状态难以确定,或者决策所面临的是偶发性和首次出现的问题,在这种情况下,决策者由于无经可取、无法可依、无章可循因而导致决策失误。(2)因决策所要解决的问题十分紧迫,在缺乏必要的信息、咨询辅助人员和技术手段等情况下造成的决策失误。二是由于决策者主观原因而造成的失误:(1)因决策者好大喜功,为突出政绩不顾客观条件,盲目决策而造成的失误。(2)因决策者不顾本地区、本部门的具体条件,不搞调查研究,违背客观规律,机械照搬上级指示精神和他人经验而造成的决策失误。(3)因决策者主观武断、一言堂,违背决策及其执行的规律和程序而造成的决策失误。凡是因为难以克服的客观原因导致的决策失误,应当允许决策者总结经验教训,采取补救措施,并可以再次实践。对这类决策失误,可以责令查清事实,采取措施不再犯类似错误作为处理事故的方式。凡属因决策者主观原因导致的决策失误,应当根据造成实际损失和带来危害的大小,使其承担相应的责任,对其做出相应的处理。近些年来,中国一些地方政府已经率先实行了决策失误赔偿制度,较为有效地克服了决策中不负责任的"先拍脑袋决策,再拍胸脯保证,后拍屁股走人"的"三拍"行为,切实改善了领导的工作作风。对此,应当及时总结经验,成熟时可以上升为规范性更强、效力更高的制度,以约束政府机关的行政决策行为。

第七章 人事行政

第一节 人事行政概述

一、人事行政的涵义

"人事"一词,我国古已有之,但在不同的场合有其不同涵义。根据中国1979年出版的《辞海》对人事的解释包括人情事理、人为之事、交际应酬之事、男女关系之事以及机关团体内部工作人员的录用、培养、调配和奖惩等工作事宜。我们在此运用的"人事",是指在用人以治事的过程中有关人与人和人与事之间关系方面的事务。

所谓人事行政,主要是指机关的人事工作而言,其涵义是指国家机关和团体为完成其使命,运用科学的原则、政策和制度,对其工作人员的有关事宜所进行的管理活动。人事行政的目的,是在用人治事过程中,通过各种政策和措施的制定及其实施,力求作到人与人、人与事的协调,从而保证人尽其才,才尽其用,事竟其功,充分调动人的积极性和创造性,提高工作效率。

人事行政与人事管理既有联系又有区别。在西方,人事管理一词最早使用于工商企业界,原指企业组织的人事工作而言。随着企业组织人事管理的发展,政府则将企业人事管理的方法运用于对其工作人员的管理。因此,人事管理与人事行政经常混用,不易明确区分,二者都是对有关人与人、人与事关系的调整。但是,人事管理指人事行政政策的具体执行及实际应用而言,其所涉及的多为程序性及技术性等问题[①]。因此,人事管理范围小、层次低。而人事行政则还包括有关人事政策、方针和制度的制定,它具有事关全局的战略意义。此外,人事行

---

① 参见张润书:《行政学》,三民书局1979年版,第345页。

政一般特指政府人事工作,而人事管理还包括其他组织有关人事工作的管理。

人事行政与人事制度也有不同。人事制度有广义和狭义之分,广义的人事制度指包括所有国家职工在内的人事管理制度;狭义的人事制度是指国家公职人员的管理制度,即公务员制度或文官制度。人事制度的特征是静态的,侧重于从法律制度上规定公务人员的选拔、使用等问题,因此,它是人事行政的一种法定形态;而人事行政的特征是动态的,它是用人单位依据人事制度的规定从公务人员的使用上谋求政府或团体工作效率的提高。因此,人事行政与人事制度具有各自不同的着眼点和特征。

二、人事行政的地位和作用

(一)人事行政的地位

政府公务的推行涉及到众多的管理环节和组织活动,其中,人事行政是最为关键的环节和最主要的组织活动,有的学者将其视为立国之基、治国之本。它在国家政治生活中具有十分重要的地位。

自古以来,为政在人,政府的政策、法令、政令都要由人来制定和执行。人事行政工作的好坏,直接关系到政府活动的成败。所谓"人存政举,人亡政息",说的就是这个道理。因此,任何掌握国家政权的统治阶级总是要把忠于本阶级意志的优秀人才安排到重要的工作岗位上,以达到巩固国家政权、维系国家机器的正常运行和有效地管理社会之目的。由于人事行政的地位重要,自古至今,任何一个国家都非常重视人事行政工作。中国历史上很早就出现了政府官员制度,历代封建统治者都将人事行政置于重要地位,将主管人事行政的机构置于各机构之首。在中国古代社会的发展中,人事行政不断完善,形成了一整套有关官员选拔、培训、升降、调动、奖惩、考核等管理制度。西方资本主义国家为了有效地推行公务,治理国家,于19世纪中叶开始实行文官制度或公务员制度,通过公开考试,择优录用公务人员,并制定了一系列有关公务员制度的法规,从而形成了一套较为完备的人事制度。中国历来对人事制度予以高度重视,在长期的革命和社会主义建设中,逐步建立起来符合当时历史阶段的情况和要求的干部人事制度。这套干部人事制度,对于建设和发展干部队伍,完成党和国家在各个时期的中心任务,提供了重要的组织保证。特别是党的十三大为了推进中国原有的干部人事制度的改革,提出推行国家公务员制度,并将其视为中国政治体制改革的重要组成部分。在此基础上,党的十四大报告提出尽快推行公务员制度;党的十五大提出深化人事制度改革,引入竞争激励机制,完善公务员制度,建设一支高素质的专业化国家行政管理干部队伍;党的十六大提出,改革和完善干部人事制度,健全公务员制度。这一切都说明,人事行政是政府行政的首要环节,在行政管理中具有举足轻重的地位和作用。

(二)人事行政的作用

1.人事行政是形成高效能的行政管理系统、卓有成效地管理行政事务的重要保证

中国社会主义现代化建设需要国家行政组织形成充满活力、富有效率的管理系统。这一系统的形成,除了组织和领导体制结构合理、功能齐全、运转灵活之外,还要求有一支精明强干、认真负责、素质较高的行政人员队伍。政府的工作效率在很大程度上取决于政府工作人员的素质,而要保证其素质,离不开有效的人事行政。如果人事行政制度完备而且科学,就能够保证行政人员的高质量,从而充分增强行政能量,提高政府效能。可以这样认为,有什么样的人事行政,就有什么样的行政人员队伍;有什么样的行政人员队伍,就有什么样的政府。因此,人事行政不仅是政府行政工作的重要组成部分,而且也是其他一切行政得以有效进行的基础,是提高政府工作效率,有效地管理行政事务的重要前提条件。

2.人事行政是促进经济社会发展的关键因素

中国政府肩负着管理社会和经济的重任,促进社会进步,推动经济发展是中国行政管理的根本宗旨。为了达到这一目的,需要有一大批具有现代化科技知识,又具有革新创造精神的德才兼备的优秀人才来领导经济和管理社会。而这些人才的选拔、使用和培养,关键还在于完善的人事行政。有了先进、科学的人事行政制度,就能够合理地调配、使用各种人才,充分挖掘人才的内在潜力,调动其工作的积极性和主动性,并通过科学的组织形式使各种人才协调配合,消除相互间的矛盾冲突,促成有效的分工合作,从而能够顺利地履行行政职能,正确地领导和组织经济建设和服务于社会,促进经济与社会的稳步发展。因此,人事行政是中国社会主义经济建设和社会发展的组织保证。

3.人事行政是开发人才资源,促进人才发展的重要途径

在世界经济和科技迅速发展的当代社会,各国之间存在着各种竞争,例如经济发展的竞争、科学技术的竞争和管理的竞争等等。而所有这些竞争的焦点,最终都集中到人才的竞争上。由于人才资源的开发、培养和使用在其他各种竞争中起着决定性的作用,因此,多出人才、早出人才、出好人才对于国家富强、民族振兴,具有至关重要的意义。而努力开发人力资源,促进人才发展,正是人事行政的使命。中国人力资源十分丰富,但开发利用的程度还很不理想。为在现在和将来的国际竞争中立于不败之地,必须改革和完善中国原有的人事行政制度,为大批优秀人才的脱颖而出创造良好的环境和条件,以充分发挥人事行政的特殊功能。

三、人事行政的基本原则

人事行政作为政府行政的一个重要组成部分，其各项工作的开展都必须要遵循以下基本原则：

（一）平等原则

平等原则是指国家行政机关在用人治事的一系列活动中要作到一视同仁、公平合理、没有偏私。行政人员的选拔录用、考核奖惩、升降交流、工资福利等事宜的管理必须要以法定条件为标准，以客观事实为依据。坚持人事行政的平等原则具有重要意义。首先，保障公民享有参与政府管理的平等权利，在公职面前人人平等。这样，可以扩大公务员选用的范围，使政府获得大批德才兼备的工作人员。其次，平等化的人事行政保障在考试面前人人平等，鼓励公开竞争，以择优录用。这样，就可以有效地避免低才无能者混迹政界，保证公务员队伍的整体素质。最后，坚持人事行政的平等原则为所有的公务员提供了平等的晋升机会，实行严格考核，晋升唯功。这样，就能够体现举优黜劣、优胜劣汰，从而激发公务员的积极性和主动性。因此，平等原则应当贯穿于人事行政的始终，它是人事行政最为基本的原则之一。

（二）公开原则

公开原则是指人事行政工作，凡不涉及国家机密或不属法律另有规定的事项，必须公布于众，而不得采取任何武断的方法或秘密的方式从事各种人事行政活动。这是公民、政府工作人员和其他监督机构有效地监督人事行政的运营情况，预防和克服徇私舞弊、结党营私、私相授受等不良现象，实现人事行政客观与公正的重要保证。

（三）竞争原则

竞争可以产生巨大动力，它是促进经济社会发展的有力手段。在现代人事行政中，必须树立起牢固的竞争观念，把竞争原则贯彻到人事行政工作中去。人事行政的目的之一就是激发并保持公务员的优异行为，而为达此目的，必须通过合理的人事政策、制度和行之有效的方法建立起竞争和激励机制。西方公务员制度的一个重要特征就是实行功绩制，其内容首先是公开考试、广招人才、择优录用、机会均等；其次是严格考核、论功行赏。功绩制的建立对于促使公务员勤奋上进，提高行政效率，以及广泛吸收社会上的人才，增强公务员队伍的活力均起到了重要的作用。因此，无论是在公务员的选拔和录用方面，还是在黜陟升降以及人才流动方面，都应当引入竞争机制，并使之规范化、制度化，形成优胜劣汰、优升劣除的竞争环境。

(四) 择优原则

择优原则是在选拔公务员过程中所应遵循的一项原则。贯彻择优原则要求在选拔不同职务的公务员时，应根据不同的具体标准，经过比较与筛选，遴选合格者，在合格者中选择录用最优者。择优原则是使公务员能够胜任各自的工作，顺利地履行各自职责的重要保证，它是当代人事行政中最富有生命力的主导性原则。

(五) 法制原则

实现人事行政的法制化，是健全中国人事行政的迫切需要，也是中国人事行政的发展方向。中国以往人事行政法规不健全，在很多领域无法可依、无章可循，缺少正常的干部录用、奖惩、退休、淘汰等方法，人治现象比较严重。其结果不仅导致是非不分、赏罚不公、用人不当等弊病，而且形成并助长了许多错误观念和不正之风，增加了干部队伍内部的矛盾，挫伤了许多干部的积极性。为了革除以往人事行政的弊端，必须加强人事行政的法制化建设。首先，根据有关法律和法规健全人事立法，完善人事制度和政策，用以规范人事行政行为；其次，依据依法行政原则运用人事行政方法，实施人事管理；最后，监督人事行政系统的运行情况，对违反人事立法的人事行政行为予以追究，严肃查处。

(六) 科学原则

随着现代政府职能的扩张和行政权力的扩大，致使公务员队伍日益庞大。在当今复杂多变的行政环境下对浩繁的人事工作实施管理，不能采取落后的手工业式方法，而是必须实现人事行政的科学化。这不仅是人事行政的基本目标和重要任务，也是人事行政的一项基本原则。人事行政科学化的基本要求包括，建立促使各类优秀人才脱颖而出和顺利发展的人事行政体制；摒弃封闭的、陈旧落后的管理手段和方式，发展和引进先进的技术和方法，将人事行政真正建立在科学与技术的基础之上；建立与人事行政相关的完整的学科体系，通过有关学科的深入系统研究，为人事行政提供理论依据和业务指导；加强人事干部的培训工作，促使其更新知识和思想观念，提高政治、业务素质和管理水平，培养和造就一支掌握现代化管理理论和方法的人事专家队伍，从而保证对公务员实施科学有效的管理。

四、中国人事制度的改革

人事制度属于上层建筑范畴，它由经济基础决定并随着经济基础的发展而发展，对经济基础具有反作用。邓小平同志曾指出："政治体制改革同经济体制改革应相互依赖,相互配合,只搞经济体制改革而不搞政治体制改革,经济体制改革也搞不通,首先要遇到人的障碍。"因此,随着经济体制改革的发展,中国原有的作为国家政治制度中重要组成部分的人事制度也必须加快改革的步伐。

中国原有的人事制度,反映了过去一定历史阶段的国情,这种在民主革命时期、社会主义改造和社会主义建设时期逐步形成和发展起来的人事制度,对于造就一大批治国、治军、治党的领导骨干和干部队伍,完成各项工作任务,曾起到了积极的重要作用。但是,原有的人事制度由于形成的历史条件不同和客观形势的发展变化,愈来愈暴露出它的局限性。其主要弊端正如党的十三大报告所指出的那样,主要体现于以下4个方面:

1."国家干部"这个概念过于笼统,缺乏科学分类

干部是个外来语,对于这个概念,无论是新中国建立以前还是以后,都没有做出严格的定义和进行科学的分类。党和国家机关的工作人员、群众团体工作人员、企事业单位的管理人员、各类专业技术人员以及教师、作家、运动员、演员、打字员、护士等都统称为国家干部。对于这样一个内涵模糊不清,外延包罗万象的干部队伍,难于或者不可能实施科学管理。

2.管理权限过分集中,管人与管事脱节

中国人事制度管得太多、统得过死的弊病,在横向上表现为凡是国家干部都由各级党委和组织部门直接管理;纵向上表现为权力过分集中于上级。从而造成干部管理上的党政不分、政企不分,既影响了各级政府和企事业单位管理干部的积极性,又形成了用人与治事相脱节的弊病。

3.管理方式陈旧单一,阻碍人才成长

由于没有对"国家干部"实施科学分类,因此,在干部管理方式方面,忽视各类人才的工作性质、社会责任和职业特点的差异,基本上是用管理党政干部的方法管理所有干部。这种陈旧单一的管理方式的弊病是十分明显的。它不利于各类人才按自身的职业特点充分发展,从而阻碍人才的顺利成长。

4.管理制度不健全,用人缺乏法制

建国以来,人事部门曾制定了若干人事政策、规定和条例,但很少有具有法律效力的规定。因此,地方上不执行,也不能按违法论处。即使是具有法律效力的规定,也存在着发布条例规定的系统紊乱、不完备和不配套等弊病。用人缺乏依法办事,给个人意志提供了方便。在干部的选拔录用上,由于缺乏统一的标准和手续,在有些地方基本上由领导个人随意决定。

以上弊病的存在,导致了优秀人才难以脱颖而出,平庸无为者难以淘汰,用人问题上不正之风难以避免。为此,必须要对以往的人事制度加以改革。在改

革过程中,既认真总结和吸取历史经验,继承好传统,并正确借鉴国外人事制度的有益成分,力图逐步建立起各具特色的、民主与法制健全的充满活力的干部人事制度。按照党的十三大的要求,当时的人事制度改革主要注意解决好以下两个问题。

1. 实现干部分类管理

针对以往人事管理对象笼统庞杂的弊病,对"国家干部"予以合理分解,实行干部队伍的分类管理。实行分类管理的目的,在于破除以往集中统一的管理体制和陈旧单一的管理模式,根据各类工作人员的不同特点和成长规律,制定出不同的管理制度和采用不同的管理方法。这是对干部实行科学管理的基础和关键。对此,党的十三大报告已经明确指出,我国人事制度改革的重点,就是建立国家公务员制度,即制定法律和规章,对政府中行使行政权力,执行国家公务的人员,依法进行科学管理。根据这一指导思想,在实行干部分类管理过程中,首先将上述工作人员从"国家干部"中分解出来,形成独具特色的国家公务员管理体系,这是对国家干部实行分类管理的重要步骤。国家公务员制度的建立,不仅可以通过对国家公务员实行卓有成效的管理来满足现代行政的需要,而且也可以对其他干部和专业技术人员的管理起到良好的示范作用。

2. 引入竞争机制

针对以往的人事制度阻碍人才脱颖而出的弊病,把竞争机制引入到人事制度中来。竞争机制与职位分类的作用同样重要,它们是构成现代人事制度的两大柱石。引入竞争机制就是实行功绩制,无论是干部的选拔任用,还是奖励晋升,都应根据统一的标准和条件,即一律由其功绩来决定。这是提高干部队伍的整体素质和提高其工作积极性的重要保证。

就国家行政机关工作人员即国家公务员的管理来说,除了实行职位分类制度和引入竞争机制以外,还应建立其他的更新机制和激励机制,健全公务员培训、调配、退休、考核、报酬、保障等各项管理环节,从而完善国家公务员管理体制,实现公务员管理的科学化、规范化和法制化。

经过20世纪八十年代以后干部人事制度改革的发展,中国建立和施行国家公务员制度的条件已经基本成熟。1993年4月24日,国务院常务会议通过了《国家公务员暂行条例》,并于1993年10月1日起施行。该条例对我国国家公务员的义务与权利、职位分类、录用、考核、奖励、纪律、职务升降、职务任免、培训、交流、回避、工资保险福利、辞职辞退、退休、申诉控告、管理与监督等进行了系统的规定。暂行条例的颁行,是中国政治生活中的一件大事,是中国干部人事制度改革发展的里程碑。它不仅标志着中国行政机关工作人员的管理走上了科学化和法制化的轨道,而且,对其他的干部人事制度的改革也产生了积极的影响。

《国家公务员暂行条例》颁行之后,为了进一步加强国家公务员队伍的法制建设,国家又陆续颁布了一系列的配套法规、规章和实施办法,从而形成了以《国家公务员暂行条例》为龙头,以其他有关的法规、规章和实施办法为配套的国家公务员管理法规体系,基本实现了"法治人事",制度功效已明显体现。

为进一步推进中国干部人事制度改革的深入发展,适应完善社会主义市场经济体制的需要,并积极推进政治体制改革,发展社会主义民主政治,建设社会主义政治文明,2000年8月,中共中央组织部、人事部在深入调查研究,总结《国家公务员暂行条例》实施经验的基础上,着手研究起草《公务员法》。2001年12月,中共中央组织部和人事部向中央报送了《关于制定公务员法有关问题的请示》,就制定《公务员法》的必要性、立法的指导思想、坚持党管干部的原则、将党的机关工作人员纳入公务员的范围等问题提出建议。

2002年初至2004年初,中共中央组织部、人事部在征求意见的基础上,经反复研究论证,形成了《中华人民共和国公务员法(草案送审稿)》,由人事部于2004年3月报送国务院审批。国务院法制办公室收到此件后,立即征求了有关方面的意见。在此基础上,国务院法制办公室会同中共中央组织部、人事部对送审稿作了反复研究修改,形成了《中华人民共和国公务员法(草案)》。《中华人民共和国公务员法(草案)》已经国务院第七十一次常务会议讨论通过。

2004年12月,十届全国人大常委会第十三次会议对国务院提请审议的《中华人民共和国公务员法(草案)》,进行了初步审议;《公务员法》经过充分讨论后,在2005年4月十届全国人大常委会第十五次会议二审的时候,全国人大常委会委员长会议就决定二审通过。于是,在对经修改的《中华人民共和国公务员法(草案)》进行了再次审议后,4月27日,十届全国人大常委会第十五次会议通过了《中华人民共和国公务员法》。该法是中国干部人事管理的第一部总章程性质的法律。它的颁行,是中国干部人事制度改革史上又一个具有里程碑意义的法律规范。

公务员制度是一个内涵丰富的体系,主要包括公务员的义务和权利、职位分类、公务员的更新机制、公务员的激励机制、公务员的监督约束机制、公务员的权益保障机制等。

第二节 公务员及其义务与权利

一、公务员的涵义

公务员制度首先在西方国家形成并得到发展。在英文中，civil servant 原义是"文职服务员"，中文翻译为"文官"，或者"公务员"。在不同国家，对于公务员的称谓不同，除了文官和公务员之外，还有的国家称为国家雇员或者联邦官员，而且，公务员所适用的范围也不相同，大体上有三类划分方法。一是小范围划分方法，即将公务员限定为事务官或者常任文官；二是中范围划分方法，即将政府中的政务官和事务官、任期官员和常任官员均归为公务员；三是大范围划分方法，即将中央和地方政府中的工作人员，立法、司法和检察机关的工作人员、军职人员以及在公共企业事业单位供职的人员统称为公务员。

中国公务员及其适用范围经历了一个发展演变过程。在中共十三大报告中，指出"当前干部人事制度改革的重点，是建立国家公务员制度，即制定法律和规章，对政府中行使国家行政权力、执行国家公务的人员，依法进行科学管理"。《国家公务员暂行条例》第三条规定，"本条例适用于各级国家行政机关中除工勤人员以外的工作人员"。概括上述两项规定，中国当时的公务员即国家行政机关中行使行政权力、执行国家公务的工勤人员之外的工作人员。《公务员法》制定后，中国公务员的范围发生了很大变化。该法第二条规定："本法所称公务员，是指依法履行公职、纳入国家行政编制、由国家财政负担工资福利的工作人员。"据此规定，公务员适用的标准有三：一是依法履行公职，即公务员是依法从事国家公务的工作人员；二是纳入国家行政编制，凡未纳入国家行政编制的人员不是公务员；三是由国家财政负担工资福利，即公务员是国家财政供养的人员。以上三个条件须同时具备，才属于公务员范畴。

二、公务员的义务与权利

任何人只要符合法定条件，通过法定程序进入公务员系统，便与国家形成了公职关系。所谓公职关系，即公务员因依法履行公职而与国家之间所形成的法律关系，其法律地位主要由其义务与权利决定。

所谓义务，是指法律规定的对法律关系主体必须作出一定行为或者不得作出一定行为的约束；所谓权利，是指法律规定的对法律关系主体能够作出或者不作出一定行为的许可和保障。根据《公务员法》的规定,公务员应当履行下列义务:(1)模范遵守宪法和法律;(2)按照规定的权限和程序认真履行职责,努力提高工作效率;(3)全心全意为人民服务,接受人民监督;(4)维护国家的安全、荣誉和利益;(5)忠于职守,勤勉尽责,服从和执行上级依法作出的决定和命令;(6)保守国家秘密和工作秘密;(7)遵守纪律,恪守职业道德,模范遵守社会公德;(8)清正廉洁,公道正派;(9)法律规定的其他义务。

公务员享有下列权利:(1)获得履行职责应当具有的工作条件;(2)非因法定事由、非经法定程序,不被免职、降职、辞退或者处分;(3)获得工资报酬,享受福利、保险待遇;(4)参加培训;(5)对机关工作和领导人员提出批评和建议;(6)提出申诉和控告;(7)申请辞职;(8)法律规定的其他权利。

第三节 公务员的职位分类

一、职位分类的概念

所谓职位分类,是指依据职位的工作性质、繁简难易、责任轻重以及所需资格条件予以分门别类,确定名称,评定等级,规定报酬,制定规范,作为录用、考核、报酬、奖惩、晋升、培训等人事行政的基础。职位分类有两个基本点,一是依据职位的相异之点对职位加以区分;二是依据职位的相同或相近之点,对职位予以归纳,使机关所有职务与责任相同和最相类似的职位集合在一起。凡属同一类的职位,其人员的人事行政运用同一标准,以求简化、公平与确实。

职位分类是目前西方文官系统中普遍采用的方法,它是在西方文官制度产生后自然而然地成长起来的。但直到20世纪初才逐渐产生了具有明文规定的职位分类方法。它最初产生于美国芝加哥市,该市首先采用了职位分类方案,按职位分类管理并获得了成功,引起了联邦政府的重视。联邦政府于1923年通过了第一个《职位分类法》。美国的职位分类对许多国家影响很大,有的是直接参照,有的是暗中借鉴。目前,世界上许多国家都先后在自己文官制度的基础上确定了各自的职位分类方法。

与职位分类相对应的人事分类制度是品位分类。品位分类是一种古老的官职制度,我国封建社会所实行的人事分类制度属于典型的品位分类制。现代世界上有的国家也采取这种制度。品位分类的基本特点是以官吏的地位高下、资历深浅或俸禄多寡作为分类的标准,并依此标准建立起人事队伍的等级结构。

在这种制度下,具有一定级别的人员可以担任一定级别的职务,同时享受一定级别的待遇,而且官品等级一般要随人走,不管人在何职,其原来的品位与权利不变,没有重大过失,可以只升不降。这两种人事分类制度的主要区别在于:第一,职位分类是以事为中心,即以职位的任务情况、难易程度、责任大小来确定职位类别等级,按工作的贡献来定待遇;而品位分类则以人为中心,按个人所具有的资格、地位高低分类并以品位高低定待遇。第二,职位分类以职位观念为指导,以利来鼓励人;品位分类以品位观念为指导,以名来鼓励人。第三,在职位分类制下,公务员种类划分较为复杂,职位分类也甚多,因此,公务员的升迁调转较为严格;品位分类制下公务员划分简单,品位也较少,因此,公务员的调动转任比较容易。第四,品位分类制下往往难于作到人事相称,易于造成大才小用或高阶低就现象;而职位分类制下则易于实现人事相称,大才大用,小才小用。第五,职位分类实行专才原则,人员横向流动上限制较严,而且非经考试合格不能晋升;而品位分类实行通才原则;人员调动转任较容易,只要品位相当就可以流动,而且由于不依考试成绩晋升,因此,公务员也易于由下级晋升到上级。

从以上比较可以看出,两种人事分类制度各有利弊。从各国实践来看,职位分类由于建立在功绩制原则基础之上,因此它更有利于培养公务员的竞争意识和积极进取精神,更有利于实现人事相称,同工同酬的人事原则。

二、职位分类的内容和作用

(一)职位分类的内容

职位分类的体系主要由以下几个部分构成。

1. 职位

是分配给公务员的工作职务和责任。它是职位分类中最基本的元素,或是职位分类体系的基础。职位强调的是公务人员担任的岗位,而不是担任该职位的个人,因此,职位以工作职务和责任为构成要件,它不因无人担任而不存在。

2. 职系

指工作性质相同,而责任轻重和困难程度不尽相同的职位系列。一般来说,一种专门职业就是一个职系。

3. 职组

指工作性质大体相同的若干职系的集合,它是联系和职类的中间层次,其作用在于方便职系区分。职组并非是分类结构中的必要因素,有时可以省略。

4. 职门

又称职类,是工作性质相似的若干联组的集合。职门是根据工作性质对职位的初步划分。

5. 职级

指同一职系内工作的繁简难易、责任轻重和所需资格条件相近的职位的集合,它是对各职系的职位进行纵向分级,划分为不同层次。不同职级的职位数目并不相同,少则一个,多则数个。

6. 职等

指工作性质不同,而工作繁简难易、责任轻重和所需资格条件相当的各种职位的等级排列。换言之,职等是职系不同而职级的程度相同者。借助职等可以比较不同职系之间各职位的级别,凡在同一职等的职级,其付酬的幅度,应属一致。

(二)职位分类的作用

职位分类是人事行政的基石,在人事行政中具有十分重要的作用。

1. 职位分类为考试选拔专门人才提供了客观标准

考试是确认求公职者是否具备其欲谋求的职务所需的知识与技术的重要手段。由于政府机关的职位不同,其所需的知识、技术和能力也就不同。实行职位分类后,职位说明书对各职位所需的学历、经历、知识、技能、体能、性格等均加以详细记载,因此,在考试选拔公务员时,就可以依据各类各级职位的要求,确定考试的科目和内容,从而实现因事选才,因才施用以及事得其人,人当其用。

2. 职位分类是实现同工同酬的重要手段

通过职位分类,一方面将每一职系的职位按其工作繁简难易、责任轻重和所需资格条件划分为若干等级;另一方面将各职系之间的工作性质不同,但工作繁简难易、责任轻重和所需资格条件相同的各职级排在同一职等,凡属同一职等的公务员领取同等报酬,使同工者同酬,异工者异酬。这样,就能够使公务员的工作与其报酬挂起钩来,作到因事给薪,消除平均主义,促成工资制度的公平合理化。

3. 职位分类为公务员的考核、晋升和培训等工作提供了依据

职位分类在分析和评估每一职位的工作种类、困难程度及其责任轻重等的基础上,通过职级规范明确地规定了其工作特征,从而为考核工作确立了方向和范围。而且,职位分类后,职系与职组的划分使得公务员的晋升以在同一职系内或性质相近的职系间按级递升为原则,确定了人事晋升的途径和幅度,从而可以有效地防止不适当的升迁行为,做到升降有准,人事安定。此外,由于职级规范规定了知识结构和工作内容,为公务员的培训确定了范围,并为制定培训计划提供了依据。

当然，职位分类也有其不足之处。例如，职业性较强的职位，对高级政治职位、临时性职位和通用性较强的职位则不太合适；职位分类方法过于复杂，难以及时适应工作内容的迅速变化；由于严格划分职系、职级，有碍于人的全面发展和人才流动；不易于形成互相协作、上下通气的局面。近年来，职位分类出现了些新趋向，例如，重视"人对职位的影响"，不同职系之间公务员可以相互调动。还有的学者主张现代公务员工作责任制应当以职位分类为主，吸收品位分类的合理内容。此外，在职位分类的结构上也趋向于简化，一些国家缩减了职系数目和职级职等层次，从而使职位分类的实施程序得到了相对简化。

三、职位分类的实施

职位分类的实施是一项十分复杂的工程，而且职位分类又是人事行政的基础，事关重大。因此，实行职位分类一方面要制定"职位分类法"，以此作为准绳；另一方面要拟定计划，建立组织，并吸收有关专家学者参加。一般来说，实施职位分类要经过以下步骤。

1. 职位调查

这是职位分类的第一步，指广泛收集政府机关现有职位的各种资料，以此作为职位品评和归级的依据。职位调查的内容可以分为两类，一类属于职位本身的资料，包括工作性质、工作范围、难易程度、责任大小、所需资格条件等；另一类属于职位所在机关的资料，包括机关权限、工作性质、工作流程等等。其他相关的法律法规也在搜集的资料范围之内。调查的方法可采取面谈法、观察法、填表法、会议法和综合法等。

2. 职系区分

在职位调查的基础上，按其工作性质的不同，划分为若干不同的类别。这是对职位的横向划分，目的在于对所有职位予以分门别类。职系区分可以分三步进行。首先按职位的工作性质划分出若干职门；其次按职门内职位的工作性质和种类划分为若干职组；最后按职组内职位的工作性质划分为各个职系。职系是职位横向划分的最后步骤。

3. 职位品评

在职系区分的基础上，按各职系的职位的工作繁简难易、责任轻重、所需资格条件等因素划分为若干职级。这是对职位的纵向划分，也是职位分类中繁杂的一项工作。职级划分之后，为了在不同职系之间进行比较，不同职系中上述条件相同的职位，列为同一职等。职位品评的方法有排列法、因素比较法、评分法和分类法。

4.职位归级

即把政府机关行政人员的全部职位按上述原则归入适当的职级,并按级定薪,凡列在同一职等的,不论其在任何机关工作,工资一样,实行同工同酬的原则。

5.编制职级规范

职级规范即职位说明书或职级说明书,内容包括职级名称、职级编号、职级特征、职务与责任的描述、工作举例、所需资格和专门智能、工资级别、升迁范围及其他注意事项。

6.制定人事法规

上述工作完成之后,就要随之制定法规,以保证其贯彻实施。所有担任这些职位的人员的选拔、使用、培训、奖励、退休、工资、福利等都要符合职级规范的要求。

四、中国关于职位分类的规定

中国公务员管理体系实行职位分类制度。《公务员法》规定,公务员职位类别按照公务员职位的性质、特点和管理需要,划分为综合管理类、专业技术类和行政执法类等类别。国务院根据本法,对于具有职位特殊性,需要单独管理的,可以增设其他职位类别。各职位类别的适用范围由国家规定。

根据《国家公务员职位分类工作实施办法》和《公务员法》的规定,对列入公务员范围的职位实施分类,必须在单位机构改革方案已经批准,其职能、机构、人员编制正式确定后进行。职位分类的基本内容包括:

1.进行职位设置

职位设置的要求是:(1)确定职位职责;(2)确定职位的设置层次;(3)确定职位设置的数量;(4)确定职位名称。

2.制定职位说明书

职位说明书应当包括 7 个方面的内容:(1)职位名称;(2)职位代码;(3)工作项目;(4)工作概述;(5)所需知识能力;(6)转任和升迁的方向;(7)工作标准。

3.确定职务

国家根据公务员职位类别设置公务员职务序列。公务员的职务分为领导职务和非领导职务。领导职务为:国家级正职、国家级副职、省部级正职、省部级副职、厅局级正职、厅局级副职、县处级正职、县处级副职、乡科级正职、乡科级副职。非领导职务为巡视员、副巡视员、调研员、副调研员、主任科员、副主任科员、科员、办事员。非领导职务层次在厅局级以下设置。根据《国家公务员非领导职务设置办法〉的规定,非领导职务根据工作需要设置,是实职,但不具有行政领导职责。各级非领导职务的设置,要依据领导职务的设置情况确定适当的比例。各级非领导职务的设置,不得突破规定的比例限额。非领导职务的设置职数,上级机关应多于下级机关,综合部门应多于专业部门。

4. 确定级别

《国家公务员暂行条例》曾将公务员的级别分为 15 级。《公务员法》规定公务员的职务应当对应相应的级别,关于公务员职务与级别的对应关系,《公务员法》授权国务院规定。公务员的职务与级别是确定公务员工资及其他待遇的依据。公务员的级别根据所任职务及其德才表现、工作实绩和资历确定。公务员在同一职务上,可以按照国家规定晋升级别。

第四节 公务员的更新机制

一、公务员更新机制的意义

公务员的更新机制是指保障公务员的素质,维持公务员系统生命力和活力的机制。这一机制是通过公务员队伍的新陈代谢和吐故纳新来实现的。

公务员是政府组织中的一项重要资源,政府工作效率的高低和行政管理事业的成败,在很大程度上取决于公务员队伍的基本状况。因此,人事行政的重要任务之一,就在于建立起行之有效的更新机制,为政府组织源源不断地提供新鲜血液,使不具备公务员素质的人员脱离公务员队伍,并采取定期、有效的培训措施,提高公务员队伍的整体素质。只有这样,才能保持公务员系统的稳定性和旺盛的生命力,顺利地履行政府职能,完成政府使命。

公务员更新机制的主要内容和功用是[①],第一,人员更新。政府工作人员因为自然规律、意外事件和不具备公务员素质而离开公务员系统,为了保证公务员结构的稳定化、梯次化和合理化,维系政府机构的正常运转,必须要通过更新机制从外部环境中甄选新生力量。第二,人员补足。随着社会政治、经济、科学文化等行政环境因素的变化,一方面造成政府职能的扩张;另一方面,造成政府职能的变动。因此,政府机构也要随之调整。有的机构要加强,有的机构要新设置。例如,随着中国政府职能的转变,以往的专业性管理部门要逐步裁减合并,

---

① 参见杨百揆等著:《西方文官系统》,四川人民出版社 1985 年版,第 214 页。

综合性管理部门和检查监督部门要充实和加强。与政府职能扩张和转换相适应,必须通过公务员的更新机制及时地录用新的公务员,以满足政府机关的用人需要。第三,能力更新。公务员的能力素质是政府效能的重要保障,而随着政府职能的变换及科技文化知识的迅速发展,公务员自身的知识结构、工作技能和思维方式往往不能继续适应工作的需要。因此,必须通过定期的和灵活多样的培训形式来补充新知识、新技能和新的思维方式,同时,通过交流来使公务员拓展眼界,增长才干,从而实现公务员的能力更新。

二、公务员的考试录用

(一)考试录用的意义和原则

所谓考试录用,是指政府机关为推行其业务,根据用人标准和用人条件,采取一定的方法和程序录取公务员的制度。

公务员的录用工作在整个人事行政体系中占有极为重要的地位。古今中外见识深远的政治家和思想家都十分重视选拔人才,强调"为政之要,首在择人","用舍之间定兴亡"。国外有的学者把录用看成是全部人事行政的基础,人事行政的中心,或是人事行政的第一个环节。它直接关系着公务员队伍建设的好坏和素质的高低,直接影响着国家机器的正常运转和效率,关系事业的成败和国运的兴衰。

公务员的录用有多种方式,其中,政府组成人员的录用一般采用选任或委任的方式,通过这两种方式录用的公务员都有一定的任期。普通公务员的录用一般采取考任的方式,录用后的公务员实行常任制。我们在此涉及的录用主要是指后一类公务员的考试录用制度。在中国,考试录用适用于国家行政机关录用担任主任科员以下及其他相当职务层次的非领导职务公务员。由于考试录用制度集中体现了民主、平等、竞争、择优等科学选拔人才的原则,有利于杜绝用人上的种种弊端,有利于广泛罗致人才,提高公务员的素质,因此,它已经成为当代各国政府选拔公务员的有效手段,并成为现代公务员制度的一个重要标志。

录用应当采取公开考试、严格考察、平等竞争、择优录取的办法。所谓公开考试,是指考前发布招考公告,载明招考的职位、名额、报考资格条件、报考需要提交的申请材料以及其他报考须知事项;考试结束后,提出拟录用人员名单,并予以公示。所谓严格考察,是指招录机关根据报考资格条件对报考申请进行审查,以确定报考者提交的申请材料是否真实、准确;而且考试后招录机关根据考试成绩确定考察人选,并对其进行报考资格复审、考察和体检。所谓平等竞争,是指除了职位所要求的并且由法律加以规定的资格条件之外,不应有其他的附加条件,不能因民族、种族、性别、出身、宗教信仰、婚姻状况等而受到歧视和不公道的对待;此外,平等竞争还意味着坚持凡进必考的原则,在考试面前人人平等。所谓择优录取,是指公务员的录用实行公开竞争性考试,并依据应考者的考试成绩排列名次,鉴别优劣高下,由高成绩向低成绩依次择优录用。

(二)考试录用的组织、资格和程序

在中国,中央机关及其直属机构公务员的录用,由中央公务员主管部门负责组织。地方各级机关公务员的录用,由省级公务员主管部门负责组织,必要时省级公务员主管部门可以授权设区的市级公务员主管部门组织。

公务员的考试录用,应当有一定的资格条件。限定考试录用资格的目的在于保证被录用的公务员的素质符合任职要求,为实现公务员队伍的优化、精干奠定基础。公务员考试录用的条件一般涉及到国籍、公民权、道德品质、学历、年龄和身体素质等6个方面。

在中国,报考公务员需具备以下基本条件:(1)具有中华人民共和国国籍;(2)年满十八周岁;(3)拥护中华人民共和国宪法;(4)具有良好的品行;(5)具有正常履行职责的身体条件;(6)具有符合职位要求的文化程度和工作能力;(7)法律规定的其他条件。报考公务员,除应当具备以上条件外,还应当具备省级以上公务员主管部门规定的拟任职位所要求的资格条件。

下列人员不得录用为公务员:(1)曾因犯罪受过刑事处罚的;(2)曾被开除公职的;(3)有法律规定不得录用为公务员的其他情形的。

录用公务员,必须在规定的编制限额内,并有相应的职位空缺。为了使公务员考试录用顺利进行,保证考试录用的公正性,录取公务员应按照下列程序进行:

1.发布招考公告;

2.对报考人员进行资格审查;

3.对审查合格的进行公开考试,采取笔试和面试的方式进行,考试内容根据公务员应当具备的基本能力和不同职位类别分别设置;

4.招录机关根据考试成绩确定考察人选,并对其进行报考资格复审、考察和体检;

5.根据考试成绩、考察情况和体检结果,提出拟录用人员名单,并予以公示,公示期满,中央一级招录机关将拟录用人员名单报中央公务员主管部门备案;地方各级招录机关将拟录用人员名单报省级或者设区的市级公务员主管部门审批。

录用特殊职位的公务员,经省级以上公务员主管部门批准,可以简化程序或

者采用其他测评办法。

新录用的公务员要有一定的试用期,在试用期内应当接受培训。在中国,新录用的公务员试用期为一年。试用期满合格的,予以任职;不合格的,取消录用。

(三)考试的内容和方法

关于考试的内容,各国规定不尽一致,总的来说,主要包括以下三个方面的内容。

1. 知识测验

包括基础知识测验和专业知识测验。前者是社会科学和自然科学知识的测验;后者是与应试者未来任职相关的和实用的专业知识测验。

2. 智力测验

包括普通智力、社会智力和机械智力测验。普通智力测验即测试应试者的学习或获取知识的能力;社会智力测验即测试应试者的领导能力、组织能力和处理人际关系的能力;机械智力测验指测试应试者的操作使用各种机械的一般能力。

3. 技能测验

即测验应试者处理实际问题的速度和质量,检验其综合运用知识和智力的程度和能力。

除了上述三方面的内容之外,某些国家还规定了性格测验、心理测验和成就测验,以期更为全面地检验应试者的综合素质,并为一些特殊的任用活动提供有价值的参考。

中国近年来的公务员笔试公共科目主要为《行政职业能力测验》、《申论》,部分省级公务员考试会加考《公共基础》。《行政职业能力测验》考试内容包括常识判断、言语理解、判断推理、数量关系、资料分析五个部分,分别测查不同基本能力;《申论》则考查考生的阅读理解能力、提炼加工能力、综合分析能力、解决问题能力。

通过笔试的考生,参加由招录部门组织的面试。面试的内容较为广泛,根据公务员面试实践,大概涉及:(1)素质与能力,如仪表风度、口头表达能力、综合分析能力、反应能力与应变能力、人际交往能力、自我控制能力与情绪稳定性;(2)专业知识和工作实践经验;(3)工作态度、上进心和进取心;(4)求职动机、业余兴趣与爱好等。

至于考试方法,主要有笔试、口试、操作试等。由于前面已经介绍,在此不赘述。

三、公务员的培训

（一）培训的意义

培训是对公务员的职业培养和训练，其目的在于使公务员获得新知、多知，提高素质，发挥潜能，更好地适应当前和未来工作的需要。培训属于成人教育范畴，是学校教育的延伸和继续，它对于提高公务员的素质、增长其才干具有十分重要的意义。

培训是公务员获得工作能力和经验的必要途径。在行政组织中有许多不同的职位，每个职位都对任职者有明确的要求。而新被录用者往往只受过一般教育，缺少实际工作能力、工作经验和职业技术，为了使其更快更好地胜任工作，就需要一个职业培训过程。通过培训，可以使公务员尽快地进入角色，成为国家行政的"行家里手"。

培训可以使公务员更新知识和技能、提高素质、增长才干。当今世界科学技术的迅速发展造成了人类知识总量的急剧增长，并使得知识陈旧率的周期日益缩短。这对公务员的素质提出了更高要求。只有通过经常的培训和再培训，才能够使其获得新知、多知，更好地胜任各自的工作。为此国内外相继出现了"成人教育"、"二次教育"、"继续教育"、"终身教育"等新观点，以期提高公务员的素质，造就既精通本职工作，又有较强应变能力的各种人才。

培训是开发智力、释放公务员潜力的重要手段。有的学者提出，智力开发不同于自然资源的开发，后者越开发越少，而前者越开发越多。人的潜能巨大，为了充分开发人的潜能，必须要使其掌握精深的文化知识和业务知识，而培训在这方面起着越来越重要的作用。如果不坚持定期与系统的培训，会导致公务员知识贫乏老化、才智枯竭，这样，提高政府效能就是一句空话。

正因为培训具有十分重要的意义和作用，所以，实行公务员制度的国家都对其加以法律保障，规定接受培训既是公务员享受的权利，又是其必须履行的义务，并在培训资金、机构和人员编制等方面予以保证。在中国，参加培训是公务员的一项权利，《公务员法》规定机关根据公务员工作职责的要求和提高公务员素质的需要，对公务员进行分级分类培训。公务员的培训实行登记管理，参加培训的时间由公务员主管部门依法予以确定。

（二）培训的原则与类型

公务员培训应遵循以下原则：

1. 理论联系实际原则

理论联系实际是公务员培训工作的基本指针，它是党的优良作风在公务员管理领域的具体体现。在培训中,首先应当较为系统、全面地传授业务理论知识,因为这些理论是行政管理实践经验的总结和升华,是揭示行政管理规律的科学体系,它对于搞好政府行政工作具有普遍的指导意义。因此在培训过程中应当防止简单的就事论事,从经验到经验的倾向,争取通过培训使受训者的素质在原有的基础上达到一个更高的层次。其次,培训工作不能脱离行政管理实践,反对脱离实际的、空洞的、抽象的说教,坚持一切从实际出发,实事求是,根据受训公务员所任职位的实际需要,有针对性地进行培训。这是使公务员深刻领会理论知识,并能灵活地运用于行政管理实践的重要保证。总之,只有坚持理论与实际相结合的原则,才能使培训更有成效。

2. 学用一致原则

学用一致是针对培训的目的而言。培训与传授一般知识和基本技能的学校教育不同,它侧重于与受训者工作性质密切相关的特殊知识和职业技术的传授。培训的最终目的是学以致用,它具有鲜明的实用性特点。如果学用脱节,就会使培训失去意义。因此,培训必须要与使用挂起钩来,做到因用设学、用学对口、学以致用。

3. 按需施教原则

按需施教是针对培训的内容和方法而言。该原则要求根据公务员工作的实际需要有的放矢地安排培训内容和方法。对于不同职类职级的公务员要传授不同的知识和技能,避免以往那种不分培训对象种类,统统传授相同知识与技能的作法。因此,在对培训做出统一规划的前提下,在培训的内容和方法方面,要作到因人而异,采取较为灵活的规定,满足不同受训对象的实际需要。

4. 讲求实效原则

讲求实效是针对公务员培训的实际成效而言,着眼点是培训的效果。培训是政府的一项较大的投资,实施培训要消耗相当的人力、物力、财力。因此,必须要保证培训投入真正取得实效,防止只追求形式而不问效果或走过场的弊端。为此,培训主持机关应制定详细周密的培训规划,组织协调全国和地方的培训的实施,指导各类培训机构的培训工作;建立起严格的、科学的培训质量与效益的测评机制,定期分析、检测培训中存在的问题,研究解决的方案;注重培训设施和师资队伍的建设,为公务员提供良好的学习环境;对受训人员的学习严格要求,严格考核,将其学习成绩和鉴定存入本人档案,作为考核的内容和任职、晋升的依据之一。

公务员的培训分为四种。一是初任培训,它是对新录用人员的培训。这种培训以使新录用人员获得与将来所任职务有关的知识和技能为目的,增长有利于其以后事业成功的才干。二是任职培训,这是行政机关对晋升领导职务的公务员在任职前或者任职后一年内所进行的培训。培训的对象是晋升领导职务的人员,通过培训使之更好地适应新任职务的要求。三是专门业务培训,即对从事专项工作的公务员进行的培训。培训的对象是具有一定的阅历和工作经验的公务员,培训的目的是使受训者在专门业务上得到进修和深造。四是更新知识培训,即以全体公务员为对象,以更新知识、提高工作能力为目的的培训,其中,对担任专业技术职务的公务员,应当按照专业技术人员继续教育的要求,进行专业技术培训。这种培训可以防止公务员知识老化,使其掌握最新的理论和技术知识的内容以及发展趋向,提高行政管理能力,更好地完成本职工作。

此外,《公务员法》规定,国家有计划地加强对后备领导人员的培训。

(三)培训方式

从各国实践来看,公务员培训的方式灵活多样,主要包括以下几种:

1. 部内培训和委托培训

部内培训是由政府各部门自行培训在职人员;委托培训是政府通过合同或契约的方式委托大学或科研机构进行培训。

2. 国内培训和国外培训

前者是利用本国培训设施对公务员所进行的培训;后者是选派公务员出国读学位或进修考察,以获得专业知识,引进先进的科学技术和管理方法。

3. 脱产培训和在职培训

脱产培训是指公务员到指定的培训机构进行离职集中学习或进修;在职培训则是指在公务员不脱离工作岗位的前提下,利用业余时间参加培训。

4. 调任培训和复职培训

调任培训指使公务员改变原任工作,另任新工作,以资学习,增长才干;复职培训是对长期离开原职务的人员在其重返任职时所进行的训练。

在中国,国家建立专门的公务员培训机构。机关根据需要也可以委托其他培训机构承担公务员培训任务。

四、公务员的交流

公务员的交流制度是指用人单位因工作需要或者个人需求,根据相关规定和程序,对公务员的职务做有计划的调整和变动。公务员系统是开放的体系,公务员既可在公务员系统内部进行交流,也可以与公务员系统外部进行交流。公务员的交流有计划性、规范性,世界各国对公务员的交流大都进行了规定。实行交流制度的目的在于使公务员经受锻炼,增长其才干,提高其素质,优化公务员队伍的结构。

《公务员法》规定,国家实行公务员交流制度。公务员可以在公务员队伍内部交流,也可以与国有企业事业单位、人民团体和群众团体中从事公务的人员交流。交流的方式包括调任、转任和挂职锻炼。

国有企业事业单位、人民团体和群众团体中从事公务的人员可以调入机关担任领导职务或者副调研员以上及其他相当职务层次的非领导职务。调任人选应当具备法定的条件和拟任职位所要求的资格条件。调任机关应当根据上述规定,对调任人选进行严格考察,并按照管理权限审批,必要时可以对调任人选进行考试。

公务员在不同职位之间转任应当具备拟任职位所要求的资格条件,在规定的编制限额和职数内进行。对省部级正职以下的领导成员应当有计划、有重点地实行跨地区、跨部门转任。

对担任机关内设机构领导职务和工作性质特殊的非领导职务的公务员,应当有计划地在本机关内转任。

根据培养锻炼公务员的需要,可以选派公务员到下级机关或者上级机关、其他地区机关以及国有企业事业单位挂职锻炼。公务员在挂职锻炼期间,不改变与原机关的人事关系。公务员应当服从机关的交流决定。公务员本人申请交流的,按照管理权限审批。

五、公务员的职位脱离

公务员的职位脱离是指公务员永久地脱离公务员职位,其中包括三种情况,即辞职、辞退、退休。这三种制度可以使得不愿继续担任公职的人和不具备公务员的素质要求的公务员离开公职队伍,从而实现公务员队伍的更新,保障公务员队伍的素质。

(一)辞职

辞职是指公务员根据本人的意愿并经过批准后辞去现任职务。辞职包括两种情况,一是辞去领导职务,脱离自己所处的职务关系;二是辞去公职,不继续在原单位供职并脱离工作关系,终止原有的权利、义务和待遇。

1.辞去领导职务

关于辞去领导职务,《公务员法》规定了四种情形。

一是因工作变动辞职:担任领导职务的公务员,因工作变动依照法律规定需要辞去现任职务的,应当履行辞职手续。

二是自愿辞职:担任领导职务的公务员,因个人或者其他原因,可以自愿提出辞去领导职务。

三是引咎辞职:领导成员因工作严重失误、失职造成重大损失或者恶劣社会影响的,或者对重大事故负有领导责任的,应当引咎辞去领导职务。

四是责令辞职:领导成员应当引咎辞职或者因其他原因不再适合担任现任领导职务,本人不提出辞职的,应当责令其辞去领导职务。

2. 辞去公职

辞去公职是公务员的一项权利,每个公务员都有权根据自己的愿望和实际情况提出辞职,另谋职业。但是,公务员辞职必须经过一定的法定程序,经上级批准后,方可辞职。在西方某些国家,公务员如果未经批准,擅自离职,则构成失职行为,要受到法律惩处。此外,公务员辞职须限定一定条件。

在中国,公务员辞去公职,应当向任免机关提出书面申请,填写《公务员辞职申请表》,经所在单位提出意见报任免机关,并由任免机关审批后方可辞职。任免机关应当自接到申请之日起30日内予以审批,其中对领导成员辞去公职的申请,应当自接到申请之日起90日内予以审批。公务员有下列情形之一的,不得辞去公职:(1)未满国家规定的最低服务年限的;(2)在涉及国家秘密等特殊职位任职或者离开上述职位不满国家规定的脱密期限的;(3)重要公务尚未处理完毕,且须由本人继续处理的;(4)正在接受审计、纪律审查,或者涉嫌犯罪,司法程序尚未终结的;(5)法律、行政法规规定的其他不得辞去公职的情形。

(二)辞退

辞退是指国家行政机关依法解除公务员在行政机关的公职关系。辞退公务员是行政机关领导人的一项权力,当发现公务员不胜任工作和其他适当确实的理由时,可以单方面解除其职务关系。辞退与开除等行政纪律处分不同,它不一定都因违反纪律而引起,其适用对象是那些不胜任或不适合担任公职的人员,二者在组织处理、经济待遇等方面都有不同。

在中国,公务员有下列情形之一的,予以辞退:(1)在年度考核中,连续两年被确定为不称职的;(2)不胜任现职工作,又不接受其他安排的;(3)因所在机关调整、撤销、合并或者缩减编制员额需要调整工作,本人拒绝合理安排的;(4)不履行公务员义务,不遵守公务员纪律,经教育仍无转变,不适合继续在机关工作,又不宜给予开除处分的;(5)旷工或者因公外出、请假期满无正当理由逾期不归连续超过15天,或者一年内累计超过30天的。

对有下列情形之一的公务员,不得辞退:(1)因公致残,被确认丧失或者部分丧失工作能力的;(2)患病或者负伤,在规定的医疗期内的;(3)女性公务员在孕期、产假、哺乳期内的;(4)法律、行政法规规定的其他不得辞退的情形。

辞退公务员是一项严肃的工作,因此,必须严格遵照法定的条件和程序来进行,而且,辞退决定作出后,应当以书面形式通知被辞退的公务员。

公务员被辞退后,不再保留公务员身份,同时失去原有的工资和福利待遇,但可以领取辞退费或者根据国家有关规定享受失业保险。公务员辞职或者被辞退,离职前应当办理公务交接手续,必要时按照规定接受审计。

(三)退休

退休是指公务员工作达到一定年限和法定年龄之后,离开公务员职位,并享受法定的物质保障的制度。退休分为自愿退休和强制退休两种。自愿退休是达到一定年龄(工龄)后可以退休。公务员工作年限满30年,或者距国家规定的退休年龄不足5年,且工作年限满20年,或者符合国家规定的可以提前退休的其他情形,本人自愿要求退休,经任免机关批准,可以退休。强制退休是公务员达到国家规定的退休年龄或者完全丧失工作能力的,应当退休。凡已达到退休年龄的公务员,除国家另有规定者外,均须按时退休,不须本人申请,由所在单位和任免机关在其达到上述年龄后一个月内办完退休手续,不再列入在职编制。

公务员退休后,享受国家规定的退休金和其他待遇,国家为其生活和健康提供必要的服务和帮助,鼓励发挥个人专长,参与社会发展。

第五节　公务员的激励机制

一、公务员激励机制的意义

为了保证公务员在执行公务中尽职尽责,除了努力提高公务员的素质之外,还必须采取一定的激励措施,充分调动公务员的积极性。有关提高公务员积极性的机制即为激励机制。

人事行政的激励机制在政府管理中的作用十分重要。首先,激励是决定公务员绩效的重要因素之一。公务员的绩效在很大程度上取决于其积极性发挥的程度,通过实施激励,可以充分发掘人的内在潜力,激发人的工作的主动性和自觉性,提高工作效率。其次,激励能够引发政府组织的活力,使公务员的智慧和创造性得到充分发挥,从而实现卓有成效的管理。最后,激励可以使行为优异者继续保持其优异行为,并促使表现一般的和较差的公务员,向优异者看齐,从而有助于行政机关内部形成一种积极向上的群体气氛;因此,激励是促使更多的公务员自觉自愿地为实现组织目标而努力的重要手段。

人事行政的激励机制的工作内容有外附报偿和内滋报偿两个方面[①]。外附报偿通过薪金制度、津贴制度和保障制度来实现,规定这些制度的目的在于满足公务员的生理、安全和社会交往等方面的需要;内滋报偿包括考核制度、奖励制度和晋升制度等,这些制度的确立,可以满足公务员高层次的心理需求,增强其责任感、荣辱感和成就感。

二、公务员的考核

(一)考核的意义和原则

考核,顾名思义,即考查审核之意。在西方称此为考绩,或称效率评价或服务评价。具体来说,考核是指用人单位对其工作人员定期举行的检查评价。考核可以分为狭义和广义两种。狭义的考核是对工作人员的工作或业务成绩所作的考核;广义的考核除了考核业务成绩之外,还对其能力、品行、学识、态度、性格和健康等状况进行综合考察。广义的考核不仅可以检查公务员工作的行为表现,也可以检查其内在的品质,因此,能够对被考核者做出较为全面的评价,并能够依此来判断被考核者是否胜任其工作、是否有潜力等等。

考核是人事行政的重要组成部分,具有十分重要的地位和作用。

1. 保证公务员奖惩制度的科学化

考核是行政组织定期对公务员的考查评价,通过考核,可以使用人单位对被考核者的才能素质和工作表现做到综合和全面的掌握和了解,进而做出公正的评价,并以此作为实施奖惩的依据。如果人事行政缺乏考核这一环节,奖惩就失去了客观的凭借,难免受领导者的主观随意性所左右。因此,考核是奖惩制度科学化与合理化的重要保障。

2. 有利于发现和选拔人才

国家公务的执行需要大批人才,对于优秀公务员的选拔,不能仅凭"伯乐相马"式的手工业方式,也不能单靠少数领导者和专家的举荐,而只能是建立在制度化了的考核基础上。通过定期的综合考核,可以使领导者和人事部门对下级的能力、品行、学识、工作成绩等方面有较为深刻的考察和了解,以此作为正确选拔任用人才的可靠依据。这样,考核就为德才兼备的人才的脱颖而出提供了条件,而不致被埋没和遗漏。

3. 考核是激励公务员奋发向上的有力措施

考核可以客观地表明公务员自身的缺点和不足,促使其通过学习和个人努

---

① 杨百揆等著:《西方文官系统》,四川人民出版社1985年版,第271页。

力加以改正和弥补,而且也可以使公务员经常地在工作中互相比较、竞争。为了争取晋升和奖励,避免降级或惩罚,就必须不断提高自身素质,努力工作。这样,必将有效地克服"干多干少一个样"、"干好干坏一个样"的弊病,激励每个公务员奋发向上,从而提高机关的行政效率。

公务员的考核应遵循以下原则:

1. 综合考核

考核的根本目的在于识别公务员的优劣,并为其奖惩提供客观依据。而为了全面、客观地评价被考核者,有必要作到对其德、能、勤、绩、廉五个方面进行综合考核,忽视其任何一方面都不会做出公正的评价。当然,在强调全面考核的同时也要有所侧重,在若干考核内容中,一般以考绩为主,重在考核工作实绩。因为绩是公务员德、能、勤、廉等因素的集中表现和综合反映。总之,考核既要全面,又要有重点,它是以工作实绩为中心的综合考核。

2. 民主考核

民主考核包括以下内容。首先,在制定考核标准时应当允许下级主动参与。有关研究表明,习惯于积极参与讨论的人,一般说来由他们自己提出奋斗目标,收效最好。其次,在考核方式上,要坚持领导与群众相结合,即不仅要有上级对下级的评定,还要有下级之间的相互评定和自我评定。否则,将难于保证考核的全面与公正。最后,考核结果必须公开,增强考核的透明度,一方面可以使被考核者明了自己的优点和缺点,明确今后努力方向,也可以使受奖者当之无愧,使受惩者心悦诚服,从而增进团结,消除矛盾;另一方面有利于被考核者监督考核者,避免考核中可能出现的偏见和误差。

3. 客观公正

所谓客观,即在考核中应本着认真负责的态度,对公务员做出恰如其分和全面的评价;所谓公正,即根据考核条件和标准进行考核,不受本人民族、性别、出身、职务、文化及与考核者远近亲疏关系的影响。客观公正是实施考核制度的前提,违背这一原则就不能全面评价公务员,使考核失去应有的作用,而且会引起广大公务员的不满与抵制,使考核失去权威性、严肃性。

4. 具体周密

考核是人事行政中必不可少的环节,每个公务员都要毫无例外地接受考核。但是,不同种类和级别的公务员,其工作性质和资格要求等都是不同的。因此,在考核的内容和标准上也就应该有所区别,而不能强求划一。否则,难免有抽象空洞之弊。这就要求有关领导和考核者根据本部门的特点,制定出分别适合各类职务和各级职别的具体周密的考核内容和标准,使考核真正能够对公务员做出客观公正的评价。

(二) 考核的内容、程序和方法

在不同国家,考核的内容有一致性,又有差异性。一般来说,考核内容主要涉及到"人"与"事"这两方面。对人的评价包括能力、品性、学识、体格等;对事的评价则包括工作态度、工作结果。在中国,考核主要审核评价公务员的德、能、勤、绩、廉。考德,是考核公务员的政治、思想和道德素质的表现;考能,主要是考核公务员的业务知识和工作能力;考勤,是考核公务员的工作态度和勤奋敬业的表现;考绩,是考核公务员的工作实绩和工作结果,主要看其工作的数量、质量、效益和贡献;考廉,主要考核公务员严于律己、廉洁奉公、清廉从政情况。在以上五项考核内容中,考德、考能和考廉是对公务员自身素质的评价,而考勤、考绩是对公务员所作的社会贡献的衡量。

中国对非领导成员公务员的定期考核采取年度考核的方式。年度考核由国家行政机关设立的非常设性的考核委员会或考核小组负责,它们在部门负责人的领导下负责公务员年度考核工作。考核的程序是,先由个人按照职位职责和有关要求进行总结,主管领导在听取群众意见后,提出考核等次建议,由本机关负责人或者授权的考核委员会确定考核等次。定期考核的结果应当以书面形式通知公务员本人。如果对定期考核定为不称职有异议的,可以按照有关规定申诉。

对领导成员的定期考核,由主管机关按照有关规定办理。

公务员考核的方法很多,下面简要介绍其中几种。

1. 因素分析法

即把公务员的工作能力、数量、质量和适应能力等分解成详细的多项要素,以此作为考核公务员的依据。

2. 序列法

这种方法依功绩将同类考核对象依次排列,考核之前确定若干考核因素,然后根据每一要素确定每个考核对象的序列,最后综合各要素的考核成绩,得出最终的成绩序列。

3. 相对比较法。根据考核要素把考核对象逐一成对地加以比较,评出每一对中的优者和劣者,然后综合结果,得出最终序列与成绩。

4. 代表人物比较法

这种方法首先确定若干考核要素,并就每个要素各分优、良、中、次、劣五个等次,然后从被考核者中选出几名代表人物,分别代表各要素的一定等级。再按各要素的顺序,把每一名被考核者与这些代表人物相比较,他与哪一个代表人物最相似,就将其评定为与该人物相同的等级。最后将各要素的得分合计,得出各被考核者的总分,并据此确定优劣。

5. 分析检查法

由美国学者普罗布斯特(Gilbert Probst)设计,因此又称普罗布斯特法。具体作法是,列举100个积极或消极的行为动态或特点作为评定要素,由几位考核者分别判断被考核者是否具有这些因素,并在考核表的指定位置上注明肯定与否定的符号,然后根据评分标准和综合标准确定总分数和最终成绩。

(三) 考核的时限与等次

考核依据其时间可分为平时考核和定期考核两种。平时考核是对公务员平时的工作进行的日常考察,例如考勤和每日工作检查等。定期考核是周期性地对公务员的工作所进行的较为全面的考察,分为月考、季度考和全年考。根据国内外的经验,定期考核的时限以一年为宜。一般来说,公务员的考核应以定期考核为主,以平时考核为辅.将平时考核与定期考核密切结合。平时考核的作用是记录平时表现,为定期考核奠定基础。它一般不直接导致奖惩,而定期考核则对公务员的奖惩产生一定影响。中国《公务员法》规定,公务员的考核分为平时考核和定期考核,定期考核以平时考核为基础。

关于考核等次,国外规定不一,有的分为三等,有的分为五等。例如,后者分为特别优秀者、优秀者、满意者、普通者、不合格者。

中国公务员定期考核分为四个等次,即优秀、称职、基本称职、不称职。考核等次与其他人事工作密切相联,其结果可以作为调整公务员职务、级别、工资以及公务员奖励、培训、辞退的依据。

三、公务员的奖惩

(一) 奖惩的涵义和作用

奖惩是指依据公务员的工作表现和考核结果,依法按照一定标准奖功惩过。具体来说,奖励是对工作表现突出,有显著成绩和贡献,或者有其他突出事迹的公务员或者公务员集体所给予的奖赏,它对人的行为具有积极的激励作用。奖励分为个人奖和集体奖两种,公务员集体的奖励适用于按照编制序列设置的机构或者为完成专项任务组成的工作集体。惩戒是对失职违法的公务员以纪律处分。在行政机关中,惩戒与奖励不同,它起着一种消极的制约、约束和控制作用。惩戒是预防和惩治过失,警戒将来而采取的行政措施。这种措施一般难以对公务员产生积极的激励作用,但为了论述方便起见,将其与奖励一并介绍。实施奖惩的目的,在于维护行政纪律和行政秩序,防止和纠正公务员的违法失职行为,并调动公务员的积极性和创造性,从而保证国家行政机关有秩序和高效率地运转。

奖惩具有以下作用:

1. 行为的强化作用

心理学研究表明,奖惩对人的行为具有强化作用。强化可以分为正强化和负强化。通过对人的某种行为予以肯定、赞许和奖赏,可以使其得以巩固和保持,从而对之起到正强化的作用;通过对人的某种行为予以否定、批评和惩处,可以使其减弱和消退,从而对之起到负强化作用。因此,奖惩是包括人事行政在内的现代管理的一种重要措施,是鼓励先进、鞭策后进不可缺少的杠杆和手段。

2. 组织的保证作用

任何组织为维持自身的存在,确保完成其所担负的使命,必须制定有关规章、纪律和行为规则,以规范工作人员的行为。因为组织内的工作人员决不会以同样的态度对待工作。渎职失职、懒惰散漫等越轨和错误行为不可避免。因此,客观上需要制定规章和规则,确定工作人员最起码的行为水准和工作标准,违反这些规则和低于这些标准便实施惩罚,以此来维持组织的存在,确保组织目标的实现。

3. 引导作用

在行政组织中,行为优者和劣者毕竟是少数,通过对其实施奖惩,可以对其他人产生较大影响。人们会在正反两方面的对比中习得组织的价值规范,并有可能将其内化于自身之中,表现于行动之上。因此,奖惩的作用之一就在于使工作人员将外来的教育转化为自身的内在的需求动力,使其按照正面的典型规范自己,争取做出更出色的成绩。

4. 激励作用

如前所述,奖惩起着不同的作用。制定纪律、规章或规范,使违者必究,可以保证人们正常的行为和工作成绩。而要突破常规,促使人的行为向更优异和更出色的方面发展,则需要对其进行及时的奖励。通过奖励,有助于提高广大公务员的政治责任心,进一步调动他们工作的主动性和创造性。

(二)奖惩的原则

1. 奖惩必须与考核相结合

考核是奖惩的依据,奖惩是考核的结果。公务员的是非曲直,功过优劣,是通过考核得以证明的,因此,必须要依据考核结果实施奖惩,不以人论功,不以言论过。只有这样,才能在奖励和惩戒中有效地避免个人好恶等主观因素的影响,使奖惩建立在科学客观的基础之上。

2. 奖惩必须严格

首先,依据考核结果该奖则奖,该罚则罚,既不埋没优者的功绩,也不姑息劣者的过失。其次,奖惩必须以有关奖惩规定作为准绳,绝不允许行政首长和有关部门随意奖罚。最后,奖惩必须及时,对于工作突出者,应给予及时奖励,从而强化他的优异行为,否则,就会挫伤其积极性。对于工作表现差劣者和犯有过失者,应迅速查明真相,及时处理,不得无故拖延,如果任其逍遥就会继续害人害己。

3. 奖惩必须公平

公平意味着根据公务员的实际表现来实施奖惩。若要实现奖惩公平,首先要对公务员的实际表现进行定性分析,以确定该奖还是当罚,做到"赏不加于无功,罚不加于无过",避免一人有功,大家同赏,一人有过,株连他人的平均主义倾向。其次,对有功者和有过者的行为进行定量分析,特功重奖,小功轻奖;大错重罚,小错轻罚。赏罚失当,既不利于教育本人,也不利于教育他人。最后,在奖惩面前人人平等,奖不避仇,罚不避亲,不允许有例外和特权。

4. 奖励与惩罚相结合

奖惩是公务员制度中不可分割的两方面,任何健全的组织都不会只奖不罚或者相反。因此,奖惩必须同施并用,将二者有机地结合起来,才能发挥应有的效力。但是,与惩罚相比,奖励是主要的,因为惩罚的目的只是使人们的行为符合组织的价值规范,完成最低标准的工作量,难以激发人们更优异的行为。激发人们的优异行为只有通过积极的奖励才能实现。

5. 精神奖励与物质奖励相结合、以精神奖励为主

奖励可以大体分为物质奖励与精神奖励,这二者都能满足人们一定的需要,激起相应的行为。只有将这两种奖励密切地结合起来,才能使其相辅相成、相得益彰。不过,物质奖励只是在短期内激发人们的积极行为,而要将这种行为巩固和保持下去,就要采用精神方面的奖励,满足其精神上的需要。精神奖励在调动人的积极性、主动性和创造性,发挥人的内在潜力方面起着十分重要的作用。因此,在强调物质奖励和精神奖励相结合的同时,应当将后者置于首位。

(三)奖惩的条件与种类

中国在实行公务员制度以前,行政机关工作人员的奖惩条件及程序等依据的是1957年10月颁布的《国务院关于国家机关工作人员的奖惩暂行规定》。实行公务员制度后,公务员的奖惩条件、种类及程序则要根据新的有关规定。《公务员法》在《国家公务员暂行条例》的基础上,具体规定了公务员奖惩的条件、种类和程序等。

公务员或者公务员集体有下列情形之一的,给予奖励:(1)忠于职守,积极工作,成绩显著的;(2)遵守纪律,廉洁奉公,作风正派,办事公道,模范作用突出的;(3)在工作中有发明创造或者提出合理化建议,取得显著经济效益或者社会效益的;(4)为增进民族团结、维护社会稳定做出突出贡献的;(5)爱护公共财产,节约国家资财有突出成绩的;(6)防止或者消除事故有功,使国家和人民群众利益免受或者减少损失的;(7)在抢险、救灾等特定环境中奋不顾身,做出贡献的;(8)同违法违纪行为作斗争有功绩的;(9)在对外交往中为国家争得荣誉和利益的;(10)有其他突出功绩的。

奖励分为:嘉奖、记三等功、记二等功、记一等功、授予荣誉称号。对受奖励的公务员或者公务员集体予以表彰,并给予一次性奖金或者其他待遇。给予公务员或者公务员集体奖励,按照规定的权限和程序决定或者审批。

公务员或者公务员集体有下列情形之一的,撤销奖励:(1)弄虚作假,骗取奖励的;(2)申报奖励时隐瞒严重错误或者严重违反规定程序的;(3)有法律、法规规定应当撤销奖励的其他情形的。

关于惩戒的条件和种类,将于本章监督约束机制部分阐述。

四、公务员的晋职

晋职即公务员的职务晋升,指因新的任命而带来的职务升迁。由于晋职能够使公务员由较低的职务升迁到较高的职务,意味着公务员所处地位的上升、职权的扩大和责任的加重,同时也伴随着工资福利等方面待遇的提高,因此,晋职制度可以调动公务员工作的积极性、主动性,从而起到激励作用。

根据《公务员法》的规定,公务员晋升职务,应当具备拟任职务所要求的思想政治素质、工作能力、文化程度和任职经历等方面的条件和资格。公务员晋升职务,应当逐级晋升。特别优秀的或者工作特殊需要的,可以按照规定破格或者越一级晋升职务。

公务员晋升领导职务,按照下列程序办理:(1)民主推荐,确定考察对象;(2)组织考察,研究提出任职建议方案,并根据需要在一定范围内进行酝酿;(3)按照管理权限讨论决定;(4)按照规定履行任职手续。公务员晋升非领导职务,参照前款规定的程序办理。

机关内设机构厅局级正职以下领导职务出现空缺时,可以在本机关或者本系统内通过竞争上岗的方式,产生任职人选。厅局级正职以下领导职务或者副调研员以上及其他相当职务层次的非领导职务出现空缺,可以面向社会公开选拔,产生任职人选。

公务员晋升领导职务的,应当按照有关规定实行任职前公示制度和任职试用期制度。

五、公务员的工资

工资是国家对公务员的服务所给予的报酬,是国家定期分配给公务员个人消费品的货币表现。工资制度的作用在于,为公务员提供稳定的生活费用,保障公务员的生活,稳定公务员的工作情绪,使之安心工作;依据工作贡献分配个人消费品,可以鼓励先进,鞭策后进,调动公务员工作的积极性,增进行政效能;工资制度实行按劳付酬的原则,以示客观公平,有利于公务员之间的相互团结和社会稳定。

中国公务员工资制度遵循以下原则:

1. 按劳分配原则

中国公务员工资制度同整个国家的工资制度一样,是建立在各尽所能,按劳分配的原则的基础之上的。由于公务员工资报酬依据的是其劳动的数量和质量,因此,公务员工资的确定,应当体现工作职责、工作能力、工作实绩、资历等因素,保持不同职务、级别之间的合理工资差距。

2. 正常增长原则

实行公务员制度的国家,都有公务员工资的增长机制,定期增资是较为普遍的做法。例如美国政府实行定期自动晋级,一般公务员的工资,12等以下52周晋级一次,13等以上的72周晋级一次。职等越高晋级间隔时间越长,最高职等是156周晋级一次。中国《公务员法》规定,国家建立公务员工资的正常增长机制。这一方面使公务员的工资定期有所增长,提高了其生活水平;另一方面,也使公务员之间的工资报酬拉开了档次,有助于提高其积极性和工作效率。

3. 适应性原则

经济社会发展具有动态性,随着经济发展和社会进步,公务员队伍的整体工资水平也应得到相应提高。因此,《公务员法》规定公务员的工资水平应当与国民经济发展相协调、与社会进步相适应。

4. 平衡比较原则

即公务员的工资应当与企业相当人员的工资水平保持大体平衡。否则,公务员工资过高,将增加政府经费开支,容易引起社会不满;而公务员工资过低,就不能吸引和留住优秀人才。因此,在确定公务员的工资水平时,既要作到能够吸引优秀人才到政府任职,又要尽量减少政府的经费支出。对此,《公务员法》规定,国家实行工资调查制度,定期进行公务员和企业相当人员工资水平的调查比较,并将工资调查比较结果作为调整公务员工资水平的依据。

工资制定是一项政策性很强的工作。在确定公务员工资标准时,除了考虑国家经济水平、社会生活水平、劳动力供需情况、社会伦理价值观和传统风俗之外,还需考虑到职务、职责、工作难易、危险程度、资历学历、福利保障、工作熟练程度和地区差别等因素。其中,各国一般都把职务作为确定工资的最基本的标准和依据。

公务员的工资在多数国家分为两大部分,一是基本工资,即保障公务员本人基本生活费用的那部分工资,它是工资的主体,具有相对的稳定性。二是附加工资,它是基本工资的补充,一般包括生活津贴、地区津贴、工龄津贴、加班津贴、住房津贴、技术津贴、交通津贴等。有的国家附加工资金额高于基本工资,津贴多达16种之多。

工资的类型有年功序列工资、职务工资和复合性工资等多种。中国公务员实行国家统一的职务与级别相结合的工资制度。公务员工资包括基本工资、津贴、补贴和奖金。

公务员按照国家规定享受地区附加津贴、艰苦边远地区津贴、岗位津贴等津贴;按照国家规定享受住房、医疗等补贴、补助;定期考核中被确定为优秀、称职的,按照国家规定享受年终奖金。

公务员工资应当按时足额发放,任何机关不得违反国家规定自行更改公务员工资政策,擅自提高或者降低公务员的工资,不得扣减或者拖欠公务员的工资。公务员工资应当列入财政预算,予以保障。

六、公务员的福利与保险

(一)公务员的福利

公务员的福利是指国家行政机关为解决公务员生活方面的一些共同需要和特殊需要,为公务员提供的生活服务和各项集体福利设施以及各种福利补贴。

《公务员法》规定,公务员按照国家规定享受福利待遇。国家根据经济社会发展水平提高公务员的福利待遇。公务员实行国家规定的工时制度,按照国家规定享受休假。公务员在法定工作日之外加班的,应当给予相应的补休。

(二)公务员的保险

公务员的保险是国家对暂时或永久丧失劳动能力的公务员给予物质帮助的制度,其目的在于满足公务员在丧失劳动能力后的基本生活需要。从性质来看,保险制度是社会主义条件下个人消费品分配的一种辅助形式,它根据的不是社会主义按劳分配,而是社会主义的物质保障原则。

保险制度的确定与实施应遵循以下原则。一是保障保险对象的基本生活需要得到满足,解除其生活负担;二是适当考虑保险对象过去工作贡献的大小。工作贡献的大小一般可以从保险对象的工资和工龄中得到反映。因此,工资高、工龄长的保险对象,其保险待遇应当高一些。

《公务员法》规定,国家建立公务员保险制度,保障公务员在退休、患病、工伤、生育、失业等情况下获得帮助和补偿。公务员因公致残的,享受国家规定的伤残待遇。公务员因公牺牲、因公死亡或者病故的,其亲属享受国家规定的抚恤和优待。

公务员福利与保险是公务员激励机制的重要组成部分。为保证福利与保险制度实施的规范性,并保障其切实发挥正常的功能,《公务员法》如规范公务员工资制度一样规范了福利保险制度,即任何机关不得违反国家规定自行更改公务员福利、保险政策,擅自提高或者降低公务员的福利、保险待遇。公务员福利、保险等所需经费,应当列入财政预算,予以保障。

第六节 公务员的监督约束机制

一、公务员监督约束机制的概念

公务员的监督约束机制是预防和纠正公务员违法、违纪行为,预防和惩治腐败现象所采取的方法和措施。国家行政系统的工作人员执掌公共权力以谋取公共利益,为保证公共利益的实现,需要为其制定工作规范,以及违反这些规范所应当承担的后果或者责任。《公务员法》规定了公务员的义务和纪律,建立起惩戒制度、辞退制度、领导成员的引咎辞职和责令辞职制度、回避制度以及对担任机关内设机构领导职务和工作性质特殊的非领导职务的公务员实行有计划地在本机关内转任制度等。在此主要涉及纪律及惩戒制度和回避制度。

二、公务员的纪律

纪律是组织为维护组织利益,维系工作效率和工作秩序而制定的要求组织成员遵守的规章制度。按照《公务员法》的规定,公务员必须遵守纪律,不得有下列行为:(1)散布有损国家声誉的言论,组织或者参加旨在反对国家的集会、游行、示威等活动;(2)组织或者参加非法组织,组织或者参加罢工;(3)玩忽职守,贻误工作;(4)拒绝执行上级依法作出的决定和命令;(5)压制批评,打击报复;

(6)弄虚作假,误导,欺骗领导和公众;(7)贪污、行贿、受贿,利用职务之便为自己或者他人谋取私利;(8)违反财经纪律,浪费国家资财;(9)滥用职权,侵害公民、法人或者其他组织的合法权益;(10)泄露国家秘密或者工作秘密;(11)在对外交往中损害国家荣誉和利益;(12)参与或者支持色情、吸毒、赌博、迷信等活动;(13)违反职业道德、社会公德;(14)从事或者参与营利性活动,在企业或者其他营利性组织中兼任职务;(15)旷工或者因公外出、请假期满无正当理由逾期不归;(16)违反纪律的其他行为。

公务员执行公务时,认为上级的决定或者命令有错误的,可以向上级提出改正或者撤销该决定或者命令的意见;上级不改变该决定或者命令,或者要求立即执行的,公务员应当执行该决定或者命令,执行的后果由上级负责,公务员不承担责任;但是,公务员执行明显违法的决定或者命令的,应当依法承担相应的责任。

公务员因违法违纪应当承担纪律责任的,依照《公务员法》给予处分;违纪行为情节轻微,经批评教育后改正的,可以免予处分。处分分为:警告、记过、记大过、降级、撤职、开除。

对公务员的处分,应当事实清楚、证据确凿、定性准确、处理恰当、程序合法、手续完备。

公务员违纪的,应当由处分决定机关决定对公务员违纪的情况进行调查,并将调查认定的事实及拟给予处分的依据告知公务员本人。公务员有权进行陈述和申辩。

处分决定机关认为对公务员应当给予处分的,应当在规定的期限内,按照管理权限和规定的程序作出处分决定。处分决定应当以书面形式通知公务员本人。公务员在受处分期间不得晋升职务和级别,其中受记过、记大过、降级、撤职处分的,不得晋升工资档次。受处分的期间为:警告,六个月;记过,十二个月;记大过,十八个月;降级、撤职,二十四个月。

受撤职处分的,按照规定降低级别。

公务员受开除以外的处分,在受处分期间有悔改表现,并且没有再发生违纪行为的,处分期满后,由处分决定机关解除处分并以书面形式通知本人。解除处分后,晋升工资档次、级别和职务不再受原处分的影响。但是,解除降级、撤职处分的,不视为恢复原级别、原职务。

三、公务员的回避

(一) 公务员回避的涵义

公务员回避制度是指为防止公务员利用权力为自己或者亲友谋取不当利益而对其任职和执行公务予以限制的人事制度，它是公务员监督约束机制的重要组成部分。从其性质来讲，回避制度属于事先防范机制，设置回避制度的目的，一是使公务员摆脱复杂的亲属关系的影响，集中精力做好行政工作；二是通过任职限制，防止公务员利用职务为亲属谋私利的机会，从而减少各种腐败行为。因此，回避制度无论是在古代社会还是在当代社会都受到高度重视。

(二) 公务员回避的适用

1. 任职回避

任职回避是指具有一定亲属关系的公务员在担任公职时相互之间按照一定规则进行回避。任职回避的核心是亲属回避。中国《公务员法》列举了4种亲属关系：夫妻关系、直系血亲关系、三代以内旁系血亲关系、近姻亲关系。凡有以上亲属关系的，在任职方面需受到限制：(1)不得在同一机关担任双方直接隶属于同一领导人员的职务；(2)不得在同一机关担任双方有直接上下级领导关系的职务；(3)不得在其中一方担任领导职务的机关从事组织、人事、纪检、监察、审计和财务工作。因地域或者工作性质特殊，需要变通执行任职回避的，由省级以上公务员主管部门规定。

2. 地域回避

地域回避是指担任一定层次领导职务的公务员不得在自己的原籍担任主要领导职务。《公务员法》规定，公务员担任乡级机关、县级机关及其有关部门主要领导职务的，应当实行地域回避，法律另有规定的除外。

3. 公务回避

公务回避是指公务员执行公务时，涉及本人或者亲属关系人员的利害关系的，应当回避。公务回避与任职回避和地域回避不同，后二者属于人事管理范畴。公务回避虽然也与人事管理有关，但其主要是公务办理的一部分，而且，公务回避不由任免机关决定，而是由该公务的主管机关和领导决定。

《公务员法》规定公务员执行公务时，有下列情形之一的，应当回避：(1)涉及本人利害关系的；(2)涉及与本人有本法所列亲属关系人员的利害关系的；(3)其他可能影响公正执行公务的。

公务员在执行公务时有应当回避情形的，本人应当申请回避；利害关系人有权申请公务员回避。其他人员可以向机关提供公务员需要回避的情况。机关根据公务员本人或者利害关系人的申请,经审查后作出是否回避的决定,也可以不经申请直接作出回避决定。

法律对公务员回避另有规定的,从其规定。

第七节 公务员的权益保障机制

一、公务员权益保障机制的概念

如前所述,任何人只要具备法定条件并通过法定程序成为公务员,就与国家形成了公职关系。作为处于公职关系一方当事人的公务员履行相关义务,并享有法定权利。凡是法定义务,公务员必须履行,否则将要承担相关责任;凡法定权利,必须得到保障,这种保障是通过申诉、控告、仲裁等权利救济机制来发挥作用的。一般而言,凡权利必有救济,没有救济机制作为保障的权利不是真正的权利。既然公务员法规定了公务员的7项权利,并通过单行法律规定了其他权利,那么,公务员管理体系就应当做出有关制度安排,以防止公务员的权利遭受非法侵害,或者受到侵害之后可以依法获得补救。

二、公务员的申诉

(一)公务员申诉的涵义与事项

公务员申诉是指公务员对涉及本人的人事处理决定不服,在规定时间内并通过法定程序向有关机关陈述诉求和理由,请求受理机关重新审查处理的行为。

根据《公务员法》的规定,公务员对涉及本人的下列人事处理不服,可以提出申诉:(1)处分;(2)辞退或者取消录用;(3)降职;(4)定期考核定为不称职;(5)免职;(6)申请辞职、提前退休未予批准;(7)未按规定确定或者扣减工资、福利、保险待遇;(8)法律、法规规定可以申诉的其他情形。

(二)公务员申诉的程序

公务员如对涉及本人的人事处理不服的,可以自知道该人事处理之日起 30 日内向原处理机关申请复核;对复核结果不服的,可以自接到复核决定之日起 15 日内,按照规定向同级公务员主管部门或者作出该人事处理的机关的上一级机关提出申诉;也可以不经复核,自知道该人事处理之日起 30 日内直接提出申诉。

对省级以下机关作出的申诉处理决定不服的,可以向作出处理决定的上一级机关提出再申诉。行政机关公务员对处分不服向行政监察机关申诉的,按照《中华人民共和国行政监察法》的规定办理。

原处理机关应当自接到复核申请书后的30日内作出复核决定。受理公务员申诉的机关应当自受理之日起60日内作出处理决定;案情复杂的,可以适当延长,但是延长时间不得超过30日。

复核、申诉期间不停止人事处理的执行。公务员申诉的受理机关审查认定人事处理有错误的,原处理机关应当及时予以纠正。

三、公务员的控告

公务员控告是指公务员对行政机关及其领导人员侵犯其合法权益向有关机关进行控诉和告发的行为。公务员行使控告权,必须是认为机关和领导人员的行为侵犯了自己的合法权益;控告的内容要与公务员的身份有关;必须要有明确的控告对象;必须实事求是,不得捏造事实,诬告、陷害他人。

《公务员法》规定,公务员认为机关及其领导人员侵犯其合法权益的,可以依法向上级机关或者有关的专门机关提出控告。受理控告的机关应当按照规定及时处理。

四、公务员的仲裁

(一)公务员仲裁的涵义及适用对象

公务员的仲裁亦称为人事争议仲裁,是指担任一定类型职位的公务员与所在机关因履行合同发生争议,可以在规定时间内向有关机构申请仲裁裁决。根据《公务员法》的规定,人事仲裁适用于通过聘任制录用的公务员,仲裁对象是合同履行争议。

《公务员法》与《国家公务员暂行条例》相比,增加了聘任制的规定,即机关根据工作需要,经省级以上公务员主管部门批准,可以对专业性较强的职位和辅助性的职位实行聘任制。机关聘任公务员可以参照公务员考试录用的程序进行公开招聘,也可以从符合条件的人员中直接招聘。机关聘任公务员,应当按照平等自愿、协商一致的原则,签订书面的聘任合同,确定机关与所聘公务员双方的权利、义务。聘任合同经双方协商一致可以变更或者解除。聘任合同应当具备合同期限,职位及其职责要求,工资、福利、保险待遇,违约责任等条款。

聘任合同期限为一年至五年。聘任合同可以约定试用期,试用期为一个月至六个月。聘任制公务员按照国家规定实行协议工资制,具体办法由中央公务员主管部门规定。

(二)公务员仲裁机构及程序

根据工作需要,设立人事仲裁委员会,该委员会由公务员主管部门的代表、聘用机关的代表、聘任制公务员的代表以及法律专家组成。聘任制公务员与所在机关之间因履行聘任合同发生争议的,可以自争议发生之日起60日内向人事争议仲裁委员会申请仲裁。当事人对仲裁裁决不服的,可以自接到仲裁裁决书之日起15日内向人民法院提起诉讼。仲裁裁决生效后,一方当事人不履行的,另一方当事人可以申请人民法院执行。

人事争议仲裁应当根据合法、公正、及时处理的原则,依法维护争议双方的合法权益。

第八节 人事行政机构

一、人事行政机构的概念

人事行政机构是指主管和办理国家行政机关人事行政业务的机构。行政人员是行政机关的组成要素之一,行政机关的运转和政府公务的推行,都有赖于一定的行政人员。因此,只要有行政机关存在,就要有行政人员的存在;有行政人员的存在,就有必要设立专门的管理机构,对其有关事务进行管理。人事行政机构的建立,从政治来说,是为免除任用私人和瞻徇援引所产生的各种流弊,由超然的人事行政机构本选贤任能的人才主义及公平态度考选甄别公务员;从经济方面来说,是为澄清吏治,减低政府支出或行政成本,增进效率;从行政方面来说,在于本机能主义,对人事行事宜统一管理,解决人事纠纷与冲突,促进各机关间的合作精神以共赴事功;从社会方面来说,是为了迎合本世纪以来许多社会运动和主张,对于内容充实丰富的人事事务进行专门管理[1]。

早在中国古代社会,历代统治者就重视人事行政机构的设置。在《周礼》中就有天、地、春、夏、秋、冬六官。天官掌管人事,是管官吏的官。隋唐以后历代设吏部,吏部为六部(吏、户、礼、兵、刑、工)之首,掌管全国官吏的选授、任免、考课、升降、调动等事务,为选拔和培养符合统治阶级需要的人才起到过重要作用。

在现代社会中,随着政府职能不断扩大,公务日益扩张,工作更加繁忙,工作人员的数目不断增加。为了有效地处理人事工作,世界各国普遍设置了各种形

---

[1] 参见张金鉴:《人事行政学》,三民书局1979年版,第59~62页。

式的人事行政机构,使人事行政工作朝着专业化、技术化和科学化以及统一管理、分层负责的方向发展。

从世界一些国家来看,人事行政机构地位特殊,权力很大,或是独立超然,或是直接隶属于政府首脑,或是居于各行政机关之首。例如,日本的人事行政机构——人事院,是一个地位和职权都较为特殊的中央人事机关。它与其他政府机关不同,可以保持自己的独立地位,其机构设置不受有关组织法的约束。人事院设于内阁之下,但与内阁保持相对独立,内阁无权随意罢免人事官,罢免人事官必须经法院裁决。从其职能性质来看,人事院是一个以决策职能为主,兼有监督和仲裁职能的政府机构。它所制定的人事院规则具有法律效力,对各级政府机关的人事管理均具有约束力和强制力。赋予人事行政机构以独立地位和特殊权限,目的在于防止联带关系,避免外界干扰,本着人才主义和公平原则,运用科学原理和手段选拔公务员。

二、外国的人事行政机构

如上所述,世界各国都设有主管人事行政事务的专门机构,但由于各自的社会历史背景、政治传统、地理环境、社会观念等方面的差异,其人事行政机构的组织形式、职能和权限会有所不同。一般来说,主要有以下几种类型的人事行政机构。

(一)部外制

部外制又称独立制,即在政府系统之外设置超然独立的人事行政机构,综掌人事行政大权。这种人事行政机构不仅执掌文官的资格审定权,也负责管理培训、晋升、考绩、奖惩、待遇、退休等事务。采用此制的代表是美国。美国于1883年设立文官委员会,为联邦政府的最高人事行政机关。该委员会由3人组成,总统提名经参议院批准任命。总统指定主席一人,副主席一人。委员中不得有两人同属一个政党,保证文官委员会的独立地位。除美国外,日本、菲律宾、韩国等国也实行这一体制。

部外制的优点是:独立行使职权,地位超然,态度公平,免受政党和行政首长的影响,有利于人事安定,有利于客观公正地选拔人才;由于综合掌理人事行政事宜,有利于对人事行政工作周密研究,通盘规划,统筹安排,避免各种管理措施顾此失彼,轻重不分,相互冲突。缺点是:由于独立于政府系统之外,对用人单位的情况了解不够,所做措施难于对症下药,切中时弊;人事与行政分离,不免产生矛盾,行政首长往往不愿与之配合,甚至给予牵制,使人事部门难以充分发挥作用;人事行政权独立,削弱了行政首长权力,妨碍其功能的发挥和行政责任的完整性,影响行政效率。

为了完善人事行政管理体制,美国独立的文官委员会于1978年被撤销,建立了新的人事行政机构,即人事管理局。人事管理局是直接向总统负责的独立机构,成立这个机构的目的是为了加强总统的人事管理权。其职责主要是就人事管理问题向总统提供咨询意见,并管理联邦政府的公务员,颁布人事管理规划,监督各机关对功绩制的贯彻实施。

(二) 部内制

部内制又称大陆制,指在政府系统内部设置人事行政机构,各项人事业务均由政府各部门自行掌理。中央所设人事机构不具体办理人事行政的实际工作,仅负人事联系与统筹之责。法国和德国采用部内制。

部内制的优点是:由于人事行政机构设置于政府系统内部,对用人单位的实际需要有着较为详细的了解,所做措施易于符合所需,切中时弊;人事与行政合为一体,在职权上避免冲突,工作上避免重复,易于收到事权统一,密切合作,增进效率的效果;管人与管事密切配合,工作中不必迂回曲折,往返商榷,行动迅速,不致延误时机,缺点是各部门均有各自的一套制度,易于各自为政,各行其是,管理标准不一,措施方法混乱,难于统筹规划,妨碍人事管理的统一性,不符合管理经济原则;行政首长权力过大,有可能干预人事权的行使,不利于客观公平选拔人才。

(三) 折中制

折中制又称英国制,即取部外制和部内制之长,采取折中的办法,建立半独立的人事行政机构。其作法是:把中央人事行政权一分为二,其中文官资格的审定权归独立的文官委员会,专司文官的考试录用,以避免不胜任者混入政府部门;其他人事行政事宜则由政府各行政部门负责管理。折中制的优点是:考试权独立行使,公平客观,既防止行政首长任用私人,又免受政党争斗的影响,使用人唯才的原则得到保障;由于考试录用外的人事行政业务归政府部门掌理,其所做管理措施能配合行政机关的需要,并保持行政责任的完整性。

上述三种人事行政机构各有其利弊,相比较而言,折中制更具合理性。西方原来实行部外制和部内制的国家,都有朝折中制方向发展的趋势。

三、中国的人事行政机构

新中国建国以后即成立了人事行政机构,在以后的发展过程中几经调整,变化较大。

1949年11月,在政务院设人事局,作为政务院的直属机构,协助中央组织部管理政府机关干部的工作。除政务院人事局外,政务院内务部、财经委、政法委、文教委也设立了人事机构,从事干部管理工作。由于这几个部门在权限划分,相互配合等方面缺乏经验,因此产生了一些不协调现象。为解决这一矛盾,1950年11月撤销了政务院人事局,将其与内务部、财经委、政法委、文教委的人事管理机构合并为中央人民政府人事部。1954年该部撤消,改称国务院人事局,直属国务院领导,与国家机关、地方人事部门建立业务上的指导关系。

1959年,根据第二届全国人民代表大会常务委员会第四次会议关于精简机构的决定,撤销了国务院人事局,成立政府机关人事局,受内务部具体领导。主管国务院人事局的业务,并接办原监察部主管的惩戒工作。

1968年12月,内务部被撤销,内务部政府机关人事局随之撤销,有关业务移交中央组织部和国务院办公小组办理。"文革"后于1978年3月成立民政部政府机关人事局,受民政部具体领导。

为了集中统一管理全国的人事工作,更好地为"四化"建设服务,1980年7月,国务院决定将民政部政府机关人事局与国务院军队转业干部安置工作小组办公室撤销,合并为国家人事局,直属国务院领导,负责综合管理政府系统的人事工作,并对各地区和国务院各部门的人事机构进行业务指导。

1982年,根据第五届全国人民代表大会第四次会议精神,本着重叠的机构撤销,业务相近的机构合并的原则,国家机关进行了改革。其中,将国家人事局、国家劳动局、国家科技干部局、国家编制委员会4个部门合并成劳动人事部。人事工作在部内由干部局、老干部服务局、干部教育局、军队转业干部安置办公室、工资局、福利局这几个部门分管。1984年,为了加强对科技干部的管理,经国务院批准,将劳动人事部科技干部局划归国家科委。

随着干部人事制度的改革和公务员制度的推行,中国人事行政机构及其职能都将要做出相应的调整。从机构方面来说,为了加强对公务员、政府机构和人员编制的管理,实现政府人事工作的科学化和法制化,应在各级人民政府内组建公务员管理机构,具体办理公务员的有关业务。从其职能来看,公务员管理机构应既是各级政府人事行政决策系统的组成部分,又是各级政府人事行政工作的职能部门。它应该兼有决策性、咨询参谋性、协调指导性和某些执行性的职能[1]。各级人事行政机构的权责应当以法律的形式加以确定,使其依法独立负责地管理政府系统的人事行政工作。

1988年,为了有利于建立和推行国家公务员制度,在国务院机构改革中,撤

---

[1] 刘俊林等著:《国家公务员制度讲座》,中央广播电视出版社1988年版,第260页。

销劳动人事部,设人事部。该部负责推行公务员制度,专司公务员队伍的管理。人事部内设办公厅、政策法规司、规划财务司、专业技术人员管理司、公务员管理司、企业领导人员管理局(人事司)、稽察特派员、总署办公室、人才流动开发司、工资福利与离退休司、军官转业安置司(国务院军队转业干部安置工作小组办公室)、国际交流与合作司等机构。

在2008年政府机构改革中,为了更好地适应社会主义市场经济的需求,实现人力资源强国战略,减少机构重叠、职能交叉脱节等现象,中央决定,原有的人事部与劳动和社会保障部不再保留,同时组建人力资源和社会保障部。这样可以避免机构重叠现象,使同类事务在同一个部门的领导下制定同一个政策,由同一个部门来执行,避免多头管理造成混乱。

按照十一届全国人大会议审议通过的《国务院机构改革方案》,决定成立国家公务员局。这是在探索实行大部门体制、加快转变政府职能、深化行政管理体制改革的大背景下,为更好地推行依法治国方略和实施人才强国战略而采取的重要举措。

国家公务员局由人力资源和社会保障部管理,为副部级单位,内设5个机构,均为副司局级,分别是综合司、职位管理司、考试录用司、考核奖励司、培训与监督司。根据国务院批准的国家公务员局主要职责内设机构和人员编制规定,国家公务员局主要承担以下七项职责:

1. 会同有关部门起草公务员分类、录用、考核、奖惩、任用、培训、辞退等方面的法律法规草案,拟订事业单位工作人员参照公务员法管理办法和聘任制公务员管理办法,并组织实施和监督检查。

2. 拟订公务员行为规范、职业道德建设和能力建设政策,拟订公务员职位分类标准和管理办法,依法对公务员实施监督,负责公务员信息统计管理工作。

3. 完善公务员考试录用制度,负责组织中央国家机关公务员、参照公务员法管理单位工作人员的考试录用工作。

4. 完善公务员考核制度,拟订公务员培训规划、计划和标准,负责组织中央国家机关公务员培训工作。

5. 完善公务员申诉控告制度和聘任制公务员人事争议仲裁制度,保障公务员合法权益。

6. 会同有关部门拟订国家荣誉制度、政府奖励制度草案,审核以国家名义奖励的人选,指导和协调政府奖励工作,审核以国务院名义实施的奖励活动。

7. 承办国务院及人力资源和社会保障部交办的其他事项。

新组建的国家公务员局的职责,是按照统筹公务员事务管理的要求设定的,从职位管理、考试录用、考核奖励到培训与监督,覆盖公务员事务管理的各个环节。这一职责定位,以原公务员管理职责和政府奖励职责为基础,以《公务员法》规定的职权为依据,通过整合和重新设计,使公务员管理的职责得到进一步强化和完善。

第八章 财务行政

第一节 财务行政概述

一、财务行政的概念

所谓财务,泛指机关、企事业和团体等单位中有关财产和资金方面的事务;行政,管理也。财务行政有广义与狭义之分。广义的财务行政是国家收支政策、管理策略、程序、方法和制度的总称,是从宏观上处理国家的财政收支问题,包括预算、会计、决算和审计的全过程,并有专门机关负责管理和监督。狭义的财务行政是国家机关、党派、团体,为完成其本身的工作任务所需要的国家预算资金,在领拨、分配、使用等过程中所发生的经济业务,也就是对行政经费进行领拨、使用、管理和监督的活动[①]。这种意义上的财务行政是从微观上就具体部门的资金业务进行管理,包括一系列的管理技术和方法问题。

财务行政学是一门研究财务行政的专门学科。它与财政学既有联系又有区别。前者原属后者的研究内容之一,二者都涉及到国家资金的收支问题。其区别在于,首先,财政学主要研究资金分配,即收入与支出的规律;财务行政学则研究如何依据资金分配规律对资金分配进行管理。从学科性质上看,财政学属于经济学范畴,财务行政学属于管理学范畴。其次,财政学偏重于从经济学的角度,以研究如何增进国家财政的经济效果为目的,分析财政收入的获得和支出的使用,探讨的是财政方面的实际内容,故称为实质的财政学;而财务行政学则偏重从行政管理学的角度,以研究如何实施行政控制和增进行政效率为目的,探讨财务方面的行政与立法等问题,故称为形式的财政学。最后,财政学研究的范

[①] 参见夏书章主编:《行政管理学》.山西人民出版社1985年版,第209页。

围广泛,例如开辟财源、征收赋税、经营产业、控制货币、发行债务、金融管理以及编制预算,有计划地分配、使用钱财和审查其使用结果等;财务行政学研究的范围相对狭窄,它以预算为主干,主要研究预算的编制、审批、执行和监督等问题。因此,财务行政学是狭义的财政学,是广义财政学的一部分。

财务行政的研究最早起源于17、18世纪德国的官房学或度支学。该理论为了达到富国裕民之目的,注意国家财产的收入及管理方法的探讨。19世纪德国学者史坦因在其所著《行政学》一书中,开始注意从行政及法律的角度论述政府财政收支及其管理方法。20世纪初美国学者怀特在创建行政学理论过程中,将财务行政纳入行政学体系。另一名美国学者魏劳毕在《公共行政原理》一书中,对财政、预算和物资管理等财务问题进行了重点论述。从此,财务行政一直成为行政学研究的重要内容之一。

二、财务行政的特点

财务行政作为以国家权力为基础的货币收支的管理活动,具有以下特征。

(一)社会性

社会主义的财务行政代表国家参与对一部分社会产品的分配,不是为少数人服务,而是为了发展生产建设和其他各种事业,巩固社会主义经济基础,维护人民当家作主的国家政权,体现的是人民的意志,而且最终是为了全体人民的利益。因此,这种分配是一种取之于民、用之于民的分配,具有广泛的社会性和人民性。这是与其他性质的国家的财务行政和其他社会组织的财务管理所不同的。

(二)服务性

提供公共服务是市场经济条件下政府的重要职能。在市场经济条件下,社会成员和社会组织主要通过市场机制和契约机制进行交往。凡公民、法人或者其他组织能够自主决定的、市场竞争机制能够有效调节的、行业组织或者中介机构能够自律管理的事务,政府就不再介入。政府主要的职能是弥补市场失灵和社会不能,这主要体现在提供公共服务方面。只有通过提供充分、优质的公共服务,政府才能证明自己存在的价值。政府公共服务职能的实现要以财政资金作为保障,因此,财务行政应当以满足社会公共需要为目的,调整公共支出范围,重点增加公共服务支出,把生产投资型财政转变为公共服务型财政。

(三)计划性

国家财政资金的分配支出具有严格的计划性。例如,各级政府各行政单位以国家下达的预算指标和工作计划为依据,编制本级政府和单位预算,经过批准,由财政部门按预算规定的定额,在确认的需要量范围内,提供给用于购置固定资产、物质储备和办公用品,支付工作人员的工资的费用和其他费用。因此,在财务行政中,预算即计划,具有法律上的特性,未经审批的预算不拨款,无预算的支出不拨款,原定预算不敷开支时,应事先追加预算,批准后方可拨支。总之,国家财政资金支出上的计划性是财务行政的一个特点。

(四)强制性

各国政府为了保证其职能的实现,大都凭借公共权力,以政府的名义,运用强制力量参与转化为价值形态的社会产品的分配,并对分得的那部分社会产品价值形式进行管理和使用。任何社会成员和行政组织成员,都有义务服从政府的财务行政管理。就社会成员来说,政府通过立法形式确定税种、税率和课税对象,凡是国家管理范围内的单位和个人,只要符合法定纳税条件的,必须依法纳税。偷税、漏税、逾期不交税者要负法律责任。就行政组织成员来看,任何单位和人员都必须按一定的计划和手续分配行政经费,而不得任意动用,否则,也要受到相应的制裁。

(五)连贯性

财务行政包括预算、会计、决算和审计四个环节,各环节的任务和职责由不同的机关来完成和履行。然而,这种看似分离的活动实际上密切相连,相互贯通,首尾呼应。预算是财务行政的首要环节,是政府在一定期间财政收支的计划,起着财政规划和统制作用;会计是执行计划的记录,起着考察和控制作用;决算是计划执行情况的总结,审计是对计划执行的监督,二者均起着考核作用,是财务行政活动合法性和效能性的重要保证。

三、财务行政的任务和作用

(一)财务行政的基本任务

财务行政的基本任务是国家财务行政机关在实施财务行政过程中所应履行的职责。一般来说,财务行政的基本任务主要有以下几项。

1.建立健全财政财务规章制度

各项财政财务规章制度是财务行政的准则和规范。建立严格的财政财务行政制度,是使财务行政有章可循、有法可依、堵塞漏洞、合理支出的重要前提。因此,建立并完善各种财政财务行政制度,就成为财务行政的基本任务之一。财务行政部门必须围绕党和国家在一定历史时期的工作重心和施政方针,制定既严格、又合理的财务行政制度,并使其保持相对的稳定性,同时,又要根据国家政治、经济形势的变化作必要的调整和修正。

2.制定和实施财政收支计划

财政收支计划是国家在一定时期内资金收入和支出的计划方案,由财政部门统一制定,它经立法机关批准之后,成为政府经费支配的标准和依据。财政收支计划由各级财政部门和财务管理部门负责实施。它们依据计划的内容把分散在各地区、各部门、各企业单位的生产经营者创造出来的社会财富集中起来,形成全国的财政收入,又按照计划的内容,采取专项基金和专款专用的形式,合理地分配资金,把财政收入转化为支出,满足各地区、各部门的实际需要。同时,对收支的实际进度进行必要的控制,使其与计划规定的进度相一致,从而保证计划得以顺利实现。

3.对各项财政财务制度和计划的执行情况进行检查监督

财政财务制度和计划一经确定,便具有了约束力和强制力,有关单位和个人必须遵守和执行。然而,为了使财政财务制度和计划切实得以遵守和执行,必须加强检查和监督。通过检查监督,可以查明损公肥私、贪占挪用等违法乱纪行为和违背国家计划、盲目花钱不讲经济效益等行为,并及时加以处理,维护国家财经纪律,督促各机关各单位严格按照国家政策和规章制度办事,保证财政收支计划得到顺利实施,使国家有限的财力得到更为合理和有效的使用。

(二)财务行政的作用

1.保证作用

财务行政为政府职能的顺利实现提供物质基础。政府与财务行政是密不可分的,财务行政被称为庶政之母,每一项行政活动都要与财务发生关联,任何政府只有在财政问题获得解决之后,才能从事各项行政活动。无论是设置机构,还是设定人员编制,无论是履行镇压、保卫职能,还是履行管理、服务的职能,无论是组织经济建设,还是发展公共事业,都离不开足够的物资和资金作为保证。古今中外的经验都证明,政府是离不开财务的,"没有健全的财政,就没有健全的政府。"正是基于这一理由,才有人将财务行政称为"现代行政的中心"。

2.控制和监督作用

财务行政对政府机关资金的收入与支出都有严格的规定和必要的制度。财政开支标准,是国家根据立法程序统一制定的,任何单位和个人都有遵守的义务,保证资金按照国家的有关方针、政策和财务制度合理地使用。通过财务监督,可以督促政府机关和工作人员遵守国家的财政法纪,严格执行财务制度并合理地支用公款公物,防止假公济私和中饱私囊。这样,就有力地控制了经费的使用,保证国家资金投放和使用的合法性。

3. 促进作用

财务行政的重要原则之一，就是以最小的投入，获得最大的产出，充分发挥资金的作用，做到少花钱，多办事，杜绝经费使用上的浪费和不当现象。此外，通过财务行政工作，加强对定员和工资基金的管理监督，促使各行政机关严格按照上级核定的方案设置机构，配备人员，这样有利于克服机构臃肿、编制庞大、相互扯皮、人浮于事等弊端，促使行政组织做到机构精干、运转灵活、充满活力、富有效率。

第二节　预算制度

一、预算的概念和特点

预算有广义和狭义两种用法。广义的预算是指国家机关、团体和企事业单位关于未来一定时期内的资金收入和支出的计划；狭义的预算则仅指政府机关关于未来一定时期内的资金收入和支出的计划。我们在此使用的是狭义的预算概念。对于这种意义上的预算，中外学者进行了大同小异的表述，一般认为预算是指政府根据其施政方针所编制的一定期间内的公共财政收支计划，它经由立法机关的承认，成为该期间内政府经费支配的标准和依据。预算是政府机关赖以存在的经济基础，它是国家职能得以实现的物质保证；预算是立法机关控制行政活动的重要工具，也是政府进行事先管理、控制政府收支的有效方法；预算还是最重要的、最基本的财政计划，是整个财务行政的基础和财务执行及财务监督的准则和依据。

预算作为国家有计划地筹集和分配资金的重要手段，具有以下特征。

（一）法令性

预算必须提交立法机关审批。而一旦经法定程序获得立法机关的承认，预算就具有了法律效力。我国《预算法》规定，经本级人民代表大会批准的预算，非经法定程序，不得改变。政府机关对法定预算负有遵照执行的责任。收入方面须依据征收法规，以预算数额为标准，以期收得预算规定数额，而且，预算中应上缴国家的款项，要及时足额上缴，任何单位和个人不得任意截留。支出方面也要以预算规定为依据，不得自行扩大开支范围和提高开支标准。

（二）统一性

国家在一定时期内的财政收入与支出必须从总体上通盘筹划，统一安排，有计划地组织和分配财政资金。把应该由国家集中掌握分配的财政资金分别编入各种收入计划和支出计划。这样既可满足各地区各部门的实际需要,又可以使其所取经费与所从事业的规模和轻重相适应,从而有利于节约,防止浪费。

(三)政策性

预算并不仅仅是单纯的收支计算和管理问题,而且是国家政策和计划的体现。预算反映着整个国家的政策,它规定政府活动的范围和方向。"国家预算的规模和内容,控制着整个政府活动和事业的规模、方向以及结果,体现了国家活动的战略部署和政治、经济、文化、军事等事业各方针政策,左右经济以及各方面事业的'消长'。"[1]

(四)政治性

预算参与对一部分国民收入的分配,还要根据国家各方面的需要对预算收入进行再分配。由于预算的收入与支出涉及到社会各阶层和许多人的利益,因此它带有较强的政治性。在社会主义国家,通过预算可以保证国民经济的稳步发展,逐步提高和改善人民的物质文化生活,满足巩固人民民主专政的资金需要。在资本主义国家,预算的政治性更为明显,由于利益和政治多元化的影响,预算主要是受妥协、策略和交易等考虑所左右的。因此,在西方国家,预算与其说是施政的工具,不如说是全社会决策过程中的一部分。在这个过程中,各社会集团、各级政府、办事机构、管理和制定预算机关、总统、经济顾问团、国会和国会所属各个委员会等共同决定"谁在何时、何地、如何得到什么"[2]。

二、预算的分类与作用

(一)预算的分类

预算因划分标准不同可以分为若干类型,常见的类型有以下几种。

1.按预算中所列岁入的性质可分为总额预算和纯额预算

前者指将政府收支的各项总额,全部计入一个预算者而言;后者指扣除获取收入所需的征收费和行政费,仅记载纯收入额的预算。总额预算比较符合预算的统一性和完整性,纯额预算则易于表现政府行政的成绩与效果,二者各有其优点。目前世界各国大都采用总额预算。

2.按预算编制的程序,分为概算、拟定预算、法定预算、分配预算

概算是各机关初步编制的收支计划,经过核定概数,作为将来编制拟定预算

---

[1] 邹钧主编:《日本行政管理概论》,吉林人民出版社 1986 年版,第 267 页。
[2] 参见 R.J.斯蒂尔曼:《公共行政学》下册,中国社会科学出版社 1989 年版,第 227 页。

的基础；拟定预算是拟定但未经立法机关通过和公布的预算草案；法定预算是经立法程序审批后公布的正式预算；分配预算是按法定预算范围，分配各机关实施的计划。

3. 按预算制定时间的先后，分为经常预算、临时预算、追加预算、非常预算

经常预算又称总预算或本预算，它是一预算年度内的正式预算；临时预算又称假预算，是正式预算未经确定，而财政年度即将开始而暂时实行的预算；追加预算即预算总额确定之后临时增加的预算；非常预算是国家为应付重大突发事件所作的特别预算。

4. 按预算范围的广狭，分为中央预算和地方预算

在单一制国家，有中央预算和地方预算。中央预算是指中央政府的预算，是国家预算的重要组成部分，地方预算指各级地方政府的预算。在中国，实行一级政府一级预算，设立中央、省、自治区、直辖市，设区的市、自治州、县、自治县、不设区的市、市辖区、乡、民族乡、镇五级预算。除中央预算之外，其他均为地方预算。中央预算由中央各部门（指与财政部直接发生预算缴款、拨款关系的国家机关、军队、政党组织和社会团体）和直属单位（指与财政部直接发生预算缴款、拨款关系的企业和事业单位）的预算组成。地方预算由各省、自治区、直辖市总预算组成。在联邦制国家，有中央、州和地方预算。过去一般所谓国家预算通常仅指中央预算，如今国家预算概念扩大到包括州和地方预算在内，但有法律效力的仍限于三级政府的预算，国家预算不过是反映国家全部收支情况的汇总材料。

5. 按预算内容的繁简，分为地方各级总预算、地方各级政府预算、部门预算和单位预算

地方各级总预算由本级政府预算和汇总的下一级总预算组成。地方各级政府预算由本级各部门（指与本级政府财政部门直接发生预算缴款、拨款关系的地方国家机关、政党组织和社会团体）和直属单位（指与本级政府财政部门直接发生预算缴款、拨款关系的企业和事业单位）的预算组成。部门预算由本部门所属各单位预算组成。单位预算是指列入部门预算的国家机关、社会团体和其他单位的收支预算。

6. 按所有的财政收支是否汇编在一个统一的预算表中，分为单式预算和复式预算

单式预算是指所有的财政收支仅由一个预算加以包容和规范；而复式预算是指把各项财政收支按不同经济性质划分为经常性预算和建设性预算。经常性预算是一般行政经费的收支预算，建设性预算是包括一切公共投资支出的预算。建国以来，中国长期采用单式预算制度，把吃饭钱（经常性的收支）与建设钱（生

产建设的资金)混在一起,经常挤掉吃饭钱去搞生产建设,而且预算中还不能直接反映出来。这就难以做到量财为用,量力而行,成为促使国家财政赤字不断扩大的一个原因。相对于单式预算而言,复式预算能够全面反映国家用于生产的投入及资金的来源,明确区分各项财政收支的用途,因此目前被世界上许多国家所采用。20世纪90年代初,在中国财政管理中扮演了几十年"主角"的单式预算制度告别舞台,从1992年起,按复式预算方式编制国家预算、中央预算,部分省市预算也采用这种方式。

(二)预算的作用

1. 政治的控制作用

预算的编制权在行政机关,然而,政府经费的收支遵循着外部控制的原则,即批准权在于立法机关。行政机关自己决定、自由实施并随意变更的预算不能称为法定预算。预算必须征得人民代表的承认,以体现对大多数人民意志的服从和尊重。在中国,国家预算的批准权归全国人大。宪法第62条规定,全国人大行使"审查和批准国家的预算和预算执行情况的报告"的职权,以期对预算实施事先控制并对预算执行结果实施监督。在西方,英国资产阶级革命成功后,确定了无代表不纳税的原则。美国独立革命后,宪法规定拨款须依法律。因此,现代西方国家的议会皆掌握财政大权。这被认为是主权在民的体现,是人民对政府的控制,目的在于防止政府横征暴敛,保护人民利益,减轻人民负担。然而,理论上如此,实际上却难以实现,对预算的控制,往往不是普通民众,而是议员所代表的财阀。

2. 行政的计划作用

预算不只是政府作为事前管理或限制财政收支的有效工具,而且也反映政府在一定时期内的作为和需要,反映着该时期政府财政收支活动应当达到的各项指标。它是政府以经费数目表现出来的施政计划。因此,预算与施政计划关系密切,编制预算和制定计划是一个问题的两个方面。

3. 效率的增进作用

预算是对政府加以约束,使之节约和提高效率的手段。通过预算的实施,可以促使政府对一定期间内的工作得失作一全面检查与衡量,并以报告形式呈送立法机关,由立法机关审查,借以发现过去的缺陷和错误,以求惩前毖后,革故鼎新,从而达到增进效率之目的。

三、预算的程序

预算的程序包括预算的编制、审批、执行和监督四个环节。预算程序必须由这四个环节构成,缺一不可,否则将失去预算的控制效力。

(一)预算的编制

1. 预算编制的机关

预算应由哪一机关编制,一般分为三种情况,一是立法编制制,即由立法机关编制预算,称为立法预算;二是行政编制制,即由行政机关编制预算,称为行政预算;三是混合编制制,即由立法机关与行政机关共同编制。倡导立法编制制者认为由立法机关编制预算可以保证立法机关对财政收支实行有效的全面控制,并可以节省讨论预算的时间。然而,实际上立法编制制弊大于利,其缺陷主要表现为议员不负实际行政责任,对财政状况不甚了解,所编制预算不切实际;议员平等,不相统属,只从个人观点窥及部分利益,难以建立完整统一健全的预算;行政机关不负责编制概算,不足以确定其行政责任及与立法机关谋求密切配合;议会易受政治斗争影响及压力组织的干扰,难依冷静头脑和客观精神编制。[①] 在混合编制制下,由于两个机关立场不一,难于获得圆满的预期效果。因此,世界上多数国家采用行政编制制。

采用行政编制制的国家,其预算的编制或是由预算机关主持,或是由财政部门主持。在前一制度下,财政部门负责编制财政收入预算,预算机关负责对政府各部门支出预算草案的编制进行指导、审核和协调。在后一制度下,上述二项职责均由财政部门承担。

中国实行行政编制制。国务院编制中央预算草案,地方各级政府编制本级预算草案。国务院财政部门具体编制中央预算草案,地方各级政府财政部门具体编制本级预算草案,各部门、各单位编制本部门、本单位预算草案。

2. 预算编制的原则

对于预算编制的原则,中国学者往往从预算内容的角度,强调收支平衡原则,量入为出原则,开源节流原则,统筹兼顾、保证重点原则和兼顾国家、集体、个人三者利益原则等。中国《预算法》也规定,各级预算应做到收支平衡。国外有的学者则从预算编制的技术着眼,强调预算编制的技术性原则。对此,较有代表性的是美国前预算局长史密斯(Harold Smith)提出的8项原则。

(1)公开性:预算的编制、审议与执行均应以公开为原则,但在战时为了保守机密,可不予公开。

(2)明晰性:明白清晰,使人人都能看得懂。

(3)广博性:预算的收支内容,应广博完整,足以反映政府的各种活动。

---

① 参见张润书:《行政学》,三民书局1979年版,第586页。

(4)统一性：政府预算应集中统一，成为一完整的单元。

(5)详确性：明细确实，有具体而特定规定，统收统支款项不能任意流用。

(6)预限性：预算有预限行为，不宜有追加或亏短，且须受审计监督。

(7)定期性：预算涉及的年度或期间要明白规定。

(8)准确性：详算确实可靠，不宜有"垫支"或"节余"的发生。

3. 预算编制的程序

为了便于编制和执行预算，有必要规定编制和执行财政预算的法定期限，即预算年度。各国规定的预算起止日期不同，有的国家采用历年制，即 1 月 1 日起至 12 月 31 日止，有的国家自 4 月 1 日起至次年 3 月 31 日止，有的国家自 10 月 1 日起至次年 9 月 30 日止。

中国采用的是历年制。根据《中华人民共和国预算法实施条例》的规定，国务院于每年 11 月 10 日前向省、自治区、直辖市政府和中央各部门下达编制下一年度预算草案的指示，提出编制预算草案的原则和要求。财政部根据国务院的指示，部署编制预算草案的具体事项，规定预算收支科目、报表格式、编报方法，并安排财政收支计划。

中央各部门根据国务院的指示和财政部的部署，结合本部门的具体情况，提出编制本部门预算草案的要求，具体布置所属各单位编制预算草案。各部门负责本部门所属各单位预算草案的审核，并汇总编制本部门的预算草案，于每年的 12 月 10 日前报财政部审核。

省、自治区、直辖市政府根据国务院的指示和财政部的部署，结合本地区的具体情况，提出本行政区域编制预算草案的要求。县级以上地方各级政府财政部门审核本级各部门的预算草案，编制本级政府预算草案，汇编本级总预算草案，经本级政府审定后，按照规定期限报上一级政府。

省、自治区、直辖市政府财政部门汇总的本级总预算草案，应当于下一年 1 月 10 日前报财政部。财政部审核中央各部门的预算草案，编制中央预算草案；汇总地方预算草案，汇编中央和地方预算草案。

国务院财政部门在每年全国人大举行会议的一个月前，将中央预算草案的主要内容提交全国人大财政经济委员会进行初步审查。省、自治区、直辖市、设区的市、自治州政府，县、自治县、不设区的市、市辖区政府财政部门分别在本级人大会议举行前的一个月前，将本级预算草案的主要内容提交本级人大有关的专门委员会和人大常务委员会进行初步审查。

根据《预算法》的规定，各级预算由预算收入和预算支出组成。预算收入包括：(1)税收收入；(2)依照规定应当上缴的国有资产收益；(3)专项收入；(4)其他收入。预算支出包括:(1)经济建设支出;(2)教育、科学、文化、卫生、体育等事业发展支出;(3)国家管理费用支出;(4)国防支出;(5)各项补贴支出;(6)其他支出。预算收入划分为中央预算收入、地方预算收入、中央和地方预算共享收入。预算支出划分为中央预算支出和地方预算支出。

根据《预算法实施条例》的规定,中央预算的编制内容包括:本级预算收入和支出;上一年度结余用于本年度安排的支出;返还或者补助地方的支出;地方上解的收入。此外,中央财政本年度举借的国内外债务和还本付息数额应当在本级预算中单独列示。地方各级政府预算的编制内容为:本级预算收入和支出;上一年度结余用于本年度安排的支出;上级返还或者补助的收入;返还或者补助下级的支出;上解上级的支出;下级上解的收入。

各级政府编制年度预算草案的依据是:法律、法规;国民经济和社会发展计划、财政中长期计划以及有关的财政经济政策;本级政府的预算管理职权和财政管理体制确定的预算收支范围;上一年度预算执行情况和本年度预算收支变化因素;上级政府对编制本年度预算草案的指示和要求。各部门、单位编制预算草案的依据是:法律、法规;本级政府的指示和要求以及本级政府财政部门的部署;本部门、本单位的职责、任务和事业发展计划;本部门、本单位的定员定额标准;本部门、本单位上一年度预算执行情况和本年度预算收支变化因素。

各级政府预算按照复式预算编制,分为政府公共预算、国有资产经营预算、社会保障预算和其他预算。

在编制预算中,中央政府公共预算不列赤字;地方各级预算按照量入为出、收支平衡的原则编制,不列赤字。中央预算中必需的建设投资的部分资金,可以通过举借国内和国外债务等方式筹措,但是借债应当有合理的规模和结构。地方政府除法律和国务院另有规定外,不得发行地方政府债券。

各级预算收入的编制,应当与国民生产总值的增长率相适应。各级预算支出的编制,应当贯彻厉行节约、勤俭建国的方针,统筹兼顾、确保重点,在保证政府公共支出合理需要的前提下,妥善安排其他各类预算支出。

(二)预算的批准

西方国家批准预算的权力属于议会。实行两院制的国家,议会两院对预算均有审议批准权,但在政治实践中,众议院的权力往往大于参议院,拥有最后的批准权。在英国,下议院有批准的权力,而上议院则无此权。行政机关将预算草案提交议会后,议会的全院大会首先对草案进行一般性广泛发言,然后由各种常设的委员会具体审查,最后由全院大会根据审核报告予以表决。

中国法律规定,人民代表大会是预算的审查和批准机关。中央预算由全国人大审查和批准,地方各级政府预算由本级人大审查和批准。各级政府预算经本级人大批准后,各级政府财政部门应当及时向本级各部门批复预算。各部门应当及时向所属各单位批复预算。

(三)预算的执行

预算经过立法机关通过后,即进入执行阶段。根据中国《预算法》和《预算法实施条例》的规定,各级预算由本级政府组织执行,具体工作由本级财政部门负责。预算执行的基本任务有:第一,按照预算把属于预算收入计划范围内的那部分社会资金及时、足额地缴入国库,建立起国家集中性资金。对此,《预算法》规定预算收入征收部门,必须依照法律、行政法规的规定,及时、足额征收应征的预算收入,不得擅自减征、免征或者缓征应征的预算收入,不得截留、占用或者挪用预算收入。有预算收入上缴任务的部门和单位,必须将上缴的预算资金及时、足额地上缴国家金库,不得截留、占用、挪用或者拖欠。第二,根据预算支出计划和各项事业计划执行的进度将预算收入资金及时、合理地拨给各部门、各企事业单位。《预算法》规定,各级财政部门必须依照法律、行政法规和国务院财政部门的规定,及时、足额地拨付预算支出资金,加强对预算支出的管理和监督。各部门、各单位的支出必须按照预算执行。第三,加强预算执行的指导和管理。各级政府应当加强对预算执行的领导,支持政府财政、税务、海关等预算收入的征收部门依法组织预算收入,支持政府财政部门严格管理预算支出。财政、税务、海关等部门在预算执行中,应当加强对预算执行的分析,发现问题及时建议本级政府采取措施予以解决。各部门、各单位应当加强对预算收入和支出的管理,不得截留或者动用应当上缴的预算收入,也不得将不应当在预算内支出的款项转为预算内支出。

(四)预算执行的监督

预算经立法机关通过开始实施起,至决算报告完成为止,都是处于执行期中。为了圆满地完成预算的收支任务,保证各项政治经济任务的完成,有必要加强预算执行的监督。

中国负责监督预算执行的机构,主要有各级人民代表大会、各级政府、各级政府财政部门、各级政府审计部门。

《预算法》规定,全国人大及其常委会对中央和地方预算进行监督;县级以上地方各级人大及其常委会对本级和下级政府预算进行监督;乡镇人大对本级预算进行监督。各级人大和县级以上各级人大常务委员会有权就预算中的重大事项或者特定问题组织调查,有关的政府、部门、单位和个人应当如实反映情况和提供必要的材料。各级人大和县级以上各级人大常委会举行会议时,人大代表或者常委会组成人员,可就预算的有关问题提出询问或者质询,受询问和质询的有关的政府或者财政部门必须及时给予答复。各级政府应当在每一预算年度内至少二次向本级人大或者其常委会作预算执行情况的报告。

各级政府监督下级政府的预算执行;下级政府应当定期向上一级政府报告预算执行情况。

各级政府财政部门负责监督检查本级各部门及其所属各单位预算的执行,并向本级政府和上一级政府财政部门报告预算执行情况。

各级政府审计部门对本级各部门、单位和下级政府的预算执行实行审计监督。

第三节 会计与决算制度

一、会计制度

(一)会计的涵义和特点

"会计"一词,中国古已有之。在汉语中,"零星算之为计,总合算之为会"。会计即为记零帐和汇总帐之意。中国早在周朝就设立了专门掌握朝廷财物和赋税的官员,对财物的收支进行"日计岁会"。此后,对财物的管理工作为历代统治者所重视。

现代意义上的会计是以货币作为统一计量单位,对企业、事业、行政机关等单位的经济活动进行全面、系统、连续、综合的反映、监督、控制,并参与决策的一种旨在提高经济效益的管理活动。

会计按其适用范围和核算对象分为企业会计和非盈利单位会计。非盈利单位会计是适用于事业、行政、财政等单位的,以国家预算资金活动为对象的一种专业会计。行政机关为执行国家机关工作所需要的资金,由财政部门从国家预算集中的资金中加以分配和拨付。各行政单位一方面要向财政部门按照核定的预算领取经费;另一方面,要按照国家规定的用途和开支标准支付人员经费、公用经费等。因此,行政单位会计的对象,就是各级单位预算资金的领拨、使用及其结果。

行政会计的主要特点有:(1)着眼于宏观管理,采取设置预算帐目控制经济的宏观活动,掌握资金的流向、流程,保证国家预算收支平衡。(2)保证国家预算的执行,对政府财政收支作忠实记录,以作为考核过去、检查现在和计划未来的依据。(3)财政资金是为了实现政府职能而无偿征集和使用的,因此,资金不计损益,设备没有折旧。(4)行政会计前有预算为其规定方向,后有审计加以监督,并受有关法规的严格约束。

(二)会计的原则和作用

会计工作应当遵循以下原则:

1. 节约原则

社会主义会计是为人民利益而管理国家财政收支的,因此,必须以最小的投入获得最大的产出,作到少花钱,多办事。在保证用款单位开展业务所必要的开支的前提下,精打细算,克勤克俭,节约一切可以节约的资金,合理有效地使用国家财力。

2. 分别管理原则

会计的职能之一就是记录和反映资金活动,它要把某个时期、某一单位的全部经济活动和结果如实地反映出来,就必须遵循分别管理原则,对各类资金分户储支,分帐记载,分别结算,从而正确及时地提供可靠的会计资料。

3. 完整简便原则

会计工作过程分为金额核对、填写会计凭证、设制会计科目、记帐、财产清查、结帐、编制或填写报表等环节。在这些环节中,既要作到财务活动记录的详实、系统和完整,又要作到简便易行。只有这样,才能圆满地完成任务。

4. 准确及时原则

会计是经济、财务活动的晴雨表,只有准确及时地反映预算执行情况和急需解决的问题,才能充分发挥会计在行政管理中的重要作用。否则,不仅会贻误工作,还会给国家和人民带来严重损失。

会计的基本职能是反映和监督,它作为以货币单位来综合反映和监督经济活动的一种经济管理工具,在国家财务行政中具有重要作用。

1. 反映作用

运用科学的手段和程序,对预算资金的筹集、分配和使用过程进行及时、完整、连续、如实的记录、归纳和整理,为加强计划和预算管理提供真实可靠的经济数据,从而起到反映的作用。会计提供的数据资料,是分析检查计划和预算执行情况,以及编制下一年度计划和预算的不可缺少的条件。

2. 提高作用

在做好记录反映的基础上,通过检查预算执行情况,分析检查资金使用的效果,揭露行政管理中存在的问题,制定对策,采取措施。促使人们自觉地按照经济规律的要求来组织收支活动,有效地组织收入,合理地安排支出,充分挖掘潜力,提高资金使用的效益,杜绝损失和浪费,保证国家预算正确而顺利地执行。

3. 保证作用

通过对会计凭证的审核和对资金的管理工作，监督有关单位的经济活动和财务收支活动，促使其严格按照国家预算办事，遵守国家的财政制度和财经纪律，并且堵塞财务管理的漏洞，完善会计工作程序，提高管理水平，防止和克服财务上的违法乱纪行为，保证国家资金和财产的安全与完整。

（三）会计的职责

根据中国有关规定，会计人员的职责是，通过会计工作，正确反映和监督经济活动，管好各项资金，提高资金使用效果，保护国家财产，维护财经纪律，促进增产节约，增收节支，为发展社会主义事业服务。为履行上述职责，会计人员必须做好以下工作。

1.按照国家的方针政策和财政制度，认真编制并严格执行财务计划、预算，遵守各项收支规定，分清资金渠道，合理使用资金，保证完成财政上缴任务。

2.严格执行国家会计制度的规定，作好记账、算账、报账，做到日清月结，按期报账，手续完备，内容真实，数字准确，账目清楚，并妥善保管会计资料。

3.按照资金管理规定，加强现金管理，作好结算工作。

4.定期检查和分析财务计划和预算执行情况，挖掘增收节支的潜力，考核资金使用效果，揭露管理中的问题，向领导提出合理化建议。

5.根据国家有关规定并结合本系统、本单位的具体情况，制定财会工作的具体规定和方法，协助本系统本单位管好、用好各项资金，指导所属单位提高财会工作质量。

6.遵守、宣传和维护国家财政制度和财经纪律，同一切违法乱纪行为作斗争。

（四）会计管理的基本方法

会计管理的基本方法是用来反映和监督会计的对象，完成会计任务的手段。在会计管理中，主要有设置账户、复式记账、填制和审核凭证、登记账簿、财产清查、编制会计报表、会计资料的分析和检查等。下面简要介绍其中几种。

1.设置账户

设置账户是对会计对象的具体内容进行归类反映的一种专门方法。会计对象的具体内容是复杂的，为了分门别类地提供各种不同内容的核算指标，满足预算管理的需要，就必须运用设置账户的方法，对各种经济业务所引起的资金的增减变动及其结果分类记录，进行科学的归类反映。

2.填制和审核凭证

会计凭证是用来记载经济业务、明确经济责任的书面证明和记账根据。每笔预算收支业务,都应由有关人员办理凭证手续,并经过财会部门审核无误后,才可以作为登记帐簿的依据。通过会计凭证的填制和审核,能为会计记录提供完整的、真实的原始资料,并能审查预算收支业务的内容是否符合党和国家的方针政策以及预算的规定,是否遵守国家的财政制度和财经纪律。

3. 登记账簿

账簿是记账用的簿籍,登记账簿是根据会计凭证,在账簿上全面地、分类地、连续地记录和反映各项经济业务。设置账簿并按一定方法和程序进行登记,可以记录和反映经济业务的各项资金的收支变化情况,认识资金运动的规律,并为编制会计报表、分析财务状况提供数据资料。

4. 编制会计报表

会计报表是以账簿的记录为主要依据而整理、汇总和编辑的书面报告。它对账簿所提供的各种核算资料进一步系统化,更深刻和全面地反映预算执行的指标体系,为国家进行综合平衡,考核计划和预算的实施情况以及编制下期计划和预算提供资料。

5. 会计资料的分析利用

会计资料的分析利用是根据会计资料所反映的各项经济指标进行分析对比,查明计划或预算是否完成、未完成的原因,预算资金的活动是否合理和有效,以达到总结经验,揭露矛盾,提出改进措施的目的。因此,会计资料的分析利用是对预算收支活动进行分析,并作出评价和协助改进的一种手段,是会计工作的重要组成部分。

二、决算制度

(一)决算的概念

决算是政府执行预算的报告,它以预算为张本,会计为依据,审计为归宿,在财务行政中具有不可替代的作用。

决算是国家经济活动在财政上的集中反映,反映着年度国家预算收支的最终结果。因此,每年年终,行政机关在执行预算后,都要及时、正确和完整地编制单位决算和各级政府财政决算,送请权力机关查核,以检查其有无错误和违失,进而解除其责任。

(二)决算的作用

1. 监督作用

决算是行政机关对立法机关编制的数字报告,是行政机关向立法机关表明责任的手段。行政机关是预算的执行者,对通过预算的立法机关负有政治责任。

行政机关对既定的国家预算是否忠实地执行,执行的结果如何,立法机关有过问和考查的权力。因此,每一年度国家预算执行完毕,行政机关必须以决算的形式提交立法机关审查通过,并予公布,从而实现立法机关对行政机关的监督作用。

2. 考核作用

决算是考核政绩的标尺,行政机关活动的效果如何可通过决算加以考察。因为行政活动与经费开支密切相关,通过计算分析,从政绩量支出,从支出量政绩,便可以看出行政机关的经济效益和行政效率的高低。此外,人民在行政机关支出下所获得的福利是否与其缴纳的租税负担相当,也可借决策报告作为判断标准。

3. 总结作用

通过分析决算,可以从财政方面研究、总结一年来各项经济活动的主要经验、效果和问题,为领导机关研究经济问题、决定经济政策提供参考资料。同时,通过分析决算,还可以系统地整理和积累财政收支统计的基础资料,总结一年来预算设计、执行管理和监督等方面的经验教训,提出改进意见和措施,为提高下年度预算管理水平创造条件。

(三)中国关于决算的规定

根据《预算法》和《预算法实施条例》的规定,决算草案由各级政府、各部门、各单位,在每一预算年度终了后按照国务院规定的时间编制。

编制决算草案,必须符合法律、行政法规,做到收支数额准确、内容完整、报送及时。

财政部在每年第四季度部署编制决算草案的原则、要求、方法和报送期限,制发中央各部门决算、地方决算及其他有关决算的报表格式。

县级以上地方政府财政部门根据财政部的部署,部署编制本级政府各部门和下级政府决算草案的原则、要求、方法和报送期限,制发本级政府各部门决算、下级政府决算及其他有关决算的报表格式。

地方政府财政部门根据上级政府财政部门的部署,制定本行政区域决算草案和本级政府各部门决算草案的具体编制办法。各部门根据本级政府财政部门的部署,制定所属各单位决算草案的具体编制办法。各单位应当按照主管部门的布置,认真编制本单位决算草案,在规定时间内上报。

各部门在审核汇总所属单位决算草案基础上,连同本部门自身的决算收入和支出数字,汇编成本部门决算草案并附决算草案详细说明。经部门行政领导签章后,在规定期限内报本级政府财政部门审批。

县级以上各级政府财政部门根据本级各部门决算草案汇总编制本级决算草

案,报本级政府审议后,由本级政府提请本级人大常委会审查和批准。乡镇级政府根据财政部门提供的年度预算收入和支出的执行结果,编制本级预算草案,提请本级人大审查批准。经批准后,县级以上各级政府财政部门应当自本级批准之日起20日内向本级各部门批复预算。各部门应当自本级政府财政部门批复本部门决算之日起15日内向所属各单位批复决算。

县级以上地方各级政府应当自本级人大常委会批准本级政府预算之日起30日内,将本级政府决算及下一级政府上报备案的决算汇总,报上一级政府备案。

第四节 审计制度

一、审计概述

(一)审计的涵义

所谓审计,是一种经济监督活动,其涵义是指审计机构和审计人员对被审计单位会计人员所作的会计资料进行科学检查,并对其所反映的经济活动的真实性、合法性和完整性加以评价,作出结论,向授权者或者委托者提出审计报告的一种专门活动。审计制度是有关审计工作的原则、方法和程序的一整套规定。审计是财务行政体系中的最后一环。预算为财政收支计划,会计和决算是财政收支的记录和总结,审计是财政收支情况的考核。通过审计会计凭证、帐簿记录和报表,确定其真实性、合法性、完整性,从而解除会计人员在会计年度中的责任。

(二)审计的特点

1. 独立性

独立性是世界各国审计界所公认的审计的本质特征。学者们认为审计的独立性包括三个方面:(1)审计人员的自主性,即不受委托人的任何影响,依据国家有关法律和财经法规对被审计单位的会计资料做出客观的结论;(2)精神上的独立性,即审计人员必须公正无私,不带任何偏见,以国家有关法律和财经法规为准绳做出公正的评价;(3)地位上的独立性,这种独立性应受到法律的保护和社会的承认。只有坚持审计的独立性,才能使其切实发挥监督职能,审计机关提供的审计信息才更有价值,才更能得到社会的信任。中国《审计法》为了保证审计的独立性,进行了如下规定,即审计机关依照法律规定独立行使审计监督权,不受其他行政机关、社会团体和个人的干涉。审计机关履行职责所必须的经费,应当列入财政预算,由本级人民政府予以保证。审计人员依法执行职务,受法律保护。审计机关负责人依照法定程序任免。审计机关负责人没有违法失职或者其他不符合任职条件的情况的,不得随意撤换。

2. 专门性

审计作为行政监督系统的重要组成部分,其内容具有专门性,主要是对政府各机关、各企事业单位和社会团体的经济业务、财务行为实施检查监督的一种专业性活动,是国家进行财政、经济监督的重要手段。

3. 权威性

审计机关依法执行职务,其做出的审计结论和决定具有法律规定的权威性。对违反国家规定的财政财务收支行为,需要依法给予处理、处罚的,审计机关有权在法定职权范围内作出审计决定或者向有关主管机关提出处理、处罚意见。被审计单位对审计机关作出的有关财务收支的审计决定不服的,可以依法申请行政复议或者提起行政诉讼。

(三)审计的职能

1. 监督职能

这是审计的基本的和首要的职能。通过审计机关依法行使审计监督权,可以有效地维护国家的经济秩序,严肃财经纪律,保证国家政策、法令的贯彻实施,克服各种违反国家财经纪律的行为,维护国家和人民的利益,实现国家对经济活动的宏观控制和管理。

2. 促进职能

审计机关及其工作人员可以和被审计单位一道,分析、研究、检查其经济活动、经营管理状况以及影响提高经济效益的因素,做出科学的结论,提出改进建议,有利于被审计单位健全管理制度,改善经营管理,提高经济效益。

3. 评价职能

审计要对被审计对象进行分析,并依照国家有关法律和法规对其是非曲直做出全面的评价,既要肯定成绩,又要揭露错弊。在评价过程中,审计人员必须要站在客观公正的立场,坚持实事求是的态度,依法评价,秉公评价。

4. 证明职能

即对被审计单位的会计资料,特别是财务报表进行审计,审查其是否适当,是否正确地反映了被审计单位的财务状况,从而对其真实性、合法性和完整性予以证明。只有经过审计证明的财务报表,才能得到社会上各方面的信任和承认。

二、审计机关及其职责和权限

(一)审计机关

中国的审计体系中包括国家、内部和社会审计,与此相应,存在着三种审计组织。

1. 国家审计机关

国家审计机关是代表国家执行审计监督的机关,具有宪法赋予的独立性和权威性。中国的审计机关是根据1982年宪法,于1983年开始组建的。宪法第91条规定国家设立审计机关,实行审计制度,审计机关在国务院总理领导下,依照法律规定独立行使审计监督权,不受其他行政机关、社会团体和个人的干涉。国家审计机关实行统一领导和分级负责制。国务院设立审计署,在国务院总理领导下,主管全国的审计工作,对国务院负责。审计署设审计长一人,副审计长若干人。审计长由总理提名,全国人大决定,国家主席任命,副审计长由国务院任命。

县级以上各级人民政府的审计机关,在本级政府行政首长和上一级审计机关的领导下负责本行政区域内的审计工作。地方各级审计机关对本级人民政府和上一级审计机关负责并报告工作,审计业务以上级审计机关领导为主。

2. 内部审计机构

内部审计机构是部门、单位内部设立的对本部门或本单位财政财务收支及其经济活动实施审计监督的机构。按照《审计署关于内部审计工作的规定》,内部审计的性质和对象是部门、单位实施内部监督,依法检查会计帐目及其相关资产,监督财政收支和财务收支真实、合法、效益的活动。

国务院各部门和地方人民政府各部门、国有的金融机构和企业事业组织,以及法律、法规、规章规定的其他单位,依法实行内部审计制度,以加强内部管理和监督,遵守国家财经法规,促进廉政建设,维护单位合法权益,改善经营管理,提高经济效益。

内部审计机构在本单位主要负责人的直接领导下,依照国家的法律、法规和政策,以及本部门、本单位的规章制度,对本单位及所属单位的财政、财务收支及其经济效益进行内部审计监督,独立行使内部审计监督权,对本单位领导负责并报告工作。

3、社会审计组织

社会审计组织是经过有关部门批准注册,以查帐、咨询等业务为社会服务并为社会所公认的审计组织。

以上介绍了三类审计组织,我们在此主要阐述国家审计机关的职责与职权。

(二)审计机关职责

中国审计机关的审计范围很广。根据《审计法》的规定,审计机关对以下对象予以审计监督:本级各部门(含直属单位)和下级政府预算的执行情况和决算,以及预算外资金的管理和使用情况;中央预算执行情况;地方本级预算执行情况;中央银行的财务收支;国有金融机构的资产、负债、损益;国家的事业组织的财务收支;国有企业的资产、负债损益;与国计民生有重大关系的国有企业、接受财政补贴较多或者亏损数额较大的国有企业、国务院和本级地方人民政府指定的其他国有企业;国有资产占控股地位或者主导地位的企业;国家建设项目预算的执行情况和决算;政府部门管理的和社会团体受政府委托管理的社会保障基金、社会捐赠资金以及其他有关基金的财务收支;国际组织和外国政府援助、贷款项目的财务收支。

(三)审计机关权限

国家审计机关有以下审计监督权:

1. 要求报送权

有权要求被审计单位按照规定报送预算或者财务收支计划、预算执行情况、决算、财务报告,社会审计机构出具的审计报告,以及其他与财政收支或者财务收支有关的资料。被审计单位拒绝或者拖延提供与审计事项有关的资料的,责令改正,可以通报批评,给予警告;拒不改正的,依法追究责任。

2. 检查权

有权检查被审计单位的会计凭证、会计账簿、会计报表以及其他与财政或者财务收支有关的资料和资产。被审计单位拒绝、阻碍检查的,责令改正,可以通报批评,给予警告;拒不改正的,依法追究责任。

3. 调查权

有权就审计事项的有关问题向有关单位和个人进行调查,并取得有关证明材料。

4. 制止权

有权对被审计单位正在进行的违反国家规定的财政收支、财务收支的行为予以制止;制止无效的,经县级以上审计机关负责人批准,通知财政部门和有关主管部门暂停拨付与违反国家规定的财政收支、财务收支直接有关的款项,已经拨付的,暂停使用。如发现被审计单位非法转移、隐匿、篡改、毁弃会计凭证、会计帐簿、会计报表以及其他与财政收支或者财务收支有关的资料,或者违法转移、隐匿违法所得的资产的,有权予以制止。

5.建议权

审计机关认为被审计单位所执行的上级主管部门有关财政收支、财务收支的规定与法律、行政法规相抵触的,应当建议有关部门纠正;有关主管部门不予纠正的,审计机关应当提请有权处理的机关依法处理。被审计单位有非法转移、隐匿、篡改、毁弃会计凭证、会计帐簿、会计报表以及其他与财政收支或者财务收支有关的资料的行为,或者违法转移、隐匿违法所得的资产,或者有违反国家规定的财政收支、财务收支行为,审计机关认为对负有直接责任的主管人员和其他直接责任人员依法应当给予行政处分的,应当提出给予行政处分的建议,被审计单位或者其上级机关、监察机关应当依法及时作出决定。

6.通报和公布权

审计机关可以向政府有关部门通报或者向社会公布审计结果。

三、审计的种类和方法

审计的种类很多,可以依据不同标准加以分类,常见的有以下几种。

1.依据审计的内容,可以分为财政财务审计、经济效益审计和财经法纪审计

财政财务审计是指对财政计划、信贷计划的执行和执行结果的审计以及对机关、企事业单位的财政收支所进行的审计。经济效益审计是指对被审计单位的经济效益状况所进行的审计,目的在于促使其节省、挖潜、堵塞漏洞,提高效益。财经法纪审计是指对违反财经法规的单位所进行的审计,揭露违法行为,并依情节严肃处理。

2.依据审计的时间,可以分为事先审计、事中审计和事后审计

事先审计是在财经业务活动开始之前进行的审计,它多用于效益审计,审计的目的在于防患于未然,防止浪费和不合理的支出,提高资金、物资财产和预算拨款的使用效益。事中审计是在财务收支活动中随时进行的审计。事后审计是在财经业务完成之后所进行的审计。通过审核各机关的会计报告、年度决算等,检查、分析资金的使用效果,查处违反财经纪律的问题。

3.依据审计的时期,分为定期审计和不定期审计

定期审计是在一定时期内的审计,分为月审、季审、半年审和年审四种,审计的对象主要是单位的财务报表和决算资料等。不定期审计是审计机关根据具体情况进行的临时性审计。

4.依据审计方式,分为就地审计,送达审计、派出审计、委托审计、巡回审计等

就地审计是到被审计单位进行现场审计;送达审计是对被审计单位报送的

有关资料进行的审计;派出审计是审计机关通过在重点地区和部门设置的派出机构或人员所进行的审计;委托审计是委托其他审计组织和人员进行的审计;巡回审计是依规定时间轮流到几个被审计单位所进行的审计。

除了上述分类之外,还可以依据审计的具体对象,分为预决算审计、税利审计、基本建设审计、现金审计、应收应付款审计、成本审计;依据从事审计的业务范围划分,分为全部审计和特种审计;根据审计以前是否通知被审计单位,分为预告审计和突击审计等等。

审计的方法也有许多种,主要有对会计凭证、账簿和报表进行检查的审计检查方法;以查明事实和问题为目的的实查、观察、查询和专题调查等审计调查方法;对被审计单位的财政业务进行分析、比较,判断其是否经济、合理和有效,发现问题后,提出改进措施的审计分析方法等。

第九章 机关管理

第一节 机关管理概述

一、机关与机关管理

机关,原指整个机械上能够发动和控制整体的关键部分。一个机械之所以能够运转,离不开机关发挥作用。将机关这一概念引伸到社会领域,则泛指国家、政党和团体为实现其职能而组织的固定机构[①]。这些机构在各自的权限范围内指挥和控制该组织的活动,没有机关,组织就不能发挥其应有的功能。

我们在此涉及的机关是行政机关。对于行政机关,可作不同的理解。最广义的行政机关是指依法行使国家行政权力,组织和管理国家行政事务的行政机关,简称政府。广义的行政机关是指各级政府内部的综合办事机构、各职能部门和直属单位。狭义的行政机关主要是指各级政府为处理综合性事务而设置的办事机构。

由于行政机关有不同的涵义,机关管理也就有广义和狭义之分。广义的机关管理是"一种行政技术的活动,是利用科学方法,有计划的、有效率的、有技术的规划、管制、联系、协调和运用机关的组织、人员、设备、物财和经费,作适时、适地、适人、适事的处理,以提高行政效率,发展机关业务,达成机关的使命。"[②]狭义的机关管理仅指对本机关内部综合性的日常事务、规章制度、工作程序等所进行的管理,也就是人们通常所指的办公厅(室)的工作。在此,我们使用的是狭义的机关和机关管理概念。

---

① 夏书章主编:《行政管理学》,山西人民出版社1984年版,第298页。
② 《云五社会科学大辞典》,第七分册《行政学》,台湾商务印书馆1973年版,第212页。

二、机关管理的任务和特点

(一)机关管理的任务

机关管理的工作职责和任务体现在以下几个方面。

1. 参与政务

参与政务即指参与行政首长的政务活动。机关管理人员要掌握本行政区域内政治经济建设和社会发展以及各项事业的主要情况和重大问题,掌握本组织和下属单位的工作情况,收集、处理并向行政首长汇报各种情报信息;围绕政府的中心工作组织或参与调查研究,为行政首长提供切实可行的工作方案,当好行政首长的参谋助手,协助行政首长统筹规划和决策;对本单位的各项决策和决定的贯彻实施进行检查,协助行政首长统揽全局,把握工作方向;辅佐行政首长进行指挥,承上启下,沟通左右,协调政府各部门之间的关系。

机关管理人员在参与政务中,主要是搜集信息、出谋划策、查办督办、反馈协调、总结经验。他们所起的作用是辅助作用。因此,在机关管理中,各项工作的进行应隶属于行政首长之下,不得超越法定职权,代替行政首长发号施令。

2. 处理事务

处理事务是指机关管理人员研究和解决大量的、具体的日常工作问题。机关事务琐细复杂,包括各种政府文件的起草、修改、印发以及领导者在重要会议上的讲话稿的起草工作;各种会议和大型活动的组织与管理;公文处理和档案、印章管理;办理人民代表的议案提案,处理人民来信来访;往来宾客的接待;保密工作,环境管理,后勤服务以及上级领导交办的工作和办理其他临时性、非例行性的工作。处理好这些日常事务,是使政府组织得以正常运转,顺利地履行其行政职能的重要保证。

为了保证机关管理工作正常而协调地进行,首先需要健全畅通的沟通网络,消除沟通障碍,加强各层次各单位之间的信息交流,这样有利于及时发现问题并有针对性地加以解决。其次,建立各种工作程序和工作制度,例如文秘工作制度、档案管理制度、会议管理制度、财务管理制度、物资供应制度等,使整个机关的管理工作有章可循、有法可依、有条不紊。最后,完善机关管理工作的考核制度和奖惩规定,依据机关管理人员的工作表现奖功罚过,从而提高机关管理的工作效率和工作质量。

3. 搞好服务

搞好服务是指机关管理人员要为行政首长、各职能部门和行政工作人员及其行政活动提供信息的、物质的保障。为了更好地提供服务,首先要具备明确的服务观念,把搞好服务作为机关管理工作的出发点和归宿。其次,要有主动服务的意识,有强烈的事业心和责任感,克服那种有交才办、不交不办的被动服务观念,按照领导意图和职能部门的实际需要,有预见性地安排各项工作,积极地、主动地和有创造性地提供服务。最后,努力学习专业知识,掌握纯熟的服务技术,这样才能把服务意识落到实处。

(二)机关管理的特点

1. 政策性

机关管理工作虽然琐碎具体,却大都与政策密切相关。无论是调查研究、反映情况、参与决策,还是处理信访、反馈信息、提供服务,都要涉及到国家相关政策。因此,机关管理人员必须对政策加以准确的理解和掌握,并且严格按照政策办事,作好各项机关管理工作。

2. 广泛性

机关管理涉及的范围十分广泛,从协助指挥和决策,到管理文书档案和物品器材,从联系上下,到沟通左右,从提供工作和生活服务到送往迎来,接待各方,由此决定了机关管理工作不仅繁忙复杂,而且范围非常宽泛。

3. 时效性

机关管理有很强的时效性,要求高效率地处理各种机关事务,辅助政务。只有高效率地提供服务和履行职责,才不至于贻误本机关乃至整个组织的工作,保证领导部门和其他职能部门各项工作的有效开展。

4. 服务性

机关管理属于辅助管理类型,服务性是机关管理工作的基本特点。服务工作搞得好坏,不仅关系到行政组织的各项工作能否高效率地进行,也关系到干部职工的情绪和组织的工作气氛。因此,提供优良的服务,应当成为机关管理工作的宗旨。

5. 机密性

机关管理人员了解领导核心层尚未拍板定案的决策内容,了解行政首长的意图和对各种具体问题的处理意图,经常接触国家的机密文电和有关政治、经济、技术等方面的信息情报。因此,必须要按照国家的保密规则,严格保密。

三、机关管理的地位和作用

任何行政组织都设有处理政务、管理事务的综合办公机构。这些机构虽然不直接担负完成整个组织的工作职能的任务,但却是控制和指挥整个组织的中心机构,是行政领导的左右手和核心要害部门,在整个组织中居于综合枢纽地位,起着十分重要的作用。

(一)物质保障作用

良好的机关管理可以为政府组织履行行政职能提供良好的基础和物质保障。行政活动若要正常地进行,必须要有充分的后勤服务,包括提供适宜的办公环境、办公用品、设备器材和办公交通工具等等。这些工作虽然不是行政任务本身,但都直接或间接地影响和制约着行政任务的完成。机关管理工作搞得好,可以解除第一线行政人员的后顾之忧,有利于他们更顺利地完成所担负的任务。

(二)辅助决策作用

良好的机关管理可以辅助行政领导者决策,提高决策水平。行政决策是行政领导者的固有职责。一项重大决策的优劣成败,除了取决于行政领导者自身因素之外,还取决于准确、及时和全面的信息以及多样化的决策方案。办公厅(室)是组织的综合部门,掌握着大量的情报资料,通过认真地整理、鉴别各种信息,帮助领导者了解情况,为其决策提供充分的依据。作为行政领导者的参谋助手,机关管理人员还要围绕领导者意图,在调查研究和科学论证的基础上,提出决策方案供领导者参考,并帮助领导者进行分析判断,使领导者做出正确决策。此外,在决策执行过程中,充分发挥眼观六路、耳听八方的"耳目"作用,掌握决策执行的进展情况,协助领导者对原有决策及时进行修正或调整。

(三)指挥枢纽作用

机关是行政工作的中枢神经,它既是行政组织的综合性办公机构,又是行政首长的指挥机关。行政首长是通过办公厅(室)来指挥控制、联系上下、沟通左右、协调关系的。任何行政工作都离不开办公厅(室)的工作,都要以其为中心来展开。通过办公厅(室)及其活动可以把各项行政活动有机地联为一体,形成一个系统协调的完整单元,使组织内的各项工作密切衔接,各环节运转自如。如果这一中枢神经系统出现故障,就会干扰其他部门工作的进行,甚至会使整个组织的行政活动陷于瘫痪。

第二节 机关管理的内容

一、机关文书管理

(一)文书的涵义和特点

文书是一定机关为处理事务按照一定程序和一定格式制定的具有现行效用

的文字材料。文书、公文、文件三个概念基本相同,但又有区别。文书外延较广,包括公务文书和私人文书两类。公文指文书中较严肃的、直接生效并有指导作用的文书。文件也是公文,但外延比公文要窄。这里研究的是国家行政机关的公务文书,简称公文。按照2000年8月国务院颁布的《国家行政机关公文处理办法》的解释,公文"是行政机关在行政管理过程中形成的具有法定效力和规范体式的文书,是依法行政和进行公务活动的重要工具"。公文在公务活动中产生,又为公务活动服务。它是传达贯彻党和国家的方针、政策,发布行政法规和规章,请示和答复问题,指导和商洽工作,报告情况,交流经验的重要工具,在行政管理中具有重要作用。

行政文书是当政者表达国家意志,管理国家和处理政务的手段,因此具有政治性。文书是依法能以自己的名义行使权力的组织和个人做出的,代表了制发机关的法定权威,是处理机关事务的依据,因此具有权威性;文书集中体现了党和国家的政策和法令,因此具有政策性;文书有特定的体式、结构、语言规范以及标准化规格等专门要求,因此具有特定的程式性;文书往往是针对彼时彼地的特定问题而发,明确规定命令、政策的对象、范围和时效,因此具有现实性。

(二)文书的作用与分类

文书在行政管理中具有以下几方面的作用:第一,法规性的文书受到国家权力的保证,一经颁布必须执行,违者要追究法律责任,从而起到法规作用;第二,上级的指示、指令、决定、决议、工作安排等是将法律法规具体化的文件,为下级的工作提出了要求,指明了方向,起到领导和指导作用;第三,文书可用来请示答复问题,指导、商洽工作,通报情况,交流经验,起到联系沟通作用;第四,阐明党和国家的方针政策,解释有关的事实、现象,澄清有关行政活动的内容和意见,以便统一认识,起到宣传教育作用;第五,请示、报告、批复、通知等文书传达和表明制发机关的意图,收文机关依据来文处理工作,解决问题,因此,文书还具有立此存照,以备查考的依据和凭证作用。

文书的种类很多,可以根据不同的标准分类:按行文关系,分为上行文、下行文和平行文;按密级程度,分为绝密、机密、秘密和一般性文书;按待办的缓急程度,分为特急件、急件和一般性文书;按其作用,分为指导性、非指导性文书;按专业性质和内容,分为外交、司法、军事、教育、财经等文书。

除了上述分类以外,还有一种重要的分类,即根据《国家行政机关公文处理办法》,按公文的文种,分为以下13种。

1.命令(令)

适用于依照有关法律公布行政法规和规章;宣布施行重大强制性行政措施;

嘉奖有关单位及人员。

2. 决定

适用于对重要事项或者重大行动做出安排,奖惩有关单位及人员,变更或者撤销下级机关不适当的决定事项。

3. 公告

适用于向国内外宣布重要事项或者法定事项。

4. 通告

适用于公布社会各有关方面应当遵守或者周知的事项。

5. 通知

适用于批转下级机关的公文,转发上级机关和不相隶属机关的公文,传达要求下级机关办理和需要有关单位周知或者执行的事项,任免人员。

6. 通报

适用于表彰先进,批评错误,传达重要精神或者情况。

7. 议案

适用于各级人民政府按照法律程序向同级人民代表大会或人民代表大会常务委员会提请审议事项。

8. 报告

适用于向上级机关汇报工作,反映情况,答复上级机关的询问。

9. 请示

适用于向上级机关请求指示、批准。

10. 批复

适用于答复下级机关的请示事项。

11. 意见

适用于对重要问题提出见解和处理办法。

12. 函

适用于不相隶属机关之间商洽工作,询问和答复问题,请求批准和答复审批事项。

13. 会议纪要

适用于记载、传达会议情况和议定事项。

以上不同种类的文书有不同的性质、作用、特点和应用范围,在处理上应有相应的办法和要求。当然,文书种类虽然很多,但其格式是相对固定的,一般由秘密等级和保密期限、紧急程度、发文机关标识、发文字号、签发人、标题、主送机关、正文、附件说明、成文日期、印章、附注、附件、主题词、抄送机关、印发机关和

(三)文书处理的程序

文书处理有若干个环节,各环节之间依顺序排列,前后衔接,形成了完整的文书处理程序。文书处理有收文处理与发文处理,与此相应就分为收文处理程序和发文处理程序。

收文处理程序一般包括签收、登记、审核、拟办、批办、承办、催办等环节。凡来文均要签收,在签收和拆封之后予以分类登记。登记的范围一般包括:机密材料和重要文件,上级的指导性文件和承办性文件,下级的请示性文件,外机关联系、商洽工作和需要回复的文件等。收到下级机关上报的需要办理的公文,文秘部门应当进行审核。审核的重点是:是否应由本机关办理;是否符合行文规则;内容是否符合国家法律、法规及其他有关规定;涉及其他部门或地区职权的事项是否已协商、会签;文种使用、公文格式是否规范。对不符合规定的公文,经办公厅(室)负责人批准后,可以退回呈报单位并说明理由。对符合规定的公文,文秘部门应当及时提出拟办意见送负责人批示或交有关部门办理,需要两个以上部门办理的应当明确主办部门。紧急公文,应当明确办理时限。收到上级机关下发或交办的公文,由文秘部门提出拟办意见,送负责人批示后办理。公文承办单位应根据领导人批办的意见提出并确定具体处理意见,指定承办人具体办理。批办事项属于承办人承办范围的,不得延误、推诿。紧急公文应当按时限要求办理,确有困难的,应当及时予以说明。对不属于本单位职权范围或者不宜由本单位办理的,应当及时退回交办的文秘部门并说明理由。送负责人批示或者交有关部门办理的公文,文秘部门要负责催办,做到紧急公文跟踪催办,重要公文重点催办,一般公文定期催办。通过对承办单位的工作进行检查和督促,防止公文积压,办事拖拉。

发文处理程序一般包括草拟、审核、签发、复核、付印、用印、登记、分发等环节。其中审核、签发、复核是较为重要的环节。公文送负责人签发前,应当由办公厅(室)进行审核。审核的重点是:是否确需行文,行文方式是否妥当,是否符合行文规则和拟制公文的有关要求,公文格式是否符合有关规定等。凡以本机关名义制发的上行文,由主要负责人或者主持工作的负责人签发;以本机关名义制发的下行文或平行文,由主要负责人或者主要负责人授权的其他负责人签发。公文正式印制前,文秘部门应当进行复核,重点是:审批、签发手续是否完备,附件材料是否齐全,格式是否统一、规范等等。经复核需要对文稿进行实质性修改的,应按程序复审。

(四)文书处理的原则

根据《国家行政机关公文处理办法》的规定,公文处理应当坚持实事求是、精简、高效的原则,做到及时、准确、安全。具体来说,公文处理应当遵循以下原则。

1.统一原则

文书处理必须要有统一的规定和要求,使之规范化、标准化。统一的内容包括:文书处理机构的统一,文书一般要由文秘部门或专职人员统一收发、审核、用印、归档和销毁;文书格式的统一,制发公文必须要有统一的格式,不能标新立异,各行其是;文书处理程序的统一,文秘部门必须按照规定的程序处理来文和发文事项;行文制度的统一,各级行政机关必须根据固定的行文关系行文,而不得任意打乱。

2.保密原则

由于文书涉及到党和国家的机密,因此,办文的各个环节必须严格执行国家保密法律、法规和其他有关规定,确保国家秘密的安全。这不仅需要办文人员树立起自觉的保密意识,而且还要健全各种保密制度和措施,保证安全,避免失密、泄密。

3.准确原则

文书是行政管理的工具,其内容都有一定的针对性,因此,处理文书必须注意准确,不仅要求文书内容符合国家的方针、政策和法律法规,还要求文书提出的措施要实事求是、具体明确、切实可行。

4.及时原则

文书具有时效性,办文的各个环节必须迅速有效地处理文书,作到不积压不拖延。尤其是急件,特急件文书,更不能无故延误时效。违反时效规定而使工作遭受损失的,必须依法追究责任。

5.简便原则

文书的行文要注意精简,控制发文数量,反对文牍主义。在保证文书质量的前提下,简化文件审批程序,减少传递环节,缩短文书旅程,以便节省时间和人力,提高行政效率。

二、机关档案管理

(一)档案和档案管理

简单来说,档案是指处理完毕经整理存档以备查考的各种文件及有关资料。根据《中华人民共和国档案法》的解释,所谓档案,是指过去和现在的国家机构、社会组织以及个人从事政治、军事、经济、科学、技术、文化、宗教等活动直接形成的对国家和社会有保存价值的各种文字、图表、声像等不同形式的历史记录。

文书工作与档案工作紧密相联,文书立卷之后,按一定归档制度向档案机构移交,就成为档案。因此,文书是档案的基础和源泉,档案工作是文书工作的延续。档案的形式多种多样,包括文件材料、电文、会议记录、电话记录、书信、图表、簿册、画片、影片、录音、录像等。

档案管理是指运用科学的原则和方法,收集、整理、鉴定、保管和提供有关文件资料的工作或管理活动。档案管理是机关工作的组成部分,它在妥善地保管行政管理工作的经验和结晶,使纷繁复杂的案卷得以迅速地查阅和利用以及提供行政研究和行政计划、决策所需的资料与依据方面起着重要作用。

根据《档案法》的规定,我国档案机构分为三类,即各级档案行政管理部门;机关、团体、企业事业单位和其他组织的档案机构;各级各类档案馆。就机关管理来说,其档案机构属于第二类,主要职责是负责保管本单位的档案,并对所属机构的档案工作实行监督和指导。

(二)档案管理的基本原则

档案工作的基本原则历来受到党和政府的重视。建国以来颁布的各项有关规范性文件,均对档案工作提出了明确的要求。根据《档案法》的规定,档案工作的基本原则是,实行统一领导、分级管理的原则,维护档案的完整与完全,便于社会各方面的利用。

1.统一领导、分级管理

档案工作涉及范围广泛,因此必须强调统一领导、分级管理。对此,《档案法》规定,各级人民政府应当加强对档案工作的领导,把档案事业的建设列入国民经济和社会发展计划。国家档案行政管理部门主管全国档案事业,对全国的档案事业实行统筹规划,组织协调,统一制度,监督和指导;县级以上地方各级人民政府的档案行政管理部门主管本行政区域内的档案事业,并对本行政区域内机关、团体、企业事业单位和其他组织的档案工作实行监督和指导。机关、团体、企业事业单位和其他组织的档案机构对所属机构的档案工作实行监督和指导。中央和县级以上地方各级各类档案馆,是集中管理档案的文化事业机构,负责接收、收集、整理、保管和提供利用各分管范围内的档案。

2.维护档案的完整与安全

所谓完整,是指档案材料的完整,不能残缺短少,管理质量也要有系统的科学性,不能零乱堆砌。所谓安全,是指档案要严格保管,其内容不能泄密,并防止自然因素对档案物质材料的侵蚀以及人为的偷盗和损害,从而保证档案资料能够得到长期的使用。

3.便于国家各项工作的利用

这是档案工作的宗旨和目的。档案工作人员要将服务这一原则贯穿于档案管理过程的始终,采取先进、科学的管理方法和技术,积极作好档案的提供利用工作,保证检索迅速,准确无误,调阅方便。

(三)档案管理的要求和具体内容

档案管理是一项专业性、技术性非常强的工作。《档案法》对档案工作提出了具体的要求,即建立科学的管理制度,便于对档案利用;配置必要的设施,确保档案的安全;采用先进技术,实现档案管理的现代化。

档案管理的具体内容一般包括档案的收集、整理、鉴定、保管、利用和统计工作等六个环节。它们之间相互联系,前后衔接,形成了档案工作的内在规律。

收集是档案工作的起点,它是指档案部门按一定范围对各种档案材料进行全面系统地搜集。为了保证档案收集工作的顺利进行,《档案法》规定,对国家规定的应当立卷归档的材料,必须按照规定,定期向本单位档案机构或者档案工作人员移交,集中管理,任何个人不得据为己有。《国家行政机关公文处理办法》也规定,公文处理完毕后,应当根据档案法和其他有关规定,及时整理(立卷)、归档。个人不得保存应当归档的公文。

对搜集来的档案材料,要按规定的程序,进行科学分类、组合和编目,使之系统化、条理化。

各种档案材料有不同的科学价值和实践价值,需要对其鉴定和甄别,进而确定不同档案材料的保管期限。对超过保管年限并且无须继续保留的,要按规定妥善处理。对此,《档案法》规定,国家档案行政管理部门负责规定鉴定档案保存价值的原则、保管期限的标准以及销毁档案的程序和办法,禁止擅自销毁档案。

加强档案的保管,维护档案的完整与安全是档案管理的重要内容。对于档案材料既要采取各种技术手段和设备来保护,又要建立严格的管理制度,使档案的损毁降到最低限度。

利用是档案管理的目的。提供利用主要是按调卷手续作好调卷工作,根据需求,及时、准确地查找出有关档案供参考使用。对此,《档案法》明确了国家档案馆保管的档案向社会开放的时限、档案提供的要求以及利用已经开放和尚未开放的档案的机构和人员的资格条件。

统计是调查分析档案在收进、移出、整理、鉴定、保管和利用中表现出来的数量关系,借以了解档案及其工作的规模、水平、速度等方面的情况,为分析研究档案及其管理工作提供可靠的根据。

三、机关会议管理

(一)会议的作用与分类

"会"指聚会、会晤,"议"指议事、商议。会议是人类群体有组织、有领导地商议事情,研究和解决问题的一种社会活动方式。行政会议是会议的一种,在行政管理中,会议是一种常用的手段和形式,它在以下几个方面发挥着重要作用。

1. 决策作用

通过会议,提出、分析并论证决策,探索解决问题的方法和途径,并按一定程序形成决议或决定,从而起到决策作用。

2. 传达作用

通过会议,可以传达领导的决策内容,贯彻领导意图和指示精神,部署工作,使与会者明确有关事项和各自的任务,有利于分工合作,推动机关工作的开展。

3. 沟通作用

通过会议传递信息,互通情况,交流经验,联络感情,既有利于各单位间相互学习,相互借鉴,又有利于增进团结。

4. 协调作用

通过会议可以协商解决工作中出现的矛盾或冲突,有助于消除隔阂,统一思想,达到协调一致的目的。

5. 监督作用

通过会议检查下级的决策执行情况以及其他工作的进度和质量,以发现并纠正各种失误、偏差,使行政机关处于良好的运行状态。

此外,会议还能起到宣传教育作用、咨询作用和理论研究作用等。

会议的种类很多,可以根据不同的标准分类。根据会议的规模,有大型、中型和小型会议;根据会议的内容,有综合性、专业性、专题性、咨询性会议;根据会议产生的必然性与偶然性,分为例行性会议和临时性会议;根据与会人员所代表的地域范围,有全国性会议、全省性会议等;根据会议的作用,有决策性、传达性、沟通性和协调性等会议。召开各种会议,应明确会议类型,这样有利于确定会议目标和程序,有利于提高会议效率。

(二)会议管理的内容

1. 会议准备

会前准备阶段的工作主要有:安排会议议题,明确会议内容和目的;准备会议文件,包括组织发言文稿和起草文件材料;提名与会人员,确定出席范围;准备好会议通知,通知开会对象,让与会者充分准备;搞好与会人员编组,排列好座次;布置会场,准备必要的用具,制发证件,安排接待工作。

2. 会中组织

会前做好会场检查工作,确保会议安全、如期进行;搞好会议签到,检查核对与会人员;分发会议材料,重要文件分发时要编号登记;做好会议记录,客观反映会议内容;组织分组讨论,利用简报、快报反映或交流讨论进展情况。在会议进行中,会议主持者要努力创造畅所欲言的民主气氛,引导与会人员围绕会议中心发言,掌握会议动态,控制会议进度。

3. 会后工作

会议结束后,妥善安排与会者的撤离;做好文件的善后工作,需要收回的及时收回,具有保存价值的会议材料,要分类整理,立卷存档;撰写会议纪要,完整记载议定事项和其他事项;督促检查会议议定事项的贯彻落实工作,对会议效果进行有效的监督,作到会议议而有决,决而必行,杜绝拖泥带水的"大尾巴"会议。

除了对各项会议进行具体的组织管理之外,还应注意解决好以下几个方面的问题。首先,召开会议应当适度,革除事事都要通过会议解决的陈旧观念。否则,会议泛滥,既浪费人力、物力、财力,又使有关领导和其他行政人员穷于应付,耽误工作。因此,有必要倡导少开会,开短会,开小会,并建立一套行之有效的管理制度,切实精简会议数量。其次,不断改进会风,提倡务实、节约,反对说空话、大话、套话、废话,反对讲排场,摆阔气,重形式,借开会之机请客送礼,大吃大喝,游山玩水。最后,提高会议质量,对会议做出充分准备,周密安排。对此,上文及行政领导一章已作介绍,这里不赘述。

四、机关信访管理

(一)信访工作的意义和作用

信访是人民群众来信来访的简称,它是指公民、法人和其他组织采用书信、电话、走访等形式,向各级人民政府、县级以上各级人民政府所属部门反映情况,提出意见、建议和要求,依法应当由有关行政机关处理的活动。也就是说,信访是行政相对人用书面或口头的方式向行政机关反映情况,提出个人或集体的意见、建议和要求,并要求行政机关依法处理而进行的一种社会交往活动。信访工作就是办理人民群众来信,接待人民群众来访工作的总称。在机关管理中,经常要接触到大量的人民群众的来信来访,因此,信访工作就成为机关管理的一项重要内容。

信访工作是政策性很强的政治工作和群众工作,搞好信访工作具有重要的意义和作用。

从信访工作的意义来看,首先,信访工作是政府联系人民群众的桥梁或途径。通过处理来信和接待来访,可以搜集到其他途径不能获得的重要信息,使政府准确了解民情民意,保证各项方针政策更加符合人民群众的利益,从而使政府的一切依靠人民、一切为了人民的工作方针落到实处。其次,有利于及时发现和采纳人民群众的合理化建议,不仅可以帮助政府机关改进工作,而且有助于维护人民群众当家作主和参与行政事务的管理的民主权利。最后,通过人民群众来信来访的检举揭发,有助于克服官僚主义,打击违法乱纪、贪污腐化等行为,有助于维护政府形象,调动广大人民群众建设社会主义的积极性。

信访工作的作用是:(1)信息作用。信访部门是机关的综合性的信息窗口,人民群众的来信来访,从不同的角度、不同方面反映具有不同内容的信息。因此,信访工作对于各级领导来说,起到了聚集信息的耳目作用。(2)反馈作用。信访部门可以及时收到人民群众对政府决策的批评、建议,由于这些意见多属于负反馈性质,因此,对于行政机关完善、修正政策来说具有重要作用。(3)监督作用。人民群众来信来访的内容有相当一部分是控诉性、检举性和揭露性的,这对于革除行政弊端,消除腐败现象,克服官僚主义,提高行政效率均有促进作用。(4)保障作用。信访部门依照党和国家的方针、政策、法律和法令,及时恰当地处理好人民群众来信来访中提出的问题,满足人民群众的正当要求,保障人民群众的民主权利。

(二)信访机构及其工作原则

根据 2005 年 5 月 1 日生效的《信访条例》的规定,县级以上人民政府应当设立信访工作机构;县级以上人民政府工作部门及乡、镇人民政府应当按照有利工作、方便信访人的原则,确定负责信访工作的机构或者人员,具体负责信访工作。

县级以上人民政府信访工作机构是本级人民政府负责信访的行政机构,具体履行以下职责:(1)受理、交办、转送信访人提出的信访事项;(2)承办上级和本级人民政府交由处理的信访事项;(3)协调处理重要信访事项;(4)督促检查信访事项的处理;(5)研究、分析信访情况,开展调查研究,及时向本级人民政府提出完善政策和改进工作的建议;(6)对本级人民政府其他工作部门和下级人民政府信访工作机构的信访工作进行指导。

信访工作的原则是,在各级人民政府的领导下,坚持属地原则、分级负责,谁主管、谁负责,依法、及时、就地解决问题与疏导教育相结合。

(三)信访事项的提出与受理

1. 信访事项的提出

信访人对下列组织、人员的职务行为反映情况,提出建议、意见,或者不服下列组织、人员的职务行为，可以向有关行政机关提出信访事项：(1)行政机关及其工作人员；(2)法律、法规授权的具有管理公共事务职能的组织及其工作人员；(3)提供公共服务的企业、事业单位及其工作人员；(4)社会团体或者其他企业、事业单位中由国家行政机关任命、派出的人员；(5)村民委员会、居民委员会及其成员。

信访人采用走访形式提出信访事项，应当向依法有权处理的本级或者上一级机关提出；信访事项已经受理或者正在办理的，信访人在规定期限内向受理、办理机关的上级机关再提出同一信访事项的，该上级机关不予受理。

信访人提出信访事项，一般应当采用书信、电子邮件、传真等书面形式；信访人提出投诉请求的，还应当载明信访人的姓名(名称)、住址和请求、事实、理由。有关机关对采用口头形式提出的投诉请求，应当记录信访人的姓名(名称)、住址和请求、事实、理由。

信访人采用走访形式提出信访事项的，应当到有关机关设立或者指定的接待场所提出。多人采用走访形式提出共同的信访事项的，应当推选代表，代表人数不得超过5人。

信访人提出信访事项，应当客观真实，对其所提供材料内容的真实性负责，不得捏造、歪曲事实，不得诬告、陷害他人。信访人在信访过程中应当遵守法律、法规，不得损害国家、社会、集体的利益和其他公民的合法权利，自觉维护社会公共秩序和信访秩序，不得有《信访条例》所列违法行为。

2. 信访事项的受理

县级以上人民政府信访部门收到信访事项，应当予以登记，并区分情况，在15日内作出是否受理的决定。对于受理的事项：(1)属于本级人民政府或者其工作部门处理决定的信访事项，应当转送有权处理的行政机关；情况重大、紧急的，应当及时提出建议，报请本级人民政府决定。(2)信访事项涉及下级行政机关或者其工作人员的，按照"属地管理、分级负责，谁主管、谁负责"的原则，直接转送有权处理的行政机关，并抄送下一级人民政府信访工作机构。(3)对转送信访事项中的重要情况需要反馈办理结果的，可以直接交由有权处理的行政机关办理，要求其在指定办理期限内反馈结果，提交办结报告。有关行政机关应当自收到转送、交办的信访事项之日起15日内决定是否受理并书面告知信访人，并按要求通报信访工作机构。

信访人按照《信访条例》规定直接向各级人民政府信访工作机构以外的行政机关提出的信访事项，有关行政机关应当予以登记；对符合该条例规定并属于本机关法定职权范围的信访事项，应当受理，不得推诿、敷衍、拖延；对不属于本机关职权范围的信访事项,应当告知信访人向有权的机关提出。

有关行政机关收到信访事项后,能够当场答复是否受理的,应当当场书面答复;不能当场答复的,应当自收到信访事项之日起 15 日内书面告知信访人。但是,信访人的姓名(名称)、住址不清的除外。

涉及两个或者两个以上行政机关的信访事项,由所涉及的行政机关协商受理;受理有争议的,由其共同的上一级行政机关决定受理机关。应当对信访事项作出处理的行政机关分立、合并、撤销的,由继续行使其职权的行政机关受理;职责不清的,由本级人民政府或者其指定的机关受理。

公民、法人或者其他组织发现可能造成社会影响的重大、紧急信访事项和信访信息时,可以就近向有关行政机关报告。地方各级人民政府接到报告后,应当立即报告上一级人民政府;必要时,通报有关主管部门。县级以上地方人民政府有关部门接到报告后,应当立即报告本级人民政府和上一级主管部门;必要时,通报有关主管部门。国务院有关部门接到报告后,应当立即报告国务院;必要时,通报有关主管部门。

行政机关对重大、紧急信访事项和信访信息不得隐瞒、谎报、缓报,或者授意他人隐瞒、谎报、缓报。对于可能造成社会影响的重大、紧急信访事项和信访信息,有关行政机关应当在职责范围内依法及时采取措施,防止不良影响的产生、扩大。

(四)信访事项的办理和督办

1.关于信访事项办理的要求

行政机关及其工作人员办理信访事项,应当恪尽职守、秉公办事,查明事实、分清责任,宣传法制、教育疏导,及时妥善处理,不得推诿、敷衍、拖延。

信访人反映的情况,提出的建议、意见,有利于行政机关改进工作、促进国民经济和社会发展的,有关行政机关应当认真研究论证并积极采纳。

行政机关工作人员与信访事项或者信访人有直接利害关系的,应当回避。

2.关于信访事项办理的程序

对信访事项有权处理的行政机关办理信访事项,应当听取信访人陈述事实和理由;必要时可以要求信访人、有关组织和人员说明情况;需要进一步核实有关情况的,可以向其他组织和人员调查。

对重大、复杂、疑难的信访事项,可以举行听证。听证应当公开举行,通过质询、辩论、评议、合议等方式,查明事实,分清责任。听证范围、主持人、参加人、程序等由省、自治区、直辖市人民政府规定。

3. 信访事项的处理

对信访事项有权处理的行政机关经调查核实，应当依照有关法律、法规、规章及其他有关规定，分别作出以下处理，并书面答复信访人：(1)请求事实清楚，符合法律、法规、规章或者其他有关规定的，予以支持；(2)请求事由合理但缺乏法律依据的，应当对信访人做好解释工作；(3)请求缺乏事实根据或者不符合法律、法规、规章或者其他有关规定的，不予支持。有权处理的行政机关作出支持信访请求意见的，应当督促有关机关或者单位执行。

4. 信访事项办理的期限

信访事项应当自受理之日起60日内办结；情况复杂的，经本行政机关负责人批准，可以适当延长办理期限，但延长期限不得超过30日，并告知信访人延期理由。法律、行政法规另有规定的，从其规定。

5. 信访处理异议的复查和复核

信访人对行政机关作出的信访事项处理意见不服的，可以自收到书面答复之日起30日内请求原办理行政机关的上一级行政机关复查。收到复查请求的行政机关应当自收到复查请求之日起30日内提出复查意见，并予以书面答复。

信访人对复查意见不服的，可以自收到书面答复之日起30日内向复查机关的上一级行政机关请求复核。收到复核请求的行政机关应当自收到复核请求之日起30日内提出复核意见。

信访人对复核意见不服，仍然以同一事实和理由提出投诉请求的，各级人民政府信访工作机构和其他行政机关不再受理。

6. 信访事项的督办

县级以上人民政府信访工作机构发现有关行政机关有下列情形之一的，应当及时督办，并提出改进建议：(1)无正当理由未按规定的办理期限办结信访事项的；(2)未按规定反馈信访事项办理结果的；(3)未按规定程序办理信访事项的；(4)办理信访事项推诿、敷衍、拖延的；(5)不执行信访处理意见的；(6)其他需要督办的情形。收到改进建议的行政机关应当在30日内书面反馈情况；未采纳改进建议的，应当说明理由。

五、机关总务管理

(一)机关总务管理的概念、作用与特点

机关总务管理是指机关专业和职能部门以外的其他后勤事务的管理。机关总务管理为机关工作人员提供方便与舒适的工作条件和生活条件，保证机关业务部门和职能部门的正常运转，促使其高质量、高效率地完成各自的任务。因

此,机关总务管理在行政管理中起着重要的保证作用,它的工作的好坏,直接影响着机关工作的效率。

机关总务管理是机关管理的重要组成部分,但又具有自己的特点:第一,服务性。总务管理是行政机关的基础性工作,它为机关工作人员提供多方面的服务。第二,多面性。机关总务工作行业多、工种杂、门类全、服务范围广,涉及到机关各单位各人员的工作和生活的各个方面。第三,综合性。机关总务管理既要处理好对外有关部门的工作关系,又要处理好内部人与人、人与物、物与物之间的关系,既要加强管理,又要搞好服务。第四,时间性。机关总务工作的时间性很强,要求及时高效地提供服务,否则将影响机关成员的学习和生活,甚至贻误工作。因此,在总务工作中,要大力提倡及时、高效,反对推诿、拖拉的作风。第五,政策性。总务管理虽然具体、琐碎,但其活动和措施涉及到政治政策、经济政策、干部政策、知识分子政策、侨务政策和外交政策等,因此,它是一项政策性很强的工作。

(二)机关总务管理的内容

1. 房产管理。包括房产的建筑、分配、维护和管理等。

2. 物材管理。包括办公用品和设备的购置、保管、使用和检查。行政办公用品品种多、用量大,因此,必须完善一整套管理制度,既保证满足服务对象的需要,又要作到勤俭节约,物尽其用。

3. 车辆管理。包括对办公用的交通工具的购置登记、调配使用、维修保养、油料使用、司机管理、肇事处理等。

4. 生活管理。对机关工作人员的生活管理的目的是满足机关职工的实际需要,使其生活便利、舒适,以集中精力搞好工作。

5. 环境管理。包括对办公处所外部自然环境因素和办公处所内部的空间环境因素以及心理环境因素的管理。

(三)机关总务管理的要求

1. 及时主动地提供服务。机关总务工作人员必须牢固树立起服务意识,想机关工作人员之所想,急机关工作人员之所急,不断改进服务态度,提高服务质量,主动为服务对象服务。不能利用手中职权,任意刁难专业和职能部门及其工作人员,拒绝服务或迫使服务对象为自己服务。

2. 贯彻节俭原则。机关总务人员管理机关各种物材,必须贯彻节俭原则,最大限度地节省人力、物力、财力,反对摆阔气、讲排场、铺张浪费等不正之风。这就要求对机关总务工作周密计划,精打细算,作到物尽其用,一物多用,修旧利废,加强维护和管理,减少财物的自然消耗,防止损坏、丢失。当然,对节俭不能作片面化理解,不能因为节俭而耽误工作,只要工作需要,就要保证及时供给。

3. 注意机关总务工作的科学性。机关总务事务范围广泛,门类复杂,为了有效地对之实施管理,有必要做到工作程序化、制度规范化、操作标准化、手段现代化。因此,必须运用多学科的知识来指导总务管理工作,使机关各种总务管理活动协调、正常地进行。

4. 实现服务工作的企业化、社会化。我国政府机关以往实行的是自给自足式的供给型服务。长期实行这种服务方式的结果使得后勤机构重迭,人员队伍庞大,人力物力浪费严重,经济效益和社会效益较差。因此,机关后勤服务系统应当实现企业化和社会化。企业化是指机关的福利、生活设施要逐步实行企业化经营,设立自己的收支账目,独立核算,自负盈亏,在保证服务的前提下,提高经济效益。社会化是指由社会来提供行政机关的后勤服务。实行社会化的好处在于减轻机关管理的工作负担,精简机构和人员,减少浪费,提供行政办公效率。

第三节 机关管理的现代化

一、机关管理现代化的意义

现代化是一个历史范畴,在人类历史发展的不同阶段有其特定的标准和涵义。现代化又是一个内涵丰富的范畴,既包括政治、经济和科学技术的现代化,又包括管理方式、生活方式、行为方式和思维方式等的现代化。机关管理现代化是整个社会现代化的一部分。如同其他领域的现代化一样,机关管理现代化也是一个综合性概念,它不是仅指机关管理的某一方面达到现代先进水平,而是指包括管理思想、人员素质、工作程序、工作方式和技术手段等都要符合现代化管理的要求。

机关管理的现代化是社会进步的客观要求。在现代社会中,社会实践领域更广泛,社会关系更复杂,社会活动和社会变化更迅速,包括机关管理在内的所有行政管理必须与现代社会的特点相适应,更新思想观念,改进管理体制、组织结构、工作制度、工作手段和方法。另外,机关管理的现代化,不仅有其现实的客观要求,现代科学技术的发展所提供的技术设备也使其成为可能。如今,电子计算机通讯网络技术成为发达国家机关管理的重要手段,办公自动化已经取得了显著成效。实现机关管理的现代化,可以改善机关管理自身,增强机关管理能量,为一线的机构和人员提供有效的服务和保障,使其顺利地履行行政职责,进而促进社会的进步和经济的发展。

二、管理人员的现代化

管理人员的现代化是机关管理现代化必不可少的一个方面,它是现代社会条件下机关管理能够获得实质性效果和作用的先决条件。因为现代化的管理方式要由人来创造和掌握,先进技术设备要由人来运用。只有机关管理人员获得了某种与现代化相适应的现代性,才能使先进的管理方式和技术设备发挥实际作用和效能,否则只能被闲置浪费,或者扭曲变形。

管理人员的现代化是指心理学意义上的现代化,其中包括人的素质和思想观念的现代化。人的素质和思想观念是行政机关的无形资源,充分培育或挖掘这种资源对于增强机关的活力,顺利地实现机关管理的目标具有重要作用。机关管理人员的素质包括政治素质、道德素质、文化素质和业务技术素质。在政治素质方面,要自觉贯彻党和国家的各项方针政策、法律和法规,严格依法办事,全心全意为人民服务;在道德素质方面,要对工作积极主动、任劳任怨、廉洁奉公、敢于负责、勇于开拓、遵守纪律、勤俭节约;在文化素质方面,掌握新的专业知识和基础知识,既要懂自然科学知识,又要懂社会科学知识,既要是专才,又要力求作通才;在业务技术素质方面,不仅要掌握现代化的办公手段,也要掌握网络规划、目标管理、计划评审等各种科学方法。

机关管理人员思想观念的现代化的内容广泛,主要有以下几个方面。

1. 革新意识

机关管理人员要有强烈的不满现状,积极进取的革新意识,克服"不求有功,但求无过",人云亦云,萧规曹随的保守僵化观念。善于从新的角度,采用新的方法和手段创造性地解决机关管理中的各种新问题,尤其是困难、复杂的问题。

2. 时效观

机关管理人员应养成惜时守时,充分利用时间,讲求效率的习惯,加快工作节奏,克服"一慢二看三通过"的四平八稳的时间观,以及遇事久拖不决和部门之间相互推诿、扯皮的工作作风。

3. 系统观

善于运用系统方法,将机关管理视为一个由其内部各要素组合而成的整体,既要安排好各机关管理部门的各项工作,又要注意各项工作、各个环节的相互关联和衔接,从整体上促进机关管理工作的协调发展。克服那种"只见树木、不见森林"的片面化思维方式。

4. 信息观

信息是一种能够创造价值的宝贵财富,因此,机关管理人员要有强烈的信息意识,及时搜集有关社会、经济和科学技术发展动向的情报资料,并迅速地将其传输到行政机关有关部门,使之尽快地产生经济效益和社会效益。

5. 法制观

依法行政是当代各法制国家共同的行政原则,因此,要求机关管理人员要有牢固的法制观念,善于依法并运用法律手段来管理机关各种事务,并作到有法必依,执法必严,违法必究,任何人都不得有法外特权,从而杜绝机关管理工作中的主观随意性,实现机关事务的法制化、规范化管理。

三、管理方法的现代化

现代行政机关管理需要运用现代管理方法。机关管理水平的高低,既取决于组织结构是否合理,领导方式是否恰当,管理决策是否科学,也取决于是否采用科学管理方法。如果没有科学的管理方法,机关管理的目标就不能顺利地实现,机关管理的职能就不能很好地发挥,提高机关管理的效率就是一句空话。

我国行政机关在长期的实践中曾总结出一套行之有效的管理方法,例如命令方法、法律方法、经济方法、诱导方法、参与管理方法、岗位责任制方法等。这些方法符合行政管理的共同特征,反映了行政管理活动的规律,因此,具有科学价值,是包括机关管理在内的所有行政管理活动普遍适用的方法。

近几十年来,与管理有关的自然科学和社会科学迅速发展,管理学者广泛吸收其研究成果,致使新的管理理论和管理方法不断出现。这些方法主要有:对整个行政系统的构成要素和功能进行综合分析、设计,以实现行政管理系统整体优化的系统方法;根据上级的要求和自身的状况,由管理者和被管理者共同参与来确定目标、执行目标与评估目标成果的目标管理方法;运用数理统计技术,对种类繁多,错综复杂的事务分析排队,并根据一定的数量标准划分类别,以抓住主要矛盾、解决重点问题的重点管理方法;综合运用一整套质量管理体系和手段,对产品质量形成全过程的各种影响因素进行全面预防和控制,以保证向服务对象提供满意的产品和服务的全面质量管理方法;利用网络的形式,把各项工作和活动按先后顺序,排列成一张前后衔接的图样,用于工作方案设计和控制规划进度的网络规划技术等。

机关管理人员应当学习、掌握并熟练运用上述基本方法和技术方法,实现管理工作的标准化、准确化和最优化,提高机关管理的质量和工作效率。

四、管理手段的现代化

现代科学技术的发展,不仅对管理手段的现代化提出了迫切的要求,也为其实现提供了物质保证。在现代社会中,行政管理工作所要掌握的信息量急剧增长,由各种各样的情报、资料、数据所形成的信息流,达到了管理人员难于负担的地步。据统计,全世界每年处理文件约 10,000 亿页,所用办公纸连接起来长达 3 亿千米,可绕地球赤道 800 圈。我国政府部门的公文每年以 20% 的速度增长,其他资料的增长幅度更大。在这种情况下,原有的手工操作手段已不适应现代管理的要求,必须借助于新的技术手段对某些基本办公事务进行处理,向机械化、自动化、高效化、电子化方向发展,以达到节约人力、物力、财力和时间,提高"办公室生产力"的目的。

机关管理手段的现代化集中地体现在办公室自动化上。由于科学技术的进步,特别是以大规模集成电路为中心的电子革命,促成了办公室自动化的兴起。西方国家从 20 世纪七十年代开始了办公自动化的进程,至今已达到了相当高的水平。据统计,实现办公自动化后,准备一份文件的费用可节省 37% 左右,领导者可提高效率 20% 左右,一般工作人员可提高工作效率 30% 左右,而且综合效益也很可观。上个世纪末以来,中国也开始把计算机应用于机关管理,例如,通过汉字处理过程,把办公室所需的各种资料储存备用,通过及时输入取用信息,把各单位资金、物资和人员情况储存起来,搞好财务、物资和人事管理。

办公自动化是一个综合性系统,自动化设备包括:(1)能够分析、运算、处理、控制、存储、输入和输出各种信息的电子计算机,它是办公自动化系统的核心设备。(2)先进的通信技术。例如电传电报、高频对讲、电子邮递、电视电话、微波通讯、卫星通讯等。(3)文书处理设备。如邮件分类机、打印机、阅读机、复印机、油印机、胶印机、启封机、装封机。(4)统计与记录设备。如统计机、收款机、过账机、缩微摄影、录音录像技术等等。

此外,政府信息化建设对于政府管理手段的现代化、优化行政流程、提高行政管理效率方面具有重要意义。关于中国政府信息化,从 20 世纪八十年代末开始大体经历了以下阶段:(1)办公自动化(OA)工程阶段,即利用信息通讯技术处理办公室内部业务,偏重于文件的制作、传输和贮存。该工程的结果是建立了各种纵向和横向内部信息办公网络,为利用计算机和通信网络技术奠定了基础。(2)"三金"工程阶段,即为了适应全球建设信息高速公路的潮流,重点建设信息化的基础设施、重点行业和部门传输数据与信息。该工程是中国中央政府主导的以政府信息化为特征的系统工程,是中国电子政务的雏形。(3)政府上网工程阶段,旨在推动各级政府部门为社会服务的公众信息资源汇集和应用上网。(4)构建电子政府和全面实施电子政务阶段。至2006年1月1日,中国中央政府网站正式开通,标志着我国政府信息化迈入新阶段。

第十章 行政法制

第一节 行政法制概述

一、行政法的涵义和特征

行政法制即行政法律制度。行政法制由行政法来构建并由行政法构成其具体内容。因此,行政法制与行政法联系密切,从某种意义上说,研究行政法制实际上就是研究行政法。所谓行政法,简要来说,即有关国家行政管理的法。作为法律体系的重要组成部分,行政法与其他部门法在本质上是一致的。它们不仅都是统治阶级的意志和利益的体现,都由国家制定和认可,都以国家强制力保证贯彻实施,而且都是规范和调整一定的社会关系的工具。对于行政法来说,它所调整的是特定的社会关系,即行政关系。所谓行政关系,是指国家行政机关行使行政权力,在组织和管理社会事务过程中所形成的各种社会关系。这些关系包括:第一,国家行政机关与其他国家机关之间的关系;第二,各行政机关相互之间和行政机关与其工作人员之间的关系;第三,国家行政机关与公民、法人和其他组织之间的关系。以上各种关系,都要由行政法来调整,由行政法设定双方之间的权利义务关系,规定解决权利义务争议的方法和途径。因此,行政法是调整国家行政机关在履行其组织与管理职能的过程中所发生的各种社会关系的法律规范的总称。

行政法与其他法律规范相比,具有以下几个特点:

1. 行政法的性质与形式多样化,没有集中统一的法典

这是行政法区别于宪法、刑法和民法的特点之一。其原因首先在于各类行政法性质复杂,专业性技术性较强;其次在于各种行政法的表现形式多样,各有其不同的法律效力和适用范围。因此,各国均未能制定出一部集中统一的法典,

行政法只能是分散的、大量的行政法律规范的总和。当然,尽管行政法不能系统化和集中统一化,但可以制定行政机关组织法、公务员法、行政程序法、行政处罚法、行政赔偿法、行政复议和行政诉讼法等这种局部性的法典。

2. 行政法范围广泛,数量众多

由于行政管理的范围广泛、内容复杂,这就决定了规范政府行政行为的法律规范所涉及的范围十分广泛、数量众多。建国以来,中国的权力机关和行政机关针对国家行政管理制定了大量的行政法律规范,涉及到公安、工商、税务、物价、技术监督、教育、卫生、外事等各个方面。这些部门性、专业性的行政法成千上万,非常浩繁,其数量比其他任何法律部门所包括的法律规范都要多。

3. 行政法稳定性较差,更动频繁

相对于政策而言,法具有稳定性的特点,作为法的一种,行政法亦是如此。然而,与其他部门法相比,行政法稳定性较差,变动频繁。这是因为行政法所确认和调整的行政关系较为具体,富于变动,因此,必须经常对之制定、修改和废止,以适应现实的需要。当然,行政法作为国家法律的组成部分,也应有其稳定性,不能朝令夕改、变动无常,使人无所适从。

二、行政法的内容和分类

(一)行政法的内容

行政法的内容可以大致归纳为以下几个方面。

1. 行政组织法

这方面的法律规范包括三类,其一是规定国家行政机关的地位、职责权限、工作程序、隶属关系等的行政机关组织法。例如《中华人民共和国国务院组织法》和《中华人民共和国地方各级人民代表大会和地方各级人民政府组织法》。其二是规定国家行政机关机构设置、人员定额及其比例的行政机关编制法。其三是规定国家行政机关工作人员的任用、培训、考核、奖惩等事项的公务员法。例如《中华人民共和国公务员法》。

2. 行政行为法

行政行为法是关于行政行为的法律规范的总称。由于国家行政机关管理社会的行政行为广泛而且复杂,因此难于对其做出统一规定。在多数国家行政行为法普遍地存在于有关行政管理的法律规范之中。这方面的法律规范主要包括制定行政法律规范、发布行政命令、采取行政措施、授予行政奖励、科以行政处罚的机构、权限、原则和程序等方面的规定。

3. 行政监督法

行政监督法是有关行政监督的法律规范的总称。其中包括，第一，有关行政监督主体的法律规范，规定行政监督主体的法律地位、权利和义务；第二，有关被监督对象的法律规范，规定各类监督主体的监督范围及其与监督对象之间的关系；第三，有关监督内容、原则、方式和程序等方面的法律规范。

4. 行政争讼法

分为行政复议和行政诉讼法，规定行政复议和行政诉讼法律关系的主体、客体、当事人及其权利和义务，以及管辖机构、处理权限和程序等。

（二）行政法的分类

由于行政法具有内容广、渊源多的特点，因此，有必要对其加以分类，以便使人们从不同的角度进行理解和研究。

1. 根据行政法的实际作用，分为行政实体法和行政程序法。前者规定行政法律关系当事人的权利和义务，后者规定在实现实体权利义务的过程中当事人的权利和义务。实体性法和程序性法有不同的功能，二者密切相关。没有实体法的程序法是空洞的、毫无意义的程序法；没有程序法的实体法是没有保障的实体法。实体性法与程序性法的表现形式有二，一是二者互相独立，二是二者混合在同一个法律规范之中。

2. 根据行政法的专业内容，分为经济、公安、司法、民政、文教、军事、外事等行政法，其中某些行政法还可以进一步区分为更为具体的部门行政法。

3. 根据行政法的调整对象，分为内部行政法和外部行政法。前者调整国家行政机关之间、国家行政机关与公务员之间的行政关系；后者调整国家行政机关与公民、法人和其他组织之间的行政关系。由于国家行政机关的内部行政与外部行政所遵循的原则和实现的方式各不相同，因此，法律规范对其调整的方式也有所不同。

4. 根据有权制定行政法的机关的法律地位和权限，分为国家权力机关制定的行政法和国家行政机关制定的行政法。这两类行政法还可以进一步区分为最高国家权力机关、行政机关制定的行政法和地方各级权力机关、行政机关制定的行政法。

5. 其他分类。根据行政法适用的时期，分为平时的和战时的行政法；根据其作用性质，分为消极的和积极的行政法；依据其适用的范围，分为国内的和涉外的行政法等。

三、行政法的作用

(一)保障行政权的有效行使

行政权是国家运用得最为经常的一项权力,它对于稳定社会和发展社会具有举足轻重的作用。为了使行政权有效地行使,必须通过法律法规形式对其权威加以确定,从而使之得到社会的普遍认可和服从。否则,执掌行政权的国家机关是很难对社会实施调节和管理的。一般来说,行政法对行政权的保障表现在:第一,确认行政权是一种相对独立的国家权力,行政权由国家行政机关执掌,其他国家机关不得行使,也不得无故干涉国家行政机关依法行使行政权的活动。第二,国家行政机关相对于被管理者来说具有优先权,它依法有权表达公意,对违法行为有权强制采取措施,行政处理决定做出后一般不停止执行,并享有一定程度的对自己案件的复议权。第三,随着社会发展的需要,行政法不断确立新的行政权,以保证行政机关有效地履行行政管理职能。

(二)加强行政机关的自身建设,提高行政效率

社会主义现代化建设需要建立高效率的行政指挥管理系统,而中国原有的行政体制存在着许多弊端,严重地制约着行政管理的效能。革除这些弊端最有效的方法之一就是健全行政法制。第一,行政法严格规定政府组织的机构设置、人员编制,明确各机构及其工作人员的职权职责,这样可以避免和克服部门林立、机构臃肿、人浮于事、相互扯皮、争功诿过等现象。第二,行政法严格规定行政工作的程序和时限要求,可以克服办事拖拉、公文旅行的弊病。第三,行政法规定各种监督、考核和奖惩制度,可以克服不负责任、不讲效率的官僚主义作风。总之,没有健全的行政法制,就不能完善行政机关的组织建设,就不能有政府工作的高效率。

(三)维护公民、法人和其他组织的合法权益和社会公共秩序

行政法具有积极和消极两方面的作用。所谓积极作用,是指行政法对于提高政府工作效率,从而促进社会发展的作用;所谓消极作用,主要是指行政法对于防止行政机关及其工作人员的违法、失职、越权和滥用权力,保护行政管理相对人合法权益的作用。通过行政法所确立的行政复议、行政诉讼、行政公开、行政监督、行政赔偿等一系列制度,可以保护相对人的财产权、人身权、参政权、批评建议权、申诉和控告权等权利。由于行政机关拥有以强制力为后盾的国家权力,它相对于被管理者处于比较优越的地位,因此,有必要加强行政法制建设,以避免和制止行政机关及其工作人员在行使其职权时非法侵犯公民、法人和其他组织合法权益的行为。此外,行政法的消极作用还表现在防止和消除相对人的

违法行为,保护社会公共秩序和安全方面。行政法这方面的规则占有很大比重,如交通规则、公共场所规则、消防规则等。

第二节 行政法的制定、执行与审决

一、行政立法

(一)行政立法的涵义

行政立法是指拥有立法权的国家机关制定具有普遍约束力的行政法律规范的行为。行政立法有广义与狭义之分。广义的行政立法指国家权力机关和国家行政机关制定一切有关行政管理的规范性文件的行为,其中既包括最高国家权力机关和地方各级国家权力机关制定法律和地方性法规的行为,也包括最高国家行政机关和地方各级国家行政机关制定行政法规和规章的行为。狭义的行政立法则仅指国家行政机关制定具有法律效力的规范性文件的行为。它属于政府行政行为范畴,被称为抽象行政行为,即行政机关制定和发布普遍行为规则的行为。我们在此研究的是狭义的行政立法行为。

(二)行政立法的机关和权限

根据中国宪法和法律的规定,有权制定行政法的机关有国务院、国务院各部委、各直属机构和地方人民政府。

国务院有权根据宪法和法律,制定行政法规。根据《中华人民共和国立法法》的规定,行政法规可以就下列事项作出规定:(1)为执行法律的规定需要制定行政法规的事项;(2)宪法第89条规定的国务院行政管理职权的事项。应当由全国人大及常委会制定法律的事项,国务院根据全国人大及常委会的授权决定先制定的行政法规,经过实践检验,制定法律的条件成熟时,国务院应当及时提请全国人大及常委会制定法律。

行政法规的名称一般称"条例",也可以称"规定"、"办法"等。国务院根据全国人大及常委会的授权制定的行政法规,称"暂行条例"或者"暂行规定"。

国务院各部、委员会、中国人民银行、审计署和具有行政管理职能的直属机构,可以根据法律和国务院的行政法规、决定、命令,在本部门的权限范围内制定规章。规章的名称一般称"规定"、"办法",但不得称"条例"。

部门规章规定的事项应当属于执行法律或者国务院的行政法规、决定、命令的事项。涉及两个以上国务院部门职权范围的事项,应当提请国务院制定行政法规或者国务院有关部门联合制定规章。

部门规章应当经部务会议或者委员会会议决定,由部门首长签署命令予以公布,并及时在国务院公报或者部门公报和全国范围内发行的报纸上刊登。部门规章一般在全国范围内生效,但其效力低于行政法规,不得与之相抵触,否则无效。

省、自治区、直辖市和较大的市的人民政府,可以根据法律、行政法规和本省、自治区、直辖市的地方性法规,制定规章。地方政府规章可以就下列事项作出规定:(1)为执行法律、行政法规、地方性法规的规定需要制定规章的事项;(2)属于本行政区域的具体行政管理事项。

地方政府规章应当经政府常务会议或者全体会议决定,由省长或者自治区主席或者市长签署命令予以公布,并及时在本级人民政府公报和在本行政区域范围内发行的报纸上刊登。

地方政府规章是具有地方性质的表现一般国家意志的行为准则,其效力低于行政法规和部门规章,一般只适用于特定的地区。

上述行政法规和规章内容广泛,数量众多,远远超过了国家权力机关制定的法律和地方性法规,它们是行政法的重要法源。

(三)行政立法的类型

行政立法有多种形式,可以根据不同的标准加以分类。

1. 根据行政立法权的来源,分为职权立法和授权立法

职权立法是行政机关根据宪法、组织法和立法法赋予的权限而进行的立法;授权立法是行政机关依据法律授权而进行的立法。授权立法的范围依授权法的授权而定。这种立法有两种形式,其一是一般授权立法,即依某一法律条款的授权制定实施该法的细则。如森林法第47条规定,"国务院林业主管部门根据本法制定实施方法,报国务院批准施行"。其二是特别授权立法,指的是行政机关依据权力机关的特别授权,制定某一方面的法律规范性文件。例如行政机关依据1983年全国人大常委会关于"授权国务院对职工退休退职办法进行部分修改和补充的规定"进行的立法即为特别授权立法。

2. 根据行政立法的目的和作用,分为执行性立法、补充性立法、自主性立法和试行性立法

执行性立法是为了实施法律、地方性法规和上级行政机关颁布的规范性文件而制定具体办法和细则的活动。这种立法只是将抽象的法律规范具体化,本身不创设新的法律规则。补充性立法是为了补充法律法规而制定补充规定或补充办法的立法活动。由于这种立法可以创设新的法律规则,因此必须要得到法律的授权。自主性立法是行政机关运用法定职权进行的立法活动,其含义与上

述职权立法基本相通。试行性立法是行政机关根据法律授权,对本来应由权力机关立法的事项,在经验不足、或社会关系尚未定型的情况下进行的立法活动。

3. 根据行政立法的地域效力,分为中央行政立法和地方行政立法

这两种立法有不同等级的法律效力和不同的适用范围,分别由中央行政机关和地方各级行政机关制定。

(四)行政立法的原则

根据相关法律规定,行政立法应当遵循以下原则。

1. 遵守宪法基本原则

"宪法是集中表现统治阶级建立民主制国家的意志和利益的国家的根本法。"[①]作为一个国家的总章程,宪法规定国家最根本、最重要的问题,而且宪法在法的整个体系中,法律效力最高,任何其他立法,都不得与宪法相抵触。因此,行政立法必须遵循宪法的基本原则。对此,中国《立法法》规定,立法应当遵守宪法的基本原则,以经济建设为中心,坚持社会主义道路,坚持人民民主专政,坚持中国共产党的领导,坚持马克思列宁主义毛泽东思想邓小平理论,坚持改革开放。

2. 立法有据

所谓立法有据是指行政立法要有法律依据。首先,行政立法的主体行使立法权必须要有法律依据,只有宪法和法律规定的行政机关才可以行使行政立法权,非宪法和法律规定的机关进行的立法活动一律无效。因此,《立法法》规定行政立法机关要依照法定的权限进行立法活动。而且,享有行政立法权的行政机关必须恪守自己的立法权限,不得越权立法。其次,行政立法必须要以宪法、法律和上级行政机关的规范性文件为依据,必须与之相一致,而不得与之相冲突。

3. 程序合法

程序合法是指行政立法必须要按照法定的程序进行。行政立法程序尽管比权力机关的立法程序相对简便一些,但是,它毕竟是一件很严肃的工作,为了保证行政立法的规范化,就必须要确定立法的法定程序。行政机关无论是进行职权立法还是授权立法,都要遵循法定程序,否则将会导致程序违法。程序违法实际上是程序上的越权行为,因此,也可以被有权机关撤销。对此,《立法法》规定行政立法应当依照法定的程序进行。

4. 坚持民主

民主立法是现代立法的趋势。民主立法的目的是通过社会成员参与立法活动集中民智,并使立法内容充分反映民意,以符合更广泛人民群众的利益和愿

---

① 周叶中主编:《宪法》,高等教育出版社2000年版,第40页。

望。《立法法》规定,立法要体现人民的意志,发扬社会主义民主,保障人民通过多种途径参与立法活动。行政法规在起草过程中,应当广泛听取有关机关、组织和公民的意见。听取意见可以采取座谈会、论证会、听证会等多种形式。

5. 科学合理

科学合理在此是指行政立法的内容要做到科学化、合理化,即如同《立法法》所要求的那样,从实际出发,科学合理地规定公民、法人和其他组织的权利与义务、国家行政机关的权力与责任。

6. 系统协调

现代行政的重要特征是依法行政,而为了切实作到依法行政,前提条件之一是建立起系统完善的行政法体系,作到有法可依。这就需要行政立法机关根据社会发展需要制定行政立法规划,既积极又稳妥地完善各项行政法律规范。此外,行政立法不仅要完备,而且还要协调。在整个国家法律体系的层级结构方面,要求下一层次的立法不能与上一层次的立法相冲突;在横向结构方面,也应使各立法之间相互照应,保持协调一致,防止相互抵触和矛盾,从而使整个法律体系成为一个分级有序,统一协调的有机整体。为保证立法的系统协调,《立法法》要求立法要从国家整体利益出发,维护社会主义法制的统一和尊严。

7. 符合规范

立法规范包括形式规范和内容规范。由于行政立法往往与相对人的权利和义务密切相关,因此,无论是在内容上还是在形式上都要符合规范化的要求。比如,《行政法规制定程序条例》规定,行政法规应当备而不繁,逻辑严密,条文明确、具体,用语准确、简洁,具有可操作性;《立法法》规定,法律根据内容需要,可以分编、章、节、条、款、项、目。编、章、节、条的序号用中文数字依次表述,款不编序号,项的序号用中文数字加括号依次表述,目的序号用阿拉伯数字依次表述。

8. 稳定适应

稳定性是一切法律规范的特点。作为重要部门法之一的行政法律规范,也必须要保持相对的稳定性。法一经公布,就应适应较长一段时期,而不能朝令夕改,变化不定。否则,就会有损于法的严肃性和权威性,而且令人无所适从,造成社会的动荡不安。当然,行政立法的稳定性是相对的,由于行政法所确定的社会关系比较具体,变动性较大,因此,行政立法又必须要具备适应性,必须根据变化了的社会关系对原有的行政法进行适当的调整。

(五)行政立法的程序

行政立法程序是行政立法机关制定、修改和废止行政法的工作程序。中国《立法法》确定了行政法规的立法程序,并规定部门规章和地方政府规章参照行政法规的制定程序。因此,在此主要根据《立法法》和《行政法规制定程序条例》的规定,介绍行政法规的制定程序。

行政法规的制定程序包括以下环节。

1. 立项

国务院于每年年初编制本年度的立法工作计划。国务院有关部门认为需要制定行政法规的,应当于每年年初编制国务院年度立法工作计划前,向国务院报请立项。立项申请应当说明立法项目所要解决的主要问题、依据的方针政策和拟确立的主要制度。国务院法制机构根据国家总体工作部署对部门报送的行政法规立项申请汇总研究,突出重点,统筹兼顾,拟订国务院年度立法工作计划,报国务院审批。列入国务院年度立法计划的行政法规项目应当符合下列要求:(1)适应改革、发展、稳定的需要;(2)有关的改革实践经验基本成熟;(3)所要解决的问题属于国务院职权范围并需要国务院制定行政法规的事项。

2. 起草

行政法规由国务院组织起草。起草行政法规,除应当遵循《立法法》确定的立法原则,并符合宪法和法律的规定外,还应当符合下列要求:(1)体现改革精神,科学规范行政行为,促进政府职能向经济调节、社会管理、公共服务转变;(2)符合精简、统一、效能原则,相同或者相近的职能规定由一个行政机关承担,简化行政管理手续;(3)切实保障公民、法人和其他组织的合法权益,在规定其应当履行义务的同时,应当规定其相应的权利和保障权利实现的途径;(4)体现行政机关的职权与责任相统一的原则,在赋予有关行政机关必要的职权同时,规定其行使职权的条件、程序和应承担的责任。

起草行政法规的其他要求是:(1)深入调查研究,总结实践经验,广泛听取有关机关、组织和公民的意见。(2)起草部门应就涉及其他部门的职责或者与其他部门关系密切的规定,与有关部门协商一致;经过充分协商不能取得一致意见的,应当在上报行政法规草案送审稿时说明理由。(3)起草部门应当对涉及有关管理体制、方针政策等需要国务院决策的重大问题提出解决方案,报国务院决定。(4)起草部门提交的送审稿,应当由起草部门负责人签署;几个部门共同起草的送审稿,由该几个部门主要负责人共同签署。

3. 审查

国务院法制机构负责审查行政法规送审稿。审查内容是:(1)是否符合宪法、法律的规定和国家的方针政策;(2)是否符合《行政法规制定程序条例》的相关规定;(3)是否与有关行政法规协调、衔接;(4)是否正确处理有关机关、组织和公民对送审稿主要问题的意见;(5)其他需要审查的内容。对制定行政法规基本条件尚不成熟,或者有关部门对送审稿规定的主要制度存在较大争议,起草部门未与之协商,或者不符合上述要求的送审稿,国务院法制机构可以缓办或者退回起草部门。

国务院法制机构应将送审稿或者涉及的主要问题发送国务院有关部门、地方人民政府、有关组织和专家征求意见。重要的行政法规送审稿,经国务院同意,向社会公布,征求意见。国务院法制机构应当深入基层进行实地调查研究,听取基层有关机关、组织和公民的意见。

行政法规送审稿涉及重大、疑难问题的,国务院法制机构应当召开有关单位、专家参加的座谈会、论证会,听取意见,研究论证;送审稿直接涉及公民、法人或者其他组织的切身利益的,国务院法制机构可以举行听证会,听取有关机关、组织和公民的意见。

国务院有关部门对送审稿涉及的主要制度、方针政策、管理体制、权限分工等有不同意见的,国务院法制机构应当进行协调;不能协调的,应当将争议的主要问题、有关部门的意见以及国务院法制机构的意见报国务院决定。

国务院法制机构在认真研究各方面的意见,与起草部门协商后,对送审稿进行修改,形成行政法规草案和对草案的说明。行政法规草案由国务院法制机构主要负责人提出提请国务院常务会议审议的建议;对调整范围单一、各方面意见一致或者依据法律制定的配套行政法规草案,可以采取传批方式,由国务院法制机构直接提请国务院审批。

4. 决定与公布

行政法规草案由国务院常务会议审议,或者由国务院审批。国务院法制机构应当根据国务院对行政法规草案的意见,对行政法规草案进行修改,形成草案修改稿,报请总理签署国务院令公布施行。

行政法规签署公布后,及时在国务院公报和在全国范围内发行的报纸上刊登。国务院法制机构应当及时汇编出版行政法规的国家正式版本。在国务院公报上刊登的行政法规文本为标准文本。

行政法规应当自公布之日起30日后施行;但是,涉及国家安全、外汇汇率、货币政策的确定以及公布后不立即施行将有碍行政法规施行的,可以自公布之日起施行。

行政法规在公布后的30日内由国务院办公厅报全国人大常委会备案。

(六)行政立法的监督

行政立法是行政行为而非主权者的行为。行政机关由于法律规定或者授权,拥有了制定行政法律规范的权力,同时具有了接受监督的义务。行政机关作为行政立法的主体,无论是制定职权性立法,还是授权性立法,都必须接受有权机关的监督。由于行政立法是抽象行政行为的一种,那么,对抽象行政行为,法律规定了监督的主体和监督的事项。根据《立法法》的规定,行政法规和规章有下列情形之一的,由有权机关予以改变和撤销:(1)超越权限的;(2)下位法违反上位法规定的;(3)规章之间对同一事项的规定不一致,经裁决应当改变或者撤销一方的规定的;(4)规章的规定被认为不适当,应当予以改变或者撤销的;(5)违背法定程序的。

改变或者撤销行政法规、规章的权限是:(1)全国人民代表大会常务委员会有权撤销同宪法和法律相抵触的行政法规;(2)国务院有权改变或者撤销不适当的部门规章和地方政府规章;(3)地方人民代表大会常务委员会有权撤销本级人民政府制定的不适当的规章;(4)省、自治区的人民政府有权改变或者撤销下一级人民政府制定的不适当的规章;(5)授权机关有权撤销被授权机关制定的超越授权范围或者违背授权目的的法规,必要时可以撤销授权。

二、行政执法

(一)行政执法的涵义和特征

行政执法是国家行政机关依法定程序贯彻实施行政法的行为。这种行为或是表现为对相对人的权利义务的行使和履行情况进行直接的监督检查,或是表现为具体直接影响相对人的权利义务。从这一定义来看,行政执法有以下特征。

1. 行政执法的主体是国家行政机关

国家行政机关是专门行使行政权的国家机关,执行法律法规是国家行政机关的专有职能。其他国家机关、社会团体和个人不得行使执法职权。当然,国家行政机关并不是惟一的执法主体,其他机关和组织,经法律授权或经国家行政机关的委托,也可以成为执法主体。例如,《行政处罚法》规定,法律、法规授权的具有管理公共事务职能的组织可以在法定授权范围内实施行政处罚;行政机关依照法律、法规或者规章的规定,可以在其法定权限内委托符合规定条件的组织实施行政处罚。

2. 行政执法是执行行政法的行为

行政执法是将已经上升为法律法规的国家意志付诸具体的实施,使法律法规最终体现其效力。因此,行政执法是行政立法的延续,没有执法行为,法律法规便不能最终生效,也就无任何意义。

3. 行政执法是针对具体对象所采取的行为

行政执法与行政立法不同,行政立法被称为"对世的行为",行政立法所形成的法律关系的一方是国家行政机关,另一方则是不确定的相对人;而行政执法被称为"对人的行为",它是对具体人和具体事所采取的行为,对相对人的权利义务具有最为直接的影响,其他任何行政行为都不能产生这样的直接效果。所以,行政执法行为又称为具体行政行为。

(二)行政执法行为的分类

行政执法是行政机关最主要和最经常的活动,由于这种行为与人们生活的联系直接而且广泛,因此,行政执法行为是多种多样的。

1. 依行为的动因,分为依职权的执法行为和依申请的执法行为

前者是行政机关不待相对人的申请而主动进行的执法行为,因此又称为主动的执法行为,如征税、收缴凶器等;后者是行政机关只有等相对人申请之后才能进行的执法行为,又称被动的执法行为,如授予专利权、颁发证照等。

2. 依行为的形式,分为要式的执法行为和不要式的执法行为

要式的行政执法行为是指必须具备一定的形式或必须遵守一定的程序才能生效的执法行为。执法行为大都是要式行为。不要式的行政执法行为是指无须具备一定的形式,只要口头表示就可以生效的行为。

3. 依行为是否须相对人受领,分为须受领的与不须受领的行政执法行为

须受领的行政执法行为是指在相对人受领(确实得知)之后才能生效的行为;不须受领的行政执法行为是指不必相对人受领,只要行政机关做出决定或发布公告、通知即能生效的行为。

4. 依行为的生效是否需要其他条件,分为独立的与补充的行政执法行为

独立的行政执法行为是指行政机关依法独立采取不需其他行政执法行为补充即可生效的行为;补充的行政执法行为是指该行为的目的在于使其他执法行为得以生效,而其本身作为补充条件。前者如卫生管理机关对食品卫生的检查行为;后者如上级对下级请示的批复行为。

5. 依行为受法律的拘束程度,分为羁束的和自由裁量的行政执法行为

羁束的行政执法行为指该行为受法律的严格拘束,不得掺杂自己的意见,不能带有随意性,行政机关及其工作人员只能依法执行。例如税务机关收税。自由裁量的行政执法行为是指法律法规虽有规定,但规定的范围、方式、数额等有一定的幅度或选择余地,行政机关可以自由斟酌采取自己认为是正确的决定的行为。例如,根据《治安管理处罚法》的规定,治安管理机关在法定的罚款和行政拘留幅度内进行行政处罚的行为,即为自由裁量执法行为。

(三)行政执法行为的表现形式

1. 行政监督检查

行政监督检查是国家行政机关为了实现、完成行政管理职能和国家管理的

目的及其任务,对社会组织、企事业单位和公民个人的遵守法律法规,执行行政机关的决定、命令的情况所进行的监督检查。监督检查的内容较为广泛,例如卫生检查、安全检查、税收检查、物价检查、人身检查、户籍检查以及各种证件证明检查等。监督检查的方式也多种多样,例如一般检查、特别检查、全面检查、抽样检查、综合检查、专题性检查、事先检查、事后检查等。行政监督检查可能影响相对人的权利和义务,但不能决定相对人的权利和义务。行政监督检查的目的在于了解掌握相对人守法情况和执行决定命令情况,为实施行政奖励和行政处罚等行政行为做准备。

2.行政奖励

行政奖励是行政机关对严格遵守法律法规和在一定领域内对国家和人民做出重大贡献的集体和个人所给予的物质的和精神的奖赏。行政奖励的对象具有广泛性,无论是集体还是个人,无论是中国人还是外国人,凡是严格遵守法律和做出了突出贡献,都可以成为行政奖励的对象。行政奖励的目的在于表彰先进,鞭策后进,鼓励模范守法行为,调动人们的积极性和创造性。行政奖励具有法律效力,被奖励者享有某种荣誉权、财产所有权或者兼而有之。非经法定程序,任何人不准抹煞、否定或者撤销。

3.行政处罚

行政处罚是指拥有行政处罚权的行政机关对违反法律法规者依法实施的惩罚。行政处罚的种类多样,其主要形式有以下几类:(1)警戒性的处罚,也称影响声誉的处罚,例如警告。(2)经济制裁性的处罚,包括罚款、没收违法所得和非法财物。罚款是适用范围较广的一种处罚形式,治安、工商、财政、金融、税务、环保、农林业等部门的管理均可适用。(3)取消活动权利的处罚,包括责令停产停业、暂扣或者吊销许可证和执照。(4)限制人身自由的处罚,例如行政拘留和劳动教养。行政处罚的目的在于对违反法律法规者予以制裁,进而维护社会秩序。由于行政处罚是一种特殊的行政行为,它隶属于法律制裁的范畴,运用不当会损害相对人的合法权益,因此,行政机关必须严格按照法定的条件、罚则和程序行使这种权力。

4.行政强制

行政强制是指行政机关为实现行政目的和公共利益,对公民、法人或者其他社会组织的财产、人身及自由采取强制措施的行为。行政强制包括三个方面,一是行政强制执行,即行政机关采取强制措施迫使不履行法定义务的当事人履行其义务的行为。这种行为分为两类,即间接强制执行和直接强制执行。前者包括代执行与执行罚。代执行是行政机关请人代替不履行义务的当事人履行义务,由法定义务人承担一切费用;执行罚是行政机关对不履行法定义务的当事人采用科以财产上新的给付义务的办法,促使其履行他人不能代为履行的义务。后者是直接强制执行,即当事人经过间接强制仍未履行义务时,行政机关对其人身和财物加以直接的实力强制,以促使其履行义务。二是行政上的即时强制,指行政机关在紧急情况下,不必以相对人不履行义务为前提,对相对人的人身、自由和财产予以强制的行为。三是行政调查中的强制,即为了实现行政目的,行政机关依据其职权对一定范围内的相对人进行的影响其权益的检查、了解等信息收集活动。

5. 行政许可

行政许可是指行政机关根据公民、法人或者其他组织的申请,经依法审查,准予其从事特定活动的行为。行政许可的结果是体现行政许可内容的许可证或执照的出现。相对人因行政许可获得了某项权利,从而具有了从事某种活动的资格。行政许可是具有法律意义的行政行为,它对于保障公共安全,保护生态环境和重要资源,维护社会良好风尚以及加强综合性经济管理等方面具有十分重要的意义。它作为行政机关通过颁发许可证来加强对社会事务进行管理和控制的一种手段,已经在重要的行政管理领域得到了广泛运用。

三、行政司法

(一)行政司法的概念

行政司法是相对于行政立法和行政执法而言的一种行政行为,指的是国家行政机关依据行政司法程序解决行政争议和其他争议的行为。依据这一定义,可以看出行政司法具有以下特征。

1. 行政司法的主体是拥有行政司法权的行政机关

由于行政司法主体的特定性,使其既区别于人民法院的司法活动及权力机关对行政机关的监督活动,也区别于政党组织对党内纠纷的处理活动。

2. 行政司法具有司法性质

行政司法是行政机关充当争议裁决人,对行政争议和其他争议做出裁决,因此具有司法性质。虽然行政司法是行政行为的一种,但与立法行为和执法行为不同,在行政司法中,行政机关充任争议的裁决人,其裁决行为具有法律效力,起到了法官的作用。

3. 行政司法依据的是具有行政性质的司法程序

行政司法的目的在于,既要保护相对人合法权益,也要保障行政管理的效率。因此决定了行政司法不能严格遵守繁琐的司法程序,而是要采取较为灵活、简便的方法处理有关争议。当然,行政机关对争议的受理不能随心所欲,也要遵守一定的程序。这种程序既要体现司法程序的公平、合理性,也要体现行政程序的灵活、简便性,从而可以使行政机关合理而高效地处理有关争议。

(二)行政司法的作用

1. 行政司法是行政法制的重要环节

行政法制包括行政立法、行政执法和行政司法,三者的关系密切。行政立法是基础,行政执法是行政立法目的的实现,行政司法是解决争议、达成行政立法目的的重要保障。因此,缺少行政司法,行政法制就不完整,不健全,就不能保证行政机关及其工作人员顺利而合法地实现行政目标。

2. 行政司法有利于保护公民、法人和其他组织的合法权益

中国是人民当家作主的国家,维护人民利益,保障人民权利是各项法律制度的根本宗旨。行政司法作为法律救济手段,其职能在于当人民群众的合法权益受到侵害之后能够使之得以补救。行政司法制度中的行政裁决解决民事争议,制止违法行为,保护合法权益。行政复议则通过对引起争议的行政行为进行审查,撤销或改变违法与不当的行政决定,从而使人民群众的合法权益免受行政机关及其工作人员的非法侵犯。

3. 行政司法有助于减轻人民法院的负担

在现代社会中,各种社会关系纷繁复杂,人们在社会交往过程中发生的争议数量众多。据有关资料表明,全国每年发生的行政争议案件和民事争议案件分别多达数以百万计。如果把所有的争议案件全部交由人民法院审理,势必使其难以承担,办案质量也难以保证。因此,建立行政司法制度,把一定数量的争议交由行政机关处理,可以减轻人民法院的负担,有利于人民法院提高办案质量。

4. 行政司法有助于提高行政管理效率

随着现代政府职能的扩张,管理的范围越来越广泛,专业性越来越强,政府经常面临着众多的社会争议需要解决。如果把这些争议统统推给法院解决,那么,一方面,由于人民法院办案人员认知结构上的局限性,使其难以对专业性较强的争议进行及时有效的处理;另一方面,由于法院的司法程序繁琐复杂,解决有关争议可能旷日持久,势必影响行政管理的效率,难以适应行政活动的连续性和高效化的要求。而行政机关的司法活动具有程序简便灵活的特点,而且行政司法人员熟悉专业知识,因此可以迅速查明案情,缩短办案时间,及时准确处理争议,从而保证行政活动的高效率。

(三)行政司法的类型

1. 行政裁决

行政裁决是指行政机关对当事人之间与行政管理有关的民事争议进行裁断的活动。行政裁决的特点是:(1)行政裁决的主体是法律法规授权的行政机关,这些行政机关一方面履行行政管理职能,另一方面裁决各自管理领域内的民事纠纷;(2)行政裁决的对象是当事人之间发生的与行政管理有关的民事纠纷,行政机关裁决民事纠纷的范围一般由法律法规规定;(3)行政裁决是行政机关行使行政裁决权的行为,具有法律效力;(4)行政裁决程序依当事人向法定裁决机构提出申请开始。

对于行政裁决,中国没有统一的规定,仅散见于一些单行法律法规之中。根据这些法律法规,中国行政裁决的范围包括:(1)对权属争议的裁决,即当事人双方对草原、土地、水、滩涂等自然资源的权属发生争议,由主管行政机关进行裁决,确认权属关系;(2)对侵权争议的裁决,即由于一方当事人的商标权、专利权等合法权益受到他方的侵犯而产生的争议,由主管行政机关进行裁决,制止侵权行为,保护当事人合法权益;(3)对损害赔偿争议的裁决,即一方当事人的权益受到侵害后要求侵害者给予损害赔偿引起的争议,由有关行政机关做出裁决,确认赔偿责任和赔偿金额。

中国的行政裁决制度还不完善。对此,有的学者主张,首先要设立专门行政裁决机构主管行政裁决;其次,为行政裁决做出统一的程序规定;最后,加强行政裁决的执行力,并正确处理行政裁决与法院诉讼的关系。

2. 行政复议

行政复议是指公民、法人和其他组织不服行政机关的具体行政行为,依法定程序和条件向该机关的上一级机关或者法定的其他复议机关提出申请,受理机关对引起争议的具体行政行为进行审查并做出决定的行政司法活动。

行政复议与行政裁决不同,它以具体行政行为作为审查对象,以解决行政争议为己任。行政复议是一种依申请行为,它由不服具体行政行为的相对人提出复议申请开始,这一点使其区别于行政组织内部上级依职权对下级主动进行的层级监督。随着行政法制建设的发展,中国已经完善了行政复议制度,《行政复议法》对行政复议范围、复议管辖、复议机构、复议程序等作了全面而具体的规定。

行政复议作为行政机关自己处理行政争议的行政司法活动,可以加强对自身行为的监督,克服违法和不当行为,而且及时有效地保障相对人的合法权益,减轻法院和当事人的负担。由于行政复议毕竟是行政机关裁决以自己为一方当事人的行政争议,有着先天的缺陷,为了保证对行政争议进行客观公正的处理,必须为当事人留有诉诸法院的出路。

对于行政复议与行政诉讼的关系,中国法律法规的规定不一致。但是,由于行政复议程序简便、易于纠错、经济有效,因此,法律一般鼓励行政相对人先选择复议,对复议决定不服的,再依法提起行政诉讼。例如,《行政诉讼法》第37条规定,"对属于人民法院受案范围的行政案件,公民、法人或者其他组织可以先向上一级行政机关或者法律、法规规定的行政机关申请复议,对复议不服的,再向人民法院提起诉讼;也可以直接向人民法院提起诉讼"。行政复议的程序为行政复议的提起、复议申请的受理、对行政复议案件的审理、行政复议的决定等。

第三节　行政诉讼

一、行政诉讼的涵义和作用

行政诉讼是指公民、法人或者其他组织认为具有国家行政职权的机关和组织及其工作人员的具体行政行为侵犯其合法权益,依法诉请人民法院审理并做出裁判的诉讼制度。行政诉讼具有以下几个特征。

1. 行政诉讼的原告只能是作为行政管理相对人的公民、法人或其他组织;
2. 行政诉讼的被告只能是实施具体行政行为的具有国家行政职权的机关和组织;
3. 行政诉讼的标的是具有国家行政职权的机关和组织的具体行政行为;
4. 行政诉讼的起因是相对人对具体行政行为不服,认为侵犯了其合法权益,要求通过诉讼的途径加以维护;
5. 行政诉讼必须要在人民法院的主持下进行,因此,非经人民法院解决行政争议的活动不是行政诉讼。

行政诉讼是诉讼的一种,它与民事诉讼和刑事诉讼既有联系又有不同。就其联系来看,三者都是法院的审理活动,法院的司法审判权就是通过这三种诉讼得以具体实现的。三者区别在于,民事诉讼是审理民事案件的活动,其核心问题是解决平等主体之间的有关财产关系和人身关系所发生的纠纷;刑事诉讼是审理刑事案件的活动,其核心问题是解决被告人是否犯罪和如何适用刑罚;行政诉讼是审理行政案件的活动,其核心是解决被诉的具体行政行为是否合法。此外,这三种诉讼在提起诉讼的主体、当事人的诉权、诉讼的目的、举证责任和适用的法律等方面也存在着区别。

行政诉讼制度在中国是20世纪八十年代后开始创立的。1982年《民事诉讼法》(试行)规定,人民法院受理法律规定可以起诉的行政案件。1989年4月4日七届人大二次会议通过了《中华人民共和国行政诉讼法》,较为全面地确定了行政诉讼制度。在中国建立行政诉讼制度,具有十分重要的意义,它在保障公民合法权益,制止和纠正违法的行政行为方面具有重要的作用。

1. 保护公民、法人或者其他组织的合法权益

现代法治文明国家的特征之一是在承认国家利益的同时承认其他相对利益的存在,并通过法律的形式确定行政机关和行政管理相对人双方的权利和义务。二者必须在各自的行为界限之内行使权利。行政相对人的违法行为要受到法律的制裁,行政机关的违法行为,也要承担相应的法律责任。为了保障行政相对人的合法权益,中国宪法规定,公民对于任何国家机关及其工作人员的违法失职行为,有向有关国家机关提出申诉、控告和检举的权利。由于国家机关和国家工作人员侵犯公民权利而受到损失的人,有依照法律规定取得赔偿的权利。而法律规定的补救措施有行政补救和司法补救两种,司法补救即为行政诉讼。通过法院以第三者的身份对引起争议的具体行政行为进行审理,可以纠正行政机关的违法行为,使公民、法人和其他组织的合法权益在受到行政机关的侵犯时,得到司法保护和救济。

2. 维护和监督行政机关依法行使行政职权

中国行政机关的权力范围十分广泛,负责整个社会生产和生活的组织和管理。行政机关在行使其管理职权时,必须依据法律。为了保障行政机关依法行政,需要加强对行政行为的法律监督。在众多的监督措施中,司法监督是必不可少的监督之一。法院通过对行政案件的审理,对合法的行政行为判决维持,从而维护行政机关依法行使职权,保障行政活动的顺利进行;对违法的行政行为判决撤销或部分撤销,并可以判决行政机关重新做出行政行为,对行政处罚显失公正的,还可以判决变更。因此,法院的审理活动体现了对行政机关依法行使职权的维护和监督,对保障行政权的顺利行使和使行政机关依法行政具有重要的意义。

二、行政诉讼的基本原则

行政诉讼与民事诉讼和刑事诉讼一样,不仅需要有对整个诉讼活动的程序规范,还需要有对诉讼各个环节具有指导意义的基本原则。行政诉讼的基本原则是指在整个诉讼过程中或在重要环节上具有指导意义的基本准则。与行政诉讼有关的原则分为行政诉讼的一般原则和行政诉讼的特有原则。

行政诉讼的一般原则是指对行政诉讼和其他诉讼普遍适用的原则。根据中国的《行政诉讼法》,行政诉讼的一般原则包括:

1. 人民法院依法对行政案件独立行使审判权的原则

人民法院独立行使审判权,不受行政机关、社会团体和个人的干涉。坚持这一原则,有助于人民法院公正、正确地行使审判职权。

2. 人民法院审理行政案件,以事实为依据,以法律为准绳的原则

包括行政诉讼在内的所有诉讼都必须以事实为依据,忠实于事实真相,在查清事实的基础上,以法律为尺度评判是非,做出公正判决。

3. 人民法院审理行政案件,依法实行合议、回避、公开审判和两审终审制的原则

合议制是独任制的对称,是集体审判案件的一种制度。参与合议庭的成员有平等的权利,对案件的审理和裁判都必须共同研究决定,少数服从多数,不同意见可以保留,并如实记入笔录。实行合议制是发扬民主,集中集体智慧,保证公正审判的需要。回避制是指审判人员和其他人员在与案情有利害关系或者其他关系可能影响案件的公正审判时,退出对该案的审理或者辅助工作的一种制度。所谓公开审判制度是指除涉及国家秘密、个人隐私和法律另有规定的案件之外,其他案件的审理一律公开进行。建立回避制和公开审判制都是为了行政审判的客观、合理和公正。所谓两审终审制是指某一案件经过两级法院审判之后就宣布终结的制度。实行两审终审制,既可以保证审判工作的准确性,避免冤假错案的发生,又有利于群众诉讼,防止个别人缠讼。

4. 当事人在行政诉讼中的法律地位平等的原则

在行政诉讼中,双方当事人没有主导与服从的关系,而是处于相同的法律地位;双方当事人有平等的诉讼权利和义务,不允许一方有特权;法院对当事人在适用法律上必须一律平等,不能因当事人的地位、权势而异。

5. 使用本民族语言、文字进行行政诉讼的原则

这是宪法中的各民族一律平等的原则在行政诉讼中的体现。

6. 辩论原则

这一原则是指在法院的主持下,当事人就双方争议的问题,各自陈述其主张和根据,互相进行反驳和答辩,以维护自己的合法权益。实行辩论原则,有利于法院查明事实,正确处理案件。

7. 人民检察院对行政诉讼实行法律监督的原则

人民检察院是国家的法律监督机关,它不仅可以对人民法院审理行政案件的活动实行监督,也可以对已经发生法律效力的判决、裁定,依法提出抗诉。实

行这一原则的目的,在于监督人民法院依法审判,保护当事人的合法权益。

行政诉讼的特有原则,是指对行政诉讼具有特殊意义的基本原则。这些原则主要包括:人民法院只主管法律法规规定的一部分行政案件的人民法院特定主管原则;行政争议在进入诉讼程序之前,要将复议作为一个必经阶段的复议前置原则;行政诉讼不能将调解作为一个必经程序或结案方式的不适用调解原则;人民法院只能对显失公正的行政处罚判决变更的有限变更原则;具体行政行为不因原告起诉而停止执行的诉讼不停止执行原则;在行政诉讼中由行政机关提供证据,证明其采取行政行为所依据的事实和法律的被告负举证责任的原则。

三、行政诉讼法的主要内容

行政诉讼法是调整法院和诉讼参加人在审理行政案件中所进行的各种诉讼活动以及所形成的各种诉讼关系的法律规范的总称。中国行政诉讼法的主要内容如下。

(一)法院主管与管辖

法院主管即法院受理行政案件的范围。根据《行政诉讼法》的规定,人民法院受理相对人对下列行政行为提起的诉讼:行政处罚行为和行政强制行为;侵犯法定的经营自主权和人身权与财产权的行为;依申请应颁发许可证和执照,履行保护人身权和财产权职责,行政机关拒绝或不予答复的行为;没有依法发给抚恤金的行为和违法要求履行义务的行为。此外,法院还受理单行法律法规规定可以提起诉讼的其他行政案件。

行政案件的管辖即划分人民法院之间对行政案件的审判权。管辖分为级别管辖、地域管辖和裁定管辖。级别管辖是依据行政案件的性质、复杂程度与影响范围,确定不同层级的人民法院对第一审行政案件的管辖权。地域管辖是依人民法院的辖区和行政案件的隶属关系确定同级各人民法院对第一审行政案件的管辖权。裁定管辖是由人民法院做出裁定来确定行政诉讼的管辖法院。当某人民法院发现已受理的行政案件不属于自己管辖,两个法院就管辖权发生争议,或由于特殊原因,使有管辖权的法院不能行使管辖权时,就会发生裁定管辖。

(二)行政诉讼证据和强制措施

行政诉讼证据是证明行政案件真实情况的一切事实材料或手段。证据在行政诉讼中有重要意义,只有运用证据才能判断和证明被诉具体行政行为是否合法,从而做出符合实际的裁判。中国《行政诉讼法》规定了7种证据,即书证、物证、视听资料、证人证言、当事人的陈述、鉴定结论、勘验笔录和现场笔录。行政诉讼的强制措施是指人民法院为了保证审判活动的正常进行,对妨害行政诉讼秩序的人所采取的强制手段。这种手段包括训诫、责令具结悔过、1000元以下的罚款、15日以下的拘留。

(三)行政案件的审理与执行

1. 起诉与受理

相对人起诉必须符合法律规定的条件。这些条件有:原告是认为具体行政行为侵犯其合法权益的公民、法人或者其他组织;有明确的被告;有具体的诉讼请求和事实依据;属于人民法院受案范围和受诉人民法院管辖。人民法院接到起诉状,经审查,应当在7日内立案或者做出裁定不予受理。原告对裁定不服的,可以提起上诉。

2. 审理程序

人民法院立案之后,在开庭审理之前有必要作好以下准备工作,即组成合议庭,送达诉讼文书,有关人员回避,审阅诉讼材料和收集证据,更换和追加当事人。在开庭审理时,一般要经由宣布开庭、法庭调查、法庭辩论、合议庭评议和宣判这几个环节。人民法院经过审理后,根据不同情况,分别做出以下判决:即维持判决、撤销或部分撤销判决、强制履行判决、变更判决。人民法院审理行政案件,以法律和行政法规、地方性法规为依据,并可参照规章。

人民法院应当在立案之日起3个月内做出一审判决。当事人不服,有权在判决书送达之日起15日内向上级人民法院提起上诉。对于上诉案件,二审法院应当在收到上诉状之日起两个月内作出终审判决。

为了保证人民法院能够及时纠正错判,《行政诉讼法》还规定了审判监督程序,也称再审程序。但再审程序不是行政诉讼的必经程序,有权提起再审程序的主体是人民法院院长、审判委员会和人民检察院。

3. 执行程序

当事人必须履行发生法律效力的判决、裁定,如果拒绝履行,法院可以采取措施,强制当事人履行其义务。对行政机关不履行义务的,法院可以采用划拨、按日处50~100元的罚款、提出司法建议、追究刑事责任等措施。

(四)行政赔偿

行政相对人的合法权益受到行政机关或者行政机关工作人员做出的具体行政行为侵犯造成损害的,有权请求赔偿。赔偿责任由行政机关或该行政机关工作人员所在的行政机关承担。行政机关赔偿损失后,应当责令有故意或者重大过失的行政机关工作人员承担部分或者全部赔偿费用。相对人请求行政赔偿有两种方式,一种是附带的方式,一种是单独的方式。如果是后者,应当先由行政机关解决,对行政机关的处理不服,可以向法院起诉。在赔偿诉讼中,可以适用调解。

第十一章 行政监督

第一节 行政监督概述

一、行政监督的概念

行政监督是使政府职能得以顺利实施的重要手段,也是行政机关依法行政的重要保证。因此,它历来受到行政学的重视,并将其作为一个专门的课题进行研究。

在中文中,根据《实用大字典》的解释,监为临下或观察;督为察视或督责。英文的监督 supervision 由 super 和 vision 两部分构成,前一部分为位居上方或临下,后一部分为察视或观察。所以,从字面的意义来看,监督就是位居上方的主管对下级活动的察视或观察。有的学者就是从这一意义来规定行政监督的,将其看成是行政机关的内部监督,即机关的上层主管对部属的视察、监察和考核。监督的内容具体包括工作指派、工作指导、工作控制和工作考核四部分[①]。

然而,行政监督并不局限于这一种形式。例如,根据行政监督的主体,可以分为权力机关的监督、司法机关的监督、社会的监督和行政机关自身的监督等;根据行政监督的时维,可以分为事先监督、事中监督和事后监督;根据监督的方式,可以分为琐细型、放任型和适中型的监督;根据行政监督主体与被监督对象的关系,可以分为自上而下的监督和自下而上的监督。行政监督类型的多样性,是由行政监督主体的多重性和行政管理的广泛性与复杂性决定的。然而,尽管行政监督的类型多种多样,各种监督形式在监督的目的、原则和作用等方面却有着某种一致性。从一般的意义上说,行政监督是行政监督主体依据法定权力和

---

① 参见张润书:《行政学》,三民书局 1979 年版,第 537~544 页。

程序对被监督对象的行为实施督导和控制的一种机制。从性质上看,行政监督是将行政管理的现有状况与应有状况加以比较,以发现问题和解决问题的一种手段。它贯穿于行政管理的各个方面和各个活动过程的始终,对于克服行政弊端,完善政府行政起着十分重要的作用。

我们可以从以下几个方面理解行政监督这一概念:

1. 行政监督的主体是政党组织、国家机关、社会组织和公民个人。它们依法对行政的监督,可以分别表述为政党监督、国家监督、社会监督和公民监督。

2. 行政监督的对象是行政机关及其工作人员。在内部监督中,上级行政机关与下级行政机关、行政领导与一般工作人员既是行政监督的主体,又是行政监督的对象;在外部监督中,所有的行政机关和工作人员均为被监督的对象。

3. 行政监督的任务主要是对行政机关及其工作人员的行为实施督导和控制。它对整个行政活动加以制约和牵制,对于行政目标的实现,行政效率的提高和廉政建设等都具有重要作用。

4. 行政监督必须依法进行。监督主体的监督权由法律赋予,法律为监督主体的监督权力提供了保障,任何人不得随意剥夺。同时,法律又为该权力的行使确定了明确的范围,监督主体的监督必须依据法定权限并严格依据法定程序进行。

在理解行政监督概念时,还应注意它与行政监察和行政法制监督这两个概念的联系和区别。三者的联系在于,它们都是行政监督主体依法对行政机关及其工作人员的行为进行监督,监督的目的都是为了防止和克服行政弊端,完善政府行政。然而,三者的区别又是明显的。就行政监督与行政监察来说,二者的区别体现在,第一,监督的主体不同。行政监督的主体比较广泛,既包括国家机关又包括非国家机关和个人;而行政监察权主要由国家行政监察机关执掌。第二,监督的任务不同。行政监督的任务是对行政活动进行综合的、全方位的监督,监督的目的是保障行政合法化、合理化、科学化和高效化;而行政监察的任务主要侧重于监察行政机关及其工作人员是否依法行政,是否廉洁奉公,监察的目的是要保障其依法行事,清廉从政。第三,监督的效力不同。行政监督主体的行政监督行为并非都具有法律效力和强制力,例如舆论监督、人民群众的监督。此外,由于政党不是国家机关,它对行政机关及其工作人员的监督也不具有行政监察行为意义上的强制力。而行政监察机关是政府的所属机构,享有国家赋予的权力,它可以对违法违纪者予以纠举和惩戒。因此,行政监察行为具有法律效力和约束力。就行政监督与行政法制监督来说,二者的区别主要体现在各自的监督任务上。如前所述,行政监督的任务是综合性的,而行政法制监督的任务具有特定性,即监督行政机关及其工作人员在行政中遵守法制的情况。其中包括对行政活动合法性和合理性的监督。因此,行政监督这一概念要比行政监察和行政法制监督含有更广泛的内容。

二、行政监督的作用

行政监督是行政管理过程中的一个必不可少的重要环节,它作为完善行政活动的重要手段,具有以下几个方面的作用。

1. 预防作用

行政监督的预防作用主要针对行政决策而言。由于行政决策所涉及的对象纷繁复杂,变动频繁,而且行政决策本身又受政治、经济、文化和社会等多重因素的影响,这些因素的存在增加了决策的难度系数,错误决策也就不可避免。而且,行政决策过程在某种意义上就是利益重新分配的过程,因此,易于受决策者的主观好恶所左右。这样,为个人、小团体、家庭、亲属的利益而牺牲公众利益的非公正化决策也就有可能出现。通过对行政决策进行事前监督,可以防止错误决策和非公正决策的形成,避免由于错误决策的实施而带来的严重后果,从而起到防患于未然的作用。

2. 控制作用

行政监督的控制作用体现于以下几个方面。首先,制止错误决策的贯彻实施。如前所述,为了保证决策的科学化,有必要对其实施事先控制,然而,尽管有了较为完备的事先审查制度,也不能确保所有的决策科学无误。而一旦错误决策出台并付诸执行,就应当及时对其加以控制。这就如同一台机器一样,既要有动力传动装置,又要有制动装置。只能开,不能停,后果将不堪设想。其次,调整行政执行活动的方向。行政执行是完成决策所规定的任务,实现决策目标的活动。行政执行的作用决定了它必须朝向并接近行政决策目标。然而,在实际的执行活动中,由于各种偶然因素的影响,可能会使其违背实施计划,偏离行政决策目标。因此,必须要对其加以控制,从而使执行活动保持在正确的轨道之上。最后,制约政府行为,保证依法行政。政府权力如同其他权力一样,具有较强的扩张性和渗透性,如果不为其设定运用界限,就有可能不适当地膨胀起来。因此,当代法治国家均对政府权力进行了限定,并以立法的形式加以明确规定。政府机关及其工作人员行使权力、履行职责均要有法律依据,并且要严守法定权限和遵守法定程序,否则,将受到法制监督机关的追究。

3. 补救作用

任何行政管理都是要通过人来进行的。由于人本身在认识能力、品德、情感等方面的非完善性以及行政工作的非确定性,在具体工作中难免出现各种失误、过失、违法、违纪和侵犯公民合法权益等现象。通过行政监督,一方面揭露出行政管理中存在的各种问题,可以使有关政府部门和领导采取补救措施,及时纠正各种不良行政,避免发生重大的失误和损害;另一方面,行政监督机构在受理公民和社会组织的申诉、起诉、控告过程中,对行政机关的行政行为是否合法加以审查,使合法权益受到行政机关非法侵犯的公民和社会组织获得赔偿。这样,行政监督就成为补救行政过失的重要手段。

行政监督的上述作用至关重要,只有充分发挥行政监督的事先审查、事中控制和事后补救的作用,才能确保科学、合理和合法的政府行政。

4.促进作用

行政监督并不只是消极的牵制和制约,而且也具有积极的促进作用。正如有的学者所指出的那样,"监督乃是机关的上级人员(机关)运用权威促使有正式隶属关系的下级人员(机关)以迅速、确实、经济有效的方法来完成其工作的一种手段"[1]。行政监督对行政管理的促进作用体现在,通过行政首长对下属的指导和督察,使其卓有成效地完成各自的工作;通过政党和社会组织、公民和新闻媒介向行政机关提出各种批评建议,促使行政机关改善行政等。

三、行政监督的原则

行政监督原则是行政监督主体实施监督行为所应遵循的基本准则。具体来说,这些原则体现于以下几个方面。

1.经常性原则

行政监督不是临时性措施,不是权宜之计,而是一个经常的、连续的过程。之所以要坚持行政监督的经常性,是由于行政管理具有非间断性。行政机关的职责在于管理国家政务和公共事务,为了实现社会的稳定、和谐和发展,就必须不间断地行使行政权力,履行行政职能。这样,旨在保障行政机关依法行使职权、正确履行其职能的行政监督活动必须要与行政活动同步进行,从而使行政活动始终置于行政监督之下。只有这样,才能充分实现行政监督机制的作用。

2.广泛性原则

行政监督不是对某一行政活动或某一行政环节进行监督,而是对政府各类行政进行全方位的、立体性的监督。首先,现代行政权力日益扩张,管理对象空前广泛,给行政监督提出了更高的要求。行政监督必须要与行政管理形影不离,

---

[1] 张润书:《行政学》,三民书局1979年版,第534页。

行政权力每延伸一步,行政监督就应前进一分,不受控制的权力必然要导致违法乱纪和腐败现象的发生。其次,现代行政组织和行政过程日趋复杂,为了实现行政系统的和谐运转,各个行政环节的统一协调,必然要求行政监督贯穿于行政管理的各个方面和全部过程的始终,以保证行政管理发挥最佳效能。

3. 确定性原则

为了更好地发挥行政监督的功能,对于以下事项必须明确规定。首先,明确行政监督主体的职权,并规定各级监督权的隶属关系和各类监督机关的协作关系,使整个行政监督的权力体系作到分级有序,完整统一。其次,明确行政监督主体的监督对象或范围,一方面保证职权明确,力量集中;另一方面使其严守界限,不得逾越。最后,明确行政监督主体的监督目标、任务以及技术方法等。上述问题解决之后,就可以有效地避免监督主体权责不清,监督活动交叠冲突等弊病。

4. 有效性原则

行政监督的有效性是指行政监督目标的充分实现,行政监督任务的顺利完成或行政监督功能的充分发挥。为了实现有效性,首先要切实落实各监督主体的监督权力,任何组织、任何个人均不得任意干涉法定的监督主体依法行使监督权的行为,从而使其能够在各自的职权范围内独立开展工作。其次,完善行政监督的程序,并以立法的形式加以确定,使之有章可循,有法可依。这样,行政监督权才能落到实处。否则,只从实体方面加以规定,不从程序方面加以保障,行政监督只能流于形式,而不能真正发挥作用。最后,建立行政监督的信息网络,使有关信息及时、准确地传递到行政监督机构。各监督机构要及时获取行政活动的信息,并根据这些信息及时做出判断,采取相应的控制行为。

5. 公正性原则

所谓公正性,是指行政监督的实施要有客观的、公正的标准。这一标准具体表现为国家的法律、法令、政令、政策等。行政监督过程就是将行政管理的现状与这些标准加以比较,从中发现问题,并进而加以解决的过程。因此,行政监督主体要以行政管理的事实为依据,以上述标准为准绳,依法监督,秉公监督。

第二节 行政监督的目标与范围

一、行政监督目标的意义

行政监督目标是指行政监督主体行使权力,监督政府行为所要实现的一种预期的状态,或者一种预定的结果。

为自己的行为事先设定出一定的目标,并自觉接受其引导,从而使自己的行为朝向目标和趋近目标,是社会中的个人和组织的行为特点。行政监督作为一项重要的社会实践,为了保证其方向明确,增强工作的自觉性,也需要确定一定的目标。确定行政监督目标的重要意义在于:

1.行政监督目标是行政监督效能的重要保证

无论任何工作,若要保证其效能,离不开合理的、切实可行的目标,行政监督工作也是如此。目标确定之后,可以使整个行政监督系统有了明确的活动方向,避免因目标含混而使行政监督这种制约力过分发散,影响监督力度,减弱其效能的后果。而且,行政监督目标确定之后,全部行政监督机制都要在其引导下运作,各种行政监督主体都要在保证实现监督目标的前提下实施监督行为。因此,有可能达成各个行政监督主体活动的相互协调,防止相互矛盾、冲突现象的产生。

2.行政监督目标是衡量政府工作质量的重要标志

衡量政府工作的优劣,与其考察政府工作本身,不如考察对政府工作实施监督的行政监督系统。假如该系统确立了明确合理的目标,并运用其全部力量保证这些目标的实现,那么,政府工作必然优质、高效,反之则劣质、低效。因此,能否确立合理的目标并实现这些目标,对于保证政府工作质量具有至关重要的意义。

3.行政监督的目标是调整行政监督与社会需要的枢纽

行政监督与社会需要密切相联,在社会发展的一定历史时期,社会总是会对行政监督系统提出这样那样的要求。由于行政监督系统的所有活动都是经由行政监督目标引导的,因此,社会需要的变化总是能够首先引起行政监督目标的变更。而一旦目标发生变化之后,将重新引导行政监督系统的行为。这样,行政监督目标就成为调整行政监督与社会需要的枢纽。例如,当社会上对政府违法行政滥用职权强烈不满时,保障行政活动的合法化将成为行政监督的主要目标。

当社会上对政府工作人员以权谋私、贪污受贿等腐败现象深恶痛绝时,保证政府工作人员手脚干净、清廉从政的行政监督目标便占上风。当人们深受违反行政管理规律的错误决策之害,并对行政机关的效率低下、人浮于事怨声载道时,确保行政活动的科学化和高效化的行政监督目标就会应运而生。总之,正是由于有了行政监督目标这一中介,才能实现行政监督活动与社会需要的平衡。

行政监督目标确立之后,将发挥以下作用:第一,引导作用。行政监督目标引导行政监督主体的所有监督行为,它为行政监督系统指明了任务和方向。那么,有关行政监督法律法规的制定,专门性行政监督机构的设置,行政监督人员的配备,工作方法与工作程序的安排,行政监督评价机制的设定等,都要紧紧围绕如何实现行政监督目标这一中心来进行。第二,制约作用。行政监督目标确定之后,不仅为行政监督主体明确了工作方向,而且也大致确定了行政监督的范围,行政监督系统的人力、财力、物力、时间和信息等消耗必须要收敛于行政监督目标所涵盖的行政监督范围之内,而不能任意发散于这一范围之外,从而保证以较小的综合投入,获得较大的综合效益。第三,评价作用。行政监督也和其他工作一样,在进行过程中或者暂告一段落之后,应当对其进行及时的评价,考核行政监督的有效性,并针对评价的结果,对其进行相应的调整。行政监督的评价可以采用多种方式,其中主要方式之一就是用行政监督的现有状况与目标规定的应有状况相比较。如果行政监督活动正在朝向目标、趋近目标或实现了目标,说明行政监督具有有效性;如果行政监督活动背离或者长期不能接近目标,则表明行政监督的无效性。因此,行政监督目标为评价行政监督活动提供了一个适当的标准,它是衡量行政监督有效性的重要尺度。

二、行政监督的目标体系

行政监督的目标体系由以下几个方面的内容构成。

1.保障依法行政

现代社会以法治为特征.在法治社会中.不仅公民,而且国家机关的活动都要依法进行。就国家行政机关来说,西方国家在资产阶级革命胜利之后,为了确保统治阶级意志的实现,提出了无法律无行政的原则,要求行政机关的行政活动必须严格依法进行。19世纪末20世纪初以来,尽管随着行政国家的出现和发展,依法行政的内涵发生了一定的变化,但是,它却依然是当今法治国家政府活动的基本原则。这一原则的实质就是要求政府守法,而政府守法只有在行政监督主体的监督保障之下才能够真正实现。因此,保障政府依法行使职权就应成为行政监督主体实施监督所要达成的重要目标。

2. 保障公正行政

公正行政在此有两层含义,其一是指行政主体自由裁量行为的合理化。自由裁量权是行政机关的重要权力,有的学者将其视为行政权的核心。一般来说,行政主体的自由裁量行为都是合法行为,但不合理地行使自由裁量权也会给公民的合法权益造成损害。在我国,当公民、法人和其他组织的合法权益因不合理的行政行为而遭受损害时,有权依法向有关国家机关提出复议和诉讼,以期求得赔偿。公正行政的另一层含义是指行政主体的行政行为必须公平、正直、没有偏私,不得掺杂行政主体个人的亲疏好恶,无论是在行政决策中,还是在行政决策的实施中,都不能以牺牲大多数人的利益而迁就少数人的利益,从而保证行政活动充分体现公众意志。这也是行政监督主体实施监督行为所要力求达到的目标之一。

3. 保障科学行政

科学行政主要是指行政决策的科学化。由于行政决策层次高,涉及的范围广,影响的程度深远,因此,能否进行科学的决策对于社会的稳定与发展具有十分重要的意义。为了保证行政决策的科学化,一方面需要建立行政领导的集体决策制度,另一方面要建立强有力的监控机制,严格规定行政决策程序,完善重大决策的事先审查制度及其实施过程中的跟踪监测机制。这样,既可以防患于未然,又可以对已经付诸实施的错误决策加以及时的纠正,进而促使整个行政活动形成科学决策与有效执行的良性循环。

4. 保障高效行政

国家行政机关是执掌国家行政权治理国家,并为社会公共利益服务的机关。因此,行政活动不仅要合法、公正、科学,还要做到高效。之所以将保障行政活动高效化作为行政监督的一个重要目标,是因为行政效率居于社会效率的中心,对社会效率具有直接的或间接的影响。保障行政活动的高效化,当然可以通过建立行政活动的时效制度,加强新闻舆论监督等方式来实现,但主要的还是要发挥上级行政机关和行政首长的监督职能。因为行政机关是按上下级隶属关系组织而成的,上级行政机关和行政首长的职能体系中就包含监督职能,并有相应的考核制度和惩罚制度作为保证。由此决定了行政机关对其自身工作效率的监督不仅直接,而且有效。通过监督,促使下级单位及其工作人员迅速、确实、经济地实现行政目标。

总之,保障行政活动的合法、公正、科学与高效构成了行政监督目标体系的基本内容,行政监督机制的健全和完善应当紧紧围绕该目标的实现来进行。

三、行政监督的范围

行政监督的范围十分广泛,为了易于阐述和理解起见,我们在此将其区分为以下几类。

(一)法制监督

法制监督是指行政监督主体对行政机关及其工作人员遵守社会主义法制情况的监督。这种监督包括对行政行为合法性和合理性的监督。

1. 对行政行为合法性的监督

依据行政行为的方式,可以将其分为制定行政规范的行为和采取行政措施的行为,前者又称为抽象行为或行政立法行为,后者亦称具体行为或行政执法行为。行政监督主体可以就上述二类行政行为的合法性进行监督。监督的内容包括:(1)行政行为是否有法律依据;(2)行政行为是否和宪法和法律相抵触;(3)行政行为是否超越法定权限;(4)行政行为是否符合法定的程序。在我国,全国人大和地方各级人大、各级人民法院和行政机关分别行使对行政行为的合法性进行审查的监督权。对于违法的行政行为,有权予以撤销。

2. 对行政行为合理性的监督

行政行为的合理性是针对行政机关的自由裁量行为而言的。由于自由裁量行为较为灵活,行政机关及其工作人员可以参与自己的意志于其间,为保护行政管理相对人的权益起见,必须对之加以监督。监督的内容包括:(1)自由裁量行为是否符合法律规定的目的;(2)是否裁量适度,合情合理;(3)是否遵守以往的惯例,前后行为一致;(4)是否考虑相关因素,不考虑不相关因素等。不合理的行政行为属于"不当"问题,一般由行政机关实施监督。对于自由裁量的行政处罚行为显失公正的,则构成了人民法院审查监督的对象。

(二)道德监督

道德监督是行政监督主体对行政机关及其工作人员遵守社会主义行政道德情况的监督。行政道德是一种职业道德,或称公务道德,它通过外在的社会舆论和人们内心的信念和习惯的力量规范着行政机关工作人员执行公务的行为,起着法律这种强制性的行为规范所不能替代的作用。由于遵守社会主义行政道德对于搞好行政工作具有十分重要的意义,因此,有必要对行政人员是否道德行政进行监督。道德监督的内容主要包括:

1. 行政人员是否忠诚,对国家、对人民有强烈的效忠意识

忠诚于国家,服务于人民是对我国行政人员的最高的道德期盼,并构成所有其他道德期盼的基础。在我国,人民是各种行政活动的受益者,客观上要求所有的行政活动都要围绕为人民谋福利这个中心来进行。而且,由于人民利益要由国家来体现和确认,并通过国家来实现,因此,作为执掌国家行政权的行政人员也必须要忠诚于国家。

2.行政人员行事是否正当和公正

韦伯曾倡导非人格化,这是抑制自我,采取一种超然态度和不偏不倚、客观、公正的能力。公正行政要求行政人员在执行公务时不得掺杂个人的亲疏好恶,而是必须依据统一的标准对社会进行管理,为社会提供服务,从而将正当和公正意识贯穿于整个活动之中。

3.行政人员是否诚实、廉洁、手脚干净

任何利用手中职权损公肥私、敲诈勒索、贪污受贿都是不道德的行为。从我国现实来看,行政人员的不道德行为突出地表现在这个领域。报刊上披露的政府高级官员和普通工作人员的种种违法和不道德行为的确令人触目惊心。为了确保行政机关的廉洁,防止内部蛀虫的侵蚀,恢复人民群众对政府的信任,有必要强化监督机制并下大气力整治行政机关内部形形色色的不道德行为。

4.行政人员是否遵守工作纪律

即监督行政人员是否因私事迟到、早退、擅离职守以及工作是否懒惰和粗心大意。要求行政人员遵守工作纪律虽然是较低层次的道德期盼,但是,如果不加以注意,可能会导致工作的严重失误,影响政府在人民群众心目中的形象。

总之,就行政人员的行为是否遵守道德而进行的监督是行政监督的一个重要领域,它的重要性不亚于对行政行为合法性的监督。尤其是在当代中国,加强道德监督,对于改进政府工作作风,提高工作效率和质量,保证清廉从政均具有十分重要的意义。

(三)工作监督

工作监督是行政监督主体对行政机关及其工作人员的日常工作所进行的监督。这种监督主要是行政组织内部的上级机关或行政首长对其下级机关或下级工作人员工作情况的监督,当然也包括一些外部监督机制对行政工作的监督。监督的内容有:

1.行政决策是否符合社会需要,是否遵循了科学的程序。

2.行政活动是否按原定计划进行,是否朝向并趋近决策目标。

3.是否完成了所指定的工作数量和质量。

4.是否合理而经济地使用行政经费,使浪费减少到最低限度。

5.行政活动是否密切一致,统一协调,充分发挥了整体的行政功能等。

工作监督的目的,在于促使行政机关科学而有效地履行行政管理职能。

第三节 行政监督系统

一、自力督导

自力督导是指国家行政机关运用行政监督权力对其自身的行政活动进行监督的行为,亦称内部监督或者自律系统。内部监督中包括特设监督机构的监督,为分析便利起见,我们将在下一部分阐述特种监督,在此先阐述内部监督中的一般监督、职能监督和主管监督。

(一)一般监督

一般监督是各行政机关相互之间按照直接隶属关系和其他关系而进行的一般性监督。这种监督可分为三类。一是按照隶属关系自上而下的监督,包括国务院对全国一切国家行政部门的监督;地方各级人民政府对自己所属的工作部门和下级人民政府的监督。二是按照隶属关系自下而上的监督,这是民主集中制原则在行政监督领域的具体体现。三是地方政府对设在本辖区内不属于自己管辖的行政机关的监督。我国法律规定,地方政府应当协助设立在本行政区域内不属于自己管理的国家机关、企业、事业单位进行工作,并且监督它们遵守和执行法律和政策。

(二)职能监督

职能监督是指政府各职能部门就其主管的工作,在自己的职权范围内对其他部门进行的监督。这种监督可以不分部门,不论隶属关系如何进行。例如,中央财政机关可以对各地区各部门的财政收支情况进行监督。职能监督可以越级进行,但是,对于监督中所发现的问题的处理,还应按照隶属关系进行。

(三)主管监督

主管监督包括两个系列。一是各级人民政府的主管部门对下级人民政府的对口部门进行的监督和各级人民政府的主管部门对各自所属的企事业单位进行的监督。这种监督在内部监督中是经常的、大量的,实际上已经成为上级机关的重要职责。二是行政机关的主管人员即行政首长对下级工作人员的监督,它是行政首长的职能之一,是管理过程的一个阶段,也是国外某些学者阐述的重点内容。

自力督导可以采用多种方式。主要有:第一,工作指导。这是上级为完成行政任务而对下级活动所给予的指示、引导和监测。工作指导本身就包含上级要求下级应该怎样做,不应怎样做,应该坚持什么,应该克服什么,因此,上级发布命令,提出要求、指导和建议本身就是监督;第二,工作检查和控制。工作检查是上级对下级行政活动进行了解,查明是否按原定计划进行,以掌握情况,发现问题,并进而采取措施加以调整。工作检查经常采取考查、专门调查、听取工作汇报、召开会议等形式。第三,工作评价。工作评价是在下级的行政任务完成或行政活动告一段落之后,就其工作成果与预定标准加以比较,从而对下级的工作做出客观的评定。工作评价是上级行政部门和行政首长的重要职权,由于工作评价的结果与奖惩密切相关,因此,它给予上级相当大的潜在权力以监督控制下级的行为。

自力督导这种监督在整个行政监督体系中占有特殊的地位。由于行政监督是上级政府、上级行政部门和行政首长的主要职能之一,是其日常工作的重要内容,而且,行政组织又是按照上下级隶属关系组织而成,因此,自力督导有可能及时发现并有效地纠正行政过失。但是,自力督导也有其明显的局限性。由于官官相护的封建传统和维护本部门利益的思想常常作祟,有时使得内部监督难以有效进行。事实说明,当外部监督体系不健全,或者监督力度不够时,内部监督便不能很好地发挥作用。

二、特种监控

特种监控是行政组织内部特设的监督机构对行政活动进行的监督。可以将其分为行政监察、审计和行政复议。

(一)行政监察

行政监察是国家监察部门对各级政府及其工作人员实施的行政监督,也有人称之为专门监督。它是整个国家行政监督体系中的重要一环,属于我国行政机关内部的一种特殊形式的行政监督。

行政监察机关作为国家监督的一个职能部门,是伴随着国家产生和发展而出现的。古今中外,许多国家都建有专门性的监察机构,在行政管理实践中都起到了一定的作用。在我国,建国初期就在政务院建立了行政监察委员会,负责严肃政纪和反对腐败的工作。1954年改组为监察部,该部于1959年撤销。从此,行政机关中这种意义重要、形式特殊的行政监督停止发展近30年之久。直到1986年12月,才开始逐渐恢复行政监察机构,在中央设监察部,在地方设监察厅局。

根据《中华人民共和国行政监察法》的规定,我国的监察机关是人民政府行使监察职能的机关,依法对国家行政机关、国家公务员和国家行政机关任命的其他人员实施监察。监察机关依法行使职权,不受其他行政部门、社会团体和个人的干涉。《行政监察法》规定了监察机关的监察对象、职责和职权。

1. 监察机关的监察对象

监察机关的监察对象是本级人民政府各部门及其公务员、本级人民政府及本级人民政府各部门任命的其他人员和下一级人民政府及其领导人员。

县、自治县、不设区的市、市辖区人民政府监察机关还对本辖区所属的乡、民族乡、镇人民政府的公务员以及乡、民族乡、镇人民政府任命的其他人员实施监察。

2. 监察机关的职责

(1)检查国家行政机关在遵守和执行法律、法规和人民政府的决定、命令中的问题;(2)受理对国家行政机关、公务员和国家行政机关任命的其他人员违反行政纪律的控告、检举;(3)调查处理国家行政机关、公务员和国家行政机关任命的其他人员违反行政纪律的行为;(4)受理公务员和国家行政机关任命的其他人员不服主管行政机关给予行政处分决定的申诉,以及法律、行政法规规定的其他由监察机关受理的申诉;(5)法律、行政法规规定由监察机关履行的其他职责。

3. 监察机关的职权

根据《行政监察法》,监察机关共有10项职权,主要有:(1)检查权和调查权。监察机关有权要求被监察的部门和人员提供与监察事项有关的文件、资料、财务帐目及其他有关材料,进行查阅或者予以复制;有权要求作出解释和说明。(2)采取监察措施权。暂扣、封存可以证明违反行政纪律行为的文件、资料等;责令在调查期间不得变卖、转移与案件有关的财物;责令被监察的部门和人员停止违反法律、法规和行政纪律的行为,责令涉嫌人员在指定时间、地点就调查事项涉及的问题作出解释和说明;建议有关机关暂停严重涉嫌人员执行职务;在调查贪污、贿赂、挪用公款行为时,经县级以上监察机关领导人员批准,可以查询案件涉嫌单位和人员在银行或其他金融机构的存款,必要时,可以提请人民法院采取保全措施,依法冻结涉嫌人员的存款。(3)监察建议权。监察机关对下列情形之一,有权提出监察建议:对拒不执行法律、法规,违反法律、法规以及人民政府的决定、命令,或者录用、任免、奖惩决定明显不适当,应当予以纠正的;本级人民政府所属部门和下级人民政府作出的决定、命令、指示违反法律、法规或者国家政策,应当予以纠正或者撤销的;给国家、集体利益和公民合法权益造成损害,需要采取补救措施的;依法应给予行政处罚的;其他需要提出监察建议的。(4)监察决定或监察建议权。有下列情形之一,有权作出监察决定或者提出监察建议:违反行政纪律,依法应当给予警告直至开除处分的;违反行政纪律取得的财物,依法应当没收、追缴或者责令退赔的。监察机关依法作出的监察决定,有关部门和人员应当执行,监察机关依法提出的监察建议,有关部门无正当理由的,应当采纳。(5)奖励权。对控告、检举重大违法违纪行为的有功人员,可以依照有关规定给予奖励。

(二)审计

审计是行政监督的一种。审计机关通过对各级人民政府和对其他同国家财政有关的单位的会计资料、财务收支活动和经济行为进行审核,做出客观公正的评价,以保证国家财政法令、政策和纪律的贯彻执行,严格财经纪律,加强经济核算,提高经济效益。因此,审计是行政机关特设的实施财务监督的机制。关于审计权限方法等问题,参阅第七章。

(三)行政复议

20世纪80年代末之前的行政学教科书在谈到行政监督时,大都忽略了行政复议这种重要的行政监督机制。如果说,由于我国以往的行政复议的作用不十分明显,因而未能引起人们广泛重视还情有可原的话,那么,随着我国新时期社会主义法制建设的迅速发展,特别是随着我国《行政复议条例》以及《行政复议法》的颁布与实施,行政学就没有理由不研究行政复议在整个行政监督系统中的地位和作用了。由于行政复议主要表现为上级行政机关对下级行政机关的具体行政行为是否坚持依法办事进行监督,因此,有的学者适时地提出,行政复议是国家行政机关内部实施的行政监督的一种重要形式[①],从而将行政复议归入行政监督的范畴。

行政复议在政府管理中的作用体现在:首先,行政复议机关根据公民、法人和其他组织的申请,对引起争议的具体行政行为进行审查,可以弥补行政组织内部层级监督的不足。其次,与行政诉讼相比,行政复议具有程序简便的特点,有利于及时解决行政争议,弥补行政过失,保证行政活动的连续性。再次,监督国家行政机关依法行使职权,保证公民的合法权益不受侵犯。最后,行政复议受理范围广泛,既可以审查行政机关的违法行为,也可以审查行政机关的不当行为。《行政复议法》的立法目的之一,就在于为了防止和纠正违法和不当的具体行政行为,保护公民、法人和其他组织的合法权益。此外,《行政复议法》规定,相对人认为行政机关的具体行政行为所依据的行政法规、规章以外的规范性文件不合法,在对具体行政行为申请复议时,可以一并向行政复议机关提出对该规范性文件的审查申请。尽管复议机关按照这一规定对行政机关制定规范性文件的这种

---

① 参见张尚鷟主编:《行政法学》,北京大学出版社1990年版,第396页。

抽象行政行为进行审查不同于对具体行政行为的审查,它本身不是一种行政复议活动,但毕竟是由行政复议引发的对抽象行政行为的审查活动,因此客观上起到了对抽象行政行为实施监督的作用。

通过以上介绍可以看到,行政复议的确发挥着自身独特的监督职能。随着我国行政复议制度的完善,它将成为行政系统内部经常运用的一种监督形式,并将在整个行政监督体系中发挥越来越重要的作用。至于与行政复议有关的其他内容,前文已经介绍,在此不赘述。

三、外部制衡

(一)立法监督

立法监督是国家立法机关对行政机关实施的监督。无论是实行总统制、内阁制的资本主义国家,还是实行议行合一的社会主义国家,立法监督都是非常重要的监督。但是,在监督的权限和形式上,各国规定不尽相同,大体包括质询、诘问、不信任投票、弹劾、审批、调查国政等。

中国的立法监督由国家权力机关实施。根据2007年1月1日开始实施的《中华人民共和国各级人民代表大会常务委员会监督法》,国家权力机关的监督具体为以下方面。

1. 听取和审议人民政府的专项工作报告

各级人大常委会每年选择若干关系改革发展稳定大局和群众切身利益、社会普遍关注的重大问题,有计划地安排听取和审议本级人民政府的专项工作报告。

2. 审查和批准决算,听取和审议国民经济和社会发展计划、预算的执行情况报告,听取和审议审计工作报告

3. 法律法规实施情况的检查

各级人大常委会每年选择若干关系改革发展稳定大局和群众切身利益、社会普遍关注的重大问题,有计划地对有关法律、法规实施情况组织执法检查。

4. 规范性文件的备案审查

依照《立法法》的有关规定,办理行政法规、地方性法规、自治条例和单行条例、规章的备案、审查和撤销。

5. 询问和质询

各级人大常委会会议审议议案和有关报告时,本级人民政府或者有关部门应当派有关负责人员到会,听取意见,回答询问。

6.特定问题调查

各级人大常委会对属于其职权范围内的事项,需要作出决议、决定,但有关重大事实不清的,可以组织关于特定问题的调查委员会。

7.撤职案的审议和决定

县级以上地方各级人大常委会在本级人大闭会期间,可以决定撤销本级人民政府个别副省长、自治区副主席、副市长、副州长、副县长、副区长的职务;可以撤销由它任命的本级人民政府其他组成人员。

(二)司法监督

司法监督是国家司法机关依照法定职权与程序对行政机关及其工作人员进行的监督。由于国家司法机关地位超脱、独立,司法程序又较为复杂完备,可以对行政争议做出公正的裁决。因此,在行政监督中,司法监督具有重要地位。国外有的学者指出,只有法院的司法监督才可以依法补救行政过失,因此,它成为监督政府的重要手段。目前,世界上许多国家都建立了司法监督制度,其中包括司法审查制度和行政诉讼制度。司法审查是通过普通法院或宪法法院对政府的行政法规和行政措施进行审查,以确认是否违反宪法。行政诉讼是通过法院或其他机关对行政案件进行审理和裁判,以此监督政府依法行政。国外的行政诉讼机构分为三类:一是设立独立的行政法院受理行政案件;二是由普通法院主管行政案件;三是设立行政裁判机关解决一定范围的行政争议。

我国的司法机关包括人民检察院和人民法院。人民检察院是国家的法律监督机关,根据人民检察院组织法的规定,检察院对于叛国案、分裂国家案以及严重破坏国家的政策、法律、法令、政令统一实施的重大犯罪案件,行使检察权,并对公安机关的侦查活动和刑事案件判决、裁定的执行以及监狱、看守所、劳动改造机关的活动是否合法,实行监督。人民检察院依法保障公民对违法的国家公务人员提出控告的权利,追究侵犯公民的人身权利、民主权利和其他权利的人的法律责任。

人民法院是国家的审判机关,独立行使审判权。它对行政机关及其工作人员的监督,是通过审理各种与其有关的案件并做出裁判的活动实现的。人民法院对行政机关及其工作人员的监督采取三种方式:一是通过审理刑事案件,追究违法、失职、侵犯公民权利的行政人员的刑事责任;二是通过审理民事案件,追究在民事活动中违法、侵权的行政机关及其工作人员的民事责任;三是通过审理行政案件,追究在行政活动中违法、侵权的行政机关及其工作人员的行政责任。我国在实行行政诉讼制度之前,法院只能通过审理前两种案件进行有限的监督。1982年建立行政诉讼制度之后,特别是1990年10月1日我国《行政诉讼法》正式施行以后,才使人民法院监督这种重要的监督机制进入更为完善的阶段。

(三)政党监督

政党监督是各政党对行政机关及其工作人员进行的监督,既包括执政党的监督,又包括非执政党的监督。在此主要是指执政党,即中国共产党的监督。党是社会主义建设事业的领导核心,党的领导职能就包括着监督职能,因为监督是实施领导的手段和保障,没有监督,党的领导就会落空。当然,领导不等于包办,监督也不是直接干涉行政机关的具体工作。党的监督主要是通过制定路线、方针、政策并保障其贯彻实施,以及通过对担任国家公职的所有党员的行为实施制约来进行的。监督的目的在于促使党员干部贯彻执行党的路线、方针、政策,遵守宪法和法律,全心全意为人民服务。党的监督方式主要有两种,一是党组织的监督,包括各级党组织对同级行政机关和下级行政机关的监督,行政机关及其所属机构内部的党组织对本机关和本机构的监督。二是党的纪检机构的监督。我国的各级行政机关中,主要领导者大都是共产党员,一般工作人员中党员也占有相当的比例。因此,纪检机构的监督在维护党纪,端正党风,肃贪廉政方面具有重要的意义。

(四)社会监督

社会监督是指宪法和法律规定的国家机构以外的社会团体、人民政协、新闻媒介和人民群众的监督。

中国人民政治协商会议是中国共产党领导下的爱国统一战线组织,由中国共产党、各民主党派、无党派民主人士、各人民团体、各界爱国人士和特邀人士组成。其职责是对国家的大政方针和社会主义现代化建设以及人民生活等重要问题进行政治协商,并通过批评和建议发挥民主监督作用。人民政协的监督方式主要有:通过政协委员视察工作,对行政机关及其工作人员的工作和作风提出批评和建议;列席各级人大及其常委会会议,听取工作报告,对政府工作提出批评和意见;定期召开政协会议和民主党派会议,讨论国家大政方针,发表意见,提出批评,以此来监督行政行为,帮助行政机关改进工作。

工会、青年团和妇联等人民团体是党和政府联系人民群众的纽带,由于它们与群众的联系最直接,最了解人民群众的愿望和要求,因此,在民主管理和监督中发挥着重要作用。各人民团体的监督主要是通过召开代表会议,参加实际工作,对行政机关提出批评和建议来实现的。

报刊、广播、电视等新闻媒介是重要的社会舆论工具,它对政府制定和执行公共政策的活动具有重大影响,西方国家称此为第四权力,誉为"无冕之帝王,布衣之宰相"。其他监督方式一旦与新闻舆论监督结合起来,将会发挥更大的监督能量。在我国,新闻媒介不仅具有宣传党和国家的路线、方针、政策的职能,还具有反映民意,监督政府机关的职能。新闻媒介通过经常刊登和报道社会各界对行政机关的意见、批评和建议,可以督促行政机关改正工作中的缺点和错误,端正工作作风。

人民群众是国家的主人,他们不仅可以以主权者的身份参与政府管理,也可以授权者的身份对政府实施监督。在我国,人民群众对政府的监督范围广泛,形式多样。主要包括:对行政机关及其工作人员提出批评和建议;对行政机关及其工作人员的违法失职行为,有权向有关国家机关提起申诉、控告或者检举,当公民合法权利受到侵害时,有权向有关国家机关提起复议和诉讼,并有权要求恢复合法权益,追究实施违法侵权行为者的法律责任。

第十二章 行政促进

第一节 行政沟通

一、行政沟通的概念和作用

所谓沟通,是指信息的传递和交换,它是一种以语言、文字等形式为手段的交往。行政沟通指的是行政信息的传递过程,它意味着行政信息从行政系统的某一部分到另一部分的一种运动。

有效的行政沟通取决于完善的沟通要素。这些要素包括:(1)沟通的发动者,即信息的发出者。在行政组织中,沟通的发动者通常是行政领导者,或是下级工作人员。(2)沟通渠道,即信息在传递过程中所要经过的途径。沟通渠道是联系行政决策和执行的纽带,为了保证行政信息顺利地传递和交换,必须保证沟通渠道的畅通。衡量沟通渠道是否畅通的标准在于行政信息能否准确、及时和足量地上传下达。(3)沟通接受者,即所传递的信息的特定接收者。既然沟通发动者发动沟通的目的在于引起接受者的被期待的行为,那么,后者必须具备一定的知识储备和工作经验。否则,可能会造成曲解信息的含义,从而产生危及决策和执行的后果。(4)沟通程序,为了保证连续和正常的沟通,要以规定的程序传递信息,性质不同的信息应当采用不同的传递方法和沟通渠道。(5)沟通方式,一般采用文字和语言的方式,具体表现为报告、指示、命令、通告、决议等。在行政组织的沟通中,应当明确这些既为信息发出者又为接受者所充分了解的沟通方式。

对于任何组织来说,信息沟通都是一种必不可少的活动。如果说规模小、层次少的组织内部的信息沟通相对简单,因而还不能充分地体现出沟通的重要意义的话,那么,对于行政组织这种庞大的、复杂的系统来说,沟通便显示出其重要作用。

1. 信息沟通是使行政系统得以存在的重要保证

正如美国学者多伊奇(Karl Deutsch)指出的那样："正是沟通这一传递信息,并对信息做出反应的能力,才使组织成为可能。"特别是行政组织,其职能在于管理社会公共事务,为社会服务,社会上常常会提出这样那样的要求。行政组织能否有效地通过自身与其环境之间可以渗透的界限输入各种需求,并经由内部的沟通渠道传递到决策指挥中心,使其及时做出科学合理的决策,对于能否适应环境并与环境保持平衡状态具有十分重要的意义。

2. 信息沟通是使行政系统内各要素达成密切联系和协调一致的基本环节

在行政系统中,纵向上分为众多的层次,横向上分为众多的部门。这些不同层次和部门的活动不应是独立的活动,而应是行政系统整体活动的一部分。而为了将各层次各部门的活动有效地联系起来,并使其协调化,离不开行政信息的沟通。一方面,通过纵向的信息沟通可以加强决策指挥中心和执行机构的联系,使执行机构及时准确地获取信息,并按决策信息的内容进行活动,也可以使决策指挥中心及时获得有关执行机构的执行信息,以有效地控制执行机构的活动。另一方面,各平行机构也要通过横向的沟通网络传递信息,从而获得决策实施上的协调一致。正是因为信息沟通起到串联各行政机构,加强其联系和协调的重要作用,因此,国外有的学者将其比喻为行政组织中的"血流"。

3. 信息沟通是提高行政效率的前提条件

行政机关为社会服务,理应优质高效地完成各种工作。而提高行政效率的前提之一,在于加强行政组织内部的沟通。确立完善的沟通制度和通畅的沟通渠道,能够加快行政信息流转速度,使执行机构的请示、汇报、建议和决策机构的命令、指示及时准确地上传下达,这样,将会有效地提高行政工作的效率。

4. 有效的行政沟通可以满足行政人员的需要,协调人际关系

信息沟通是任何组织成员的一种心理需要。通过沟通,一方面使其有机会表达自己的观点和意见;另一方面使其及时获得应当知道的信息。这样可以使组织成员产生自重感和满意感,从而增强组织成员对组织的向心力,激发其工作的积极性和主动性。此外,信息沟通还是减少人际矛盾,改善人与人之间关系的重要手段。事实证明,一个机关的沟通渠道发生阻塞,人们之间的意见得不到及时的交流,将会形成一种压抑和郁闷的气氛,进而使人们产生冷漠感和疏远感。而有了良好的信息沟通,可以增进领导与领导之间、领导与下级之间、下级与下级之间的了解,减少不必要的矛盾,改善和协调人际关系。

二、行政沟通的内容与类型

(一)行政沟通的内容

在行政组织中,由于与行政管理有关的信息多种多样,因此,行政沟通的内容也就纷繁复杂。可以大体上将行政沟通的内容分为业务、思想认识和情感这三个方面。

业务沟通是指行政机关及其工作人员在处理行政事务方面所进行的沟通,这是行政沟通的主要内容。在行政管理中,为了完成一定的行政事务,各行政机关和行政人员经常就有关业务进行信息沟通。或是下达上级机关的指示和命令,上传下级机关的请示和报告,或是几个有关部门为解决某一问题而进行信息交流。这种沟通的目的在于保证行政信息准确及时地上传下达或平行流动,以保证行政管理的顺利进行。

思想认识方面的沟通是指行政工作人员个人和团体之间的关于思想认识的信息交流。在人际交往中,人们常把观念、思想和认识作为信息进行交流。由于行政活动大都是集体活动,为了确保行政目标的实现,基本前提之一就是行政人员能够对其达成共同的理解,实现思想认识上的一致。只有思想认识上的一致性才能保障行政活动中的协调性。然而,思想观念上的相互接受和认同不能自发地实现,必须借助于人与人之间的信息沟通才能形成。

情感方面的沟通是行政人员之间的情感交流过程。对于行政组织来说,能否具备感情融洽、团结协作的群体气氛,将直接影响到行政效率的高低。情感沟通的目的在于加强行政组织内部的感情纽带,使不同的单位和行政人员在感情上和心理上联系起来,维系良好的人际关系和组织气氛,从而使单位与单位、人员与人员之间相互信赖与支持,提高行政管理的效能。

(二)行政沟通的类型

行政沟通也和其他组织的沟通一样,可以依据不同的标准将其分为许多类型。例如正式沟通与非正式沟通、单向沟通与反馈沟通、内部沟通与外部沟通、口头沟通与书面沟通、人际沟通与组织沟通、纵向沟通与横向沟通等。在此,主要依据行政沟通的性质,阐述正式沟通与非正式沟通。

1. 正式沟通

正式沟通是依照行政组织正式规定的程序和渠道而进行的沟通。具体表现为上级机关正式发布命令、法令和指示,下级机关对上级机关提出建议、请示和报告以及定期或不定期的正式会议和会商等。正式沟通根据信息的流向,分为下行沟通、上行沟通和平行沟通。

(1) 下行沟通

下行沟通是按照行政系统的隶属关系,由上而下进行信息的传递和交流的过程。下行沟通首先表现为决策协调中心与具体执行机构的联系,它是指形成于行政组织上层的信息通过中间的管理层次,最终到达最低层的执行机构。下行沟通还表现为领导者与被领导者之间的联系,它是指领导者把行政组织的目标或领导意图传达给下级人员的过程。

在行政管理实践中,下行沟通是大量存在的。通过这种沟通,可以使下级及时获得行政组织的决策内容和领导意图,有助于下级改进工作,实现决策的目标;并且可以协调行政组织各层次的活动,增强各层次的联系。然而,单一的下行沟通易于影响下级士气,并易于养成上级的官僚主义作风。

传统的行政学强调这种沟通,它假定决策一旦形成,就能自动地纳入下行的轨道,顺利地下达到执行机构,并能得到下级贯彻执行。现代行政学认为,如果不首先鼓励下级上行沟通,上级就不能做出下级所理解和接受的决策。忽视了这一点,其决策不仅可能与现实相悖,而且也容易使下级产生抵触情绪。因此,决策在纳入下行渠道之前,必须听取执行人员的意见。这对于保证决策的正确性、提高执行人员执行决策的主动性、增强其责任感都是有益的。

(2) 上行沟通

上行沟通是由下而上地将下级的信息传递给上级机关和领导者的过程。它表明了执行机构和下级工作人员与决策协调中心和领导者的联系。这种联系一般采取报告、建议、请示等形式。上行沟通可以提供下级参与、发表有价值的意见的机会,使其获得心理上的满足;可以提供决策中心修正决策的实际资料;还可以使领导者及时掌握下级的工作状况,做出相应的控制和调整。

(3) 平行沟通

平行沟通指同一组织中权力平等的机构之间的联系,它一般采取讨论、协商、成文的或口头的方式进行信息和思想的交换。这种沟通多发生于不同命令系统而地位相等的机构和人员之间。平行沟通可以弥补上行沟通与下行沟通的不足,加强组织内各平行机构的联系,促进团结,增进配合,而且也可以满足人们之间社会交往的欲望,培养人际间的友好感情。

2. 非正式沟通

非正式沟通是指在正式沟通渠道之外进行的沟通。例如非正式接触、私下谈心、议论、传播小道消息等。非正式沟通有自上而下、自下而上的沟通,也有平行的和斜向的沟通。由于此种沟通多属于口头沟通,而且没有固定的成员,因此,它易于形成,也易于消散。

现代管理既强调正式沟通,又重视非正式沟通。非正式沟通可以传递正式沟通所无法和不便传递的信息,弥补正式沟通的不足。但是,非正式沟通可能误传消息,歪曲事实,蛊惑人心,制造事端。因此,管理者应当使两种沟通扬长避短,相互补充,以达到加强行政沟通的目的。

三、行政沟通的障碍及其克服

要进行有效的行政沟通,必须认清影响行政沟通的障碍,并发现克服这些障碍的方法。影响行政沟通的障碍因素很多,可以将其大体分为沟通体制方面的障碍和行政人员沟通素质方面的障碍。沟通体制分为单通道和多通道两种。传统的行政组织的沟通体制以单通道为其特征。而且与自上而下、由里而外的一元控制体制相对应,行政信息也以纵向自上而下,横向由里而外的流向为主。这种沟通体制的弊端是显而易见的。首先,单通道的沟通体制严重地限制了通道的信息负荷能力。如果说,在政府职能比较简单,行政信息数量较少,因而单通道的沟通体制还能胜任承载或传递行政信息的话,那么在政府职能逐渐扩大,行政信息日益丰富的当代,这种体制便会显示出其缺陷:或是让大量行政信息涌入通道,造成通道的拥挤和阻塞,或是将相当一部分信息排斥于通道之外,致使有价值的信息流失。其次,由于缺乏其他通道相互牵制,易于使通道上的某个环节垄断所沟通的信息,或者有意曲解信息内容,使其失真和变形。尤其像行政组织这样层次繁多的系统,如果采用单通道的沟通体制,各层次的层层过滤会使信息失真和变形现象更为严重。最后,由于行政信息以单向流动为主,下级行政人员的意见和要求难于上行沟通,人民群众也难于与行政机关交流。这样,一方面影响行政决策的科学性和民主化;另一方面也不利于决策机关对行政执行活动实施有效的监控。

克服上述障碍的根本方法在于破除单通道的沟通体制,建立起多通道的沟通体制。后者的优点在于能够使所沟通的信息完整、准确和及时地到达信息接收者手中。多通道沟通体制的建立,可以避免单通道体制下信息负荷能力有限的弊端,保证所沟通信息的完整性,防止信息的大量流失和通道的阻塞,并且使任何一条通道均无法垄断所沟通的信息,更不敢有意曲解沟通的内容,反而使各通道之间处于竞争状态,主动地将正确的信息传递给上级部门。此外,多通道的沟通体制将增加政府信息的聚集点,有利于下级行政人员参与决策和公民参政议政。

影响行政沟通的另一因素,是行政人员的沟通素质和水平。行政沟通与其他行政工作一样,都是要经由行政人员来进行的。这样,行政人员与沟通有关的

第十二章 行政促进

素质如何,将直接决定着行政沟通能否顺利进行。由于行政人员都有可能起到信源、信道和信宿的作用,或者至少起到某一方面的作用,因此,每一位行政人员都应当自觉地克服自身不利于行政沟通的因素的影响,努力提高行政沟通的水平。

对于作为沟通发动者的行政人员来说,在发出信息时,应力求作到:(1)信息清晰。即将要发出的信息应当明确,诸如决策的目的、被期待的反应和时间要素等内容,均应作到清晰明确。(2)信息适当。信息量过小,不足以刺激起信息接受者的被期待的反应。信息量过大,将会使接受者负担过重,同样不能引起被期待的反应。(3)信息及时。过时的信息或过度超前的信息均不会引起接受者被期待的反应。(4)信息一致。即对于所有那些被期待以同样的方式去行为的人来说,其沟通应当是一致的。在沟通的性质和数量上的区别对待会引起不满和猜忌。

作为信息传递者,行政人员应当主动消除与上下级之间的隔阂与淡漠,并不以个人的主观偏好而对信息加以增舍,同时增强认识和理解信息内容和意义的能力,以保证行政信息完整、准确地上传下达。

作为信息接受者的行政人员,应不断地充实自己的知识储备和实际工作经验,力求准确把握传递来的信息。这一点对于辅助决策者进行决策的人员尤为重要。决策辅助人员应当具有鉴别信息真伪和价值大小的能力。他们一方面要像"漏斗"一样,将大量的传递上来的信息容纳汇总;另一方面,又要像"过滤器"一样,对信息去伪存真,并适当约简,为决策者提供真实的、有价值的信息。否则,将信息统统上交,会使决策者陷入大量信息中而不能自拔,或是约简不当,使决策者失去真实的、有价值的信息。

第二节 行政协调

一、行政协调的概念和作用

协调的基本含义是指构成一个组织的各部分配合得适当。我们可以从两方面来理解这一概念。首先,行政协调指一个过程,它是行政领导者和上级领导机关为实现组织的总目标而对下级机关及其工作人员的活动进行的统一安排和调整;其次,行政协调是一种状态,或一种结果,即指下级机关及其工作人员的活动经过行政领导者和领导机关的统一安排和调整所达成的配合一致、和谐发展和稳定有序的状态。前者是从动态的意义来理解行政协调，后者是从静态的意义来理解行政协调。我们在此主要是从第一种意义上来研究行政协调的。从上述规定中可以看出，行政协调具有以下特点：

首先，行政协调的主体是各级行政首长和行政领导机关。作为总理国家、地方和某一领域行政事务的行政领导者，统一安排和调整所属机关和工作人员的工作，是其固有的职能之一。其次，行政协调的对象是各行政层次、各行政部门的行政活动。最后，行政协调的目的是为了避免和克服各行政机关和行政人员之间的矛盾和冲突，减少内耗，使其活动共同指向总的行政目标，并高效率地达成该行政目标。

协调是人类产生以来就存在的社会现象。众所周知，人不仅有自然属性，还具有社会属性。人们是在相互联系和相互作用过程中进行各种生产实践活动的。为了避免人们在社会活动中的摩擦、矛盾和冲突，建立良好的生产和生活秩序，就有必要由担任管理职能的领导者采取一定的手段和措施或制定相应的制度，将群体和个体的活动纳入一定的轨道，确定其行为的归属，从而使之协调一致地和谐发展。因此，从一定的意义上说，正是在协调个体与个体、个体与群体、群体与群体之间关系的过程中，才产生了领导者的管理职能。如果说，在人类社会的早期由于人们的活动较为简单，因而决定了协调相对简单，其作用还不十分突出的话，那么，随着社会的发展，尤其是随着专业化分工的发展，协调也就越来越复杂化、越来越重要了。越来越多的管理学者和行政学者十分重视对协调问题的研究。例如，美国学者巴纳德在1938年出版的《主管的职能》一书中就曾明确指出，协调工作是任何一位主管人员的主要功能之一。其他一些早期的管理学家，例如法约尔和古立克也都在其提出的管理环节和管理计划中明确了协调的重要作用。至于他们提出的合理管理幅度原则、统一指挥和统一指导等原则，都是旨在保证领导者对下级的工作实施有效的控制和协调，避免其陷入无所适从和相互冲突的难堪困境。在现代管理理论中，也将协调置于十分重要的地位。例如，帕森思将组织划分为策略层、协调层和技术层三个层次，并认为协调层的职责在于联系和协调其他两个层次，同时协调组织内部各单位的活动，从而促进整个组织内部的几种职能、项目或程序的协调。

总之，协调在任何组织中都具有十分重要的地位和作用，对于行政组织来说尤为如此。

1.行政协调是政府机关的重要职能

行政协调贯穿于行政组织的各个层次和各个部门，是各级各类行政领导和领导机关的重要职能。从较为宏观的角度来看，无论是综掌国家和地方行政事务的各级人民政府及其行政首长,还是分管某一方面行政事务的行政机关及其首长,都要履行行政协调职能。前者可以划分为国务院及其总理所进行的高层协调,省、市、县级人民政府及其行政首长所进行的中层协调以及乡、镇人民政府及其行政首长所进行的基层协调;后者可以划分为国务院各部委对全国范围内的有关行政活动所进行的协调以及地方各级人民政府的主管部门对其下属活动所进行的协调。从微观的角度来看,任何行政单位的行政首长都要解决三个方面的协调问题,一是本单位内部各机构之间的协调,二是本单位与上级单位及其行政首长之间的协调,三是本单位与其他单位之间的协调。由此来看,无论是各行政层次,还是各行政部门,为了有效地达成行政目标,都要涉及到行政协调问题。

2.行政协调在现代行政管理中的作用日益突出

现代行政与传统行政不同,传统社会的行政组织的专业化分工程度较低,多种行政职能往往兼容并蓄在同一个行政机关之中。在这种情况下,行政协调的地位和作用远不如现代行政那样重要和迫切。而且,传统社会的行政大都以专制为其特征,国家行政从上到下贯彻的是单一的意志和统一的命令。因此,如果辅之以相应的惩罚制度,行政协调易于进行。然而,在现代社会的行政管理中,专业化分工的程度越来越高。根据机能一致的原则,行政工作被分解为许多不同的部分,分别由履行特定职能的行政部门来执掌。面对越来越多样化的行政部门和越来越复杂化的行政活动,如何对之统一安排和调整,使其配合一致、和谐发展便具有了十分重要的意义和作用。此外,与传统社会的专制行政相反,现代行政以民主行政为其特征。除了公民和社会组织有权参与行政之外,下级行政机关和行政工作人员也可以参与上级领导机关和行政首长的决策过程,并可以在法定授权范围内,独立自主地开展各自的行政活动。这些因素一方面增加了行政协调的难度,另一方面突出了它的重要性。

3.行政活动的协调与否关系到政府工作效率的高低,也关系到社会的稳定和发展

行政协调与行政效率密切相关,前者是后者的基础,后者是前者的结果。在我国旧有的行政体制下行政效率之所以不高,重要原因之一就在于行政部门之间的工作关系协调不够,条条块块互相设关置卡,各有关单位权责不清,对某项行政事务都要插手,又都不能独立负责,导致相互牵制、互相扯皮、互相推诿,使基层机关、社会组织和团体以及人民群众办事困难重重,往往耗费大量的时间、精力和财力却一事无成。有人说得好,旧有体制上的弊端助长了官僚主义,官僚主义维护体制的弊端,造成"筐里装螃蟹——互相牵制、越钳越紧"的局面,严重

地阻碍了行政效率。改革旧有的体制,就在于理顺中央和地方、地方和地方、部门与部门之间的关系,合理地划分权责,精简机构,撤销关卡,下放权力,简化程序,使整个行政机器协调高效地运转。此外,行政组织管理社会公共事务,客观上要求步调一致、和谐统一。如果行政组织内部活动矛盾对立、政令不一,将导致社会组织及其成员无所适从,混乱无序,从而使社会难以稳定,更难以得到顺利的发展。

二、行政协调的原则

行政协调应遵循以下原则:

1. 普遍性与经常性原则

任何行政工作,无论是复杂的还是简单的,都是要经由某些行政机关和行政人员共同努力来完成的,由此决定了行政协调的普遍性和广泛性。各级行政首长和领导机关都要自觉将协调下级人员的活动作为一项重要任务来抓,使协调渗透于计划、组织、指挥和监督控制的各个环节中去。而且,现代行政管理不仅要连续进行,同时常常发生变化。社会环境的变迁、管理职能的转换、工作重点的转移、管理方法的更新等都会使行政管理处于经常的变动之中。因此,行政协调不仅要坚持普遍性,还要坚持经常性,即围绕既定的行政目标,根据行政组织内部和外部环境的变化,对下级机关及其工作人员的关系和活动适时地进行协调和调整。

2. 逐级与有序原则

行政协调要逐级进行,即被协调的行政机构及其人员必须是行使协调职能者的直接下属。由于协调是各级行政首长的领导职能之一,如果越级协调,被越级者将会感到其固有的权力遭到剥夺,产生不满和抵触情绪,也会使下级产生猜忌和疑虑,不利于协调的顺利进行。因此,行政协调要以逐级为原则,以越级为例外。行政协调不仅要逐级,而且还要统一。也就是说,当下级机关及其工作人员遇到矛盾或冲突,经协商不能达成一致的见解或行动时,应当由一位上级首长或一个上级机关主持协调工作。多头协调不仅不会有效地解决问题,反而有可能加剧下级的矛盾状态。在确保行政协调的逐级和统一的同时,还要做到系统有序。各级行政首长和领导机关的协调工作不能相互隔离、各自独立,而是应当按照上下级统属关系形成系统有序的严密体系。在行政组织内部有着许多担任不同职能的部门,如果违背系统有序的原则而听任其各自协调,将可能出现各部门内部的活动完整统一,而整个行政组织处于分崩离析、矛盾百出的不利局面。

3.公正性与客观性原则

在行政活动中,不同的行政部门常常由于目标、任务、利益等方面的差异而导致矛盾和冲突。行政首长和上级机关在对之进行协调过程中,应该做到合理与公正。由于协调的达成往往是以下级各个机关或多或少的让步或损失为前提的,那么,哪些机关让步大一些,损失多一些,哪些机关让步小一些,损失少一些,不能根据领导者主观意志随意决定,而是要根据一定的合理、公正的标准。从根本上讲,这一标准应当是行政组织的整体性目标。行政首长和领导机关在进行协调时要围绕这一总体性目标,合理地确定各个下级机关所做出让步或承受损失的幅度。只有这样,才有可能有效地避免下级机关只强调局部目标和利益的本位主义,协调措施也易于为下级所接受。行政协调除了遵循公正性原则之外,还应当遵循客观性原则。这一原则要求协调者要客观地分析下级工作中不协调状况的性质,进而做到区别对待。从管理学角度来看,并非所有的矛盾冲突都成为领导者必须采取措施加以解决的对象。只有那些不利于组织目标的实现,或对组织的生存和发展起腐蚀、瓦解作用的破坏性或对抗性冲突,才成为领导者协调的重点。对于其他有利于发扬民主、集思广益、提高决策质量和有利于组织目标实现的建设性冲突,领导者要善于因势利导,使其为行政组织的建设和实现组织目标服务。

4.强制性和说服教育相结合的原则

对于下级的冲突经协商不能解决的,应按照下级服从上级的组织原则由上级强制冲突各方执行协调命令,违者将要受到相应的惩罚。采取强制手段以外力强行约束下级的行为,是一种解决下级矛盾和冲突的有效方法。但是,这种解决具有暂时性和表面性,还不能彻底消除冲突产生的根本原因。因此,行使行政协调职能者在采取强制性命令的同时,还应当通过正面教育和各方的批评与自我批评,检讨自己,缓和对立情绪,求大同存小异,顾全大局,重新树立起集体合作观念,这样才能从根本上解决问题。

三、行政协调的方法

有效的行政协调不仅要求遵循合理的原则,还要求采取适当的方法。行政协调的方法很多,大致包括以下几个主要方面。

1.经由计划手段的协调

进行协调的理想时机当然是在计划阶段,因为事中的协调总是要以某种摩擦和冲突的出现,因而造成各种损失为前提的。采取计划手段进行协调时,首先要使计划内容明晰化,诸如计划的目标、对下级单位和工作人员所期待的反应等都应做出明确的规定，使全体组织成员明确了解，成为其工作的依据，所有的活动都要围绕计划所设定的大目标来发挥作用。其次，保证各项计划之间的统一性。对于一个较大的行政组织来说，不仅要制定总的行政计划，而且为了使计划的内容落实到具体的下级单位，往往需要围绕组织的总计划制定出具体的计划。这样就带来各个计划之间的统一和谐问题，特别是对于那些下级自主权较大，有权围绕总计划制定各自计划的行政组织来说尤为如此。计划的统一性将直接涉及具体执行活动的协调性和同步性。因此，保证计划的统一性应当始终成为寻求协调的行政首长和领导机关注意的重要环节。最后，保证行政活动的连贯性。在计划阶段，不仅要保证计划的统一性，还要合理安排未来的行政活动，使其首尾连贯、前后衔接。这就如同自动化工厂的装配线一样，一个工作环节必须在规定的时间内完成自己的工作任务，并及时将其传输到下一个工作环节。如果不能保证行政流程的连贯性，产生重重阻塞，一方面影响行政效率，另一方面会产生整个组织的工作不和谐或失调的状况。

2. 经由组织手段的协调

这种协调是计划协调的继续，是通过组织内部的权责分配，事先确定各机构之间的平行关系和各层次之间的隶属关系来达到协调的目的。为协调下级行为起见，协调者必须要明确划分每一下级机关及其工作人员的权力和责任，确定其权力运用的界限以及所履行责任的范围，使其守其应守之分，力求事先防止权限争端和责任推诿的现象。在此基础上确定下级机关及其工作人员之间的联系途径和方式，以便经常沟通，增进了解，互知互谅，防止隔膜和误解。此外，还要确定纵向上的隶属关系，明确上下级单位的命令服从关系，做到一个下级单位只对一位首长或一个上级机关负责。避免政出多门，令下级无所适从，因而产生混乱或矛盾的弊病。

3. 经由沟通手段的协调

沟通对于协调具有重要意义。有的学者指出，"沟通在求思想上的共同了解，协调在谋行动上的协同一致"。沟通是协调的前提，协调是沟通的结果。没有思想上的共同了解和一致认识，便难于达到行动上的协同一致。从行政管理实践来看，行政机关之间的隔膜、疏远、摩擦、矛盾常常是由于沟通不足，互相了解不够而产生的。所以，若要达成行动上的协同一致，有必要解决好沟通这一前提。例如，对于需要若干单位采取共同行动的行政管理事项，协调者应当事先召集会议，传递活动目的、行为期盼、如何相互协作等信息，以便取得一致的见解或统一的思想。在行政活动进行中，如果遇到需要大家知晓的信息，可采用发布通告的形式，使各执行单位及时了解。而且，定期组织由各单位代表参加的沟通会议,对于行政活动中有可能出现或已经出现的各种不协调现象通过会商的方式加以解决。此外,在行政执行过程中,如果需要对原有计划进行局部修正,增减有关部门的任务、调整经费等,应当及时通告全体有关单位,说明理由,以免引起猜忌和不满。

4. 经由专门机关的协调

一般说来,凡是具有确定性、例行性和重复性的工作易于协调。相反,当工作具有不确定性或非例行性时,其协调就不易于达成。因为机关首长不可能亲自解决所有复杂的工作,而是需要对下级授权,由下级因事、因时制宜地解决。这种决策权和执行权的下放固然有利于发挥下级的积极性和主动性,有利于复杂问题的顺利解决,但却给各单位之间的决策和决策执行活动的相互冲突留下了隐患。对于行政首长来说,很难从保证机关各项决策一体化出发,亲自参与和确定每一个下级单位的决策和计划,因此,有必要设置某些专职协调的角色。担任这种角色的人员可以以行政首长助理的名义传达行政首长的指示,斡旋于各有关单位之间,将行政首长的指示精神渗透进下级单位各种相关的决策和计划之中。这是在工作涉及的部门较少的情况下一种有效的协调方法。如果某项行政工作涉及的部门较多,就需要建立临时性的协调机构。该机构应该由各有关部门的代表组成,其成员可以是专职的,也可以是兼职的。通过定期的例会,共同检查各单位之间发生冲突的原因所在,商讨解决这些问题的方法和措施。一旦该项行政任务完成之后,协调机构解散,其成员各回原来的工作岗位。

当然,除了上述方法之外,还有其他协调方法,可以根据各部门本身的实际情况灵活地加以运用。

第三节 行政授权

一、行政授权的意义和作用

统一指挥是行政管理所要遵循的一个重要原则,该原则要求行政组织各部门的活动必须由一个领导来控制。在某个行政组织的层级体系中,可以说行政首长是一切权力的来源。然而,控制幅度原则又决定了任何权力的行使都要有一定的合理幅度,否则,就会使领导者顾此失彼,或是陷入日常的琐碎事务中,不能有效地处理行政机关内部的重大事务。由以上两项管理原则可以引出另一项管理原则,即为了保证命令的统一性,决策应当集中,为了保证适当的控制幅度,执行决策应当分散。这就意味着处于不同层次上的领导者必须授予下级以一定的自主权限。

所谓行政授权,是指上级机关或行政首长授予下级机关或下级工作人员以一定的职责和权力,被授权者在授权者授权的范围内可以自主地处理所属事务,并对授权者负有责任,接受其监督。

有的学者将授权看作是一个组织过程,并认为授权过程包括三个不同的步骤。一是职责的分派,即分派为了完成一个确定的任务所必需履行的全部义务;二是权力的委任,即赋予受委托人以行动或指挥别人的权力;三是责任的建立,即下级在正确行使权力和履行被分派的职责上要对他们的上级承担责任[1]。

为了准确地把握行政授权的含义,可以将其与其他三个概念相比较。一是行政授权与行政代理。行政代理是代理者代替他人行使职权,虽然他取得了行使这一权限的资格,但却没有获得法定的拥有该权限的职位。而行政授权后,被授权者并非代替他人,而是自己行使其权力。二是行政授权与行政助理。行政助理是助理者协助被助理者成事,至于成事与否,助理者不负责任,责任归于被助理者。而行政授权行为在授权的同时,还要确定被授权者相应的责任。三是行政授权与行政分工。行政分工当然包括纵向各层次之间的职能分工,但主要是指平行层次的横向分工。这种分工不会形成相互之间的隶属关系,而行政授权却会形成授权者与被授权者之间的命令服从关系。

在行政管理工作中,行政授权具有十分重要的作用。

1. 行政授权可以改善领导

行政领导者要有效地发挥领导职能,必须借助于行政授权。因为任何领导者的体力、精力和时间都是有限的,对机关的工作不可能做到事必躬亲。如果领导者试图独揽机关的所有事权,必将纠缠于繁琐的事务中,而不能保障其履行领导者应该履行的职能。因此,通过行政授权,可以将领导者的事务化繁为简,集中力量解决制定计划、指挥控制、监督协调等重大问题。

2. 行政授权可以加强领导

从表面来看,授予下级权力后似乎是削弱了领导者的职权,从而增加了控制下级的难度。然而事实上却未必如此。因为行政授权体现了上级对下级的信任,被授权者不必事事请示上级,唯命是从,他们可以在授权的范围内自己决定各自的事项,由此获得了事业上成功和职业发展的有利条件。因此,行政授权可以密切上下级之间的关系,增强下级对上级的效忠感,无形中提高了上级的影响

---

[1] 参见亨利·西斯克:《工业管理与组织》,中国社会科学出版社1985年版,第279~280页。

力,从而有利于加强上级的领导。此外,行政授权不只是授予权力,同时还赋予相应的职责,被授权者在权力行使和职责履行方面要对授权者承担责任。这样,被授权者在工作中必须树立高度的责任心和对上级的尽责感。否则,授权者可以随时从被授权者手中收回授予的权力。

3.行政授权可以满足下级的心理需要,并能增长其才干

管理心理学研究表明,人不仅有低层次的物质需要,还有高层次的心理需求。例如期待工作富有成就感、责任感和挑战性,需要获得尊敬、社会承认和自我实现等。为了调动下级工作的积极性,不仅要满足下级的物质需要,更要注意满足其心理方面的需求。行政授权则是满足下级心理需求的重要手段。实践证明,没有进行授权的组织工作效率要低于业已进行授权的组织。因此,行政授权是推进行政管理顺利进行的前提条件。此外,行政授权为下级工作人员提供了锻炼能力、增长才干的机会,这有利于提高行政组织成员的业务素质,有利于培养造就干部,储备人才。

4.行政授权可以提高工作效率

授权之后,下级具有了明确固定的职责,完不成任务各自负责,既可以避免各单位、各人员对行政事务的相互推诿,又可以防止下级职责向上级推卸。而且,行政授权简化了工作程序,下级作为权力自主者可以在授权范围内自行安排行政工作,而不必事事向上级请示。此外,如前所述,行政授权满足了下级的心理需求,可以调动下级的积极性、主动性,从而提高工作效率。

二、行政授权的原则、方式和程序

(一)行政授权的原则

行政授权,作为一种组织手段,必须遵循一定的原则。这些原则包括:

1.权责相称与权责明确原则

授权必须在授予下级一定权力的同时,委以相称的职责。否则,有权无责,或者权大于责,必然滥用职权;相反,有责无权,或者责大于权,则不能尽责。同时,行政授权还必须保证权责明确,组织中的每位成员对此都应知晓。权责明确一方面有利于下级完成任务,另一方面可以避免下级争功诿过,并有利于上级对下级考核。

2.单一隶属原则

每一位下级人员只能接受一位领导者的授权。否则就可能出现多头授权,令下级无所适从的后果。

3.逐级授权原则

行政授权必须按照本来的命令渠道进行,被授权者应当是授权者的直接下属。如果越级授权或向其他人员授权,会使下属产生被剥夺感,从而引起下属的不满,增加上下级之间的矛盾。

4.对职不对人原则

行政授权是针对职位,而非对人;而且,对行政组织内的相互平等职位的授权应当一致,否则,势必引起下级的猜忌和不满。

5.适当控制原则

授权之后,不能放任自流,任其自然,而应当对下级的活动进行必要的监督和控制。也就是说,根据事先设计的控制程序,对下级的工作情况经常进行检查,当下级工作遇到困难和挫折时,要及时地给予善意的指导。同时,一旦授予下级权力,授权者就不应任意干涉下级的工作,而是要支持下级在其权限范围内开展工作。

6.有限授权原则

行政授权必须有一定的限度,而不允许将所有权责都授予下级。对此,美国管理学者德鲁克指出:"如果'授权'所指的,像通常的告诫所说的那样,最懒惰的经理就是最好的经理,那这纯粹是胡说,而且不道德。"[1]对于整个行政机关的决策权、计划权、人事权、监督权和组织权等,应由该机关首长保留,而不能任意授予下级。

(二)行政授权的方式

行政授权的方式,可以根据不同的标准分为若干种类。

1.根据所授权限的确定程度,分为特定授权和一般授权

特定授权较为严格,被授权者的职责、权力和责任均有明确规定;一般授权则较为灵活,或是为被授权者确定出工作的大致范围,或是为其确定活动的方向或目标。特定授权有利于上级对下级的工作实施有效的控制,一般授权则有利于下级因地、因时制宜地安排行政事宜。

2.根据行政授权时间的久暂,分为临时授权和长期授权

临时授权多为临时性工作的指派。当行政机关遇到非例行性的事项,或出现职位空缺而一时不能发现适宜人选时,便会发生临时性的授权。长期授权多为例行性、重复性工作的指派。被授权者由于其工作性质所致,长期拥有上级授予的工作权限。

---

[1] 彼得.F.德鲁克:《有效的管理者》,工人出版社1989年版,第41页。

3.根据行政授权的形式,分为书面授权和口头授权

书面授权是指以文书的形式进行的授权。这种授权比较正规,被授权者的工作任务、职级规范等有明文规定。行政机关一般应采用这种授权。口头授权是以言语的形式进行的授权,这种授权较为灵活,可以作为正式授权的补充。

4.根据行政授权的性质,分为正式授权和非正式授权

正式授权是依据组织设计或组织法规进行的授权。组织设计确定了各个职位的职掌,因此,占据了某一职位,便获得了该职位所具有的权限。非正式授权是于组织设计和组织法规规定之外的授权。当正式授权受到下级的抵制时,则可能发生非正式授权。

(三)行政授权的程序

由于行政授权关系重要,因此,有必要遵循一定的程序。具体来说,行政授权应分为以下几个步骤。

1.分析下级工作性质、工作能力、进取心和责任感,以明确授权的方式和授权的范围。一般来说,下级的工作性质较为复杂,而其工作能力强,有积极的进取心并勇于承担责任,那么,就应当授予下级较大的自主权。

2.在分析研究的基础上明确被授权者的职责、权力和责任。只有作到职责具体、权力明确、责任清楚,才能使被授权者深刻领会领导的意图、所授权限的范围以及行使权力、履行职责所要承担的责任。

3.正式授权。领导者的正式授权可以采取书面的或口头的、会议的或个别的等方式。正式授权时需讲明授权的性质、时限、被授权者的工作内容和工作权限以及应负的责任等事项。从而使被授权者明确领导的意图,为今后在授权范围内自主地开展行政工作奠定基础。

4.跟踪反馈。正式授权之后,授权者的任务并没有结束。在下级运用所授权限履行职责的过程中,授权者应当对之跟踪监测,以发现其职责是否正在被履行,其权力是否在被允许的范围内行使,所授权责是否大致相称等。通过对下级实际活动的信息反馈,授权者要对被授权者的工作进行必要的指导和控制,并对自身的授权行为加以适当的调整。

三、行政授权的障碍及其克服

既然行政授权在行政管理中具有重要的意义,那么,就有必要充分地发挥行政授权的作用。但是,在行政管理实践中,并非所有组织的授权都能顺利进行,它会遇到多方面的障碍。这些障碍既有主观的,又有客观的;既有个人的,又有组织的。一般来说,行政授权的障碍包括以下几个方面。

1. 行政授权者的心理障碍

这些障碍具体表现在：(1)高度的优越感和自负心理，领导者认为自己比部属高明，看不起下级，不愿授权。(2)较强的控制欲，即领导者具有比一般人更强的自我中心感和控制他人的欲望，事无巨细均要亲自过问，因此，这种领导不愿分散权力，削弱自己的权势。(3)不信任下级，恐怕下级不能以合乎需要的方式制定适当的决定和执行决定，因此，不放心让下级负责，仍然事事集中，不肯授权。(4)恐惧心理，恐怕强有力的下属对权力中心产生不效忠感而起危害作用，并危及自己的地位和未来的职业发展。有的学者还指出，那些强而有力而精力充沛和具有较强的主动性的领导者由于不满于下属的低效率和优柔寡断而不愿授权，并认为授权行为需要情感上的成熟，人们显然缺乏这种成熟，即使是事业上的成功者亦是如此。

为了克服授权者的心理障碍，必须要使其对授权确立起信心，认清授权的意义和作用，从而敢于授权、愿意授权和善于授权。法国管理学家法约尔曾指出，"勿为琐事所缠"，我国古人亦云，"位愈尊者而身愈佚，身愈大者而事愈少"，实为领导者成功之道。因此，领导者切忌耗神费力处理小事和细节问题，而应当主动授权，以便使自己的精力集中在解决机关重大问题和决策等方面。

2. 部属的心理障碍

有效的授权需要部属的积极配合，如果部属缺乏自信心，恐怕受批评，工作中图省事，安于现状，从而宁愿唯命是从而不愿负责任，也会对授权造成障碍。有的学者指出，为了克服下级对于授权的忧虑感和恐惧感，可以运用临床心理学和神经病学，它能有效地改变人的心理和行为。通过各种心理训练，使下级树立牢固的事业心，自觉承担责任，勇于接受上级授权，主动迎接挑战。

3. 组织障碍

授权不仅取决于上下级良好的心理条件，还取决于良好的组织条件。如果一个机关组织法规不完善，机构不健全，权责不明确，会影响授权的顺利进行。为了克服组织障碍，有的学者指出，首先明确机关组织中每个职位的权力和责任，每个机关都应有组织手册和工作程序手册，并详细规定每个职位"自由裁量"的范围。其次，规定工作标准，如果工作标准和"例外原则"联系起来，就会使授权更为容易和主动。最后，在组织机构中，还必须为评价授权的方式和方法作好准备。如果领导知道了某些授权在具体部门中产生了良好效果，他就情愿进一步授权，而且，只有定期进行评价，才能使授权者不断改进授权的方法和艺术。

第十三章 行政发展

第一节 行政发展的概念

一、行政发展理论的产生

社会领域中的发展理论是第一次世界大战之后逐步形成的一门综合性边缘学科。从广义上看,"发展学从全球背景上探索经济发展和社会变迁的一般规律。阐明包括发达国家和发展中国家在内的经济、政治和社会发展的历史和现状,乃至未来发展的远景"①。发展理论的产生不是偶然的,而是有着深刻的社会历史背景的。

第二次世界大战后,殖民主义体系彻底崩溃,一大批殖民地纷纷独立。这些新独立的国家如何振兴经济,消除贫困和落后,实现政治民主和社会进步,以及如何对外交往,确定它们在世界体系中的地位,从而走上真正独立发展的道路,这不仅是第三世界国家亟须解决的问题,也是西方学者所关注的问题。因此,促使西方学者就第三世界的发展问题进行了广泛的研究。而且,第二次世界大战也给西方各国带来了程度不同的损害,战后这些国家如何发展也成为西方学者研究的课题。此外,在经历了20世纪的大动荡、大分化和大改组之后,"经济多极化的发展要求与世界经济一体化的趋势;东西方政治上、军事上的尖锐冲突与世界和平的趋向;科学技术的迅速发展所带来的高度物质文明与资源、生态的危机;以及世界发展中的人口爆炸问题;世界财富分配的不平等问题等等矛盾错综复杂,日益呈现出谋求全球性解决的大趋势"②。对于所有这些问题的研究逐渐

---

① 肖枫编:《西方发展学和拉美的发展理论》,世界知识出版社1990年版,第7页。
② 范亚强等主编:《寻求发展的社会》.华夏出版社1987年版,第17页。

形成一种理论,即发展理论。起初,发展理论主要集中在发展经济学理论中,以后逐渐扩大到政治、文化和行政诸方面。发展行政学就是在种种发展理论的建构中于20世纪五十年代中期形成的。

最初使用发展行政一词的是美国高级管理人员甘特和荷兰经济学家弗里斯等人,很快这个词便被行政学界和某些国家特别是发展中国家所采用[①]。同时出现了大量的文献和专业期刊,形成了一个"发展行政社团",建立起有关的研究机构和行政机构,就发展行政问题进行了内容广泛的研究。

关于发展行政学的定义,学者们都有各自的规定。霍普(Jeremy Hope)认为:"发展行政学从内涵关系和实际应用方面说,意指一个国家发展活动的有效组织和管理,以达到发展目标……对最不发达国家公共行政的条件进行有意识的研究,并研究不发达国家公共行政所预料的问题。"谢弗(Richard Shaffer)认为:"发展行政学是处在那些有广泛的新要求,而能力特别低,且有严峻、难以逾越的障碍的条件中的发展规划、政策和计划项目。"[②]里格斯则为发展行政学确定了两个注意中心,即发展的行政和行政的发展。发展的行政指发展计划的行政,指大规模的尤其是政府所使用的方法,指为达到它们的发展目标而设计的政策和计划;行政的发展即加强行政能力。我们在此是在第二种意义上使用发展行政的概念的,它可以被表述为行政的发展。

二、行政发展的涵义和特点

从发展学的角度来看,"行政"这一概念不仅包括行政主体的行为,也包括与行政主体行为有关的全部因素。其内容大致包括:第一,在一定行政系统中承担一定功能的行政主体精神和体力活动的状态;第二,具有一定结构形式的行政系统的组织网络的运转和功能的状态;第三,与一定行政系统有关联的各种行政关系的静态与动态的状态[③]。我们可以将以上所有因素归于形态这一范畴之内。因此.行政发展是指通过一定的方法和途径,创造、维持和加强行政能力,改变原有的与环境不相适应的行政形态,使其进化为与环境保持新的动态平衡的更高一级的行政形态。

根据这一定义,可以看出,行政发展具有以下特点:

---

① 李方等主编:《行政管理学基础》上册.高等教育出版社1988年版,第107页。
② D.F.卢克:"发展行政学的趋势",载《国外政治学》,1987年第2期,第5页。
③ 王沪宁:《行政生态分析》,复旦大学出版社1989年版,第259页。

1. 行政发展是一种正面的、具有积极意义的发展

发展并非总是意味着正面的发展。美国学者亨廷顿(Samuel Huntington)认为,政治的变迁,不仅有正面积极的发展,也包含了政治的衰败,政治发展的方向并不全然是进化的。我们在此对行政发展作正面的、积极性的限定,从而排除了反面的、具有消极意义的发展。因此,行政发展是行政形态不断完善自身的过程。

2. 行政发展既可以看作一个过程,也可以看作是一个过程的结果

从过程的意义来看,行政发展意味着行政由一种形态向另一种形态的进化,从而使其具有描述性的功能,因此,可以运用这一概念考察或表述行政发展的历程;从过程的结果来看;行政发展意味着行政由一种形态向另一种形态进化的完成,从而使其具有量度性的功能。因此,行政发展是与行政不发展相对应的。

3. 行政发展是作为一个整体的行政的发展

行政系统是社会系统中的一个分系统,然而,就其与自身内部的组成要素的关系来看,行政系统又是由众多要素构成的系统。由于系统具有有机性,因此,行政系统内部的组成要素既相互独立,又相互影响、相互制约和相互作用。其中,每一要素的发展都要求其他相关要素做出相应的变动。例如,政府职能的转变就与行政机构的变动和人事制度的改革等密切相关。因此,行政发展不能只是行政系统单一要素的独立发展,而是整个系统的发展。简言之,行政发展是包括在行政系统内部的众多要素的协调发展。

三、行政发展的必然性

发展具有普遍性。任何事物之所以发展,是由促使其发展的各种因素决定的。推动作为社会系统中的一个重要组成部分的行政的发展的因素包括以下几个方面:

1. 从哲学原理来看行政发展的必然性

行政属于政治上层建筑,它由特定的经济基础决定并服务于该经济基础。有什么样的经济基础,就有什么样的上层建筑。经济基础的性质决定上层建筑的基本特征。随着经济基础的变化,作为上层建筑重要因素之一的行政就会发生相应的变化,以调整和完善与经济基础之间的关系,更好地服务于经济基础。例如,我国改革开放以来,经济体制改革突破了以往单一的计划经济模式,实行社会主义市场经济体制。与经济基础这一变化相适应,行政管理必须要对原有的体制、机构、职能和方法等方面做出相应的调整和变更。总之,一定社会的经济基础不会是绝对静止的,只要经济基础处于不断的变动状态中,行政也必然处

于不断的发展过程中。鉴于上层建筑的变革具有一定的滞后性,因此,根据经济基础的发展趋势进行科学的预测,自觉地完善行政机制,对于克服行政发展的被动性、盲目性和任意性,更好地服务于经济基础具有重要的意义。

2. 从系统论原理来看行政发展的必然性

任何社会系统都不是自身封闭的系统,而是与系统的环境之间具有可以渗透的界限。它通过这条可以渗透的界限而与客观环境相互联系和相互作用,并围绕着模式化了的活动发展,形成相对稳定的和可预测的输入、转换和输出的循环,以此来保证内部与外部力量的平衡或稳定状态。而一旦环境发生了变迁,系统内部就必然要做出相应的调整,寻求与变化了的外部环境的新的平衡。国家行政作为一个系统也是这样。行政系统环境中的生态、人口、政治、经济、文化、社会等因素可以采用不同的方式,通过不同的途径,作用于行政系统,而后者对此必须要及时做出反应。也就是说,行政系统要适应环境提出的各种要求,利用其提供的支持和条件,区别各种要求的轻重缓急和实现的可能程度,制定合理的目标,改善自身内部机制,积极推行行政活动,逐步地满足环境所提出的各种要求,从而通过适应环境重大的变迁而获得与环境之间的新的平衡。我国的某些有关行政发展的观点就是围绕这一过程而对行政发展进行规定的。例如,"行政发展指通过一定的方式改变既存的行政系统及其活动方式,使其过渡到一种新的状态,以期行政系统能够更好地与社会圈取得动态平衡;发挥更大的行政能量。"[1]"行政发展就是行政系统在与其生存环境相互作用过程中,按照其环境系统自身发展所提出的要求,利用其提供的支持和条件,积极完善自身功能,改变运行方向,提高效率,以保持与环境协调平衡的过程。"[2]由于行政系统环境的静止是相对的,而其变化是绝对的,由此决定了行政发展必定是一个渐进的过程。因此,研究如何科学地预测社会环境未来发展的趋势和特点,制定行政发展的长远规划,在适应环境的同时主动地改造环境便有了十分重要的意义。

3. 从行政系统内部来看行政发展的必然性

从行政系统内部来看,也可以说明由于众多的内在的变革动力的存在,决定行政必定是一个发展过程。美国学者卡斯特和罗森茨韦克将组织划分为目标与价值、技术、结构、社会心理和管理等五个分系统,并认为每一个分系统都可能会成为组织的变革源。例如组织目标的修正和价值观的改变;技术手段和方法的更新;分工方法和协调手段的改进;组织成员个人心理状态和人际间互动行为所

---

[1] 王沪宁:《行政生态分析》,复旦大学出版社1989年版,第295页。
[2] 刘熙瑞主编:《行政学纲要》,河南大学出版社1989年版,第312页。

形成的团体心理状态的变化;领导风格、计划控制的方法或参与决策的程度等管理行为的调整[①]。由于以上某个或多个因素在行政系统中可能是经常活跃的,因此,在这些动力的驱使下,行政系统必然要及时进行局部的或全局性的调整。如果说卡斯特和罗森茨韦克是从横断方面分析组织内部的发展动力,从而说明了行政组织发展的必然性的话,那么,还有的学者是从纵向方面,即以时间的趋向原理来分析组织的成长过程,说明组织发展和变革的必然性[②]。这种观点认为,创建后的织组机构,随着其年龄和规模的逐渐增长和扩大,将会出现一段较长的持续或平稳的成长时期,该时期无需对组织做出重大的调整,便足以维持其成长。然而,机构的成长很少能长时间的直线上升,大多数组织总会在两段平稳演进的时期中间,出现一次重大的动荡。在这一重要的改革时期需要一套新管理方法,为下一个成长阶段的平稳演进时期中的管理运营奠定基础。总之,无论是从横向来看,还是从纵向来看,都证明了行政系统不会永远停留在某一发展阶段,而是在其内在因素的推动下,经历着一个不断进化的过程。

4. 从各国行政管理的现实来看行政发展的必然性

为了更好地完成行政在国家政治生活和社会生活中的使命,也决定了行政必定是一个不断的发展过程。行政无疑是社会有机体中的一个重要要素,它不仅在政治体系中的地位日益突出,而且在社会系统中的作用日益重要。任何重大的社会变革都离不开行政的支持,它们都是要经由直接的或间接的行政过程而得以实现的。"行政是现代社会的钥匙","行政机关是实现国家目标的主要工具",这些已是人们公认的结论。

然而,由于种种原因,某些国家的行政还没有在其政治生活和社会生活中发挥应有的作用。尤其是在发展中国家,政治上的不稳定导致了政府的软弱性和不稳定,政府工作效率低下,官员贪污腐败,行贿受贿风盛行。在这种情况下,即使制订了社会发展的远景规划,政府也无力执行。因此,创造和维持行政能力是这些国家亟须解决的重要问题。在我国,由于以往指导思想上的失误,认为政府的职能在于直接地管理经济,结果造成某些单位和地区部门林立,机构臃肿;由于民主行政的机制不健全,致使某些领导者形成高高在上,只对上级负责,不体民情、不恤民艰的官僚作风;由于行政机构之间的职能混淆,权责不明,导致互相扯皮,互相推诿和效率低下等弊病,严重地阻碍了我国社会主义建设事业的顺利进行。因此,必须要对以往的行政加以变革,以使其适应当前我国改革开放新形

---

① 参见卡斯特、罗森茨韦克:《组织与管理》,中国社会科学出版社1985年版,第666~669页。
② 参见彭文贤:《组织管理》,三民书局1983年版,第305页。

势下的社会需要。此外,不仅在发展中国家需要积极推进行政发展,即使在一些发达的资本主义国家,为了更好地实现统治阶级意志,行政也处在不断的发展之中。例如,1949年美国为了克服行政组织责任分散,数量过多,使最高层无法作有效的指挥等弊病,胡佛委员会在其提出的行政改革报告中建议,将政府的各种职能作较有条理的分组,分别归纳于总统所属的主要部署掌握之内。从20世纪五十年代开始,美国政府曾对其行政进行了多次改革和调整。日本战后也针对机构臃肿,管理效率低下,行政费用开支庞大和行政脱离国民生活,并进而形成日本社会尖锐的矛盾和沉重的负担等弊病及时进行了改革。几十年来,日本政府一直都把行政改革作为长期的战略措施,以形成简便有效的行政。总之,从世界各国的现实来看,其行政都必然要经历一个不断发展和完善的过程。

第二节 行政发展的目标

一、行政发展目标的提出和界定

社会成员的活动与自然界物质的活动不同,他们的活动是一个有意识的和有目的的过程。正如马克思所指出的那样:"在社会历史领域内进行活动的,全是具有意识的,经过思虑或凭激情行动的、追求某种目的的人;任何事情的发生都不是没有自觉的意图,没有预期的目的的。"[①]因此,社会组织和成员的发展活动应当是一个朝向人们所选定的方向发展的过程。在行政系统中,无论是组织的变革,还是体制、职能、程序和方法手段方面的变革,都要首先确立一套发展的目标系统,以便将全部行政发展的活动纳入预定的轨道,并通过相应的努力,促使其发生相应的变化,最终趋近或达到既定的目标。

这里所使用的"目标",是指人们经由主观努力所期望达成的最终结果,它引导并将重新构造系统及其行为。就行政系统来说,由于该系统具有复杂性,由此决定了行政系统发展目标的多重性。在此,我们并不企求为这一系统的每一要素确定发展的目标,而只是有选择性地为行政发展制定出总体性目标,指明行政发展的大致方向。

1. 选定的行政发展目标应当是基本的或根本性的目标

这些目标既不会由于行政的个别要素的变化而变化,也不会由于行政的阶

---

① 《马克思恩格斯选集》第4卷,人民出版社1972年版,第243页。

段性进展而使其丧失引导作用。在行政系统中,存在着众多的不同要素,它们可能根据行政管理的需要,常常处于变动状态中。行政发展的目标应当不受行政系统中的个别要素偶然变化的影响,从而保证它们的确定性。而且,由于行政发展是一个过程,所以这一过程必定有其阶段性。在每一个特定的发展阶段上都有其发展的阶段性目标。我们在此所选定的目标不是这类目标,而是基本的或根本性的目标,该目标所内含的精神将贯穿于行政发展的每一阶段,或者说对行政发展的每一阶段都具有一定的引导作用。

2. 选定的目标应当具有一定的抽象性

由于行政发展的目标具有根本性,因此决定了这些目标应当具有抽象性。目标越具体,敏感程度就越高,其适用的期限就越短暂,一旦行政环境发生了变化,或其他相关要素发生了变动,该目标就会失去存在的必然性。因此,为行政发展所确定的目标应当是抽象性、原则性的,以便将某些相关的目标综合进一个统一的范畴,它将在较长的一段历史时期内指导行政机构的改革、方法的更新、体制的完善等行政发展活动。

3. 选定的目标应当具有一定的完整性或系统性

行政发展当然可以意味着行政某一方面的发展,但更为重要的是指作为一个整体的行政的发展。如前所述,行政发展的基本涵义是指行政系统经过发展而与变化了的环境保持新的动态平衡,而在现代行政环境条件下,它是指行政系统经过发展适应现代行政环境的要求,从而实现行政管理的现代化的过程。行政管理的现代化不是指国家行政管理某一方面、某一层次的现代化,而是其总体的现代化,它是行政管理水平达到一定深度和广度的一个综合性指标。因此,在确定行政发展的目标时,必须要考虑到目标的完整性和系统性。如果目标具有片面性,将会导致行政的畸型发展,或者行政的某一方面虽然具备了现代化的特点,但是由于其他相关要素未能得到协调发展而使其难以发挥作用,最终会复原为原来的初始状态。

4. 选定的目标应当具有某种普遍的适用性

在我国,一般认为行政具有政治性,即行政是为一定社会的统治阶级利益服务的,它是实现统治阶级意志的手段和工具。然而,行政还有其社会性。任何社会制度为了维持其自身的存在,都必须要对社会的公共事务进行组织和管理,而且,国家的意志、法律和政策也都要通过行政来贯彻和执行。因此,在行政对象和职能方面,不同社会制度下的政府都具有一定的共同性。这样,就有可能使各国在确定行政发展目标方面表现出某种一致性。例如,目前世界各国都毫无例外地追求行政的高效性,追求实质上或形式上的行政民主性等等。因此,选定的行政发展目标对于各国行政来说,应当具有普遍的适用性。

确定行政发展的目标无疑是重要的,它可以减少行政发展的盲目性和任意性,增强自觉性和规划性,可以使行政人员明确行政的应有状况与现实状况之间的差距,增强其发展行政的使命感和紧迫感。而且,行政发展目标的确定也提供了衡量行政发展成功与否的标准。这一点在我国尤为重要,因为我国的行政改革无论在深度上还是在广度上都超过了西方国家的行政改革,它涉及到政府管理的各个方面。因此,就更需要确定明确的发展目标,以免在行政发展过程中出现紊乱、无序状态或不应有的失误。

那么,行政发展的目标有哪些呢?不同的学者对此作了不同的概括。加拿大学者卢克(David Luke)指出:"发展行政学学科持续发展的趋势是:创造、维持和加强组织行政能力,以促进效率、反应、责任和公正。"[①]卢克在此虽然介绍的是该学科的发展趋势,却也说明了行政发展应追求的目标。在我国,"行政发展"是20世纪末开始使用的一个概念,多数学者一般使用的是行政改革概念。他们在对行政改革进行探讨时,也曾提出了改革的目标。有的认为行政体制改革要以政治体制改革的目的为依据,既要紧紧围绕提高效率,增进活力和调动各方面积极性这个总目标,又要符合现代化管理要求,追求功能齐全、结构合理、运转协调、灵活高效的科学管理体制这些具体目标[②]。有的将行政改革的目标确定为科学化、法制化和现代化[③]。还有的学者将行政改革的目标具体规定为10项,即行政科学化、行政民主化、行政法制化、机构合理化、职权明确化、审批简便化、工作效率化、事务社会化、干部制度完善化、行政监督体制化[④]。以上观点尽管有所出入,但某些基本认识是一致的。我们遵循上述界定并参照以上观点,将行政发展的目标归纳为三项,即行政理性化、行政民主化、行政公正化。

二、行政理性化

理性是哲学、伦理学中的重要概念。这里使用的理性,并非指哲学上反实证主义知识理论中的理性主义,而是指一种非感性的逻辑推论和思考判断的精神能力。所谓行政理性化,是指人们运用其主观能力,遵循行政活动的客观规律,科学和合理地安排行政结构和行政过程,使行政组织经济高效地运转。因此,行

[①] 卢克:《发展行政学的趋势》,载《国外政治学》,1987年第2期,第52页。
[②] 黄达强主编:《行政学》,中国人民大学出版社1988年版,第297页。
[③] 武树帜:《改革行政管理提高行政效率》,载《中国行政管理学讲座》,第18页。
[④] 谭健:《论行政改革的目标》,载《政府机构和干部制度改革问题论文选》,第4~24页。

政理性化的出发点是科学和合理,归宿是高效率。

行政理性化无疑应当是行政发展的一个重要目标。行政机关是否科学合理地安排一切事项,是否保证行政机构高效率地运转,对于能否实现政府职能,推动社会的迅速发展具有十分重要的意义。正因为如此,我国学者较为普遍地将行政改革的目标规定为与行政理性化相接近的行政科学化。而且,从行政学发展的历史来看,在很长的一段时间内,一直都把如何提高效率视为行政学研究的中心。尽管在行政学的某些研究领域理性原则曾受到过诘难,但是,正如美国学者布鲁斯·本奇安等人所指出的那样:"行政理性现在是,很可能仍然是具有超历史意义的强有力的价值。"[1]本奇安指出,在行政活动过程中,理性贯穿每一个阶段。在确定目标并规划其实施方案的计划阶段,就已经出现了像计划、编制和预算系统(或计划鉴定检查法、目标管理、甚至零基预算)这样的技术,目的在于使所计划的事业更明确、更合理。在组织的设计层次,理性价值制约着工作划分和协调的组织机构,以便最有效地达到目的。如果古立克和厄威克的理论不再能提供适当的指导原则,那么更新的具体管理理论和权变灵活的工作方式理论便体现着当代的理性观。但不论哪种组织理论体系,所强调的价值仍然是使行为最大限度地理性化。在人员录用和配备阶段,能力和专长仍然是首要的选择标准。卡特政府就曾努力把提高工作效率作为新的人事管理局的中心任务。在对公共机构执行政策的成败进行评价的评估阶段,出现了新理性化评价观念,以及相应的技术和新的社会角色,即政策分析家,其职责是测定效率,并监督公共组织的工作[2]。正是因为理性价值在行政活动中的作用非常重要,因此,国外学者们提出了"理性选择模式"、"目标范例"、"工具观"等观点,这些观点将组织看成是达到特殊的、计划性目的的理性工具。

之所以将理性化作为行政发展的目标,是基于以下考虑。首先,从行政学的产生和发展看,追求理性行政,以期提高行政效率一直是行政学研究的主要课题之一。威尔逊于1887年发表"行政之研究"一文,其主旨就是倡导行政效率的提高。另一位美国行政学家古立克也提出同样的理论,他认为,"不论私人的企业经营或政府的行政管理,其基本目的都在于追求效率"[3]。台湾学者张润书的观点则更为直接,他认为:"行政学的主要目的是在于提高行政效率,行政效率是行

---

[1] 布鲁斯·本奇安:《公共组织:价值冲突的观点》,见 Felix. A. Nigro, Lloyd. G. Nigro, Readings in Public Administration, New York, Harper&Row, 1983, p117.

[2] 同上书,第116~117页。

[3] 转自张润书:《行政学》,三民书局1979年版,671页。

政学的一个中心问题,若离开了效率则行政学亦将无法成为一门单独的学问了。"①既然行政学孜孜以求的是提高行政效率,那么,理性行政就应成为行政发展的目标之一。其次,从政府的职能来看,政府的重要职能之一就在于贯彻和执行国家的法律和政策。而在国家的大政方针业已确立的前提下,行政机关的重要任务之一就在于建立科学的体制,设置合理的机构,配备适当的人员,采用先进的技术手段,尽可能高效率地实现国家立法和决策的目的。此外,政府的职能还在于对社会公共事务进行管理,它是为社会提供服务和管理的工具,而在为社会提供服务和管理时,同样离不开高效率。这一点对于整个社会来说至关重要。一方面,政府能否科学地安排行政的静态结构和动态过程,以便以较小的综合投入获得较大的综合产出,关系到能否建立廉价政府,减轻社会和公民的负担。另一方面,由于政府管理在社会管理中居于中心地位,因此,行政活动是否高效,将直接制约着社会管理的效率。最后,从各国的现实来看,由于发展中国家行政管理相对落后,近些年来纷纷进行改革。在这些国家的行政改革中,如何提高效率成为它们所要考虑的核心问题。"近年来进行的行政改革,似乎体现出两种主要倾向。其中占上风的是合理的、科学的、中性的倾向,主要是依靠应用现代管理技术。"②而且,不仅发展中国家如此,发达国家也如此。日本学者中村阳一指出:"目前,不论在我国,还是以美国为代表的其他各发达国家,推进以高效率和合理化为目标的行政改革已成为最大的政治课题。"③我国行政改革中所倡导的"功能齐全、结构合理、运转协调、灵活高效"的主张也反映了这一趋势。

那么。理性化应当体现于行政的哪些方面呢?

1. 遵循科学的原则和程序,进行科学决策,这是实现行政理性化的基础

也就是说,只有保证行政决策的科学化,才能使整个行政工作的效率具有积极意义。否则,决策失误,效率再高,也只会产生消极的效果。当然,在人们现有的知识和能力条件下,不能作到理性决策学派所倡导的完全理性决策,但是,这并不能妨碍人们在决策过程中充分地运用主观能力和客观条件,使决策趋近于理性化。人们的能力是在实践中不断得以发展的,随着人们理性能力的提高,其决策就会愈富理性化。为了保证行政决策的科学化,首先要健全现代行政决策体制,完善行政决策的中枢系统、咨询系统和情报信息系统;其次,遵循符合行政决策规律的基本原则和程序;最后,采用科学有效的决策方法。只有这样,才能

---

① 张润书:《行政学》,三民书局1979年版。第671页。
② 黄高智主编:《参与式行政与内源发展》,中国对外翻译出版公司1988年版,第4页。
③ 中村阳一:《关于日美两国行政改革实践的调查研究》,载《国外政治学》1984年第4期,第60页。

够作到科学决策,为其他行政工作奠定科学的基础。

2.遵循行政管理规律,实现行政体制的合理化

首先,要建立现代化的机构体系,健全决策、执行、信息、咨询和监督系统;其次,根据市场经济体制的发展要求,裁减专业性管理部门,加强综合性管理部门;再次,在确保政府职能目标实现的前提下,裁减多余、重叠的机构,在投入较少的行政经费的条件下,获得较大的行政能量;最后,合理地建立各级管理体制,在行政组织的微观层次,正确地划分上下级权限,做到职责明确,管理幅度适当。在行政组织的宏观层次,合理地划分中央和地方的事权,明确中央和地方各自独立执掌的权限,避免过去那种一统就死、妨碍地方行政效率和一放就乱的影响行政组织整体效率的弊病。

3.引进和使用现代行政手段

引进和使用电子计算机、文字处理机、复印机、缩印机、传真机等现代化的办公手段和工具,逐步实现办公自动化,从而节约人力、物力、财力,提高行政效率。

4.建立科学的人事制度

建立科学的考试录用和培训制度,确保和提高行政人员处理行政工作的业务素质。

三、行政民主化

1900年,美国著名的行政学家古德诺出版了《政治与行政》一书。在这部著作中,他扬弃了传统的立法、行政和司法的三分法,提出了政治与行政的二分法。古德诺认为政治是国家意志的表现,行政是国家意志的执行。这样,行政被看成是实现国家政治目的的活动或者是不涉及政治内容而进行国家管理的工具或技术手段。这种观点对于行政学的影响是深远的。它不仅影响到西方的行政学界,使行政学在相当一段时期内注重的是功能理性问题,而且,也影响到发展中国家的行政改革。正如上文所指出的那样,效率成为发展中国家在改革中所要考虑的核心问题。而作为行政改革的其他目标,诸如民主与公正等等没有引起足够的重视,这不能不说是其一大缺陷。

民主化,作为政治发展的一项重要目标,已经由中外学者进行了广泛的阐述。那么,民主化能否成为行政发展的一项目标?回答无疑是肯定的。首先,从理论上来看。马克思主义经典作家曾经将民主视为一种国家形态,一种国家制度,"它意味着在形式上承认公民一律平等,承认大家都有决定国家制度和管理

国家的平等权利"①。我国宪法也规定:"人民依照法律规定,通过各种途径和形式,管理国家事务,管理经济和文化事业,管理社会事务。"因此,管理国家政务和公共事务不是行政机关的专有之权,它也包含于公民权利的范畴之内。然而,不能否认的是,社会主义政治制度的建立只是确定了民主内容的广泛性,而在现阶段实现民主的形式则是非严谨和非完善化的。为了建设高度发达的民主政治,还需要经历较长一段历史时期并付出艰辛的努力,才能将抽象的民主原则和内容具体化和现实化。鉴于我国目前的民主政治还不发达,民主才应该成为政治发展和行政发展的一大目标,而不能成为实现其他目标的一种手段。其次,从行政与政治的关系来看,行政是政治系统中的一个分系统,贯穿于政治系统中的民主原则必然适用于行政系统。民主化的政治原则对整个行政体制的建构以及行政活动的开展具有指导和支配作用。贯彻民主行政的原则,一方面要求行政机关按照人民代表机关的意志执行公务;另一方面,又要将在社会管理过程中所获得的有关公民的要求及时反馈到人民代表机关,或是将其内含于自身的决策之中,以便对未来的行政活动产生影响。因此,只有将民主原则贯穿于行政活动的始终,才能形成国家政治和行政活动的良性循环。最后,从发展中国家的政治现实来看,由于利益集结机制的虚弱,公民不能有效地参与国家政策的制定过程,而政策的执行过程成为政治参与和竞争的焦点。也就是说,与西方发达国家相反,发展中国家的大部分政治活动不是集中在政策过程的输入阶段,而是输出阶段。② 这种畸型的政治固然需要通过政治发展来加以改善,然而,政治发展毕竟是一个长期和艰难的过程。因此,在政治得以充分发展之前,发展中国家有必要在实现行政理性化的同时,逐步实现行政民主化。否则,只强调理性化,而忽视民主化,将不能保证人民参政议政的活动。

行政民主化,实质上是指公民参与行政管理。为了保证公民有效地参与行政,有必要从以下三个方面入手。

1. 在确保中央政府集中统一领导的前提下,逐步扩大地方政府的自主权

这是许多国家的行政改革所采取的重要措施之一。例如,美国的里根政府曾提出"还政于州",日本政府也提出为实现行政民主化,要扩大地方的权限,削减政府在地方的派出机构。扩大地方自主权不仅有利于地方政府因地、因时制宜地安排和开展地方行政工作,有利于提高地方行政官员的积极性和能力,并为

---

① 《列宁选集》(第三卷),人民出版社1972年版,第257页。

② Merilee S. Grindle: Politics and policy implementation in the Third World, Princeton, N. J. : Princeton University Press, 1980. p15.

行政计划的灵活性提供条件,而且有利于公民的行政参与。因为政府活动规模小、层次低,人民易于参与并影响决策。只有当人民在容易接触的各自的地区,有更多的机会进行选举和表决,更直接地管理自己的事务和监督地方行政活动时,民主才更具有活力,更能发挥作用。

2. 分散管理职能,缩小政府行政的范围,实行管理职能的社会化

这是当代各国行政发展的一个趋势。例如,前南斯拉夫较早实行"国家职能社会化",将原来由政府包揽的许多业务交付社会团体管理。日本也曾提出扩大"民间委托制"。英、法等国近年来也积极推行企业"非国有化"。实行管理职能社会化的好处,一方面在于精干政府机构,节约行政经费,使政府集中力量搞好宏观决策、调控和协调等工作;另一方面也有利于调动人民群众的积极性、主动性,使人民自己管理自己的有关事务。

3. 完善民主行政的相关制度

除了扩大地方自主权,实现管理职能的社会化之外,还应当完善一套有关制度,以确保民主行政。这些制度应当包括:(1)破除传统行政那种由上而下、由里而外的一元控制体制,确立纵向和横向的双重沟通制度,及时将人民群众和下级工作人员的意见和要求准确地传递到决策指挥中心,作为该中心制定政策和修正政策的依据。(2)加强行政活动的公开性或透明度,认真执行《政府信息公开条例》,为公民监督行政提供条件。逐步完善社会协商对话制度,并可以借鉴国外经验,建立审议会、广听广报系统等监督形式,以确保行政决策真正反映民意,并按民意开展各种行政活动。(3)与扩大地方自主权相适应,逐渐弱化以往维系高度中央集权制的干部委任制,实行重要行政官员的民选制,使人民群众真正具有选拔、任用、考核监督和弹劾罢免的民主权利,从而有效地克服以往那种领导干部高高在上,只对上级负责,不对下级和公民负责的官僚主义弊病。

四、行政公正化

所谓公正,指公平正直、没有偏私。概括地说,行政公正化是指行政机关的活动以及相关的制度对任何人都不偏不倚,公平正直,一视同仁。任何公民不仅有权参与影响他们利益的政治性决策,并且应具有平等的权利,从政府提供的机会中获利。

行政公正化是一个历史范畴。在人类社会的发展初期,由于生活资料有限,没有剩余产品,人们所获得的劳动产品只能公平地分配。而在生产力得到一定发展并产生了剩余产品的阶级社会,出现了运用国家权力保证少数人特权的不公正现象。在资本主义社会,尽管采用了资本主义民主方式来保证行政公正,但

是在许多情况下,形式上的公正背后往往隐藏着事实上的不公正。在社会主义社会发展的初级阶段,由于社会生产力水平仍然低下,而且发展不平衡,民主政治还不够完善,再加上几千年来传统思想的影响,还不能实现真正的社会平等和公正。因此,行政公正化必然成为行政发展的一个重要目标。

那么,作为行政发展目标之一的行政公正化包括哪些内容呢?至少应包括以下几方面:

1. 行政行为的公正性

首先是决策行为应该公正。政府决策,尤其是高层次的决策具有较强的政治性,它决定着受其影响的当事人的权利和义务。公正化要求政府在制定政策过程中应平等地分配各种权利和义务。例如,前苏联理论界认为,社会公正的重要内容之一是各尽所能,按劳分配。在各尽所能方面,要使公民在同等条件下获得工作、职务、学位、荣誉的机会相等和接近;公民接受各种教育的机会接近;在发挥每个人的智慧、才能、志趣方面,不受体制和社会因素的阻碍。在按劳分配方面,公正原则要求个人从社会分配到的全部物质财富和社会福利,包括工资收入,要与他们向社会付出的劳动质量和数量相一致;保证劳保、退休、商品供应和服务、住房分配、旅游疗养等方面享有同等或接近的机会[①]。为了保证行政决策的公正性,一方面要允许受行政决策影响的公民提出各自的要求;另一方面,在行政决策形成之后,又要保持其一定的稳定性和连续性,不能为迁就长官意志或少数人的利益而朝令夕改,大变大动,这是行政公正化的重要保证。其次是具体行为的公正性,行政人员为社会服务,理应对社会成员一视同仁,既不能因亲而优待,也不能因疏而冷漠;既不能因公民行贿而提供"优质"服务,也不能因公民未提供好处而拒绝服务或提供劣质服务。这就要求行政人员的行为保持高度的道德化和廉洁性。

2. 行政程序的公正性

关于行政程序,美国学者施瓦茨将其规定为行政机关为行政处分及行使其他公共权力时,所应遵循的手续。行政机关行使公共权力而为一定行为时,必须要遵循一定的法定程序,以避免为行政人员的主观随意性所决定。西方发达国家均制定了行政程序法,而"公正"是行政程序法的重要原则之一。"自然公正法则是一种程序性保障,也是一种民主精神的表现。哈曼法官总结说:"适用自然公正法则就是要求在行动中做到公正,你所采用的程序必须是公开的、正直的和

---

① 参见聂运林主编:《苏联和欧洲社会主义国家政治体制改革的理论与实践》,华中师范大学出版社1989年版,第24页。

公平的。"①西方各国通常建立起一些制度来保证公正原则的实现。例如任何人不得处理与自己有利害关系的案件的回避制度;不经过听讯,行政机关不得做出影响相对人权益的决定的听讯制度;行政机关在做出影响相对人权利义务的决定之前或之后,将有关事项通知或告诉相对人的告示制度以及辨明制度、审裁分离制度、记录制度、防偏见制度等等②。

3. 行政制度和措施的公正性

行政机关为了有效地进行行政管理,必然要确立一系列的制度和措施,而无论是作为行政主体的行政人员,还是作为行政管理对象的相对人,在这些制度和措施面前应具有平等性。例如,就行政人员来看,凡从事同类工作,或者工作责任和难度大体相同的工作人员适用于同样的考核项目和标准,进而在物质和精神奖励以及职级性奖励面前人人平等;凡违反行政纪律,情节大体相同者,在处分面前人人平等,即"同功过者同赏罚"。从行政管理的相对人来看,行政制度和措施要保证公民可以从行政机关那里获得同等的服务,对于那些试图跻身于政界的公民要提供同等的竞争机会,作到在公职面前人人平等。

第三节 行政发展的条件和途径

一、行政发展的障碍

所谓障碍,是行政发展过程中出现的外部的和内部的、机构的和心理的等方面的阻力。这些障碍可以大体划分为外部障碍和内部障碍两个方面。

(一)外部障碍

从行政系统外部来看,首先是经济方面的障碍。经济与行政的关系非常密切,这不仅在于行政要不断地为满足经济发展的需求而谋求革新,而且,行政发展的水平、规模和速度又取决于经济的发展。例如,国民收入水平制约着政府经费开支的多少,决定着行政机构建设的规模,并进而决定着政府活动的广度和深度。正是由于这一原因,里格斯断定,庞大的行政机构和扩展的行政职能所需要的巨额财政支出,只有现代经济才能给予有效的支持。此外,行政发展不仅取决了国民经济能否提供充足的经费,也取决于能否为行政发展提供必要的物质技

---

① 龚祥瑞:《比较宪法与行政法》,法律出版社1989年版,第476~477页。
② 应松年主编:《行政法学教程》,中国政法大学出版社1989年版,第381~384页。

术手段。如果对此回答是否定的,将势必影响到行政发展。其次是政治方面的障碍。如前所述,行政属于政治上层建筑,行政与政治上层建筑的其他要素有着千丝万缕的联系。因此,行政不能脱离其他要素而谋求独立发展,而是需要获得它们必要的支持和协调配合。例如,不克服以党代政、党政不分的弊病,就不可能使政府获得全面的组织和管理国家事务的权力;不实现各种政治组织的功能分化,而由行政机关包办某些其他政治组织的事务,将会使行政机关不能在兼管其他事务的同时,有效地促进自身发展。最后是文化方面的障碍。文化是社会变迁和积淀的产物。人们的价值观、道德、理想、传统观念一旦形成,便具有相当稳定的特点,它是构成行政环境的重要因素。现代社会的行政发展需要现代文化作为支撑,有效的行政发展有赖于社会成员形成一种社会共识和价值取向,即勇于进取、不满现状、锐意创新。如果整个社会笼罩于一种保守、盲从、宿命、安于现状的文化氛围中,行政发展必定是十分艰难的。

(二)内部障碍

行政发展不仅要面临着来自行政系统外部的各种障碍,也会受到行政系统内部某些因素的阻碍。从实际来看,行政发展的阻力常常来自行政系统内部,因此成为学者们研究的重点。威伦斯基(Harold Wilensky)认为,改革总是面临阻力,这些阻力可能来自以下方面:现存的权力执掌者不会自愿放弃他们的权力或利益,不愿甘冒风险,而且,他们可以利用改革方案实施阶段的复杂性和特殊性,坚持自己与改革决定相悖的观点,并可以以拖延作为阻止某些计划实施的手段[1]。唐纳德·怀特(Donald White)认为变革的阻力源于:(1)对变革的目的和范围有误解;(2)不能忍受变革;(3)认为变革会使自己丧失地位和权力;(4)在设计和实施改革时缺乏雇员的参与,解释工作做得不够;(5)在管理部门和雇员之间缺乏信任;(6)认为变革会改变个人或集体的自主权;(7)对变革的影响评价不同[2]。卡斯特则认为,产生抵抗的因素有二,一是投入的费用,二是错误的了解,前者包括投入的时间、精力和金钱,后者包括不清楚变革的目的和机制,不了解变革的潜在结果[3]。

根据上述观点,可以将产生阻力的因素归纳为以下几个方面。

1. 维护既得利益

任何行政发展都会程度不同地对原有的行政权力、行政机构、行政体制和行

---

[1] 威伦斯基:《改革的阻力、前提条件和杠杆》,载《国外政治学》,1987年第5期,第25～26页。
[2] 怀特等著:《组织行为学》,中国财政经济出版社1989年版,第313～314页。
[3] 卡斯特等著:《组织与管理》,中国社会科学出版社1985年版,第677～679页。

政关系重新加以分配和调整,势必会涉及某些行政人员,乃至改革者自身的既得利益。例如行政机构的合并与裁减,权力的集中与分散,这些变动直接与行政人员的权力、职位和待遇相关联。那些因发展而利益受到损害的行政人员是阻力的重要释放源。

2. 寻求安全感

安全感是人们的基本需求之一。在旧有的行政体制中,人们明了自己的职位、权力、责任和与上、下级及同事之间的关系,这些关系的稳定状态使人能够产生一种安全感。而一旦变革原有的体制,势必会在行政人员之间产生紧张和不安稳心理。正如威伦斯基所说,改革意味着冒险和变化不定,所以人们宁愿避而远之。特别是那些未能养成自主自立观念,对他人依赖性较强的人,除非得到他所依赖的人对改革方案的肯定或赞许,是很难适应行政发展的。

3. 情感所系

行政人员在以往的工作中投入了程度不同的时间和精力,并形成了一定的成效。一般来说,行政人员的投入与成效成正比,投入得越多,成效越大。人们往往对自己的工作成效充满感情,而且还会有命运相系的心理。而行政发展意味着对以往成效的否定。意味着成效大者会失去更多的东西。因此,资历深者在行政发展过程中可能要比资历浅者表现出更多的抵触情绪。

4. 理解错误

有效的行政发展离不开行政人员的支持,而获得其支持的一个重要的先决条件,在于他们对行政发展目标、机制和未来可能结果的正确的理解。因此,一项行政发展的目的不被行政人员充分而正确的理解,将不会获得他们的支持,不支持即行政发展的阻力或滞力。

5. 结果的非确定性

行政发展,尤其是改革行政体制、变动行政机构、调整行政关系这样的全局性的行政发展,或者没有先例的行政发展,难以保证一帆风顺。在发展过程中,难免出现迂回曲折或左右摇摆的现象。在这些现象产生时,会引发有关不良后果的种种推测,对发展的未来失却信心,犹豫观望,裹足不前。

在行政系统内部,除了来自行政人员的心理障碍之外,还有源于组织方面的障碍。任何行政组织为了确保组织活动的可预测性,都为组织的结构关系确立了总格局,对不同层次、不同部门的权力责任以及有关的工作制度予以明确规定。这种总格局有较强的稳定性。传统的组织结构关系并不会随着行政发展的启动而自动地发生变化,却常常产生某种惯性力量来阻碍发展的成功。因此,若要有效地发展行政,必须要对旧有的总格局做出相应的变动。

以上分析了行政发展的各种障碍。认识和分析障碍的目的在于克服和消除这些障碍。对于外部障碍的克服,有赖于发展市场经济,提高社会物质技术水平,完善国家的政治体制,理顺并协调各政治组织之间的关系,改善行政文化环境。对于行政组织内部来说,要增强推进改革的力量,削弱或排除反抗的力量,并采取措施改变力量的方向,即将阻碍变革的力量转变为推进变革的力量。

二、行政发展的条件

发展行政不仅要认清并克服障碍,而且也要为行政发展创造条件,克服阻力和创造条件的目的都是为了推动行政发展。概括起来说,有利于行政发展的条件包括以下几方面。

(一)舆论保障

行政发展离不开行政系统内部和外部环境中的普遍支持,而获得普遍支持的前提是形成社会成员的心理认同。这样,在每一项重大的行政变革之前,必须要经由广泛的舆论宣传,以便形成全国性的政治共识。否则,将会对社会成员造成信心不坚,乃至混乱和不安的影响。美国学者纽曼(William Newman)在《积极的控制》一书中分析了变革对人们心理的影响,指明了变革与信心、混乱和不安的变量关系。卡斯特认为,通过良好的交往将所要进行的变革的确切的性质、目的和潜在的结果向参与者讲说清楚很重要。在变革的初始阶段,如果通过广泛的社会宣传而使社会成员真正明确了解变革,就有可能有效地减少人们的混乱和不安状态,增强对变革的信心。此外,因为行政发展总会对某些人造成一定程度的损失,因此,通过对行政发展的舆论宣传,让包括这部分人在内的社会成员明了行政发展的长远目标,提高他们对其损失的承受力和认可程度是十分必要的。

(二)组织保障

从行政发展的历史来看,许多国家为了保证行政发展的顺利进行,大都建立起相应的组织,这是这些国家行政发展的成功的经验。美国曾在 1947 年和 1953 年建立"胡佛委员会",分别由杜鲁门(Harry Truman)和艾森豪威尔(Dwight Eisenhower)总统任命胡佛(John Hoover)担任该委员会的主席,聘请专家学者和社会知名人士 500 多人,就联邦政府的编制和联邦政府的组织提出了许多重要的改革建议。其中 580 多项建议中,大部分被政府采纳。在日本,也于 1961 年和 1981 年两次组织临时行政调查会,吸收民间知名人士,拟定改革方案,督促改革的实施。1961 年成立的临时行政调查会经过近三年的调查研究,在其"关于行政改革的意见"的报告中,提出了全面的和综合性的改革意见,为当

第十三章 行政发展

时的行政改革奠定了基础。日本政府还于1963年成立了行政监理委员会,负责督促临时行政调查会改革方案的实施工作。1981年成立的临时行政调查会,在两年的时间内先后向政府提出"行政财政紧缩合理方案"、"行政审批事项手续简化方案"、"行政改革基本方案"等5个答询报告。1982年中曾根内阁曾表示对上述改革方案最大限度地给予重视,并力求逐步地付诸实施①。

然而,值得指出的是,尽管这些调研机构在行政发展中确实起到了重要的作用,但是,由于这些机构为暂设机构,因此,在推进改革方案的实施方面,它们就无能为力了。对此,威伦斯基指出,"过去最通常的改革做法是成立一个调研委员会向政府提出报告和建议,随后就立即解散它。这就使部长们将考虑和决策的交响乐留给现存的政府部门去演奏,而这些部门关心的是他们连续一贯的职能,它们对改革方案很少有兴趣甚至还反对这些方案。政府可以不冒多大危险而将一个报告搁置一旁,直至它的建议过时"。因此,威伦斯基建议:"对付这种情况所需要的是一个能够参与政府内部谋划的常设组织。"②建立主持和推动行政发展的常设组织是非常必要的。因为行政环境、行政目标和行政职能等经常发生变化,行政管理也会随之常常变化。为了保证行政发展的自觉性、科学性和合理性,有必要建立起有权威的常设组织。其组成人员可以包括民间知名人士、政府部门的代表和行政学者。它的主要职能在于,首先,对行政发展进行超前研究,为政府提供答询建议。而为给政府提供科学的和切实可行的建议,应该赋予其接近各种信息源的权力,以获得准确和全面的信息。其次,负责督促行政发展方案的实施,其中包括协助政府制定实施方案的总体规划,安排行政发展的进度情况,协调发展中的相互关系,并和行政机关一起从整体上对行政发展进行宏观调控。为了避免政府机关及其工作人员对行政发展的抵制或阳奉阴违现象,该常设机构应具有一定的权威性,对拒不执行行政发展方案的行政人员,有权向有关机关建议处理。最后,对行政发展方案的实施活动跟踪反馈,保证整个行政发展工作朝向或趋近发展目标,并对方案实施的结果进行评估,以总结经验,为以后的行政发展奠定基础。

(三)人员素质保障

自古以来,为政在人,一切行政管理都离不开人,一切行政管理都是要经过人来实现的。行政发展也是如此。行政发展不应只是负责有关事务的机关和领导者的专有事项,而应是全体行政人员的共同事项。如果大部分政府工作人员

---

① 邹均主编:《日本行政管理概论》,吉林人民出版社1986年版,第315页。
② 威伦斯基:《改革的阻力、前提条件和杠杆》,《国外政治学》,1987年第5期,第27页。

都有较强的革新意识和能力,那么,行政发展就会获得取之不尽的智慧之源。一般来说,有利于行政发展的人员素质条件包括以下三个方面:一是强烈的使命感。行政人员的职责在于为社会提供服务和管理,而为了更好地、优质高效地提供服务和管理,他们应当具有强烈的创新意识和变革现状的欲望;二是形成行政发展观点和方案的能力,他们应当具有较敏锐的洞察力,能够根据有关信息对本单位或更大的行政体系做出恰如其分的评价,并依据其判断提出发展设想和建议,同时,还应具备客观地评价其他方案的能力;三是坚定的信念和忠诚于行政发展事业的品质,即对行政发展过程中可能发生的迂回曲折有清醒的认识,具有百折不挠的坚强意志,而且,能够忠实地执行行政发展方案,不能借行政发展而故意曲解方案的原意,贩卖自己的"私货"。为了提高行政人员的上述素质,一方面应通过思想政治教育和各种业务培训增强其行政发展的使命感,提高他们的洞察力、判断力和各种行政发展观念的形成力;另一方面,也要造成一种宽容的气氛,允许和鼓励行政人员独立思考,形成一种求新求异的取向。

(四)法律保障

有效地推进行政发展还需以法律作为保障。法律在行政发展过程中起着重要作用:首先是引导作用,即有关重大的行政发展事项,先由有权机关召集有关专家学者,经过反复论证,制定出发展方案,然后交由立法部门以法律法规形式公布实施,从而引导整个行政系统的行政发展行为。其次是促进作用。威伦斯基认为,为了推进行政改革,在组织中树立一种比较文明的气氛,通过说服和探讨来使变革更顺利进行是重要的。但是,政府公务员可能不理睬政府的一般告诫或者通告,因此,就突出了新的立法的重要性。"有许多告诫和通告有时是抵触的,这就使人们不知哪个是优先的,法律很快就应对告诫和通告有所解释。"法律对任何人都具有同等的强制性和约束力,明确的立法将有效地推进行政发展,避免行政人员对行政发展的任意解释和故意拖延的弊病。最后是巩固作用。在行政发展的某一阶段结束之后,应当将经过实践检验的、科学的和切实可行的成果,及时地以法律的形式加以规定。只有这样,才能巩固、推广行政发展的成功经验。否则,事过境迁,发展的成果势必自生自灭,或者受到某些机关单位的抵制而难以发挥它们应有的效用。

三、行政发展的步骤和方法

(一)目标次序

行政发展目标的实现往往难以齐头并进,有必要安排好所要实现的目标的先后次序。这样,才能够在行政发展的每一阶段特点突出,力量集中。基于这种考虑,在我国,行政发展要首先实现理性化,然后再逐步实现民主化和公正化。

之所以要将行政发展的目标这样排列,是因为行政机关为社会服务,对社会事务进行管理,应当从科学和合理的原则出发,优质高效地处理有关事宜。否则,就会影响和妨碍社会整体效率,不利于推进整个社会的迅速发展。而且,从国外的现实来看,对于官僚机构,社会上存在着广为不满的情绪。公民从孩提时代起就受到效率和有效性的理性价值的熏陶,他们对政府工作的效率问题十分敏感。由于人们察觉到公共部门工作低效,便会产生失望和不满的情绪。因此,为了提高社会的整体效率,提高政府在公民心目中的威信,行政发展的目标应当首先是行政理性化。在我国现今的行政改革中,重点应达到行政系统的"权责一致、分工合理、决策科学、执行顺畅、监督有力"的目标。

民主建设是一个历史过程,若要真正实现广泛的民主行政,需要清除长期的封建专制的影响,培养公民树立现代的民主意识,探索和借鉴公民参与管理的途径和形式,为公民提供合法、有效和多样的参与渠道,并建立相应的保障机制。因此,行政民主化必然是一个长期的历史过程。公正行政取决于社会经济的高度发展和社会物质财富的丰富化,取决于行政系统自身的有关制度和程序的高度完善,取决于行政主体素质的充分提高等等。因此,也决定了公正行政将是一个长期过程。

当然,强调行政发展目标实现的次序化,并非意味着这三者可以分裂开来,机械地去实现某一目标之后,再着手实现其他目标。相反,在行政发展的历程中,其目标的实现具有交叉性,只不过每一发展时期的侧重点应当有所不同而已。

(二)行为步骤

行政机关的发展行为不能混乱无序,或者前后颠倒,而应遵守一定的合理程序。对于组织发展程序问题,不同学者的概括尽管有所不同,但是从总体来看大同小异。一般来说,任何行政发展都要大体经过以下步骤。

1.感知问题,确认发展的必要性

对问题的感知,可以采用不同的方法和途径。例如,对工作效率和效果的评估,人际关系和工作情绪的考察,对社会舆论的反馈以及监督系统的监控等等。这是整个行政发展过程的第一步,只有感知了问题,才能确认发展的必要性。问题感知得越及时,行政发展就会越主动。

2.澄清问题,对问题加以诊断

在澄清问题的过程中,须注意以下要点:(1)问题的性质和特点如何?(2)问题的范围怎样?(3)问题的程度如何?(4)改进的目标怎样?(5)怎样评估改进的结果?澄清诊断问题是行政发展过程中的重要一环,诊断不足,凭一时冲动采取变革行为,可能导致卡斯特所形容的"冲动性毁灭"。

3.解决问题,提出并评估发展方案

问题澄清后,就要寻求解决问题的途径,既可以由专家学者提出,也可由行政领导和行政人员提出。然后再对各种备选方案进行评估。评估的重点可以集中于:方案的实施时机是否成熟,是否具备了必要的条件,将产生哪些阻力,能否有效地克服这些阻力,可能产生什么样的后果等等。最后对其筛选择优,确定解决问题的方案。

4.局部试验,完善方案

重大的行政发展计划,必须要经过局部试验,以在实践中检验发展方案的可行性,增强其科学性。在局部试验中,试点单位的选择不能带有任意性,被选定为试点的单位必须在全局中具有某些典型性的条件。当然,对于一些单项的并且涉及范围有限的发展计划,可以不必经过局部试验而直接贯彻实施。

5.舆论动员,全面实施

在局部试验中得到检验并经过修正完善的行政发展方案,可以通过广泛的舆论动员,克服阻力,进入全面实施阶段。在方案实施过程中,应注意制定实施方法和实施步骤,并建立强有力的指挥和调控机制,使整个实施活动协调、连贯地发展。

6.反馈评估,巩固成果

在整个行政发展活动告一段落之后,应及时将实施活动的结果反馈到行政发展的决策指挥中心,并对其进行恰如其分的评估,以总结经验。同时,将在行政发展实践中证明切实可行的做法以法律法规的形式加以确定,以巩固行政发展的成果。

(三)发展方法

在行政发展过程中,为了达到发展的目的,可以采用不同的方法。这些方法可以归纳为以下几种:

1.以人为取向的方法

这是旨在改变行政人员的行为和态度以实现行政发展目标的方法。这一方法对于行政发展十分重要。卡斯特曾指出,社会心理系统的作用在实施来自其他方面的变革中有着决定性意义,如果一项变革需要个人或工作群体方面的适应,那么就需要在全面分析中对此类因素给予考虑。如果需要支持而又不具备支持,技术变革的影响作用可以成为零(甚或为负)[①]。因此,有必要通过各种教育和培训途径,使行政人员树立行政发展的使命感,忠诚于行政发展事业,以此保证行政发展目标的顺利实现。

2. 以任务为取向的方法

这是根据社会的变迁而转变政府职能,实现行政发展目标的方法。政府管理具有一定的稳定性,社会环境则较富变动性。在行政发展目标业已确立而社会环境发生了重大变迁的情况下,不及时地转变政府的职能,并随之改变行政体制、行政机构、行政程序、行政方法等等,就难于确保行政发展目标的实现。

3. 以技术为取向的方法

现代行政需要现代化的技术手段,现代行政发展也离不开先进的技术条件。为了推进行政发展,行政系统必须注意新科技成果的开发和使用,掌握系统方法、网络规划技术、线性规划技术、目标管理方法、科学预测方法、概率统计方法等,逐步建立办公自动化系统。同时,提高行政人员的业务技术素质.以便迅速地将科技成果应用于行政发展工作之中。

4. 以结构为取向的方法

这是以调整行政组织内部结构关系来适应行政发展的方法。采用这一方法可能涉及到以下因素:行政部门的重新划分和整合,组织层次的增加或减少以及控制幅度的相应变化,沟通协调关系的重新调整,其他正式规则的改变等等。对于以上问题,应根据具体需要及时做出相应的决定,从而促使其向有利于行政发展方案顺利实施的方向发展。

当然,行政发展的方法不限于以上几种,即使是以上几种方法,在具体的发展过程中也不应单独分别使用,而是各种方法兼举并用。

---

① 卡斯特等著:《组织与管理》,中国社会科学出版社 1985 年版,第 668 页。

原版后记

本书是在原讲义的基础上写成的。成书时根据我国行政改革和行政学的发展做了较大的修改和补充。本书借鉴了国内外一些有关的研究成果，未及一一注明出处，希望能够得到原作者的谅解。

在成书过程中，一直得到政治学系主任车铭洲和副系主任朱英瑞等老师的支持和鼓励，系资料室郭芯丽同志为我查阅资料提供了便利条件，葛荃同志提供了本书第二章第一节的部分资料，会计学系崔彤老师就第七章部分内容提出具体修改意见，九一级部分同学代我誊清了全部稿件，在此表示深挚的谢意。对为本书的出版付出了辛勤劳动的南开大学出版社焦静宜、庞标、莫建来三位老师亦深表谢意。

沈亚平

1993 年 8 月于南开大学